시험에 나오는 것만 공부한다!

시나공 토익

950 1000제 LC

백형식 지음

길벗 이지:톡

시나공 토익

950 1000제 LC

초판 발행 · 2018년 6월 20일
초판 2쇄 발행 · 2019년 1월 18일

지은이 · 백형식
발행인 · 김경숙
발행처 · 길벗이지톡
출판사 등록일 · 2000년 4월 14일
주소 · 서울시 마포구 월드컵로 10길 56(서교동)
대표전화 · 02) 332-0931 | 팩스 · 02) 322-6766
홈페이지 · www.gilbut.co.kr | 이메일 · eztok@gilbut.co.kr

기획 및 책임편집 · 고경환 (kkh@gilbut.co.kr) | **디자인** · 최주연 | **제작** · 이준호, 손일순, 이진혁
영업마케팅 · 김학흥 | **웹마케팅** · 이승현, 차명환 | **영업관리** · 심선숙 | **독자지원** · 송혜란, 정은주

CTP **출력 및 인쇄** · 상지사 | **제본** · 상지사

• 이 도서의 국립중앙도서관 출판예정도서목록(CIP)은 서지정보유통지원시스템 홈페이지(http://seoji.nl.go.kr)와
국가자료공동목록시스템(http://www.nl.go.kr/kolisnet)에서 이용하실 수 있습니다.(CIP제어번호: CIP2018015832)

ISBN 979-11-5924-176-5 03740
(이지톡 도서번호 000980)

정가 12,900원

머리말

900점은 무조건 넘게 해주고
만점까지 가능한 고품격 1000제!

최신 출제 경향과 가장 유사한 문제들만 정확히 이해하고 연습할 수 있다면 900점 이상의 고득점을 얻는 것은 그리 어렵지 않습니다. 최신 정기시험 20회분 중 반복되는 문제를 최대한 배제하고 정기 시험의 유형 비중까지 완벽하게 재구성해서 1000문제를 만들었습니다.

이 책의 집필하며 중점을 둔 점은 다음과 같습니다.

1. "혼동되는 보기"를 집중적으로 다뤘다!

일부 문제들의 경우 좀 더 확실한 연습이 될 수 있도록 혼동되는 보기의 포인트를 의도적으로 강조하여 난이도를 조정했습니다. 고득점을 얻기 위해 꼭 거쳐 가야 할 핵심포인트를 집중적으로 학습할 수 있게 구성했습니다.

2. 실제 정기 토익 문제의 "강조 포인트"를 담아냈다!

시중 토익책의 상당수는 실제 문제에서 사용되는 "강조 포인트"가 빠져있습니다. 이 책은 실제 정기시험에서 정답을 이끄는 "강조 포인트"를 정확히 복원했습니다. 실제 문제의 포인트를 훼손하지 않고 그대로 가져와 학습 효과를 극대화했습니다.

3. 고득점을 얻을 수 있는 "내용을 충실히 담았다"!

요즘은 토익책과 강의가 정말 넘쳐나는 시대입니다. 하지만 아직도 최신 출제 경향과 핵심 포인트를 제대로 잡아내지 못하는 책이 많은 현실입니다. 이 책은 문제 풀이에 도움이 되는 내용만 충실히 실었습니다. 고득점을 대비하는 수험생들이 실전을 앞두고 마무리용으로 보면 가장 좋습니다.

책이 나오는데 꽤 긴 시간이 걸렸습니다. 이 책이 여러분의 점수에 새 지평을 열어줄 것이라 확신합니다.

2018년 6월
저자 백형식

1 고득점을 결정하는 파트 2 출제 표현 & 훈련용 MP3 제공!

LC 고득점의 핵심인 파트 2에서 출제율이 아주 높은 질문과 답만 뽑아서 MP3와 함께 제공합니다. 수록된 표현을 보기만 해도 점수가 오르고 MP3와 함께 훈련하면 실전에서 실수를 줄일 수 있는 핵심 표현만 뽑았습니다. 홈페이지에서 무료로 내려 받을 수 있습니다.

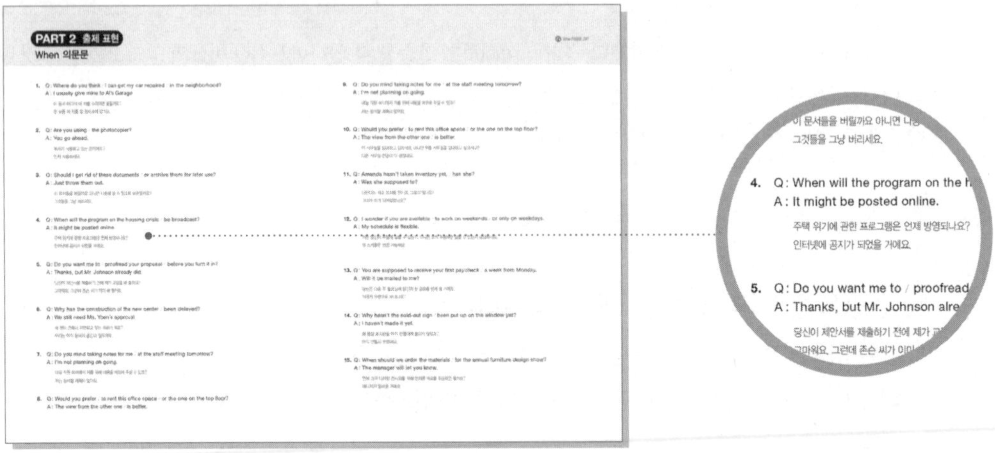

2 해설집 & 학습용 MP3 무료 다운로드!

문제의 출제포인트와 답을 고르는 노하우를 담은 친절한 해설집과 학습용 MP3를 무료로 제공합니다. 정답 뿐 아니라 오답의 이유까지 친절하게 설명해는 해설과 학습용 MP3 4종은 홈페이지에서 내려 받을 수 있으며, 각 세트마다 있는 QR코드를 찍으면 스마트폰에서 바로 확인이 가능합니다.

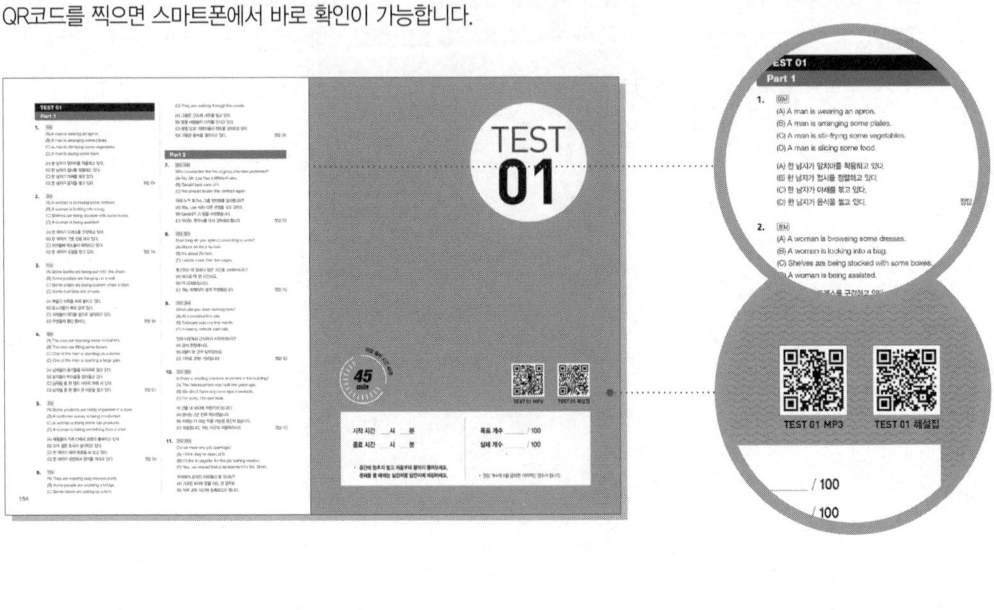

3 최신 경향을 반영한 고득점용 1000문제!

이 책에 실린 문제는 최근에 시행된 정기 토익의 경향까지 완벽하게 반영되어 있습니다. 최신 경향을 100% 반영했을 뿐 아니라 고득점 수험생들이 실수를 많이 하는 문제만 선별해 수록했습니다. 이 책에 있는 문제만 풀어도 고득점이 가능합니다.

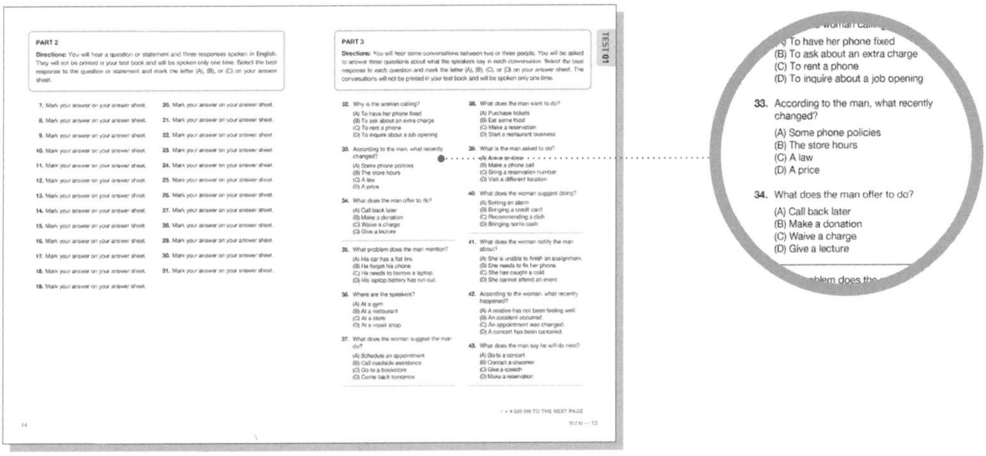

4 질문을 하면 저자가 직접 답해준다!

해설집에서 다루지 못한 더 자세한 해설이 필요한 경우, 홈페이지에 바로바로 질문하면 저자가 직접 답을 해줍니다. 모르는 것이 있으면 주저하지 말고 언제든 홈페이지에 문의하세요.

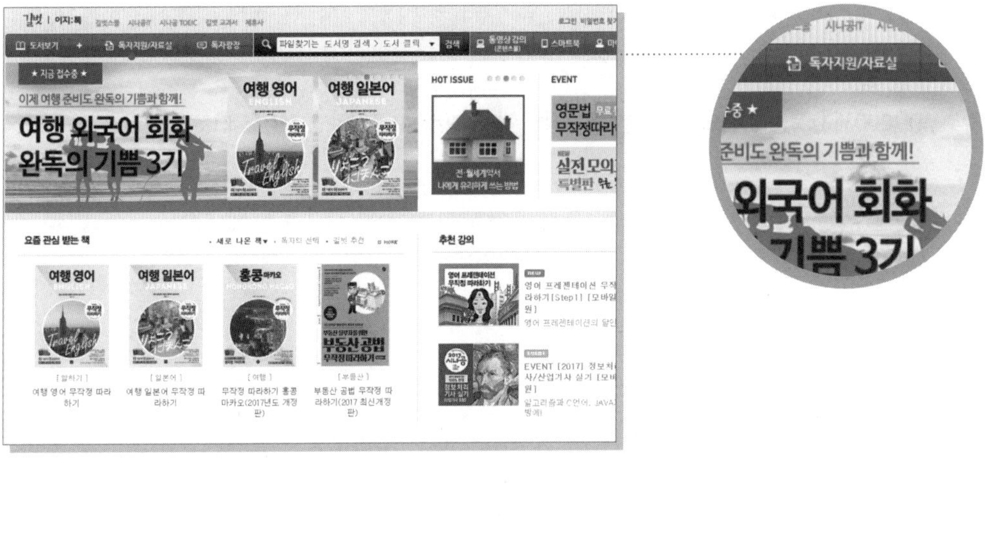

학습용 MP3, 해설 PDF 자료 다운로드 방법

1. 홈페이지(www.gilbut.co.kr)에 접속해 로그인 합니다. (비회원은 회원 가입 권장)

2. 상단 메뉴의 파일 찾기 검색창에 《950 1000제 LC》를 입력합니다.

3. 《950 1000제 LC》가 검색되면 선택한 후 '부록 / 학습자료'를 클릭하고 자료를 다운 받습니다.

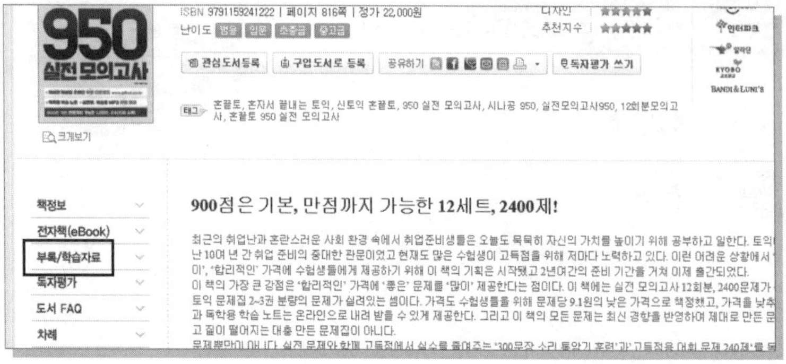

목 차

* 자세한 해설을 확인하고 싶으시면 홈페이지에서 해설집을 다운로드하세요.(www.gilbut.co.kr)

TEST 01

적정 풀이 시간 45분

45 min

TEST 01 MP3

TEST 01 해설집

시작 시간 ___시 ___분

종료 시간 ___시 ___분

- 중간에 멈추지 말고 처음부터 끝까지 풀어보세요. 문제를 풀 때에는 실전처럼 답안지에 마킹하세요.

목표 개수 _______ / 100

실제 개수 _______ / 100

- 정답 개수에 5를 곱하면 대략적인 점수가 됩니다.

LISTENING TEST

In the Listening test, you will be asked to demonstrate how well you understand spoken English. The entire Listening test will last approximately 45 minutes. There are four parts, and directions are given for each part. You must mark your answers on the separate answer sheet. Do not write your answers in the test book.

PART 1

Directions: For each question in this part, you will hear four statements about a picture in your test book. When you hear the statements, you must select the one statement that best describes what you see in the picture. Then find the number of the question on your answer sheet and mark your answer. The statements will not be printed in your test book and will be spoken only one time.

Statement (B), "They are sitting at a table," is the best description of the picture. So you should select answer (B) and mark it on your answer sheet.

1.

2.

▶▶▶GO ON TO THE NEXT PAGE

3.

4.

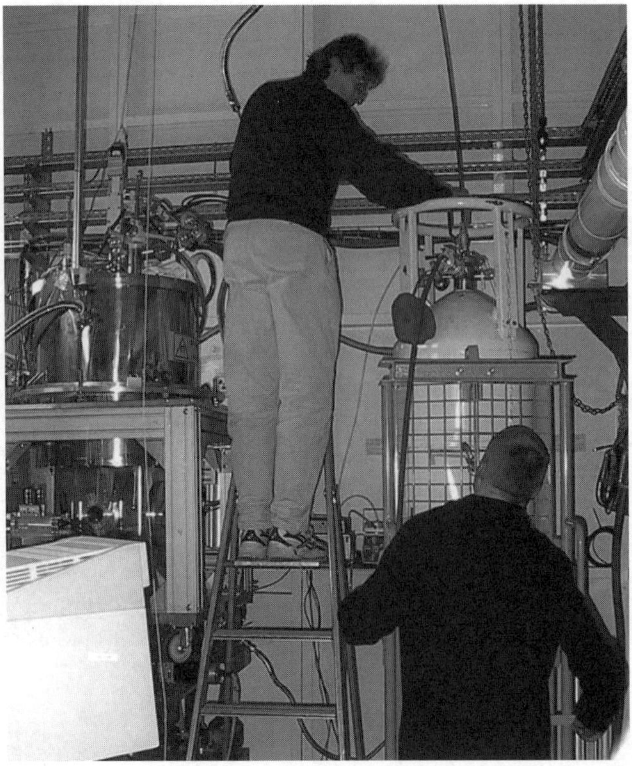

5.

6.

▶▶▶GO ON TO THE NEXT PAGE

PART 2

Directions: You will hear a question or statement and three responses spoken in English. They will not be printed in your test book and will be spoken only one time. Select the best response to the question or statement and mark the letter (A), (B), or (C) on your answer sheet.

7. Mark your answer on your answer sheet.

8. Mark your answer on your answer sheet.

9. Mark your answer on your answer sheet.

10. Mark your answer on your answer sheet.

11. Mark your answer on your answer sheet.

12. Mark your answer on your answer sheet.

13. Mark your answer on your answer sheet.

14. Mark your answer on your answer sheet.

15. Mark your answer on your answer sheet.

16. Mark your answer on your answer sheet.

17. Mark your answer on your answer sheet.

18. Mark your answer on your answer sheet.

19. Mark your answer on your answer sheet.

20. Mark your answer on your answer sheet.

21. Mark your answer on your answer sheet.

22. Mark your answer on your answer sheet.

23. Mark your answer on your answer sheet.

24. Mark your answer on your answer sheet.

25. Mark your answer on your answer sheet.

26. Mark your answer on your answer sheet.

27. Mark your answer on your answer sheet.

28. Mark your answer on your answer sheet.

29. Mark your answer on your answer sheet.

30. Mark your answer on your answer sheet.

31. Mark your answer on your answer sheet.

PART 3

Directions: You will hear some conversations between two or three people. You will be asked to answer three questions about what the speakers say in each conversation. Select the best response to each question and mark the letter (A), (B), (C), or (D) on your answer sheet. The conversations will not be printed in your test book and will be spoken only one time.

32. Why is the woman calling?

(A) To have her phone fixed
(B) To ask about an extra charge
(C) To rent a phone
(D) To inquire about a job opening

33. According to the man, what recently changed?

(A) Some phone policies
(B) The store hours
(C) A law
(D) A price

34. What does the man offer to do?

(A) Call back later
(B) Make a donation
(C) Waive a charge
(D) Give a lecture

---

35. What problem does the man mention?

(A) His car has a flat tire.
(B) He forgot his phone.
(C) He needs to borrow a laptop.
(D) His laptop battery has run out.

36. Where are the speakers?

(A) At a gym
(B) At a restaurant
(C) At a store
(D) At a repair shop

37. What does the woman suggest the man do?

(A) Schedule an appointment
(B) Call roadside assistance
(C) Go to a bookstore
(D) Come back tomorrow

---

38. What does the man want to do?

(A) Purchase tickets
(B) Eat some food
(C) Make a reservation
(D) Start a restaurant business

39. What is the man asked to do?

(A) Arrive on time
(B) Make a phone call
(C) Bring a reservation number
(D) Visit a different location

40. What does the woman suggest doing?

(A) Setting an alarm
(B) Bringing a credit card
(C) Recommending a dish
(D) Bringing some cash

---

41. What does the woman notify the man about?

(A) She is unable to finish an assignment.
(B) She needs to fix her phone.
(C) She has caught a cold.
(D) She cannot attend an event.

42. According to the woman, what recently happened?

(A) A relative has not been feeling well.
(B) An accident occurred.
(C) An appointment was changed.
(D) A concert has been canceled.

43. What does the man say he will do next?

(A) Go to a concert
(B) Contact a coworker
(C) Give a speech
(D) Make a reservation

▶▶▶GO ON TO THE NEXT PAGE

44. What does the man offer to do?

(A) Set up a conference call
(B) Increase sales
(C) Bring some food
(D) Get a drink

45. According to the man, what happened two weeks ago?

(A) A new branch office opened.
(B) A coffee machine was purchased.
(C) An elevator stopped working.
(D) A snowstorm took place.

46. Why does the woman say, "Did you already forget there was inclement weather"?

(A) To justify going to the beach
(B) To invite the man to work out
(C) To explain a delay
(D) To recommend a hot drink

---

47. What product are the speakers discussing?

(A) Cars
(B) Pianos
(C) Phones
(D) Violins

48. What does Caroline suggest?

(A) Hiring additional staff members
(B) Having more sales
(C) Advertising on social media
(D) Firing some workers

49. What does the man propose?

(A) Extending store operating hours
(B) Increasing a budget
(C) Reducing price
(D) Postponing a decision

---

50. Who most likely is the man?

(A) A supervisor
(B) A customer
(C) An intern
(D) An instructor

51. What does the woman ask the man for?

(A) Some help
(B) Some arrangements
(C) Some feedback
(D) Some ideas

52. What will the man receive?

(A) An award
(B) A report
(C) A paid vacation
(D) A job offer

---

53. What type of product is being discussed?

(A) A vehicle
(B) A computer
(C) An airplane
(D) A train

54. Which product feature is the man most proud of?

(A) The steering wheel
(B) The doors
(C) The engine
(D) The color

55. Why does the man say, "I already made plans with my girlfriend tomorrow"?

(A) To explain why he called his friend
(B) To suggest meeting another day
(C) To recommend a restaurant
(D) To decline an invitation

---

56. What type of event is being planned?

(A) A circus
(B) A conference
(C) A wedding
(D) A birthday party

57. What does the man ask about?

(A) Meal options
(B) Prices
(C) Flower arrangements
(D) Music

58. What does the center offer for free?

(A) Meals
(B) Performances
(C) Tuxedos
(D) Parking

---

59. What is the topic of the conversation?

(A) Finance
(B) Traffic
(C) Sports
(D) Science

60. What caused a problem?

(A) A severe injury
(B) A weather change
(C) A security check
(D) A broken vehicle

61. What will the listeners hear next?

(A) A survey
(B) A speech
(C) An announcement
(D) An interview

Customer	Shipping Order
Stacy Chi	687
Regina Song	688
Kevin Boonta	689
Ken Yamamoto	690

62. What is the man having trouble with?

(A) Finding an order
(B) Calling a client
(C) Labeling a shipment
(D) Using his computer

63. Look at the graphic. Which code should the man use?

(A) 687
(B) 688
(C) 689
(D) 690

64. What does the woman say will happen soon?

(A) Codes will not be needed anymore.
(B) They will be transferring departments.
(C) New computers will arrive.
(D) Codes will be automated.

▶▶▶GO ON TO THE NEXT PAGE

Logo	Supreme Style
Size	Medium
Material	100% Cotton
Care Instructions	Wash in Cold Water
Origin	Made in Thailand

65. What does the woman say they need to do?

(A) Finalize the schedule for the fall fashion show
(B) Call the production team
(C) Increase the number of production factories
(D) Check for any errors

66. What does the man suggest?

(A) Ordering more cashmere
(B) Contacting a client
(C) Holding a meeting with other teams
(D) Searching for new manufacturers

67. Look at the graphic. Which section of the label does the man need to revise?

(A) The country of origin
(B) The material
(C) The logo
(D) The care instructions

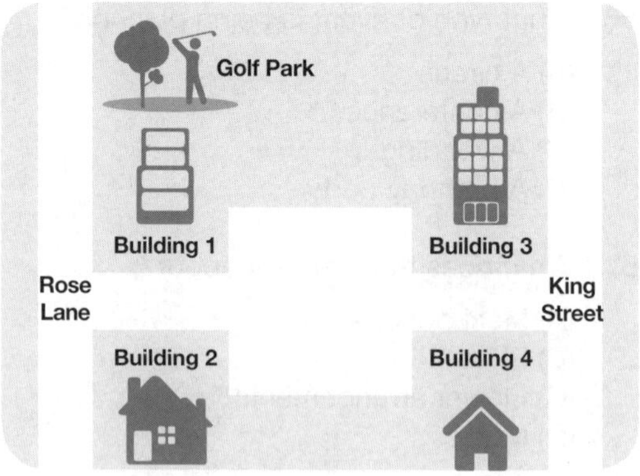

68. What are the speakers mainly discussing?

(A) A tooth extraction
(B) A job offer
(C) A location change
(D) A dental checkup

69. Look at the graphic. Which building is Happy Dental Care located in?

(A) Building 1
(B) Building 2
(C) Building 3
(D) Building 4

70. What does the woman tell the man about parking?

(A) He should park at the golf course.
(B) It is complimentary for patients.
(C) He has to use a meter.
(D) There is limited parking in the lot.

PART 4

Directions: You will hear some short talks given by a single speaker. You will be asked to answer three questions about what the speaker says in each short talk. Select the best response to each question and mark the letter (A), (B), (C), or (D) on your answer sheet. The talks will not be printed in your test book and will be spoken only one time.

71. Where is the announcement being made?

(A) On a ship
(B) In an amusement park
(C) On a bus
(D) At a historical site

72. What problem does the speaker mention?

(A) There are too many people on the cruise.
(B) Tickets to a screening are unavailable.
(C) An event was canceled.
(D) There will be a delay in the ride.

73. According to the speaker, why should the listeners talk with a staff member?

(A) To ask some questions
(B) To get help
(C) To order some food
(D) To purchase tickets

---

74. Why does the speaker thank the listeners?

(A) For arriving early
(B) For purchasing some products
(C) For increasing funding
(D) For training new employees

75. According to the speaker, what is scheduled for next week?

(A) A store opening
(B) A job interview
(C) A staff meeting
(D) A city tour

76. What does the speaker imply when she says, "I would like all of you to arrive a few hours early"?

(A) Additional staff members will be on duty.
(B) More food will be ordered.
(C) High attendance is anticipated.
(D) Many chairs are required.

---

77. According to the speaker, what is special about the restaurant?

(A) It serves only chicken.
(B) It has its very own farm.
(C) It has won some awards.
(D) It was on the news.

78. Who is Amber?

(A) A chef
(B) A nutritionist
(C) A food critic
(D) A business owner

79. Why does the speaker say, "It is an all-time favorite for steak lovers"?

(A) To point out the restaurant's main dish
(B) To mention his favorite dish
(C) To describe the taste of a dish
(D) To emphasize a dish's popularity

---

80. What type of business is being advertised?

(A) An amusement park
(B) A restaurant
(C) A hotel
(D) An aquarium

81. What will listeners be able to do starting in June?

(A) Use a swimming pool
(B) Book a room free of charge
(C) Purchase more travel packages
(D) Receive a membership discount

82. Why does the speaker invite listeners to visit a Web site?

(A) To download a file
(B) To get a coupon
(C) To sign up for a membership
(D) To find a list of locations

▶▶▶GO ON TO THE NEXT PAGE

83. Who is the speaker?

(A) A colleague
(B) A taxi driver
(C) A delivery driver
(D) A salesperson

84. What does the company sell?

(A) Speakers
(B) Books
(C) Household furniture
(D) Kitchen appliances

85. What does the speaker imply when she says, "According to the map, it should be on Millstream Street"?

(A) She wants to send a letter.
(B) She wants to view an apartment for sale.
(C) She has moved houses.
(D) She is having trouble finding a house.

---

86. What is the talk mainly about?

(A) A company merger
(B) A new business strategy
(C) An office security system
(D) An employee training workshop

87. Why did the company choose the service?

(A) It has received positive reviews.
(B) It is lucrative.
(C) It can attract more people.
(D) It is free of charge.

88. What benefit does the speaker mention?

(A) A service's user-friendly features
(B) A service's guarantee of a sales increase
(C) A service's low monthly price
(D) A service's cross-platform compatibility

---

89. What does the speaker say was announced?

(A) The opening of a factory
(B) A decrease in taxes
(C) A delay in construction
(D) A change in the law

90. According to the speaker, why do some people are concerned about the construction project?

(A) Because it is creating air pollution
(B) Because it is taking too long
(C) Because it is damaging property
(D) Because it is making loud noises

91. What will the speaker do next?

(A) Give a weather report
(B) Interview some citizens
(C) Offer some suggestions
(D) Obtain accurate information

---

92. What does the speaker thank the listeners for?

(A) Making a reservation
(B) Revising some files
(C) Purchasing some electronics
(D) Working overtime

93. In which division do the listeners most likely work?

(A) Sales
(B) Maintenance
(C) Human Resources
(D) Marketing

94. What does the speaker say he will provide?

(A) Extra vacation
(B) A promotion
(C) Additional pay
(D) A computer

Wednesday	Thursday	Friday	Saturday	Sunday
Cloudy	Sunny	Chance of Rain	Chance of Rain	Partly Sunny

95. What event is being described?

(A) An art exhibition
(B) An awards ceremony
(C) A music concert
(D) A trade show

96. According to the speaker, what can listeners find on a Web site?

(A) A location site
(B) A list of performers
(C) A contact number
(D) A list of food

97. Look at the graphic. Which day is the event being held?

(A) Sunday
(B) Saturday
(C) Thursday
(D) Friday

Science Seminar Feb. 3

2:00 P.M.	Nature vs. Nurture, Abel Fernandez
3:00 P.M.	Health, Sam Park
4:00 P.M.	New-Age Remedies, Lisa Kim
5:00 P.M.	Marine Life, Reo Asami
6:00 P.M.	Dinner

98. Why did the speaker make the call?

(A) To suggest a business partnership
(B) To introduce a new product
(C) To invite the listener to lunch
(D) To ask for help to organize an event

99. Look at the graphic. Who is the speaker calling?

(A) Sam Park
(B) Reo Asami
(C) Lisa Kim
(D) Abel Fernandez

100. What does the speaker ask the listener to do?

(A) Submit a portfolio
(B) Visit his office
(C) Review a report
(D) Contact him

TEST 02

적정 풀이 시간 45분

45 min

TEST 02 MP3

TEST 02 해설집

시작 시간 ___시 ___분

종료 시간 ___시 ___분

목표 개수 ______ / 100

실제 개수 ______ / 100

- 중간에 멈추지 말고 처음부터 끝까지 풀어보세요.
  문제를 풀 때에는 실전처럼 답안지에 마킹하세요.

- 정답 개수에 5를 곱하면 대략적인 점수가 됩니다.

LISTENING TEST

In the Listening test, you will be asked to demonstrate how well you understand spoken English. The entire Listening test will last approximately 45 minutes. There are four parts, and directions are given for each part. You must mark your answers on the separate answer sheet. Do not write your answers in the test book.

PART 1

Directions: For each question in this part, you will hear four statements about a picture in your test book. When you hear the statements, you must select the one statement that best describes what you see in the picture. Then find the number of the question on your answer sheet and mark your answer. The statements will not be printed in your test book and will be spoken only one time.

Statement (B), "They are sitting at a table," is the best description of the picture. So you should select answer (B) and mark it on your answer sheet.

1.

2.

▶▶▶GO ON TO THE NEXT PAGE

3.

4.

5.

6.

▶▶▶GO ON TO THE NEXT PAGE

PART 2

Directions: You will hear a question or statement and three responses spoken in English. They will not be printed in your test book and will be spoken only one time. Select the best response to the question or statement and mark the letter (A), (B), or (C) on your answer sheet.

7. Mark your answer on your answer sheet.

8. Mark your answer on your answer sheet.

9. Mark your answer on your answer sheet.

10. Mark your answer on your answer sheet.

11. Mark your answer on your answer sheet.

12. Mark your answer on your answer sheet.

13. Mark your answer on your answer sheet.

14. Mark your answer on your answer sheet.

15. Mark your answer on your answer sheet.

16. Mark your answer on your answer sheet.

17. Mark your answer on your answer sheet.

18. Mark your answer on your answer sheet.

19. Mark your answer on your answer sheet.

20. Mark your answer on your answer sheet.

21. Mark your answer on your answer sheet.

22. Mark your answer on your answer sheet.

23. Mark your answer on your answer sheet.

24. Mark your answer on your answer sheet.

25. Mark your answer on your answer sheet.

26. Mark your answer on your answer sheet.

27. Mark your answer on your answer sheet.

28. Mark your answer on your answer sheet.

29. Mark your answer on your answer sheet.

30. Mark your answer on your answer sheet.

31. Mark your answer on your answer sheet.

PART 3

Directions: You will hear some conversations between two or three people. You will be asked to answer three questions about what the speakers say in each conversation. Select the best response to each question and mark the letter (A), (B), (C), or (D) on your answer sheet. The conversations will not be printed in your test book and will be spoken only one time.

32. Where does the woman work?

(A) At a travel agency
(B) At an art gallery
(C) At a restaurant
(D) At a supermarket

33. Why is the man calling?

(A) To book a vacation package
(B) To inquire about a service
(C) To modify an order
(D) To delay a performance

34. What will the man most likely do next?

(A) Visit a business
(B) Attend an exhibit
(C) Browse a Web site
(D) Contact a coworker

---

35. What product is being discussed?

(A) A notebook computer
(B) A television
(C) A refrigerator
(D) A portable speaker

36. What does the woman like about the product?

(A) It has a long battery life.
(B) It is fast.
(C) It has a large hard drive.
(D) It is lightweight.

37. What does Justin agree to do?

(A) Purchase an item
(B) Contact a seller
(C) Forward a message
(D) Close a deal

---

38. Where do the speakers most likely work?

(A) At an art gallery
(B) At a restaurant
(C) At a record shop
(D) At a magazine

39. What does the woman say she dislikes doing?

(A) Setting up some equipment
(B) Ordering some ingredients
(C) Planning an event
(D) Addressing a complaint

40. What does the man say he will do later today?

(A) Complete a report
(B) Display a magazine article
(C) Design some pottery
(D) Purchase some painting supplies

---

41. Why does the man congratulate the woman?

(A) She was recently promoted.
(B) She increased company sales.
(C) She was responsible for finalizing a merger.
(D) She completed a project ahead of schedule.

42. Where do the speakers most likely work?

(A) At a tourism agency
(B) At a hotel
(C) At a publisher
(D) At an architectural firm

43. What will take place next Friday?

(A) A luncheon
(B) An awards ceremony
(C) A shareholders' meeting
(D) An interview

▶▶▶GO ON TO THE NEXT PAGE

44. What does the man request the woman do?
(A) Retrieve some documents for an event
(B) Delay a product demonstration
(C) Modify a marketing campaign
(D) Design some posters for a presentation

45. What does the woman imply when she says, "I just sent Jane to get them"?
(A) Jane will escort clients to an event.
(B) The man does not need to worry.
(C) She has contacted the restaurant.
(D) The speech will be delivered on time.

46. What will the man most likely do next?
(A) Place an order for baked goods
(B) Contact a print shop
(C) Give a presentation
(D) Assist Jane with a project proposal

---

47. Where does the man work?
(A) At a newspaper publisher
(B) At an advertising firm
(C) At an entrepreneurship agency
(D) At a marketing company

48. What does the man want to do?
(A) Advertise a product
(B) Purchase a building
(C) Publish an article
(D) Organize a workshop

49. What does the woman ask the man to do?
(A) Give a presentation
(B) Sign a contract
(C) Design a brochure
(D) Pay a deposit

---

50. What problem does the woman mention?
(A) She did not get an identification badge.
(B) She cannot see some information.
(C) Her computer is missing some software.
(D) Her clients are unsatisfied with a service.

51. What will the man ask Joonsung to do?
(A) Change a password
(B) Repair a computer
(C) Grant access to some data
(D) Send documents to some clients

52. What does the man suggest the woman do?
(A) Visit the IT Department
(B) Call a customer
(C) Attend a social gathering
(D) Submit a report

---

53. What are the speakers mainly discussing?
(A) A building renovation
(B) A construction project
(C) A local election
(D) A sporting event

54. What does the woman imply when she says, "Oh! That's a surprise"?
(A) She is pleased with a present.
(B) She is happy to hear some news.
(C) She wants to delay an event.
(D) She has not completed a proposal.

55. What will the woman most likely do next?
(A) Submit a progress report
(B) Sign a contract
(C) Make a telephone call
(D) Purchase a ticket

---

56. Why is the woman surprised?
(A) A proposal has been rejected.
(B) An office space is large.
(C) A meeting has been delayed.
(D) A business is closed.

57. Why does the woman meet with the man?
(A) She wants to purchase a marketing package.
(B) She wants to interview him.
(C) She is interested in renovating an office space.
(D) She is finalizing a merger.

58. What does the man say about some clients?
(A) They regularly visit his business.
(B) They are in the mobile education industry.
(C) They are experts in the tech industry.
(D) They design mobile phones.

---

59. What does the man say is a problem?
(A) Some customers are dissatisfied.
(B) A schedule has been changed.
(C) A delivery has been delayed.
(D) Some products are unavailable.

60. How does the woman propose to solve the problem?
(A) By giving a refund to customers
(B) By posting a link on a Web site
(C) By training the employees
(D) By extending the business hours

61. What does the woman ask the man to do?
(A) Conduct an interview
(B) Repair a machine
(C) Sign a contract
(D) Send her an e-mail

TOUR (1 HOUR LONG)	LANGUAGE OF TOUR
11:00 A.M.	English
1:00 P.M.	Chinese
2:00 P.M.	Korean
3:00 P.M.	English

62. What do the speakers plan to tour?
(A) Some botanical gardens
(B) Some historic palaces
(C) Some upscale hotels
(D) Some modern parks

63. What does the woman remind the man about?
(A) Booking a shuttle bus
(B) Extending a stay at a hotel
(C) Eating dinner with colleagues
(D) Rescheduling a workshop

64. Look at the graphic. Which tour will the speakers buy tickets for?
(A) 11:00 A.M.
(B) 1:00 P.M.
(C) 2:00 P.M.
(D) 3:00 P.M.

▶▶▶GO ON TO THE NEXT PAGE

Shipping Rates

(free standard shipping for orders over $50.00)

Standard (10-14 business days)	$5.00
Expedited (3-4 business days)	$10.00
Priority (48 hours)	$15.00

65. Who most likely is the woman?

(A) A delivery person
(B) A financial consultant
(C) A customer service representative
(D) A Web designer

66. Look at the graphic. What shipping rate will the man pay?

(A) $5.00
(B) $10.00
(C) $15.00
(D) $50.00

67. What will the man most likely do next?

(A) Select a clothing style
(B) Reschedule his backpacking trip
(C) Submit an online application
(D) Provide his credit card information

Lobby Rules

1. Public access from 9 A.M. - 6 P.M.

2. Public computer use limited to 20 minutes.

3. No storage of personal items.

4. No drinking or eating.

68. What does the woman thank the man for?

(A) Meeting a client
(B) Working overtime
(C) Giving a presentation
(D) Increasing sales

69. What happened earlier this morning?

(A) There was heavy traffic.
(B) There was a promotional sale.
(C) There was an employee orientation.
(D) There was inclement weather.

70. Look at the graphic. Which rule are the speakers discussing?

(A) Rule 1
(B) Rule 2
(C) Rule 3
(D) Rule 4

PART 4

Directions: You will hear some short talks given by a single speaker. You will be asked to answer three questions about what the speaker says in each short talk. Select the best response to each question and mark the letter (A), (B), (C), or (D) on your answer sheet. The talks will not be printed in your test book and will be spoken only one time.

71. What business is being advertised?

(A) An art gallery
(B) A publishing firm
(C) A music streaming service
(D) An entertainment company

72. What has the business received an award for?

(A) Its low price
(B) Its diverse selection
(C) Its customer service
(D) Its convenient hours

73. What offer does the speaker mention?

(A) A free concert ticket
(B) A free music CD
(C) A complimentary service
(D) A complimentary consultation

---

74. What is the purpose of the session?

(A) To assign some tasks
(B) To discuss a new policy
(C) To recruit new employees
(D) To recognize colleagues

75. Who is Mr. Henderson?

(A) A chemical engineer
(B) A nutrition expert
(C) A famous chef
(D) A supermarket clerk

76. What will take place after Mr. Henderson's talk?

(A) A consultation session
(B) A health assessment
(C) An employee evaluation
(D) A lunch banquet

---

77. What is the broadcast mainly about?

(A) Sports results
(B) Business news
(C) Upcoming community events
(D) Popular local restaurants

78. What are listeners asked to do before Friday?

(A) Call a business
(B) Make a donation
(C) Submit a registration
(D) Purchase an item

79. What does the speaker imply when he says, "showers are expected to visit us this weekend"?

(A) There may be heavy traffic on the road.
(B) The season is changing to spring.
(C) The listeners should stay indoors.
(D) There may be a change in the schedule.

---

80. What department does the speaker work in?

(A) Engineering
(B) Finance
(C) Human Resources
(D) Global Marketing

81. What is the topic of the workshop?

(A) Designing effective advertisements
(B) Developing healthy eating habits
(C) Writing powerful proposals
(D) Improving public speaking skills

82. What will the listeners do next?

(A) Complete an application
(B) Attend a meeting
(C) Learn some tips
(D) Sample some beverages

▶▶▶ GO ON TO THE NEXT PAGE

83. What is the purpose of the speech?

(A) To announce job openings
(B) To celebrate a company merger
(C) To gain sponsorships from investors
(D) To introduce an award winner

84. What industry does Brian Simson work in?

(A) Skincare
(B) Finance
(C) Nutrition
(D) Architecture

85. According to the speaker, what does Brian Simson plan to do?

(A) Sell his business
(B) Open overseas branches
(C) Expand his product line
(D) Increase product advertising

---

86. What does the speaker mean when she says, "Earlier today, you all received a copy of the sales report"?

(A) The contents of the report are not accurate.
(B) The listeners are not required to be informed about a product.
(C) The wrong report was sent to the listeners by mistake.
(D) The listeners understand that the product is not selling well.

87. What did Amanda tell the speaker?

(A) Customers are confused about the product's features.
(B) Competitors have a more effective marketing campaign.
(C) The product is too expensive.
(D) The quality of the product is low.

88. What does the speaker ask the listeners to do?

(A) Watch a video
(B) Read a document
(C) Attend a conference
(D) Write a report

---

89. Why is the speaker canceling tomorrow's meeting?

(A) Some employees are unavailable.
(B) She has to solve an urgent problem.
(C) Her travel plans have changed.
(D) Some market research is incomplete.

90. According to the speaker, what was the listener's report about?

(A) Customer satisfaction with a product
(B) Ways to increase revenue
(C) Improving employee productivity
(D) How to enter international markets

91. What does the speaker imply when she says, "Let's discuss this further"?

(A) She doesn't think a proposal will work.
(B) She wants to proceed with a contract.
(C) She is surprised by the sales figures.
(D) She is worried about market competition.

---

92. What does the speaker mention about herself?

(A) She is a historian.
(B) She grew up in the area.
(C) She designed a Web site.
(D) She used to be a photographer.

93. According to the speaker, why will the group stop at each site?

(A) To have a chance to take photographs
(B) To listen to some historical information
(C) To ask some questions
(D) To enjoy refreshments

94. According to the speaker, what can the listeners do on a Web site?

(A) Complete a questionnaire
(B) Register for another tour
(C) Purchase photos
(D) Write a review

Safety Inspection Report

Business Name:	Comments:
Luigio's Little Italy	Inspection failed
Safety Checklist ☑ Storage Areas ☑ Food Preparation Area ☑ Dining and Restroom Areas	**Inspector:** Peter Nelson

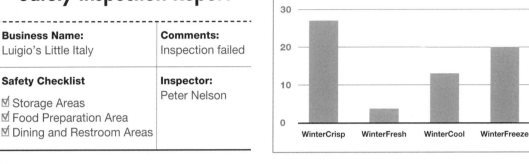

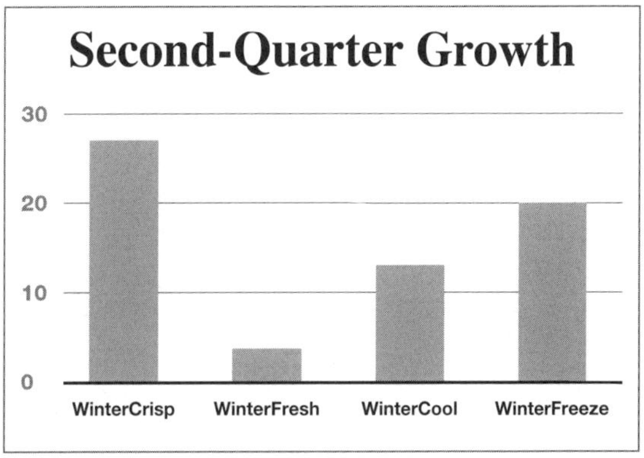

95. Where does the speaker work?

(A) At a bakery
(B) At a supermarket
(C) At a restaurant
(D) At a coffee shop

96. Look at the graphic. Which section of the report does the speaker ask about?

(A) Business Name
(B) Safety Checklist
(C) Inspector
(D) Comments

97. What does the speaker say he is worried about?

(A) Decorating the interior
(B) Resuming business in time for an event
(C) Having enough ingredients to prepare a dish
(D) Being short of staff members

98. Who most likely are the listeners?

(A) Sales representatives
(B) Software engineers
(C) Graphic designers
(D) Product researchers

99. Look at the graphic. Which model is the speaker concerned about?

(A) WinterCrisp
(B) WinterFresh
(C) WinterCool
(D) WinterFreeze

100. What has the company decided to do?

(A) Create a new advertisement
(B) Reduce some prices
(C) Launch some new products
(D) Redesign its Web site

TEST 03

적정 풀이 시간 45분

45 min

TEST 03 MP3

TEST 03 해설집

시작 시간 ___시 ___분

종료 시간 ___시 ___분

• 중간에 멈추지 말고 처음부터 끝까지 풀어보세요.
문제를 풀 때에는 실전처럼 답안지에 마킹하세요.

목표 개수 _______ / 100

실제 개수 _______ / 100

• 정답 개수에 5를 곱하면 대략적인 점수가 됩니다.

LISTENING TEST

In the Listening test, you will be asked to demonstrate how well you understand spoken English. The entire Listening test will last approximately 45 minutes. There are four parts, and directions are given for each part. You must mark your answers on the separate answer sheet. Do not write your answers in the test book.

PART 1

Directions: For each question in this part, you will hear four statements about a picture in your test book. When you hear the statements, you must select the one statement that best describes what you see in the picture. Then find the number of the question on your answer sheet and mark your answer. The statements will not be printed in your test book and will be spoken only one time.

Statement (B), "They are sitting at a table," is the best description of the picture. So you should select answer (B) and mark it on your answer sheet.

1.

2.

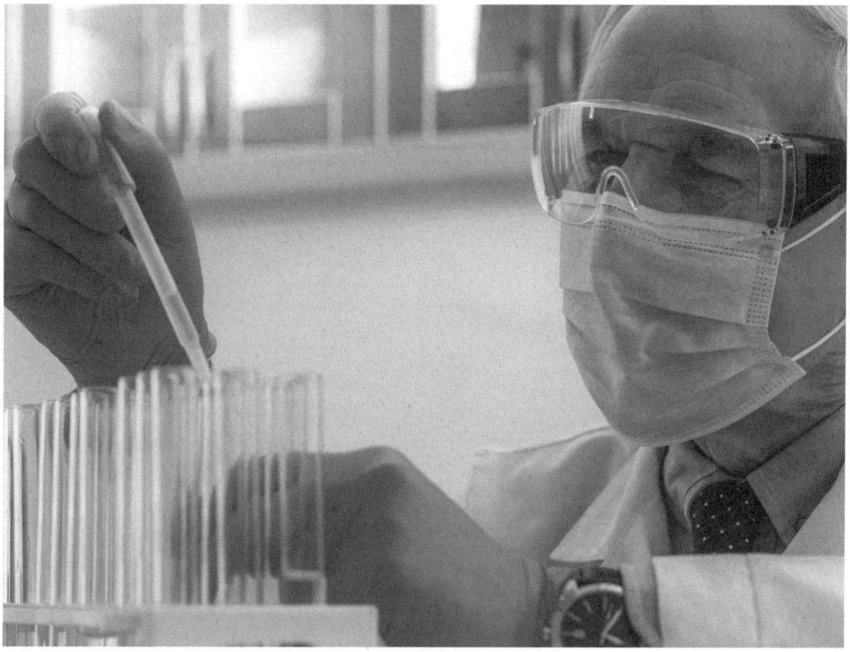

▶▶▶GO ON TO THE NEXT PAGE

3.

4.

5.

6.

▶▶▶GO ON TO THE NEXT PAGE

PART 2

Directions: You will hear a question or statement and three responses spoken in English. They will not be printed in your test book and will be spoken only one time. Select the best response to the question or statement and mark the letter (A), (B), or (C) on your answer sheet.

7. Mark your answer on your answer sheet.

8. Mark your answer on your answer sheet.

9. Mark your answer on your answer sheet.

10. Mark your answer on your answer sheet.

11. Mark your answer on your answer sheet.

12. Mark your answer on your answer sheet.

13. Mark your answer on your answer sheet.

14. Mark your answer on your answer sheet.

15. Mark your answer on your answer sheet.

16. Mark your answer on your answer sheet.

17. Mark your answer on your answer sheet.

18. Mark your answer on your answer sheet.

19. Mark your answer on your answer sheet.

20. Mark your answer on your answer sheet.

21. Mark your answer on your answer sheet.

22. Mark your answer on your answer sheet.

23. Mark your answer on your answer sheet.

24. Mark your answer on your answer sheet.

25. Mark your answer on your answer sheet.

26. Mark your answer on your answer sheet.

27. Mark your answer on your answer sheet.

28. Mark your answer on your answer sheet.

29. Mark your answer on your answer sheet.

30. Mark your answer on your answer sheet.

31. Mark your answer on your answer sheet.

PART 3

Directions: You will hear some conversations between two or three people. You will be asked to answer three questions about what the speakers say in each conversation. Select the best response to each question and mark the letter (A), (B), (C), or (D) on your answer sheet. The conversations will not be printed in your test book and will be spoken only one time.

32. Where does the woman most likely work?
(A) At a grocery shop
(B) At a furniture shop
(C) At a convention center
(D) At an employment agency

33. What will the man do at eight o'clock on May 6?
(A) Arrange a venue
(B) Give a speech
(C) Deliver some items
(D) Call the woman

34. What does the woman say she will do?
(A) Waive a fee
(B) Deliver the items later
(C) Make a recommendation
(D) Show the man a brochure

---

35. How did the woman find out about the event?
(A) By speaking to a colleague
(B) By reading a flyer
(C) By receiving a magazine
(D) By searching on the Internet

36. What does the man ask about?
(A) Model numbers
(B) Directions to the store
(C) A price range
(D) A preferred manufacturer

37. What does the woman plan to do?
(A) Look at a brochure first
(B) Compare some different items
(C) Visit other stores at a later time
(D) Ask for delivery service

---

38. What kind of event are the speakers talking about?
(A) A company outing
(B) A demonstration
(C) A product launch
(D) An employee training session

39. What problem is mentioned?
(A) The preferred room can't be used.
(B) The employees have to work overtime.
(C) The flyers are not ready yet.
(D) The budget for the event isn't enough.

40. What does the woman ask the man to do?
(A) Give her a ride to a place
(B) Move all the items to a new office
(C) Contact the original venue
(D) Review some upgraded designs

---

41. What is the woman's problem?
(A) She wants to cancel a reservation.
(B) She misplaced her ticket.
(C) She lost her credit card.
(D) She didn't reserve a seat.

42. What will the woman probably bring?
(A) A membership card
(B) Photo identification
(C) A credit card
(D) A statement

43. What does the man say about the old ticket?
(A) It will be used by others.
(B) It can be sold at half price.
(C) It can be used the next time.
(D) It is useless.

▶▶▶GO ON TO THE NEXT PAGE

44. What does the man want to buy?

(A) A gardening tool
(B) Some computer accessories
(C) A piece of furniture
(D) Some electric devices

45. What does Sarah mention about some items?

(A) They are available earlier than expected.
(B) They are bestsellers at the shop.
(C) They will be delivered quickly.
(D) They will be discontinued soon.

46. What does Sarah say she will do for the man?

(A) Arrange an interview
(B) Give him some instructions
(C) Help him make a reservation online
(D) Go to another location

---

47. Who most likely are the speakers?

(A) University students
(B) Sales representatives
(C) Financial advisors
(D) Fitness coaches

48. What does the woman suggest when she says, "Who'd like it if we can't fully focus on them"?

(A) She is complaining about the current schedule.
(B) She thinks some students are rude to teachers.
(C) She wants to spend more time studying.
(D) She is surprised that there are too many students.

49. What does the man suggest doing?

(A) Drawing up a plan together
(B) Attracting more students
(C) Changing their schedule
(D) Spending spare time exercising

---

50. What will the woman do in September?

(A) Visit another country
(B) Start a new Web site
(C) Sign a business agreement
(D) Enroll in a course

51. What did Sam do in the morning?

(A) Had a talk with the woman
(B) Gave a lecture at an event
(C) Made a ticket reservation
(D) Repaired some equipment

52. What will the woman do next?

(A) Make a phone call
(B) Visit another location
(C) Consult one of the instructors
(D) Check out some materials

---

53. What kind of task have the speakers been assigned?

(A) Repairing some electric devices
(B) Preparing some training materials
(C) Arranging for an event venue
(D) Recruiting volunteers for an event

54. According to the woman, what has caused a delay?

(A) A power failure
(B) A lack of staff members
(C) A computer malfunction
(D) A meeting with clients

55. What does the man offer to do?

(A) Go to an office supply store
(B) Make a phone call for the woman
(C) Let the woman use his equipment
(D) Reschedule the afternoon meeting

---

56. What is the man trying to do?

(A) Obtain some office supplies
(B) Organize a business meeting
(C) Renovate a storage area
(D) Set up a new department

57. What does the woman require the man to do?

(A) Write down a phone number
(B) Get permission from his supervisor
(C) Provide an order number
(D) Visit a location in person

58. Why does the woman say, "We have to stick to the regulations"?

(A) To guarantee that the man's problem will be solved soon
(B) To provide a reason why the man's request cannot be fulfilled
(C) To inform the man about the new meeting schedule
(D) To show her gratitude for the man's help

---

59. What problem did the woman have with her order?

(A) The item has a different size.
(B) She hasn't received an item yet.
(C) An item is the wrong color.
(D) Her payment hasn't been processed.

60. According to the man, what caused a problem?

(A) A system malfunction
(B) Some old equipment
(C) A power failure
(D) Some employees' mistakes

61. What is the woman advised to do?

(A) Visit another shop
(B) Retain a copy of a receipt
(C) Amend a return policy
(D) Wait for a replacement

Department Directory

Accounting	First Floor
Research and Development	Second Floor
Marketing	Third Floor
Sales	Fourth Floor

62. What does the woman say about Mr. Sanderson?

(A) He went out to have his phone fixed.
(B) He quit his job a while ago.
(C) He is absent at the moment.
(D) He recently opened a business.

63. Why does the man want to see Mr. Sanderson?

(A) To give him some advice
(B) To discuss some products
(C) To submit a report
(D) To handle an urgent problem

64. Look at the graphic. Where does the man need to go?

(A) To the first floor
(B) To the second floor
(C) To the third floor
(D) To the fourth floor

▶▶▶GO ON TO THE NEXT PAGE

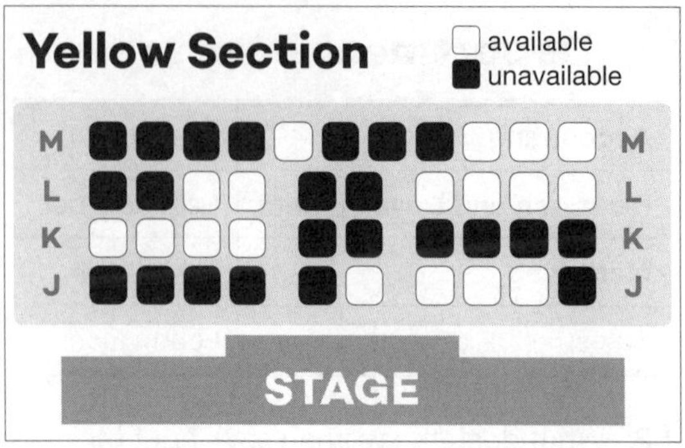

65. What kind of event does the man want to attend?

(A) A training workshop
(B) A musical performance
(C) A sporting event
(D) A theater performance

66. Look at the graphic. Where will the man most likely sit?

(A) In Row J
(B) In Row K
(C) In Row L
(D) In Row M

67. What does the man inquire about?

(A) How he can receive his tickets
(B) When he should arrive at the venue
(C) How long the concert lasts
(D) Where he can buy tickets

Scheduled Renovations

1st Floor	New Wallpapers
2nd Floor	Paintwork
3rd Floor	Flooring
4th Floor	Wiring

68. Who most likely is Mr. Smith?

(A) A building designer
(B) A real estate agent
(C) An event organizer
(D) A professional photographer

69. Look at the graphic. Which floor's work has not been completed?

(A) 1st Floor
(B) 2nd Floor
(C) 3rd Floor
(D) 4th Floor

70. What does the woman plan to do?

(A) Talk to a customer
(B) Purchase more materials
(C) Visit the worksite
(D) Bring new decorations

PART 4

Directions: You will hear some short talks given by a single speaker. You will be asked to answer three questions about what the speaker says in each short talk. Select the best response to each question and mark the letter (A), (B), (C), or (D) on your answer sheet. The talks will not be printed in your test book and will be spoken only one time.

71. Where most likely are the listeners?

(A) On an airplane
(B) At a park
(C) On a bus
(D) In a hotel lounge

72. What does the speaker request?

(A) Checking the view outside of the bus
(B) Gather each one's belongings
(C) Fastening a seatbelt immediately
(D) Visiting one of the hotel's restaurants

73. What will the speaker give to the listeners?

(A) A user manual
(B) A guidebook
(C) A free beverage
(D) A discount voucher

---

74. What is the advertisement mainly about?

(A) A rent-a-car agency
(B) A car dealership
(C) A car accessories store
(D) An auto service center

75. How can customers get a discount?

(A) By making a service reservation
(B) By printing a coupon
(C) By purchasing a part
(D) By bringing a friend

76. According to the speaker, what can be found on the Web site?

(A) Photos of car accidents
(B) Information on car insurance
(C) Customer comments
(D) Other branch offices

---

77. What kind of project are the listeners working on?

(A) A quality test
(B) A demonstration
(C) A customer survey
(D) A product launch

78. What task have the listeners been assigned?

(A) Repairing faulty products
(B) Distributing flyers to people
(C) Asking survey questions
(D) Coming up with marketing ideas

79. What did the speaker do last week?

(A) Looked over a document
(B) Met with his clients
(C) Returned an item for a refund
(D) Contacted an executive

---

80. Why is the man calling?

(A) To set up a meeting
(B) To ask for some feedback
(C) To inquire about an item
(D) To request more budget

81. What does the man suggest when he says, "Actually, we only have a couple"?

(A) He thinks some items are almost sold out.
(B) He is willing to visit some branch offices.
(C) He thinks an order has to be made quickly.
(D) He is disappointed with a situation.

82. What does the man say he can do?

(A) Contact a client
(B) Persuade his supervisor
(C) Provide an estimate
(D) Book a place

▶▶▶GO ON TO THE NEXT PAGE

83. Why is the speaker pleased?

(A) A series of events were successful.
(B) He was recently been promoted.
(C) A new item is selling well nationwide.
(D) He is satisfied with his teammates' cooperation.

84. What benefit of the product is mentioned?

(A) Attractive design
(B) Various colors
(C) Long-lasting batteries
(D) Pain prevention

85. What does the speaker suggest when he says, "We will have it ready soon"?

(A) An event will be arranged.
(B) Some equipment should be replaced.
(C) A brochure has to be printed.
(D) Some merchandise will be marketed.

---

86. Where do the listeners work?

(A) At a fashion house
(B) At a museum
(C) At a travel agency
(D) At a newspaper

87. What does the speaker tell the listeners about?

(A) An awards ceremony
(B) A product launch
(C) A banquet
(D) A competition

88. What does the speaker mention about Ms. Austin?

(A) She will be out of town on vacation.
(B) She will be in charge of multiple tasks.
(C) She will deliver a speech at an event.
(D) She will respond to any inquiries.

---

89. Who most likely is the speaker?

(A) An artist
(B) A guide
(C) A photographer
(D) A driver

90. Why does the speaker say, "We appreciate your patience in advance"?

(A) An inquiry may take a long time to be answered.
(B) A part of the tour may be longer than expected.
(C) An item will not be launched as scheduled.
(D) A staff member is dealing with a problem now.

91. What are the listeners asked to do?

(A) Stay with the group at all times
(B) Avoid using their camera inside
(C) Refer to a brochure during the tour
(D) Pay attention to their belongings

---

92. What are the listeners planning?

(A) A company outing
(B) A conference call
(C) A promotional event
(D) A job fair

93. According to the speaker, what is the problem?

(A) Some materials are missing.
(B) A participation rate is low.
(C) Some employees are on sick leave.
(D) A budget hasn't been approved.

94. What will the speaker probably do next?

(A) Cooperate to create a better design
(B) Go outside to advertise a product
(C) Make phone calls to some clients
(D) Encourage others to join them

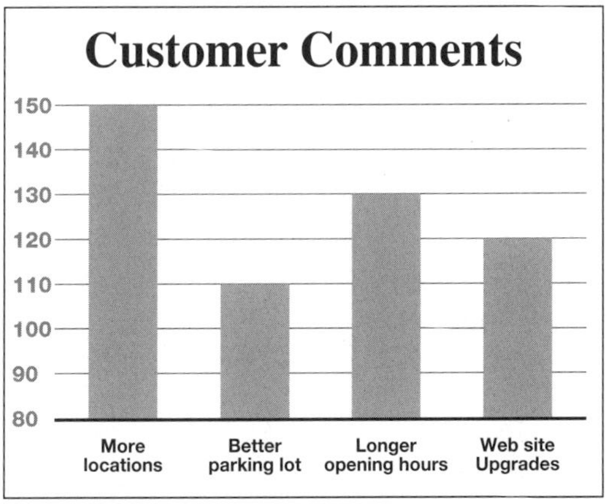

95. Who most likely are the listeners?

(A) Investors
(B) Donors
(C) Customers
(D) Store clerks

96. Look at the graphic. What category will the business work on first?

(A) More locations
(B) Better parking lot
(C) Web site Upgrades
(D) Longer opening hours

97. What will be given to the employees who submit the best ideas?

(A) A cash bonus
(B) Gift certificates
(C) A promotion
(D) Off days

Purchase List

Item	Qty.
Copy Paper(Box)	10
Ink Cartridge	3
Stapler	2
Post-it	15

98. Look at the graphic. Which quantity on the list is incorrect?

(A) 10
(B) 3
(C) 2
(D) 15

99. What does the speaker say she will do this afternoon?

(A) Draw up a list of participants
(B) Drop by some branch offices
(C) Have some documents ready
(D) Arrange a venue for an event

100. What does the speaker mention about Jamie?

(A) He has canceled his appointment.
(B) He was responsible for hosting events.
(C) He will print out the necessary materials.
(D) He will visit the speaker's office today.

TEST 04

적정 풀이 시간 45분

45 min

TEST 04 MP3

TEST 04 해설집

시작 시간 ___시 ___분

종료 시간 ___시 ___분

- 중간에 멈추지 말고 처음부터 끝까지 풀어보세요. 문제를 풀 때에는 실전처럼 답안지에 마킹하세요.

목표 개수 _______ / 100

실제 개수 _______ / 100

- 정답 개수에 5를 곱하면 대략적인 점수가 됩니다.

LISTENING TEST

In the Listening test, you will be asked to demonstrate how well you understand spoken English. The entire Listening test will last approximately 45 minutes. There are four parts, and directions are given for each part. You must mark your answers on the separate answer sheet. Do not write your answers in the test book.

PART 1

Directions: For each question in this part, you will hear four statements about a picture in your test book. When you hear the statements, you must select the one statement that best describes what you see in the picture. Then find the number of the question on your answer sheet and mark your answer. The statements will not be printed in your test book and will be spoken only one time.

Statement (B), "They are sitting at a table," is the best description of the picture. So you should select answer (B) and mark it on your answer sheet.

1.

2.

▶▶▶GO ON TO THE NEXT PAGE

3.

4.

5.

6.

▶▶▶GO ON TO THE NEXT PAGE

PART 2

Directions: You will hear a question or statement and three responses spoken in English. They will not be printed in your test book and will be spoken only one time. Select the best response to the question or statement and mark the letter (A), (B), or (C) on your answer sheet.

7. Mark your answer on your answer sheet.

8. Mark your answer on your answer sheet.

9. Mark your answer on your answer sheet.

10. Mark your answer on your answer sheet.

11. Mark your answer on your answer sheet.

12. Mark your answer on your answer sheet.

13. Mark your answer on your answer sheet.

14. Mark your answer on your answer sheet.

15. Mark your answer on your answer sheet.

16. Mark your answer on your answer sheet.

17. Mark your answer on your answer sheet.

18. Mark your answer on your answer sheet.

19. Mark your answer on your answer sheet.

20. Mark your answer on your answer sheet.

21. Mark your answer on your answer sheet.

22. Mark your answer on your answer sheet.

23. Mark your answer on your answer sheet.

24. Mark your answer on your answer sheet.

25. Mark your answer on your answer sheet.

26. Mark your answer on your answer sheet.

27. Mark your answer on your answer sheet.

28. Mark your answer on your answer sheet.

29. Mark your answer on your answer sheet.

30. Mark your answer on your answer sheet.

31. Mark your answer on your answer sheet.

PART 3

Directions: You will hear some conversations between two or three people. You will be asked to answer three questions about what the speakers say in each conversation. Select the best response to each question and mark the letter (A), (B), (C), or (D) on your answer sheet. The conversations will not be printed in your test book and will be spoken only one time.

32. Where is the conversation most likely taking place?

(A) At a subway station
(B) At a bus stop
(C) At a shop
(D) At a hotel

33. What is the problem?

(A) A clerk is absent today.
(B) An item is unavailable.
(C) A product is not working.
(D) A service is not satisfactory.

34. What does the woman say she wants to do?

(A) Talk to a representative
(B) Visit other stores
(C) Receive a refund
(D) Return the ordered item

---

35. Why is the man calling?

(A) To register for an event
(B) To make a reservation
(C) To update some information
(D) To ask for some delivery

36. What event does the man mention?

(A) A professional seminar
(B) A hotel opening
(C) An outdoor activity
(D) A product launch

37. What additional information does the woman ask for?

(A) The man's phone number
(B) A bank account for a refund
(C) The man's registration information
(D) A description of a faulty item

---

38. Where most likely do the speakers work?

(A) At an electronics company
(B) At a gardening supply store
(C) At a convention center
(D) At a manufacturing factory

39. What have the men been working on?

(A) Recruiting new staff members
(B) Arranging a meeting with clients
(C) Organizing a seminar
(D) Coming up with ideas

40. What does the woman mention?

(A) Holding a demonstration
(B) Giving a presentation
(C) Working late
(D) Canceling an appointment

---

41. What is the conversation mainly about?

(A) An yearly event
(B) Some printing errors
(C) A change in locations
(D) Some new participants

42. What is mentioned about the printing shop?

(A) It has moved to a larger building.
(B) It will go out of business next month.
(C) It is currently very busy.
(D) It will reduce its usual rates.

43. What is Michael asked to do?

(A) Set up a meeting room
(B) Book a place
(C) Design a flyer
(D) Write a budget report

▶▶▶ GO ON TO THE NEXT PAGE

44. What did the woman recently do?

(A) She complained about the cafeteria.
(B) She went over staff surveys.
(C) She recruited new employees.
(D) She collected some application forms.

45. Why does the man say "Ah, that makes sense"?

(A) He understands why the renovations are needed.
(B) He knows the woman needs assistance.
(C) He thinks he should talk to his department manager.
(D) He wants to have lunch in the cafeteria.

46. What does the woman mention about a report?

(A) It won't be submitted until after lunchtime.
(B) It will contain complaints from new employees.
(C) It should help to improve a facility.
(D) It needs to be written by a department head.

---

47. What suggestion does the man make?

(A) Recruiting skilled workers
(B) Introducing better incentives
(C) Coming up with specific strategies
(D) Organizing a variety of events

48. What is the man planning to do?

(A) Hold a professional event
(B) Start a new business
(C) Demonstrate a product
(D) Submit a report

49. What does the man imply when he says, "It will be a new experience for me"?

(A) He doesn't think an event will be successful.
(B) He hopes to recruit better staff members.
(C) He is looking forward to hosting his own events.
(D) He wants to travel to many different areas soon.

---

50. What is the woman unable to do?

(A) Use her credit card
(B) Get in touch with a client
(C) Access a room
(D) Open her e-mail

51. According to the man, what is happening now?

(A) A training workshop is being held.
(B) New security desks are being installed.
(C) A company outing is being planned.
(D) New devices are being set up.

52. What does the man suggest the woman do?

(A) Talk to a supervisor
(B) Change her personal information
(C) Go on a business trip
(D) Look for her lost item

---

53. What did the man do on his business trip?

(A) He signed a business contract.
(B) He went to some events.
(C) He gave a speech.
(D) He met with clients.

54. What problem does the man mention?

(A) He received fewer application forms than expected.
(B) His company is less competitive in the field.
(C) A job fair wasn't successful at all.
(D) Rival companies have released many new items.

55. What does the woman suggest?

(A) Holding a meeting
(B) Recruiting more people
(C) Using an online advertisement
(D) Drawing up a list

---

56. Why is the man calling?

(A) To rent a vehicle
(B) To book a room at a hotel
(C) To cancel an appointment
(D) To complain about a service

57. What information does the woman request?

(A) Credit card information
(B) An expiration date
(C) The delivery options
(D) The number of people

58. What does the woman suggest the man do?

(A) Go back to his office first
(B) Receive a repair service
(C) Send necessary documents
(D) Visit an office in person

---

59. What are the speakers talking about?

(A) A business trip
(B) A training session
(C) A reimbursement
(D) A method of payment

60. When did the woman submit the documents?

(A) Yesterday
(B) Last week
(C) Last month
(D) Last year

61. According to the man, what probably caused the delay?

(A) Some paperwork hasn't been submitted.
(B) A system has been changed.
(C) The woman lost some of the receipts.
(D) The person in charge hasn't given his approval.

Supervisor	Department
Jamie Min	Accounting
Gary Moore	Human Resources
Kelly Henderson	Advertising
Roy Oswalt	Product Designs

62. What is the purpose of the man's visit?

(A) He is visiting a former supervisor.
(B) He is signing a business contract.
(C) He is fixing some faulty equipment.
(D) He is attending a training workshop.

63. What does the woman say about a visitor's pass?

(A) All visitors must obtain one.
(B) Visitors can get one well in advance.
(C) A copy of an ID card must be submitted.
(D) A department head can issue one.

64. Look at the graphic. Whose name has to be updated on the directory?

(A) Jamie Min
(B) Gary Moore
(C) Kelly Henderson
(D) Roy Oswalt

▶▶▶GO ON TO THE NEXT PAGE

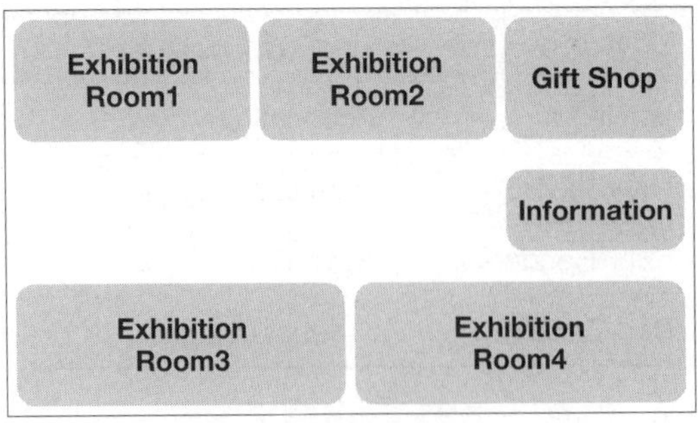

65. According to the man, what is the woman about to do?

(A) Display her exhibits
(B) Make a phone call
(C) Meet with some artists
(D) Hold an exhibition

66. Look at the graphic. Which gallery has been assigned to the man?

(A) Exhibition Room 1
(B) Exhibition Room 2
(C) Exhibition Room 3
(D) Exhibition Room 4

67. What does the woman say will happen this afternoon?

(A) An exhibition room renovation
(B) A meeting with other artists
(C) An introductory painting class
(D) A photo session with famous sculptors

Convention Halls	Address
Crystal Hall	1101 Millstream Way
Mcpherson Hall	405 Bamboo Road
Oak Hill Hall	332 Oak Hill Street
Granderson Hall	227 45 Avenue

68. What are the speakers talking about?

(A) A product launch
(B) A faulty product
(C) A partner company
(D) A recruiting event

69. What is the woman concerned about?

(A) The size of a venue
(B) An application process
(C) The availability of equipment
(D) Marketing strategies

70. Look at the graphic. Which hall will the speakers probably contact?

(A) Crystal Hall
(B) Mcpherson Hall
(C) Oak Hill Hall
(D) Granderson Hall

PART 4

Directions: You will hear some short talks given by a single speaker. You will be asked to answer three questions about what the speaker says in each short talk. Select the best response to each question and mark the letter (A), (B), (C), or (D) on your answer sheet. The talks will not be printed in your test book and will be spoken only one time.

71. Where most likely are the listeners?

(A) On a plane
(B) On a bus
(C) On a train
(D) On a subway

72. What is the cause of the delay?

(A) Unexpected weather
(B) A lack of staff members
(C) An equipment malfunction
(D) A mechanical problem

73. What does the speaker say will happen?

(A) Passengers will get a souvenir.
(B) A route will not be available anymore.
(C) Passengers will receive a discount.
(D) A staff member will deal with complaints.

---

74. Why did the speaker meet with Mr. Jeong?

(A) To have an interview
(B) To discuss a contract
(C) To show him around an office
(D) To provide some supplies

75. What did Mr. Jeong say he wants to do?

(A) Give a presentation
(B) Transfer overseas
(C) Tour a facility
(D) Arrange an event

76. According to the speaker, what should Mr. Jeong do?

(A) Talk to his manager
(B) Confirm his availability
(C) Deliver some equipment
(D) Review a document

---

77. What event is being introduced?

(A) A company banquet
(B) A training workshop
(C) An awards ceremony
(D) A product launch

78. What did Ray Anderson recently do?

(A) He gave a presentation.
(B) He negotiated a contract.
(C) He oversaw a project.
(D) He hired new employees.

79. According to the speaker, what will happen after the event?

(A) A tour of some facilities will be conducted.
(B) The attendees will test a sample model.
(C) Some beverages will be provided.
(D) The attendees will receive a coupon.

▶▶▶GO ON TO THE NEXT PAGE

80. According to the speaker, what is the company trying to do?

(A) Change some company policies
(B) Analyze customer complaints
(C) Improve the knowledge of the staff
(D) Expand its business overseas

81. What does the speaker mean when she says, "I think you can guess what they are"?

(A) The listeners may already know about the compensation.
(B) The listeners will be able to deal with tough situations.
(C) The listeners have already met with some supervisors.
(D) The listeners will be attending many different seminars.

82. What will listeners receive for performing well?

(A) Promotion to manager
(B) Additional vacation days
(C) Plaque with their names on them
(D) State-of-the-art electronics

---

83. Who most likely is the woman?

(A) A tenant
(B) A salesperson
(C) A service user
(D) A customer service representative

84. What benefit of the product is mentioned?

(A) She thinks her delivery is missing in transit.
(B) She is satisfied with the customer service.
(C) She thinks the amount on a bill is wrong.
(D) She is surprised by the friendly employees.

85. What does the woman want to do?

(A) Sign up for another package
(B) Switch to another provider
(C) Visit a branch office in person
(D) Discuss an issue with a supervisor

---

86. What type of business is being discussed?

(A) A newspaper company
(B) An electronics business
(C) A grocery store chain
(D) A job recruiting agency

87. What will some customers receive?

(A) A gift certificate
(B) Complimentary food
(C) A free product
(D) A catalogue

88. Why does the speaker say "So, take advantage of this marvelous offer now"?

(A) To suggest that a contract be made now
(B) To show that a product is selling well
(C) To announce that a company is closing down
(D) To point out that the listeners should hurry

---

89. Who might be interested in this advertisement?

(A) Potential entrepreneurs
(B) Business owners
(C) Professional retailers
(D) Commuters to a city

90. What is mentioned about Indie Work?

(A) It provides startup funds.
(B) It searches for new customers.
(C) It offers vocational education and training.
(D) It advertises businesses for a small fee.

91. How can listeners get a free catalogue?

(A) By going to a Web site
(B) By proving they have new businesses
(C) By calling Indie Work immediately
(D) By visiting Indie Work's main office

---

92. What is the most important element to the hotel's success?

(A) Its different types of catering services
(B) Its ability to serve diverse clients
(C) Its state-of-the-art facilities
(D) Its worldwide recognition

93. According to the speaker, where is the buffet restaurant?

(A) In the basement
(B) On the first floor
(C) On the second floor
(D) On the third floor

94. What does the speaker mention about the information center?

(A) Its business hours have been shortened.
(B) It is known for its friendly services.
(C) Its employees are good at foreign languages.
(D) Guests have complemented its receptionists several times.

Order Form (July)

Order Date	Item	Amount	Price
July 15	Copy paper	10	$100
July 20	Ink Cartridge	7	$280
July 26	Monitor	3	$450
July 28	Chair	5	$750

95. Why is the speaker calling?

(A) A product has been damaged.
(B) She was overcharged.
(C) A delivery has not been made.
(D) She doesn't know what to order.

96. Look at the graphic. Which item does the speaker talk about?

(A) Copy paper
(B) Ink Cartridge
(C) Monitor
(D) Chair

97. What does the speaker say she may do?

(A) Take follow-up action
(B) E-mail a confirmation
(C) Make a phone call
(D) Repair some equipment

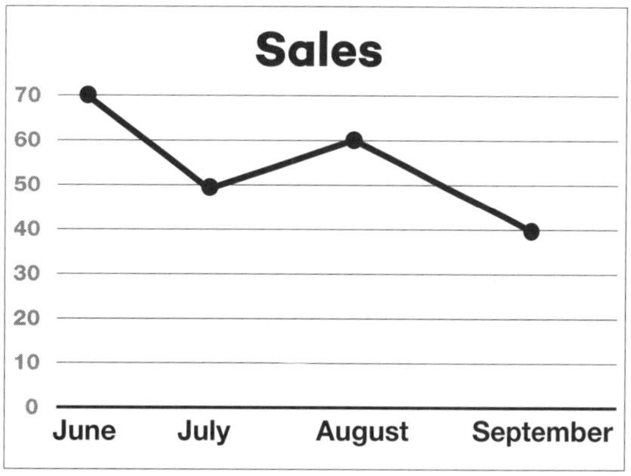

98. Where most likely does the speaker work?

(A) At an online shopping mall
(B) At a real estate agency
(C) At an electronics company
(D) At a publishing house

99. Look at the graphic. When did the company experience a lack of employees?

(A) In June
(B) In July
(C) In August
(D) In September

100. According to the speaker, what does the business plan to do next quarter?

(A) Renovate some offices
(B) Relocate its headquarters
(C) Expand its workforce
(D) Promote some employees

TEST 05

적정 풀이 시간 45분

45 min

TEST 05 MP3

TEST 05 해설집

시작 시간 ___시 ___분

종료 시간 ___시 ___분

목표 개수 _______ / 100

실제 개수 _______ / 100

- 중간에 멈추지 말고 처음부터 끝까지 풀어보세요.
  문제를 풀 때에는 실전처럼 답안지에 마킹하세요.

- 정답 개수에 5를 곱하면 대략적인 점수가 됩니다.

LISTENING TEST

In the Listening test, you will be asked to demonstrate how well you understand spoken English. The entire Listening test will last approximately 45 minutes. There are four parts, and directions are given for each part. You must mark your answers on the separate answer sheet. Do not write your answers in the test book.

PART 1

Directions: For each question in this part, you will hear four statements about a picture in your test book. When you hear the statements, you must select the one statement that best describes what you see in the picture. Then find the number of the question on your answer sheet and mark your answer. The statements will not be printed in your test book and will be spoken only one time.

Statement (B), "They are sitting at a table," is the best description of the picture. So you should select answer (B) and mark it on your answer sheet.

1.

2.

▶▶▶GO ON TO THE NEXT PAGE

3.

4.

5.

6.

▶▶▶GO ON TO THE NEXT PAGE

PART 2

Directions: You will hear a question or statement and three responses spoken in English. They will not be printed in your test book and will be spoken only one time. Select the best response to the question or statement and mark the letter (A), (B), or (C) on your answer sheet.

7. Mark your answer on your answer sheet.

8. Mark your answer on your answer sheet.

9. Mark your answer on your answer sheet.

10. Mark your answer on your answer sheet.

11. Mark your answer on your answer sheet.

12. Mark your answer on your answer sheet.

13. Mark your answer on your answer sheet.

14. Mark your answer on your answer sheet.

15. Mark your answer on your answer sheet.

16. Mark your answer on your answer sheet.

17. Mark your answer on your answer sheet.

18. Mark your answer on your answer sheet.

19. Mark your answer on your answer sheet.

20. Mark your answer on your answer sheet.

21. Mark your answer on your answer sheet.

22. Mark your answer on your answer sheet.

23. Mark your answer on your answer sheet.

24. Mark your answer on your answer sheet.

25. Mark your answer on your answer sheet.

26. Mark your answer on your answer sheet.

27. Mark your answer on your answer sheet.

28. Mark your answer on your answer sheet.

29. Mark your answer on your answer sheet.

30. Mark your answer on your answer sheet.

31. Mark your answer on your answer sheet.

PART 3

Directions: You will hear some conversations between two or three people. You will be asked to answer three questions about what the speakers say in each conversation. Select the best response to each question and mark the letter (A), (B), (C), or (D) on your answer sheet. The conversations will not be printed in your test book and will be spoken only one time.

32. What department does the man most likely work in?
(A) Accounting
(B) Human Resources
(C) Design
(D) Maintenance

33. What does the man ask the woman to do?
(A) Extend a deadline
(B) Visit his office
(C) Take some pictures
(D) E-mail some images

34. What will probably take place next week?
(A) Some promotional materials will be printed.
(B) The man will take a few days off.
(C) A product demonstration will be held.
(D) The woman will help finish the work.

---

35. What are the speakers discussing?
(A) The location of an office
(B) The monthly rent for an office
(C) The repair service for the man's car
(D) The replacement of a monitor

36. Why was the man delayed?
(A) A road was being repaired.
(B) A bus arrived later than scheduled.
(C) There was a problem on the road.
(D) His vehicle was towed.

37. What does the man say he will do?
(A) Talk to the woman the following day
(B) Visit a car repair shop soon
(C) Take a picture of Mr. Johnson's office
(D) Make a copy of a map

---

38. Why did the man call the woman?
(A) To order a product
(B) To explain a delivery route
(C) To report a defective product
(D) To obtain information on a job

39. What does the woman recommend doing?
(A) Sending an item back
(B) Visiting a branch office
(C) Talking to a supervisor
(D) Filling out a form

40. What does the man say he will do?
(A) Purchase more products
(B) Post some comments
(C) Take a picture of the item
(D) Make an order online

---

41. Where does the woman work?
(A) At a real estate agency
(B) At a shopping mall
(C) At a convention center
(D) At a restaurant

42. What does the man say he will do?
(A) Move to another city
(B) Renovate his restaurant
(C) Start a new business
(D) Use public transportation

43. What does the man imply when he says, "I have a business meeting at 4:00"?
(A) He wants to have a meeting before 4:00 p.m.
(B) He would like to meet at another time.
(C) He should leave early to attend a meeting.
(D) He will be able to delay a meeting.

▶▶▶GO ON TO THE NEXT PAGE

44. Who most likely is the woman?

(A) A job applicant
(B) A critic
(C) A famous cook
(D) A restaurant owner

45. What is the woman pleased about?

(A) A positive response from a diner
(B) Exposure in the media
(C) A successful meeting with a client
(D) A recommendation by her boss

46. What does the man ask the woman to do?

(A) Suggest a delicious dish
(B) Attend an interview session
(C) Go online for some research
(D) Reduce the price of an item

---

47. What does the woman imply when she says, "I'm actually looking forward to going there again"?

(A) She has been to Seattle before.
(B) She hopes to go on vacation soon.
(C) She wants to have a meeting again.
(D) She will meet with a client one more time.

48. What does the woman say about the company?

(A) It will introduce a new tour package.
(B) It will relocate its headquarters soon.
(C) It is considering the expansion of its business.
(D) It is going to purchase another company.

49. What does the man say he will do?

(A) Make a flight reservation
(B) Book a variety of activities
(C) Bring a coworker to a meeting
(D) Rehearse a presentation

---

50. Where do the interviewers most likely work?

(A) At a newspaper company
(B) At a local dealership
(C) At a TV network
(D) At a radio channel

51. What does the woman say is important?

(A) Marketing strategies
(B) Business relations
(C) Market research
(D) Benefits package

52. What do the men hope to do?

(A) Make a contract with the woman
(B) Change a manufacturing process
(C) Visit a manufacturing factory
(D) Invite another expert in the industry

---

53. What problem does the man mention?

(A) He can't make a ticket reservation.
(B) There are no buses available at the moment.
(C) His car has to be repaired right away.
(D) Some clients aren't willing to come.

54. What does the woman suggest?

(A) Purchasing a new company car
(B) Going back to the office
(C) Sending the necessary materials
(D) Joining a rescheduled meeting

55. What does the man offer to do?

(A) Lead the latter part of the presentation
(B) E-mail some slides to company executives
(C) Post some reviews online later
(D) Discuss the key points of the presentation

---

56. What are the speakers talking about?

(A) A yearly company event
(B) A company outing
(C) An orientation for new employees
(D) Some renovation work

57. What information does the woman mention?

(A) Some employees will be absent.
(B) Some new speakers will join.
(C) The event may be cancelled.
(D) There might be a change in the site.

58. What most likely will the man do?

(A) He will go on a business trip.
(B) He will give a speech at an event.
(C) He will contact local offices.
(D) He will have a meeting with the CEO.

---

59. Where do the speakers work?

(A) At an appliances store
(B) At an art gallery
(C) At a department store
(D) At a shipping company

60. What does the man suggest?

(A) Lowering prices
(B) Creating a display
(C) Extending business hours
(D) Advertising online

61. What will the man probably do next?

(A) Check an inventory
(B) Contact a business
(C) Unpack some merchandise
(D) Update a price list

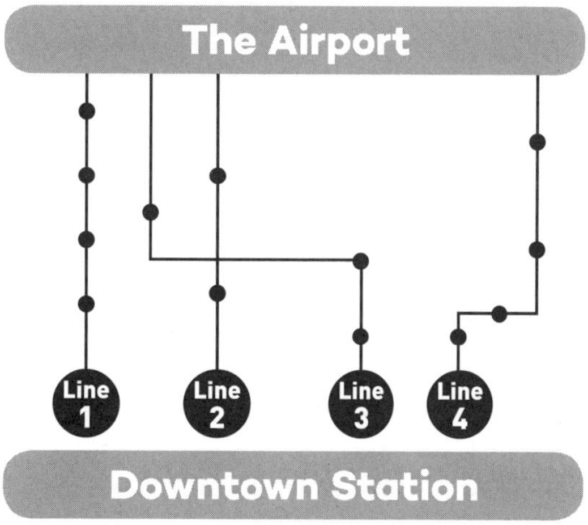

62. Where does the conversation take place?

(A) In a subway station
(B) At a resort
(C) In an office
(D) At a bus terminal

63. Look at the graphic. Which line does the man suggest the woman take?

(A) Line 1
(B) Line 2
(C) Line 3
(D) Line 4

64. What does the woman say about her vacation?

(A) It will be an overseas travel.
(B) It will take more than a week.
(C) It was planned only a week ago.
(D) It should be canceled.

▶▶▶GO ON TO THE NEXT PAGE

Item	Price
Vase (White)	$40
Seeds (Five Kinds)	$20
Gardening Soil	$30
Next-day Delivery	$15
Total	$105

65. Who most likely is the woman?

(A) A gardening book writer
(B) A computer programmer
(C) A customer service representative
(D) A financial advisor

66. What does the man ask about?

(A) Why there was a missing item
(B) How he can get a refund
(C) Where he can open an account
(D) When a delivery arrives

67. Look at the graphic. Which amount will the man be refunded?

(A) $40
(B) $20
(C) $30
(D) $15

Flight	Departure Time
JA302	9:00 A.M.
KT24	10:30 A.M.
JA304	2:30 P.M.
RA775	3:00 P.M.

68. Who most likely is the man?

(A) A flight attendant
(B) An airline employee
(C) A hotel clerk
(D) An event organizer

69. What is the woman worried about?

(A) Arriving at the destination on time
(B) Purchasing more flight tickets
(C) Checking in at the airport
(D) Upgrading her seat

70. Look at the graphic. Which flight will the woman most likely use?

(A) JA302
(B) KT24
(C) JA304
(D) RA775

PART 4

Directions: You will hear some short talks given by a single speaker. You will be asked to answer three questions about what the speaker says in each short talk. Select the best response to each question and mark the letter (A), (B), (C), or (D) on your answer sheet. The talks will not be printed in your test book and will be spoken only one time.

71. What is the man waiting for?

(A) An itinerary
(B) A confirmation
(C) A contract
(D) A delivery

72. What does the man ask Frank to do?

(A) Sign a business agreement
(B) Purchase new equipment
(C) Contact a potential speaker
(D) Visit a supervisor's office

73. Why does the man say, "I know it's a big favor"?

(A) To ask for a change in a schedule
(B) To participate in an orientation
(C) To attract more visitors
(D) To apologize for the late notice

---

74. What is the speaker mainly discussing?

(A) An upcoming construction project
(B) Newly hired employees
(C) Customer complaints
(D) An increase in safety concerns

75. What does the speaker say will take place at the company next week?

(A) Workshop sessions
(B) The installation of new equipment
(C) Job interviews
(D) The assessment of employees

76. What does the speaker say about some employees?

(A) They have asked to work from home.
(B) They will be unavailable next week.
(C) They were injured while they were working.
(D) They will transfer to overseas branches.

---

77. Where most likely is this announcement being made?

(A) At a real estate agency
(B) At a clothing store
(C) At a travel agency
(D) At a museum

78. What problem does the speaker mention?

(A) The number of customers decreased.
(B) A delivery has been delayed.
(C) Some items will be out of stock soon.
(D) There are old office supplies.

79. What does the speaker say about this afternoon?

(A) A meeting with potential investors will be held.
(B) Customer surveys will be analyzed.
(C) Extended working hours will be announced.
(D) Managers will gather to discuss an issue.

▶▶▶GO ON TO THE NEXT PAGE

80. What's the news report about?

(A) Public speaking methods
(B) A recent article on language learning
(C) Language skills for job applicants
(D) Better communication skills

81. What does Neil Jameson recommend that people should do?

(A) Sign up for a job fair
(B) Read more news articles
(C) Study in other countries
(D) Search for more information online

82. Why does the speaker mention a Web site?

(A) To ask the listeners to download videos
(B) To recommend an online lesson
(C) To help the listeners get more information
(D) To advertise his company's new products

---

83. Why is Kelly JJ coming for a visit?

(A) To purchase items
(B) To meet with the CEO
(C) To have a photoshoot
(D) To finalize a deal

84. Why does the speaker say, "We shouldn't miss this great opportunity"?

(A) To complain about some services
(B) To request more funding for an event
(C) To suggest creating more commercials
(D) To mention the importance of an event

85. What will the listeners most likely do next?

(A) Read some news articles
(B) Talk to their supervisors
(C) Submit some suggestions
(D) Reschedule their appointments

---

86. Where most likely are the listeners?

(A) At a concert venue
(B) At a product launch venue
(C) At a hotel ballroom
(D) At a repair center

87. What problem does the speaker mention?

(A) A staff member is absent.
(B) Some equipment has malfunctioned.
(C) An event has to be rescheduled.
(D) Some projects have been canceled.

88. What are the listeners asked to do?

(A) Remain seated
(B) Test a product
(C) Listen to a talk
(D) Enjoy refreshments

---

89. What does the speaker say about the mall?

(A) It will be remodeled.
(B) It is brand new.
(C) It will be inspected.
(D) It is being constructed.

90. Who most likely are the listeners?

(A) Local government officials
(B) Potential business owners
(C) Sales representatives
(D) Promising interior designers

91. What will the listeners receive after the tour?

(A) A movie ticket
(B) A voucher
(C) A catalogue
(D) A free item

---

92. Who most likely is the speaker?

(A) A salesperson
(B) An event volunteer
(C) A tech support employee
(D) A real estate agent

93. What does the speaker mean when he says, "Well, that's not a big deal"?

(A) He is going to order a product online.
(B) An issue can be dealt with easily.
(C) He is on his way to sign a new contract.
(D) An item can be purchased at a reduced price.

94. What does the man recommend doing?

(A) Using another device
(B) Taking a look at a file
(C) Holding an event outside
(D) Bringing a necessary document

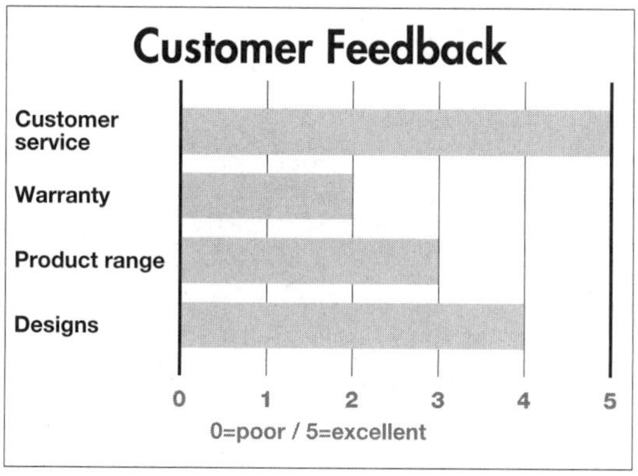

95. What kind of company does the speaker most likely work for?

(A) A recruitment agency
(B) A furniture manufacturer
(C) A grocery store chain
(D) A department store

96. What does the company plan to do?

(A) Expand its business
(B) Obtain more funds
(C) Conduct a product test
(D) Hold a nationwide event

97. Look at the graphic. What will the speaker talk about next?

(A) Customer service
(B) Warranty
(C) Product range
(D) Designs

Friday Schedule

9:00 A.M.	
10:00 A.M.	Concept meeting
11:00 A.M.	
12:00 P.M.	
1:00 P.M.	Interview
2:00 P.M.	
3:00 P.M.	Glory Light Fixtures
4:00 P.M.	

98. Where most likely does the speaker work?

(A) At a job recruiting agency
(B) At an interior design firm
(C) At a manufacturing company
(D) At an electronics supplier

99. What would the speaker like to discuss with the listener?

(A) When to move to a new building
(B) Whether to apply for a job
(C) Where to donate money
(D) How to limit a cost

100. Look at the graphic. What time does the speaker want to meet?

(A) At 10:00 A.M.
(B) At 11:00 A.M.
(C) At 1:00 P.M.
(D) At 2:00 P.M.

TEST 06

적정 풀이 시간 45분

45 min

TEST 06 MP3

TEST 06 해설집

시작 시간 ___시 ___분

종료 시간 ___시 ___분

- 중간에 멈추지 말고 처음부터 끝까지 풀어보세요. 문제를 풀 때에는 실전처럼 답안지에 마킹하세요.

목표 개수 _______ / 100

실제 개수 _______ / 100

- 정답 개수에 5를 곱하면 대략적인 점수가 됩니다.

LISTENING TEST

In the Listening test, you will be asked to demonstrate how well you understand spoken English. The entire Listening test will last approximately 45 minutes. There are four parts, and directions are given for each part. You must mark your answers on the separate answer sheet. Do not write your answers in the test book.

PART 1

Directions: For each question in this part, you will hear four statements about a picture in your test book. When you hear the statements, you must select the one statement that best describes what you see in the picture. Then find the number of the question on your answer sheet and mark your answer. The statements will not be printed in your test book and will be spoken only one time.

Statement (B), "They are sitting at a table," is the best description of the picture. So you should select answer (B) and mark it on your answer sheet.

1.

2.

▶▶▶GO ON TO THE NEXT PAGE

3.

4.

5.

6.

▶▶▶GO ON TO THE NEXT PAGE

PART 2

Directions: You will hear a question or statement and three responses spoken in English. They will not be printed in your test book and will be spoken only one time. Select the best response to the question or statement and mark the letter (A), (B), or (C) on your answer sheet.

7. Mark your answer on your answer sheet.

8. Mark your answer on your answer sheet.

9. Mark your answer on your answer sheet.

10. Mark your answer on your answer sheet.

11. Mark your answer on your answer sheet.

12. Mark your answer on your answer sheet.

13. Mark your answer on your answer sheet.

14. Mark your answer on your answer sheet.

15. Mark your answer on your answer sheet.

16. Mark your answer on your answer sheet.

17. Mark your answer on your answer sheet.

18. Mark your answer on your answer sheet.

19. Mark your answer on your answer sheet.

20. Mark your answer on your answer sheet.

21. Mark your answer on your answer sheet.

22. Mark your answer on your answer sheet.

23. Mark your answer on your answer sheet.

24. Mark your answer on your answer sheet.

25. Mark your answer on your answer sheet.

26. Mark your answer on your answer sheet.

27. Mark your answer on your answer sheet.

28. Mark your answer on your answer sheet.

29. Mark your answer on your answer sheet.

30. Mark your answer on your answer sheet.

31. Mark your answer on your answer sheet.

PART 3

Directions: You will hear some conversations between two or three people. You will be asked to answer three questions about what the speakers say in each conversation. Select the best response to each question and mark the letter (A), (B), (C), or (D) on your answer sheet. The conversations will not be printed in your test book and will be spoken only one time.

32. Why is the man speaking to the woman?
(A) To respond to a message
(B) To ask about a new product
(C) To sell some merchandise
(D) To order some materials

33. What event is the man planning to attend?
(A) A company event
(B) A school play
(C) A community program
(D) A technology conference

34. What does the woman advise the man to do?
(A) Make an appointment
(B) Arrive early
(C) Purchase a ticket
(D) Check nearby branch hours

---

35. How did the man hear about Equal Fitness Gym?
(A) From a television commercial
(B) From a Web site advertisement
(C) From a family member
(D) From a newspaper article

36. According to the woman, how is Equal Fitness Gym different from its competitors?
(A) It gives out monthly prizes.
(B) It has a swimming pool.
(C) It provides complimentary towels.
(D) It offers lower prices.

37. What will the man do in September?
(A) Train athletes
(B) Move to another place
(C) Go on a business trip
(D) Cancel his membership

---

38. What are the men discussing?
(A) A decrease in expenses
(B) A manufacturing plant expansion
(C) An eco-friendly product line
(D) An urgent request

39. Who is the woman?
(A) An architect
(B) A structural engineer
(C) A high-level executive
(D) A designer

40. What does the woman instruct the men to do?
(A) Track employee performance
(B) Change a schedule
(C) Make a plan immediately
(D) Tear down a building

---

41. What goal does the man have?
(A) To visit his relatives
(B) To become a teacher
(C) To live in another country
(D) To learn many languages

42. What does the woman do?
(A) Gives the man a textbook
(B) Invites the man to a study group
(C) Tutors the man privately
(D) Offers the man a job

43. What information does the man ask for?
(A) A schedule
(B) A detailed report
(C) A meeting location
(D) A meeting time

▶▶▶GO ON TO THE NEXT PAGE

44. What type of business do the speakers work for?

(A) A food market
(B) A café
(C) A restaurant
(D) A stationery store

45. What did Harumi Yamada suggest?

(A) Changing shifts with colleagues
(B) Becoming his apprentice
(C) Sampling a new dish
(D) Working additional hours

46. What does the woman say she will do?

(A) Review submissions
(B) Cook in the kitchen
(C) Assist with staff training
(D) Choose meal options

---

47. What product are the speakers discussing?

(A) Monitors
(B) Air conditioners
(C) Electronic hardware
(D) Speaker systems

48. According to the woman, what information was disappointing?

(A) A device is significantly damaged.
(B) All the new proposals were rejected.
(C) The meeting ended later than expected.
(D) A component needs to be upgraded.

49. What does the woman suggest?

(A) Changing a proposed idea
(B) Firing some employees
(C) Decreasing the budget
(D) Doing research on the supplier

---

50. According to the man, what caused some deliveries to be late?

(A) There is a distribution problem at the facility.
(B) The workers were given faulty devices.
(C) Some supplies were not available.
(D) Some equipment was not repaired.

51. What does the man suggest doing?

(A) Speaking with a supervisor
(B) Changing some travel arrangements
(C) Using different services
(D) Revising an agenda

52. What do the speakers agree to do this afternoon?

(A) Hire more employees
(B) Negotiate with delivery companies
(C) Reserve a conference room
(D) Review some instructions

---

53. What does the woman ask the man to do?

(A) Pick up a package
(B) Bring some food
(C) Throw away the trash
(D) Book a flight ticket

54. What does the woman plan to do today?

(A) Organize a party
(B) Clean her house
(C) Meet with an acquaintance
(D) Travel to another country

55. Why does the woman say, "It's important not to harm the environment"?

(A) To improve communications
(B) To remind the man about what to do
(C) To reduce some expenses
(D) To ask the man to walk carefully

---

56. Where are the speakers?
(A) At a research laboratory
(B) At a business meeting
(C) At an industry conference
(D) At a factory

57. What project are the men working on?
(A) A 3D printer
(B) An IT system
(C) Road construction
(D) A new computer program

58. What does the woman say she is in charge of?
(A) Customizing interior designs
(B) Providing house loans
(C) Printing confidential records
(D) Recruiting new employees

59. What did a client dislike about some floor tiles?
(A) Their weight
(B) Their cost
(C) Their design
(D) Their durability

60. Why does the man say, "I don't know how we're going to make it"?
(A) He has to prepare for a contest.
(B) He has to go on a business trip.
(C) He is concerned about not meeting a deadline.
(D) He is going to meet with the client tomorrow.

61. What does the woman say she will do?
(A) Print a revised contract
(B) Contact a supplier
(C) Call a floor planner
(D) Assist the team

City Park Picnic Facilities

Picnic Spot	Capacity
Wintersweet	55
Ridgewood	65
Kearny Mesa	75
Linda Vista	85

62. What information about the picnic did the woman receive?
(A) The length of the event
(B) The list of supplies required
(C) The names of the people attending
(D) The address of the location

63. Look at the graphic. Which picnic spot will the speakers choose?
(A) Wintersweet
(B) Ridgewood
(C) Kearny Mesa
(D) Linda Vista

64. What does the man say he will take care of?
(A) Healthcare
(B) Insurance
(C) Emergency services
(D) Entertainment

TEST 06

▶▶▶GO ON TO THE NEXT PAGE

Invoice

Frame Size	Cost
3x5 inches	$20
5x5 inches	$25
6x6 inches	$35
8x10 inches	$40
Total	$120

65. What does the woman say she will do with the framed photographs?

(A) Sell them to her coworkers
(B) Decorate an office
(C) Gift them to a relative
(D) Ship them to a customer

66. Look at the graphic. Which amount will be removed from the invoice?

(A) $20
(B) $25
(C) $35
(D) $40

67. What does the man say his assistant will do?

(A) Take some merchandise to the owner
(B) Wrap a purchase with extra bubble wrap
(C) Print a receipt
(D) Expedite a process

Washington to San Francisco

Flight Number	Departing Time	Arrival Time
Flight 69	06:00 A.M.	08:20 A.M.
Flight 86	08:35 A.M.	11:00 A.M.
Flight 103	11:55 A.M.	02:05 P.M.
Flight 128	02:00 P.M.	04:20 P.M.

68. Why does the man apologize?

(A) A machine stopped functioning.
(B) A complaint is submitted online.
(C) A professional contract expired.
(D) A Web site is not accessible.

69. Look at the graphic. What flight will the woman most likely take?

(A) Flight 69
(B) Flight 86
(C) Flight 103
(D) Flight 128

70. What does the woman say she will do in San Francisco?

(A) Reserve an event venue
(B) Attend a graduation ceremony
(C) Participate in a marathon
(D) Promote a product

PART 4

Directions: You will hear some short talks given by a single speaker. You will be asked to answer three questions about what the speaker says in each short talk. Select the best response to each question and mark the letter (A), (B), (C), or (D) on your answer sheet. The talks will not be printed in your test book and will be spoken only one time.

71. What kind of business does the speaker manage?

(A) A farm
(B) A restaurant
(C) A warehouse
(D) A repair shop

72. Why might the listener go to work early tomorrow?

(A) To open the store early
(B) To organize some equipment
(C) To deliver some furniture
(D) To train new employees

73. What does the speaker offer the listener?

(A) A paid vacation
(B) A promotion
(C) Overtime pay
(D) A pay raise

---

74. What happened yesterday?

(A) A construction firm closed down.
(B) A sale at a store ended.
(C) A new project was announced.
(D) A faster train was built.

75. Why does the speaker say Plinkton Associates was selected?

(A) It has a large budget.
(B) It has previous construction experience.
(C) It has many employees.
(D) It will finish the job very quickly.

76. What does the city hope to do?

(A) Promote environment-friendly vehicles
(B) Lower the sales tax rate
(C) Decrease the price of train tickets
(D) Improve its transportation system

---

77. What is the advertisement mainly about?

(A) An exhibit
(B) A store opening
(C) An anniversary sale
(D) A factory opening

78. What type of business is being advertised?

(A) A kitchen appliance store
(B) A clothing store
(C) A furniture company
(D) An electronics manufacturer

79. According to the speaker, what can listeners do on a Web site?

(A) Request an account number
(B) Cancel a payment
(C) Download a program
(D) Complete a survey

---

80. What product is the speaker selling?

(A) Audio recorders
(B) Smartphones
(C) Computers
(D) A software program

81. What does the speaker say the product will help people avoid doing?

(A) Losing document files
(B) Forgetting passwords
(C) Creating secure programs
(D) Getting viruses

82. What will the speaker do next?

(A) Give out free samples
(B) Install a program
(C) Create a new password
(D) Show some slides

▶▶▶ GO ON TO THE NEXT PAGE

83. What does the speaker remind the listeners to do by Friday?

(A) Visit a venue
(B) Revise a document
(C) Increase sales
(D) Submit a report

84. What good news does the speaker mention?

(A) She will hire a new manager.
(B) A new company policy was implemented.
(C) A donation was given.
(D) Some staffers will receive bonus payments.

85. Why does the speaker say, "The company has also hired a renowned expert"?

(A) To explain that extra help is available
(B) To take a short test
(C) To represent a project at an event
(D) To propose a business deal

---

86. What is the purpose of the talk?

(A) To make an offer of employment
(B) To guide job seekers
(C) To recruit new employees
(D) To help students succeed

87. What does the man recommend the listeners do?

(A) Develop a fair strategy
(B) Wear appropriate attire
(C) Print a résumé
(D) Network with everyone

88. What will the listeners do next?

(A) Research employers
(B) Watch a movie
(C) Listen to a speech
(D) Interview one another

---

89. What is the message mainly about?

(A) Attending a meeting
(B) Organizing a dinner party
(C) Taking a cooking class
(D) Going to a mall

90. What does the speaker imply when he says, "You remember what happened, right"?

(A) He cannot cancel a class.
(B) He needs to test a product.
(C) He wants to revise an e-mail.
(D) He doesn't want to repeat a mistake.

91. What is the speaker going to do tonight?

(A) Visit a center
(B) Stop at a market
(C) Pay for some lessons
(D) Meet a chef

---

92. Why is the speaker qualified to host the show?

(A) She was recommended by a chef.
(B) She has her own restaurant.
(C) She has cooked for over fifty years.
(D) She has won many cooking contests.

93. Why does the speaker say, "Always read and reread your recipes before you start cooking"?

(A) To disagree with another person's opinion
(B) To state the importance of being prepared
(C) To make sure people don't make any mistakes
(D) To justify her techniques

94. What will the speaker most likely do next?

(A) Cook for her family
(B) Host a food contest
(C) Give a demonstration
(D) Interview the audience

95. Which department is the speaker calling?

(A) Finance
(B) Maintenance
(C) Label Printing
(D) Production

96. Look at the graphic. What information does the speaker say is incorrect?

(A) 325624
(B) 7878
(C) 6190
(D) 283-5570

97. What does the speaker ask the listener to do?

(A) Meet with clients
(B) Discuss plans with a team leader
(C) Print a new ID
(D) Analyze a document

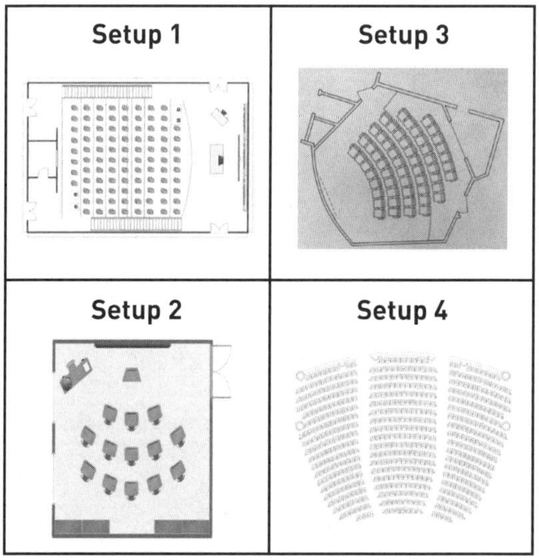

98. What kind of event is being organized?

(A) A golf competition
(B) A student orientation
(C) An appreciation luncheon
(D) A product launching

99. Why does the speaker expect attendance to be high?

(A) There is huge anticipation for this event.
(B) Ticket prices are not expensive.
(C) The students' parents will also be coming.
(D) Many students were accepted this year.

100. Look at the graphic. Which setup will be used in the auditorium?

(A) Setup 1
(B) Setup 2
(C) Setup 3
(D) Setup 4

TEST 07

적정 풀이 시간 45분

45 min

TEST 07 MP3

TEST 07 해설집

시작 시간 ___시 ___분

종료 시간 ___시 ___분

목표 개수 ______ / 100

실제 개수 ______ / 100

- 중간에 멈추지 말고 처음부터 끝까지 풀어보세요.
  문제를 풀 때에는 실전처럼 답안지에 마킹하세요.

- 정답 개수에 5를 곱하면 대략적인 점수가 됩니다.

LISTENING TEST

In the Listening test, you will be asked to demonstrate how well you understand spoken English. The entire Listening test will last approximately 45 minutes. There are four parts, and directions are given for each part. You must mark your answers on the separate answer sheet. Do not write your answers in the test book.

PART 1

Directions: For each question in this part, you will hear four statements about a picture in your test book. When you hear the statements, you must select the one statement that best describes what you see in the picture. Then find the number of the question on your answer sheet and mark your answer. The statements will not be printed in your test book and will be spoken only one time.

Statement (B), "They are sitting at a table," is the best description of the picture. So you should select answer (B) and mark it on your answer sheet.

1.

2.

▶▶▶GO ON TO THE NEXT PAGE

3.

4.

5.

6.

▶▶▶GO ON TO THE NEXT PAGE

PART 2

Directions: You will hear a question or statement and three responses spoken in English. They will not be printed in your test book and will be spoken only one time. Select the best response to the question or statement and mark the letter (A), (B), or (C) on your answer sheet.

7. Mark your answer on your answer sheet.

8. Mark your answer on your answer sheet.

9. Mark your answer on your answer sheet.

10. Mark your answer on your answer sheet.

11. Mark your answer on your answer sheet.

12. Mark your answer on your answer sheet.

13. Mark your answer on your answer sheet.

14. Mark your answer on your answer sheet.

15. Mark your answer on your answer sheet.

16. Mark your answer on your answer sheet.

17. Mark your answer on your answer sheet.

18. Mark your answer on your answer sheet.

19. Mark your answer on your answer sheet.

20. Mark your answer on your answer sheet.

21. Mark your answer on your answer sheet.

22. Mark your answer on your answer sheet.

23. Mark your answer on your answer sheet.

24. Mark your answer on your answer sheet.

25. Mark your answer on your answer sheet.

26. Mark your answer on your answer sheet.

27. Mark your answer on your answer sheet.

28. Mark your answer on your answer sheet.

29. Mark your answer on your answer sheet.

30. Mark your answer on your answer sheet.

31. Mark your answer on your answer sheet.

PART 3

Directions: You will hear some conversations between two or three people. You will be asked to answer three questions about what the speakers say in each conversation. Select the best response to each question and mark the letter (A), (B), (C), or (D) on your answer sheet. The conversations will not be printed in your test book and will be spoken only one time.

32. Where most likely are the speakers?

(A) At a film company
(B) At a gallery
(C) At an art studio
(D) At a museum

33. What did the man bring with him?

(A) An identification card
(B) A business contract
(C) A résumé
(D) A ticket

34. What does the woman ask the man about?

(A) His work experience
(B) His work samples
(C) His method of transportation
(D) His means of learning about the opening

---

35. Why is the woman calling?

(A) To verify some information
(B) To confirm an appointment time
(C) To express concern about a delay
(D) To make a complaint

36. What does the man say will be distributed?

(A) Meals
(B) Gift cards
(C) Refunds
(D) Prizes

37. Why does the man apologize?

(A) A delivery will arrive late.
(B) A show has been canceled.
(C) Some workers must be trained.
(D) Some deals are unavailable.

---

38. Where do the speakers work?

(A) At a shopping center
(B) At a convention center
(C) At a library
(D) At a bookstore

39. What does the man hope Jungsoo Hong will do?

(A) Give an award
(B) Make a personal donation
(C) Autograph some books
(D) Secure a business contract

40. What does the man say he will do this afternoon?

(A) Prepare a report
(B) Set up a display
(C) Give a presentation
(D) Organize a party

---

41. What problem are the speakers discussing?

(A) An inventory level is too low.
(B) A show received negative reviews.
(C) A complaint was submitted online.
(D) A professional contract expired.

42. What does the man suggest?

(A) Increasing a budget
(B) Bringing in new actors
(C) Participating in an event
(D) Holding a meeting

43. What will take place next month?

(A) A photo shoot
(B) A corporate event
(C) A film festival
(D) A trade fair

▶▶▶GO ON TO THE NEXT PAGE

44. What industry do the speakers work in?

(A) Administration
(B) Education
(C) Research
(D) Journalism

45. What does the woman mean when she says, "I was called in for jury duty on Wednesday"?

(A) She lacks relevant experience.
(B) She will lead a seminar.
(C) She has plans to go on holiday.
(D) She is not available.

46. What does the woman say about Yusuf?

(A) He needs to give a presentation.
(B) He wants to reschedule an appointment.
(C) He would like to change work shifts.
(D) He lives close to the school.

---

47. Who most likely is the woman addressing?

(A) Tenants
(B) Trainers
(C) Athletes
(D) Interior designers

48. What does the woman say about the exercise facilities?

(A) Their access requires a membership pass.
(B) They are under construction.
(C) There is no sauna.
(D) The pool needs to be repaired.

49. What will the men probably do tonight?

(A) Start training
(B) Meet the team manager
(C) Go swimming together
(D) Have a meal with their teammates

---

50. What are the speakers discussing?

(A) Selling electronics
(B) Purchasing kitchen appliances
(C) Acquiring new computers
(D) Fixing laptops

51. What will happen during the second week in April?

(A) Students will return to school.
(B) Evaluations will be conducted.
(C) An inspection will take place.
(D) A facility will open.

52. What does the man say he will send tomorrow?

(A) A price estimate
(B) A customer satisfaction survey
(C) The details of a negotiation
(D) The purchased goods

---

53. What is the woman working on?

(A) A tradeshow
(B) A dinner arrangement
(C) A workshop
(D) A new recipe

54. What does the woman mean when she says, "We are not planning to purchase any candles"?

(A) She thinks a project should be postponed.
(B) She wishes to agree to a deal.
(C) The team wants to make a change.
(D) Her coworkers have submitted complaints.

55. What is the man concerned about?

(A) Meeting a deadline
(B) Avoiding fire hazards
(C) Staying within a budget
(D) Meeting with superiors

---

56. Where did the woman recently go?

(A) A kitchen warehouse
(B) A nutrition event
(C) A lunch gathering
(D) A cooking show

57. According to the man, what have customers been asking for?

(A) Larger portions
(B) Quality options
(C) Cleaner tableware
(D) Affordable prices

58. What does the woman say she will do next?

(A) Cook some food
(B) Talk with the chefs
(C) Grab some ingredients
(D) Update a menu

---

59. Who is the man?

(A) A weather reporter
(B) An electric technician
(C) A business owner
(D) An accountant

60. What does the woman say about the Natural Breeze 1000?

(A) It comes in various sizes
(B) It is cost efficient.
(C) It is environmentally friendly.
(D) It can be cleaned easily.

61. Why does the man say he will call back later?

(A) He must get approval from a supervisor.
(B) He wants to find a cheaper option.
(C) He needs to talk to his accountant.
(D) He is not interested in the product.

Income Statement	
Sales	$160,000
Operating income	$60,000
Expenses	$40,000
Taxes	$10,000

62. What product does the company make?

(A) Bicycles
(B) Yoga mats
(C) Exercise machines
(D) Sports equipment

63. What does the man point out about the report?

(A) Some monthly goals were not met.
(B) Some numbers were miscalculated.
(C) Some expenses have decreased.
(D) Some equipment was not repaired.

64. Look at the graphic. Which amount does the man say will change?

(A) $160,000
(B) $10,000
(C) $60,000
(D) $40,000

TEST 07

▶▶▶GO ON TO THE NEXT PAGE

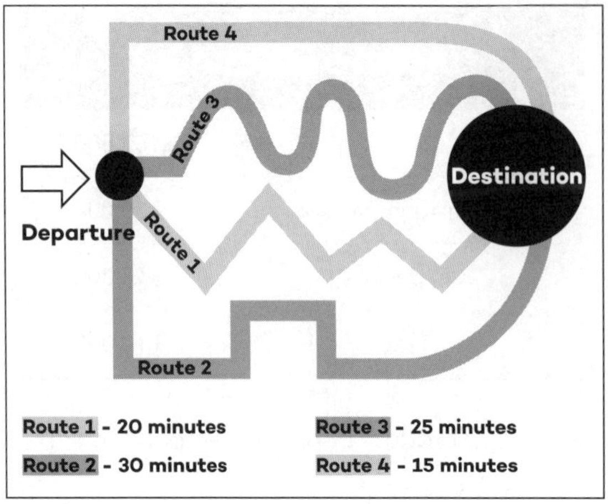

65. Why is the woman giving the man a ride?

(A) He does not have a driver's license.
(B) He got into a car accident.
(C) He is unable to take the bus.
(D) He lost his car keys.

66. According to the woman, what event is taking place today?

(A) A charity event
(B) A parade
(C) A marathon
(D) An eating contest

67. Look at the graphic. Which route will the speakers take?

(A) Route 1
(B) Route 2
(C) Route 3
(D) Route 4

Concert Location	Date
San Jose	January 22
San Diego	April 17
Los Angeles	July 14
San Francisco	September 21

68. What did the speakers just attend?

(A) A dance class
(B) A circus
(C) A museum
(D) A music concert

69. Look at the graphic. Which date will be changed?

(A) January 22
(B) April 17
(C) July 14
(D) September 21

70. What has caused a delay in the repairs?

(A) A policy recently changed.
(B) Some accidents occurred.
(C) Some machinery is not working.
(D) A snowstorm occurred.

PART 4

Directions: You will hear some short talks given by a single speaker. You will be asked to answer three questions about what the speaker says in each short talk. Select the best response to each question and mark the letter (A), (B), (C), or (D) on your answer sheet. The talks will not be printed in your test book and will be spoken only one time.

71. Why is the speaker calling?

(A) To inform a colleague about a mistake
(B) To cancel an interview
(C) To make a job offer
(D) To propose an idea

72. What will the speaker do tomorrow morning?

(A) Conduct an examination
(B) Call a sales associate
(C) Travel for business
(D) Meet with a client

73. What does the speaker suggest that the listener do?

(A) Return a signed contract
(B) Attend a workshop
(C) Revise some reports
(D) Contact her

---

74. What type of business does the speaker work for?

(A) A catering company
(B) A candy shop
(C) A bakery
(D) A fast-food restaurant

75. What business plan is the speaker discussing?

(A) Hiring new chefs
(B) Updating a menu
(C) Closing a company
(D) Removing a product

76. What will the business most likely do?

(A) Provide food samples
(B) Contact some customers
(C) Place an order with a supplier
(D) Host a celebratory dinner

---

77. What is the workshop mainly about?

(A) Determining how to attract foreign customers
(B) Selling merchandise online
(C) Organizing conference meetings
(D) Improving management skills

78. What will the speaker send the listeners?

(A) A textbook
(B) A video clip
(C) A diary
(D) A schedule

79. What will the listeners do next?

(A) Give a speech
(B) Listen to a podcast
(C) Introduce themselves
(D) Talk with a partner

---

80. Where do the listeners work?

(A) At a company gym
(B) At a sports arena
(C) At an electronics store
(D) At a factory

81. According to the speaker, what is being changed?

(A) Product designs
(B) Work hours
(C) Security codes
(D) Vacation policies

82. What will the listeners do next?

(A) Provide an attendee list
(B) Show people around a factory
(C) Sign an agreement
(D) Listen to a presentation

▶▶▶ GO ON TO THE NEXT PAGE

83. What does the speaker imply when she says, "I forgot to buy some of the supplies"?

(A) She cannot hear the listener.
(B) She won't be fully equipped.
(C) A client should take a detour.
(D) A construction plan has been approved.

84. What will the speaker e-mail to the listener?

(A) A Web site address
(B) A supply list
(C) Some art pictures
(D) Some data files

85. What will the speaker ask John to do?

(A) Head to a shop
(B) Pick up some items
(C) Calculate a cost
(D) Transfer some money

---

86. Who most likely are the listeners?

(A) Company employees
(B) Makeup artists
(C) Researchers
(D) Fashion designers

87. What does the speaker imply when he says "There is a chance we might need to drop the entire thing"?

(A) An error was made on a document.
(B) An insufficient number of participants signed up.
(C) A delivery did not arrive on schedule.
(D) A product has been badly damaged.

88. Why should the listeners contact the speaker after the meeting?

(A) To arrange a consultation
(B) To request a pamphlet
(C) To change an itinerary
(D) To help test a product

---

89. What is being advertised?

(A) A pillow
(B) A convertible bed
(C) A couch
(D) A massage chair

90. What does the speaker emphasize about the product?

(A) Its reliable service
(B) Its comfortability
(C) Its price
(D) Its flexibility

91. Why should the listeners visit a Web site?

(A) To find an address
(B) To enter a raffle
(C) To complete a questionnaire
(D) To compare prices

---

92. What institution is the speaker reporting on?

(A) A high school
(B) A movie theater
(C) A ballet academy
(D) An arts center

93. According to the speaker, what benefit will the project provide to the public?

(A) Smoother transactions
(B) Reduced traffic
(C) Additional seat availability
(D) Cheaper ticket prices

94. What does the speaker imply when he says, "But this means that some renovations will be scheduled"?

(A) An area will be closed for a while.
(B) A show will be crowded from now on.
(C) A parking structure will be unavailable.
(D) A new location will be opening.

Furniture

95. What is the speaker mainly discussing?

(A) A store opening
(B) A quarterly report
(C) A monthly sale
(D) An event promotion

96. Look at the graphic. Which option quantity will increase in July?

(A) 4
(B) 5
(C) 3
(D) 6

97. What is the speaker concerned about?

(A) A display has only a few items.
(B) A project deadline is unclear.
(C) Some workers are getting lazy.
(D) Orders are not shipping on time.

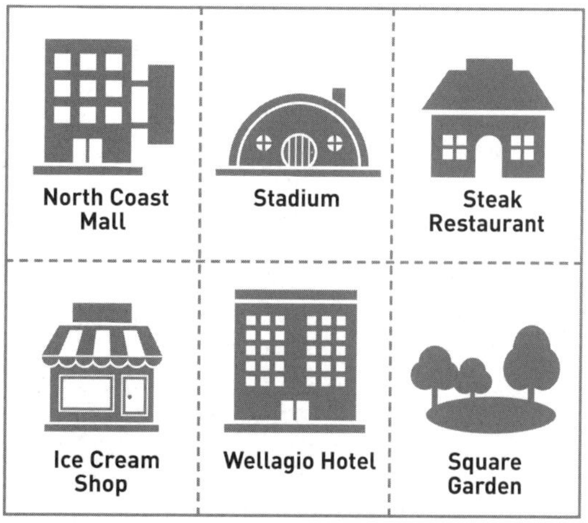

98. Who most likely is the speaker?

(A) A performing actor
(B) A waiter
(C) A hotel manager
(D) A chef

99. Look at the graphic. Where is a performance scheduled to be held?

(A) Wellagio Hotel
(B) Stadium
(C) Steak Restaurant
(D) North Coast Mall

100. What plan does the speaker suggest changing?

(A) A breakfast gathering
(B) A hotel reservation
(C) A facility tour
(D) A meeting location

TEST 08

적정 풀이 시간 45분

45 min

TEST 08 MP3

TEST 08 해설집

시작 시간 ___시 ___분

종료 시간 ___시 ___분

목표 개수 _______ / 100

실제 개수 _______ / 100

- 중간에 멈추지 말고 처음부터 끝까지 풀어보세요.
  문제를 풀 때에는 실전처럼 답안지에 마킹하세요.

- 정답 개수에 5를 곱하면 대략적인 점수가 됩니다.

LISTENING TEST

In the Listening test, you will be asked to demonstrate how well you understand spoken English. The entire Listening test will last approximately 45 minutes. There are four parts, and directions are given for each part. You must mark your answers on the separate answer sheet. Do not write your answers in the test book.

PART 1

Directions: For each question in this part, you will hear four statements about a picture in your test book. When you hear the statements, you must select the one statement that best describes what you see in the picture. Then find the number of the question on your answer sheet and mark your answer. The statements will not be printed in your test book and will be spoken only one time.

Statement (B), "They are sitting at a table," is the best description of the picture. So you should select answer (B) and mark it on your answer sheet.

1.

2.

TEST 08

▶▶▶GO ON TO THE NEXT PAGE

3.

4.

5.

6.

TEST 08

▶▶▶GO ON TO THE NEXT PAGE

PART 2

Directions: You will hear a question or statement and three responses spoken in English. They will not be printed in your test book and will be spoken only one time. Select the best response to the question or statement and mark the letter (A), (B), or (C) on your answer sheet.

7. Mark your answer on your answer sheet.

8. Mark your answer on your answer sheet.

9. Mark your answer on your answer sheet.

10. Mark your answer on your answer sheet.

11. Mark your answer on your answer sheet.

12. Mark your answer on your answer sheet.

13. Mark your answer on your answer sheet.

14. Mark your answer on your answer sheet.

15. Mark your answer on your answer sheet.

16. Mark your answer on your answer sheet.

17. Mark your answer on your answer sheet.

18. Mark your answer on your answer sheet.

19. Mark your answer on your answer sheet.

20. Mark your answer on your answer sheet.

21. Mark your answer on your answer sheet.

22. Mark your answer on your answer sheet.

23. Mark your answer on your answer sheet.

24. Mark your answer on your answer sheet.

25. Mark your answer on your answer sheet.

26. Mark your answer on your answer sheet.

27. Mark your answer on your answer sheet.

28. Mark your answer on your answer sheet.

29. Mark your answer on your answer sheet.

30. Mark your answer on your answer sheet.

31. Mark your answer on your answer sheet.

PART 3

Directions: You will hear some conversations between two or three people. You will be asked to answer three questions about what the speakers say in each conversation. Select the best response to each question and mark the letter (A), (B), (C), or (D) on your answer sheet. The conversations will not be printed in your test book and will be spoken only one time.

32. What would the man like to do?
(A) Open a bookstore
(B) Sell his books
(C) Rent some books
(D) Work at the library

33. What does the woman say will happen if the man is late?
(A) An alarm will go off.
(B) A late fee will be applied.
(C) An e-mail will be sent.
(D) An item will not be available.

34. What does the woman offer the man?
(A) Some directions
(B) Some information
(C) A recommendation
(D) A free book

---

35. Who most likely is the man?
(A) A car racer
(B) A mechanical engineer
(C) A dealership salesperson
(D) An auto mechanic

36. What problem does the man mention?
(A) He needs to order a part.
(B) He lost his car keys.
(C) He misplaced a tool.
(D) He is unable to fix an engine.

37. What does the woman suggest?
(A) Being more careful the next time
(B) Buying another item
(C) Checking a toolbox
(D) Calling the man's coworker

---

38. What product are the speakers discussing?
(A) Kitchen appliances
(B) Sport equipment
(C) Art supplies
(D) Office supplies

39. What does the man imply when he says, "There are still 30 buckets left"?
(A) He is glad that the sale is going well.
(B) He wants to buy them all.
(C) The inventory needs to be restocked.
(D) A product is not selling well.

40. What does the man say that he will do?
(A) Put more sale signs in front of the store
(B) Cancel an annual sale
(C) Lower some prices
(D) Hand out some flyers

---

41. What event is the woman attending?
(A) A wedding
(B) A trade show
(C) A private party
(D) An awards ceremony

42. What does the man offer to do for the woman?
(A) Let her in only this time
(B) Recheck the attendee list
(C) Escort a guest out
(D) Speak with the host

43. What will the woman most likely do next?
(A) Find the host
(B) Call her friend
(C) Go back home
(D) Come back later

▶▶▶ GO ON TO THE NEXT PAGE

44. What are the speakers discussing?

(A) Deadline
(B) Food
(C) Work
(D) Transportation

45. What problem does the woman mention?

(A) A price tag is incorrect.
(B) A drink has been spilled.
(C) An order arrived late.
(D) An order was incorrect.

46. What does the man say he will give the woman?

(A) A receipt
(B) A voucher
(C) A business card
(D) Free items

---

47. What does the woman doing?

(A) Making a reservation
(B) Making a complaint
(C) Returning a product
(D) Selling some shoes

48. Who most likely is the man?

(A) A shoemaker
(B) A company manger
(C) A sales associate
(D) A fashion designer

49. What does the man say he will do?

(A) Send the woman an estimate
(B) Check the store inventory
(C) Call his manager
(D) Make an appointment

---

50. What is the topic of the conversation?

(A) Searching for a director
(B) Looking for film investors
(C) Changing a movie script
(D) Finding the right candidate

51. What does the woman ask the man to do?

(A) Switch work shifts with her
(B) Bring her a meal
(C) Review some résumés
(D) Call some applicants

52. What will the woman most likely do next?

(A) Conduct an interview
(B) Contact some candidates
(C) Film a movie
(D) Cancel an appointment

---

53. Where do the speakers most likely work?

(A) At a travel agency
(B) At a marketing firm
(C) At a television station
(D) At an architectural firm

54. What does the woman imply when she says, "We won't be able to air the show next week"?

(A) A department member is late.
(B) A list has been misplaced.
(C) A show will not take place on schedule.
(D) A conference has been postponed.

55. What will the man do next?

(A) Interview a new candidate
(B) Call a guest
(C) Speak with the team crew
(D) Deal with a situation

---

56. Why is the woman meeting with Dr. Mitra?

(A) To complain about an employee
(B) To buy a toothbrush
(C) To have her teeth fixed
(D) To discuss a project

57. What does the woman agree to do?

(A) Make another appointment
(B) Show some identification
(C) Call her medical insurance
(D) Fill out some paperwork

58. What does Mr. Hanson say?

(A) Dr. Mitra has to check on more patients first.
(B) Dr. Mitra will not be available tomorrow.
(C) Dr. Mitra is still busy dealing with another patient.
(D) Dr. Mitra cannot take out the woman's wisdom teeth.

---

59. What will take place at the end of the month?

(A) A store opening
(B) A clearance sale
(C) A location change
(D) A training session

60. What do employees need to be reminded about?

(A) They need to work longer hours.
(B) They should all behave well.
(C) They have to dress nicely.
(D) They have to work early tomorrow.

61. What does the woman say she will do?

(A) Take some notes
(B) Call her coworkers
(C) Schedule a meeting
(D) Speak with the customers

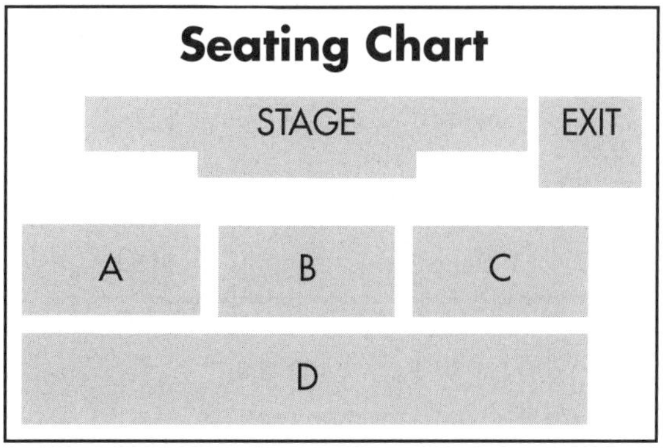

62. What are the speakers planning to attend?

(A) A ballet show
(B) A movie premere
(C) An awards ceremony
(D) An orientation

63. Look at the graphic. Which section does the man talk about?

(A) Section D
(B) Section B
(C) Section A
(D) Section C

64. What does the man suggest doing?

(A) Arriving early at an event
(B) Printing the tickets
(C) Contacting his friend quickly
(D) Wearing a formal dress

▶▶▶GO ON TO THE NEXT PAGE

Mac & Cheese	$6.50
Woodburn Tacos	$11.25
Fried Jumbo Shrimp	$13.75
T-Bone Steak	$16.99

65. Who most likely is the man?

(A) A restaurant manager
(B) A food server
(C) A chef
(D) A cashier

66. According to the woman, why will one of the daily specials be changed?

(A) Some customers are allergic to the dish.
(B) Some ingredients have started to rot.
(C) A shipment did not arrive.
(D) An accident occurred with the food supplier.

67. Look at the graphic. How much will the new special cost?

(A) $6.50
(B) $11.25
(C) $13.75
(D) $16.99

Business Outline

Step 1	Plan finances
Step 2	Find a location and open the store
Step 3	Start getting sales
Step 4	Grow the business

68. What kind of business does the man want to establish?

(A) A real estate agency
(B) A catering company
(C) A furniture and decorating store
(D) An accommodations facility

69. What does the man say he wants to do in the next five years?

(A) Take out a loan from a local bank
(B) Hire more employees
(C) Pass a firm over to a family member
(D) Receive a reward

70. Look at the graphic. Which step does the man want to discuss?

(A) Step 1
(B) Step 2
(C) Step 3
(D) Step 4

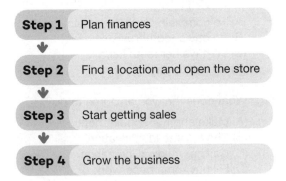

PART 4

Directions: You will hear some short talks given by a single speaker. You will be asked to answer three questions about what the speaker says in each short talk. Select the best response to each question and mark the letter (A), (B), (C), or (D) on your answer sheet. The talks will not be printed in your test book and will be spoken only one time.

71. What event has been canceled?
(A) A music festival
(B) A food competition
(C) A sporting event
(D) A fashion show

72. Why was the event canceled?
(A) Skilled workers were lacking.
(B) Communication was unclear.
(C) Regulations were changed.
(D) A repair work was delayed.

73. What will the listeners hear next?
(A) Some music
(B) Some political news
(C) A speech
(D) An interview

---

74. What kind of business does the speaker work for?
(A) A travel agency
(B) A delivery company
(C) A truck rental company
(D) An engineering firm

75. What does speaker mean when she says, "I think it might take at least one week to get the job done"?
(A) A policy was recently altered.
(B) A rental vehicle is not available.
(C) A schedule will be updated.
(D) A structure was inspected.

76. What does the speaker offer the listener?
(A) A membership upgrade
(B) An event promotion
(C) A future discount
(D) A free vehicle

---

77. Who is the speaker?
(A) A student
(B) A painter
(C) An artist
(D) A designer

78. What does the speaker say about the sculptures?
(A) They were made by a famous sculptor.
(B) Some of them won awards.
(C) They are made of clay.
(D) Some of them are very big.

79. What does the speaker suggest that the listeners do?
(A) Purchase some sculptures
(B) Eat a meal
(C) Talk to some students
(D) Attend a workshop

---

80. According to the speaker, what happened last week?
(A) Some deals were canceled.
(B) A professional contract expired.
(C) A technology conference was held.
(D) Some reviews were posted.

81. What was David Park asked to do?
(A) Revise a contract
(B) Set up an office for a team
(C) Update his mailing address
(D) Make a restaurant reservation

82. What does the speaker say the listeners should do?
(A) Meet with clients
(B) Attend a dinner party
(C) Enroll in a class
(D) Welcome a colleague

▶▶▶GO ON TO THE NEXT PAGE

83. What is the focus of the conference?

(A) Sales and marketing
(B) General inspiration
(C) Entrepreneurship
(D) Technology

84. What does the speaker imply when he says "Be sure to explore the exhibits on the show floor"?

(A) Samples will be given out to guests.
(B) Existing models will be replaced.
(C) A product will be available in retail stores.
(D) There will be more products introduced.

85. What does the speaker say is difficult?

(A) Creating new products
(B) Navigating the venue
(C) Improving technology
(D) Finding a map

---

86. What was recently approved?

(A) The reopening of an airport
(B) The expansion of an airport
(C) A change in a company logo
(D) A revised transportation policy

87. What advantage does the speaker mention?

(A) Coupons will be distributed.
(B) A discount will be offered.
(C) Free parking will be available.
(D) The employees are trustworthy.

88. Why should the listeners visit a Web site?

(A) To watch a video
(B) To cancel a service
(C) To see a map of an area
(D) To participate in a survey

---

89. What is the purpose of the talk?

(A) To complain about the students
(B) To discuss scholarships
(C) To request donations
(D) To address a recent question

90. What requirement does the speaker mention?

(A) Participate in meetings
(B) Achieving high grades
(C) Turning in an application
(D) Contacting an organization

91. Who is invited to speak next?

(A) Parents
(B) Class counselors
(C) Professors
(D) Some graduates

---

92. Who most likely are the listeners?

(A) Customer service agents
(B) Sales representatives
(C) Seminar organizers
(D) Delivery drivers

93. Why does the speaker say, "We have been receiving many complaints"?

(A) To justify denying a request
(B) To explain that errors are being made
(C) To change the schedule of a project
(D) To report a new regulation

94. According to the speaker, what will a new team begin doing?

(A) Conducting an examination
(B) Securing a business contract
(C) Helping with shipments
(D) Ordering supplies

Bus Schedule

Hospital	12:50 P.M.
Zoo	1:20 P.M.
Museum	1:50 P.M.
Mall	2:20 P.M.

95. Who most likely is the speaker?

(A) A chef
(B) A bus driver
(C) A hotel employee
(D) A museum worker

96. What does the speaker ask the listener to do?

(A) Visit the zoo tomorrow
(B) Go to sleep early tonight
(C) Post a review online
(D) Leave a door open

97. Look at the graphic. When should the listener board the bus?

(A) 12:50 P.M.
(B) 1:20 P.M.
(C) 1:50 P.M.
(D) 2:20 P.M.

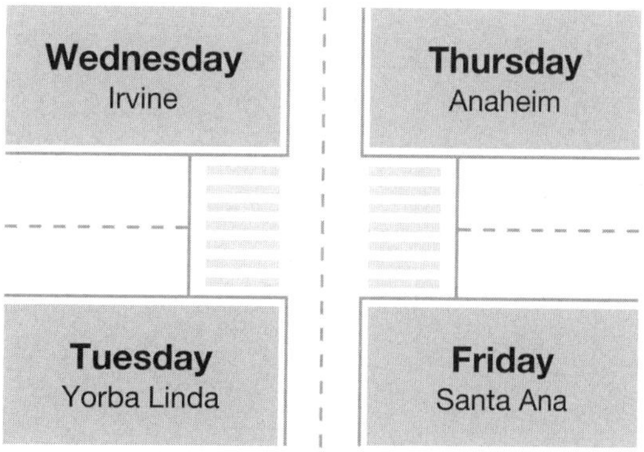

98. Where does the speaker most likely work?

(A) At a travel agency
(B) At an airport
(C) At a delivery company
(D) At a food market

99. Look at the graphic. Which neighborhood will be affected by the change in the schedule?

(A) Anaheim
(B) Santa Ana
(C) Irvine
(D) Yorba Linda

100. What does the speaker hope to purchase?

(A) An engineering firm
(B) A bigger store
(C) Quicker vehicles
(D) Automated machines

TEST 09

적정 풀이 시간 45분

45 min

TEST 09 MP3

TEST 09 해설집

시작 시간 ___시 ___분

종료 시간 ___시 ___분

목표 개수 _______ / 100

실제 개수 _______ / 100

- 중간에 멈추지 말고 처음부터 끝까지 풀어보세요.
  문제를 풀 때에는 실전처럼 답안지에 마킹하세요.

- 정답 개수에 5를 곱하면 대략적인 점수가 됩니다.

LISTENING TEST

In the Listening test, you will be asked to demonstrate how well you understand spoken English. The entire Listening test will last approximately 45 minutes. There are four parts, and directions are given for each part. You must mark your answers on the separate answer sheet. Do not write your answers in the test book.

PART 1

Directions: For each question in this part, you will hear four statements about a picture in your test book. When you hear the statements, you must select the one statement that best describes what you see in the picture. Then find the number of the question on your answer sheet and mark your answer. The statements will not be printed in your test book and will be spoken only one time.

Statement (B), "They are sitting at a table," is the best description of the picture. So you should select answer (B) and mark it on your answer sheet.

1.

2.

▶▶▶GO ON TO THE NEXT PAGE

3.

4.

5.

6.

▶ ▶ ▶GO ON TO THE NEXT PAGE

PART 2

Directions: You will hear a question or statement and three responses spoken in English. They will not be printed in your test book and will be spoken only one time. Select the best response to the question or statement and mark the letter (A), (B), or (C) on your answer sheet.

7. Mark your answer on your answer sheet.

8. Mark your answer on your answer sheet.

9. Mark your answer on your answer sheet.

10. Mark your answer on your answer sheet.

11. Mark your answer on your answer sheet.

12. Mark your answer on your answer sheet.

13. Mark your answer on your answer sheet.

14. Mark your answer on your answer sheet.

15. Mark your answer on your answer sheet.

16. Mark your answer on your answer sheet.

17. Mark your answer on your answer sheet.

18. Mark your answer on your answer sheet.

19. Mark your answer on your answer sheet.

20. Mark your answer on your answer sheet.

21. Mark your answer on your answer sheet.

22. Mark your answer on your answer sheet.

23. Mark your answer on your answer sheet.

24. Mark your answer on your answer sheet.

25. Mark your answer on your answer sheet.

26. Mark your answer on your answer sheet.

27. Mark your answer on your answer sheet.

28. Mark your answer on your answer sheet.

29. Mark your answer on your answer sheet.

30. Mark your answer on your answer sheet.

31. Mark your answer on your answer sheet.

PART 3

Directions: You will hear some conversations between two or three people. You will be asked to answer three questions about what the speakers say in each conversation. Select the best response to each question and mark the letter (A), (B), (C), or (D) on your answer sheet. The conversations will not be printed in your test book and will be spoken only one time.

32. Which department do the speakers work in?
(A) Customer Service
(B) Internet Sales
(C) Marketing
(D) Information Technology

33. What does the woman suggest doing?
(A) Asking a worker to make a delivery
(B) Picking up a catalog
(C) Hiring some new employees
(D) Looking for extra work online

34. What does the man say he will do next?
(A) Manage ticket sales
(B) Set up some booths
(C) Contribute to charity
(D) Talk with an executive

---

35. Who most likely is the man?
(A) A technology innovator
(B) A customer care representative
(C) A computer engineer
(D) A repair person

36. Why does the man say, "Did you read the instructions that came with the computer"?
(A) To explain a recurring request
(B) To inquire about a mistake
(C) To suggest an idea
(D) To provide payment details

37. What does the woman say she will do?
(A) Purchase a different computer
(B) Update some software
(C) Bring her computer in
(D) Report to an authority

---

38. Where does the man most likely work?
(A) At a food market
(B) At a service center
(C) At a research facility
(D) At a restaurant

39. Why does the woman say she is concerned?
(A) A price is too high.
(B) A location is too far.
(C) She is trying to lose weight.
(D) She does not feel very well.

40. What will the woman most likely do next?
(A) Work out
(B) Eat a meal
(C) Learn some recipes
(D) Make some salads

---

41. What is the man's occupation?
(A) Student
(B) Teacher
(C) Historian
(D) Librarian

42. What does the woman say about some books?
(A) They are not available at the moment.
(B) They have not been shipped yet.
(C) They are available only as e-books.
(D) They were imported from overseas.

43. What will the woman do next?
(A) Exchange a product
(B) Return a signed document
(C) Send an order again
(D) Contact an agent

TEST 09

▶▶▶ GO ON TO THE NEXT PAGE

44. What are the speakers discussing?

(A) Developing a software program
(B) Creating a marketing strategy
(C) Preparing for a trade show
(D) Hiring summer interns

45. What does the woman say about some merchandise?

(A) It is popular with students.
(B) It is only available online.
(C) It gives funds to local groups.
(D) It is relatively cheap.

46. What does the man suggest doing?

(A) Training some staff members
(B) Designing an electronic device
(C) Posting job openings on social media sites
(D) Organizing a corporate workshop

---

47. Where does the woman most likely work?

(A) At a financial firm
(B) At a law office
(C) At an event-planning company
(D) At a media company

48. Why does the woman say, "But 350 sets seem to have arrived"?

(A) To inquire about a product
(B) To express regret
(C) To reserve some merchandise
(D) To explain a mistake

49. How will the man help the woman?

(A) By speaking with a technician
(B) By downloading an application
(C) By refunding some money
(D) By charging an extra fee

---

50. What does the woman thank the man for?

(A) Modifying an itinerary
(B) Postponing a luncheon
(C) Extending a break period
(D) Reporting a financial error

51. What does the woman say is planned for next week?

(A) A gathering with the media
(B) A launch for a clothing line
(C) A special giveaway
(D) A software upgrade

52. What does the man ask about?

(A) The location of a business
(B) The cost of a service
(C) The availability of an office space
(D) The popularity of some merchandise

---

53. What event are the speakers discussing?

(A) The opening night of a play
(B) A movie screening
(C) A musical performance
(D) A fashion show

54. How do the speakers know Nathan Benson?

(A) He reported on some news.
(B) He used to be a professor.
(C) He taught students how to play the piano.
(D) He conducted at several events.

55. What does the woman say she will do?

(A) Reserve a table at a restaurant
(B) Give a performance
(C) Play an instrument
(D) Set up an appointment

---

56. Where do the speakers most likely work?

(A) At a department store
(B) At a library
(C) At a publishing company
(D) At a bookstore

57. What problem does the man report?

(A) A presentation did not go well.
(B) A mistake was made on a product.
(C) A chart has been misplaced.
(D) A process may take too long.

58. What will the speakers most likely do next?

(A) Borrow a specific book
(B) Reprint a book
(C) Order a replacement card
(D) Contact an organization

---

59. What industry do the speakers most likely work in?

(A) Legal Services
(B) Research
(C) Finance
(D) Public Safety

60. What is the problem?

(A) A task was not agreed upon.
(B) A package was not delivered.
(C) A treatment was not effective.
(D) A bar graph is not correct.

61. What does the man promise to do tomorrow?

(A) Inform a supervisor of an arrival time
(B) Speak with an assistant
(C) Fix an issue
(D) Return a parcel

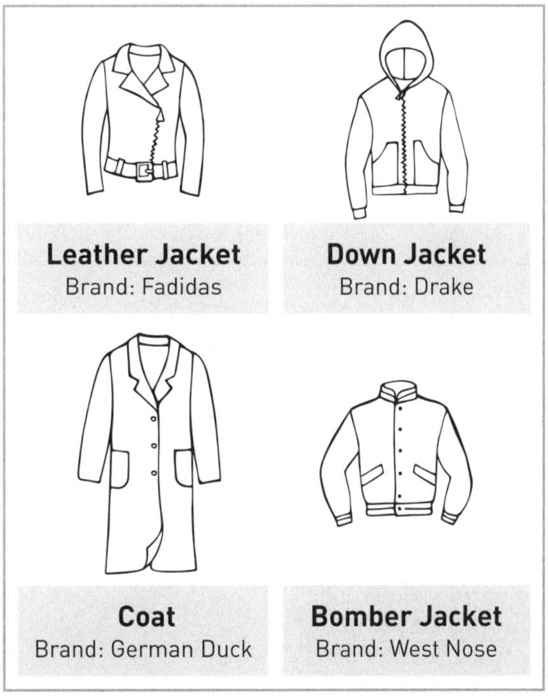

62. Who most likely is the woman?

(A) A consultant
(B) A coat designer
(C) A sales representative
(D) A travel agent

63. Look at the graphic. Which brand does the man say he likes?

(A) Fadidas
(B) Drake
(C) German Duck
(D) West Nose

64. What does the woman offer to do?

(A) Share a template with the man
(B) Include an extra item
(C) Talk with her supervisor
(D) Grab an item for the man

▸▸▸ GO ON TO THE NEXT PAGE

Train Schedule

	Tijuana	Gaslamp	Mesa Palms	La Jolla
Train 33	7:00	8:15	9:20	
Train 44	7:15	8:30	9:35	10:55

65. What problem does the man have?

(A) His train has already left.
(B) He cannot use the restroom.
(C) He forgot to bring his ticket.
(D) He boarded the wrong train.

66. Look at the graphic. At which station should the man change trains?

(A) Tijuana
(B) Gaslamp
(C) Mesa Palms
(D) La Jolla

67. Why is the man in a hurry?

(A) He will miss the news.
(B) He has to catch a flight.
(C) He is scheduled to meet a client.
(D) He needs to attend a wedding.

Directory

Second Floor

Office 2203	JR Property Co.
Office 2204	Conference Room
Office 2205	The Saytman Group
Office 2206	Homeowner Services

68. Look at the graphic. Which office will the man visit?

(A) 2203
(B) 2204
(C) 2205
(D) 2206

69. What is the man going to do?

(A) Evaluate some staff members
(B) Fill out a registration form
(C) Attend a conference
(D) Update a timetable

70. Why was the man late?

(A) He forgot to set an alarm.
(B) His car got a flat tired.
(C) He was stuck in traffic.
(D) His coworker needed help.

PART 4

Directions: You will hear some short talks given by a single speaker. You will be asked to answer three questions about what the speaker says in each short talk. Select the best response to each question and mark the letter (A), (B), (C), or (D) on your answer sheet. The talks will not be printed in your test book and will be spoken only one time.

71. What does the speaker speak about?

(A) A fitness center
(B) A sales workshop
(C) A soccer tournament
(D) A marathon

72. According to the speaker, what will employees receive for their participation?

(A) Some time off
(B) Paid vacation
(C) A job promotion
(D) Free movie tickets

73. What must employees do to register?

(A) Sign some forms
(B) Visit the main office
(C) Call a volunteer
(D) E-mail a registration form

---

74. Which department in Tamu City recorded the message?

(A) Agriculture
(B) Economics
(C) Education
(D) Health

75. According to the message, why is a process taking a long time to complete?

(A) A chart has been misplaced.
(B) A policy was rejected.
(C) There has been a system failure.
(D) There was an error in a databank.

76. What does the message suggest the listeners do?

(A) Restart their computers
(B) Report to the main office
(C) Delete a virus
(D) Try to register again later

---

77. What does the speaker imply when he says, "We're here today to discuss ways to improve sales in rural market areas"?

(A) A feature was added to the product.
(B) A report contained accurate data.
(C) A meeting is being held for a specific reason.
(D) An advertising method was ineffective.

78. According to the speaker, what happened last week?

(A) A structure was inspected.
(B) A permit application was rejected.
(C) An expansion project started.
(D) A sales reporting system changed.

79. What does the speaker suggest the listeners do?

(A) Lead an orientation session
(B) Brainstorm some ideas
(C) Reach out to customers
(D) Create regulations

TEST 09

▶▶▶ GO ON TO THE NEXT PAGE

80. Where does the talk most likely take place?

(A) At a business meeting
(B) At a teacher conference
(C) At a school
(D) At a public library

81. What is the purpose of the talk?

(A) To teach social skills
(B) To discuss an upcoming election
(C) To introduce a course
(D) To learn about a product launch

82. What are the listeners encouraged to do?

(A) Read several books
(B) Search vocabulary definitions
(C) Talk with native speakers
(D) Review material often

---

83. Which department does the speaker work in?

(A) Accounting
(B) Research & Development
(C) Sales
(D) Production

84. What does the speaker want the listeners to do at today's meeting?

(A) Turn in some applications
(B) Exchange contact numbers
(C) Work in small groups
(D) Write down notes

85. What will the speaker do next?

(A) Update a mailing list
(B) Present some sales figures
(C) Choose a representative
(D) Join some group discussions

---

86. Why does the speaker apologize?

(A) A policy was changed.
(B) A luncheon was canceled.
(C) A schedule was delayed.
(D) A product was faulty.

87. What is Laura Jenson's job?

(A) Chief executive officer
(B) Sales director
(C) Chairman of the board
(D) Vice president

88. What will Laura Jenson talk about?

(A) Managing skills
(B) Improving sales
(C) Startup companies
(D) Investing in stocks

---

89. Why does the speaker thank the listener?

(A) For switching work shifts
(B) For lending her some money
(C) For taking care of her dog
(D) For going to the bank

90. What does the speaker imply when she says, "I'm going to pay you back right away"?

(A) She will provide the man with a solution.
(B) She wants the man to walk her dog.
(C) She will do some banking today.
(D) She will give the man a ride to the hospital.

91. According to the speaker, what will happen this afternoon?

(A) A gift will be sent.
(B) A delivery will arrive on schedule.
(C) A payment will be processed.
(D) A fee will be increased.

---

92. What type of business do the listeners work for?

(A) A pharmacy
(B) An investment bank
(C) A hardware store
(D) A hospital

93. According to the speaker, how can the listeners save money?

(A) By planning a fundraiser
(B) By reviewing a program
(C) By registering for an event
(D) By forming a business partnership

94. What does the speaker imply when he says, "To show you the differences between suppliers"?

(A) He would like to get another opinion.
(B) He is going give a presentation.
(C) He thinks the project should be postponed.
(D) He is concerned about a cost.

John Harrison's Schedule for Wednesday

3:00 P.M.	Weekly Senior Team Planning
4:00 P.M.	Functional Team Meeting
5:00 P.M.	Customer Dinner with Mr. Jordan
6:00 P.M.	Management Team Meeting

95. What does the speaker want to discuss?

(A) A startup business
(B) A publication title
(C) A radio program
(D) A mobile application

96. Look at the graphic. Which of the speaker's meetings was canceled?

(A) Weekly Senior Team Planning
(B) Functional Team Meeting
(C) Customer Dinner with Mr. Jordan
(D)Management Team Meeting

97. What does the speaker ask the listener to bring?

(A) A guidebook
(B) A program's code
(C) A budget proposal
(D) An updated software

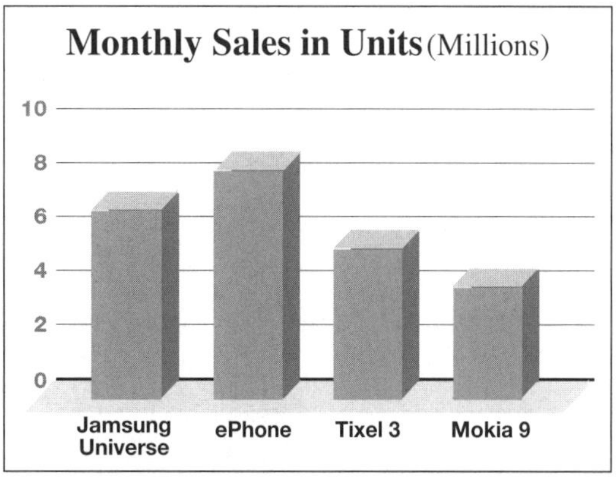

98. What type of business does the speaker work for?

(A) A real estate firm
(B) A law firm
(C) A phone company
(D) A retail outlet

99. Look at the graphic. According to the speaker, which product category should have more shelf space?

(A) Jamsung Universe
(B) ePhone
(C) Tixel 3
(D) Mokia 9

100. What does the speaker say he will do?

(A) Reschedule a meeting with some investors
(B) Cancel a business trip
(C) Speak with the manufacturing facilities
(D) E-mail an important file

TEST 09

TEST 10

적정 풀이 시간 45분

45 min

TEST 10 MP3

TEST 10 해설집

시작 시간 ___시 ___분

종료 시간 ___시 ___분

- 중간에 멈추지 말고 처음부터 끝까지 풀어보세요.
  문제를 풀 때에는 실전처럼 답안지에 마킹하세요.

목표 개수 ______ / 100

실제 개수 ______ / 100

- 정답 개수에 5를 곱하면 대략적인 점수가 됩니다.

LISTENING TEST

In the Listening test, you will be asked to demonstrate how well you understand spoken English. The entire Listening test will last approximately 45 minutes. There are four parts, and directions are given for each part. You must mark your answers on the separate answer sheet. Do not write your answers in the test book.

PART 1

Directions: For each question in this part, you will hear four statements about a picture in your test book. When you hear the statements, you must select the one statement that best describes what you see in the picture. Then find the number of the question on your answer sheet and mark your answer. The statements will not be printed in your test book and will be spoken only one time.

Statement (B), "They are sitting at a table," is the best description of the picture. So you should select answer (B) and mark it on your answer sheet.

1.

2.

TEST 10

▶▶▶GO ON TO THE NEXT PAGE

3.

4.

5.

6.

TEST 10

▶▶▶GO ON TO THE NEXT PAGE

PART 2

Directions: You will hear a question or statement and three responses spoken in English. They will not be printed in your test book and will be spoken only one time. Select the best response to the question or statement and mark the letter (A), (B), or (C) on your answer sheet.

7. Mark your answer on your answer sheet.

8. Mark your answer on your answer sheet.

9. Mark your answer on your answer sheet.

10. Mark your answer on your answer sheet.

11. Mark your answer on your answer sheet.

12. Mark your answer on your answer sheet.

13. Mark your answer on your answer sheet.

14. Mark your answer on your answer sheet.

15. Mark your answer on your answer sheet.

16. Mark your answer on your answer sheet.

17. Mark your answer on your answer sheet.

18. Mark your answer on your answer sheet.

19. Mark your answer on your answer sheet.

20. Mark your answer on your answer sheet.

21. Mark your answer on your answer sheet.

22. Mark your answer on your answer sheet.

23. Mark your answer on your answer sheet.

24. Mark your answer on your answer sheet.

25. Mark your answer on your answer sheet.

26. Mark your answer on your answer sheet.

27. Mark your answer on your answer sheet.

28. Mark your answer on your answer sheet.

29. Mark your answer on your answer sheet.

30. Mark your answer on your answer sheet.

31. Mark your answer on your answer sheet.

PART 3

Directions: You will hear some conversations between two or three people. You will be asked to answer three questions about what the speakers say in each conversation. Select the best response to each question and mark the letter (A), (B), (C), or (D) on your answer sheet. The conversations will not be printed in your test book and will be spoken only one time.

32. What is the man inquiring about?

(A) Renting a property
(B) Purchasing a product
(C) Renovating a building
(D) Reserving a flight

33. Who most likely is the woman?

(A) A travel agent
(B) A hotel clerk
(C) A rental agent
(D) A store manager

34. What does the woman offer to do?

(A) Send a discount coupon
(B) Send some material
(C) Set the house aside
(D) Provide Internet service

---

35. What are the speakers discussing?

(A) Making a hotel reservation
(B) Cooking Italian food
(C) Entertaining guests
(D) Traveling to Southern California

36. Where is the man planning to go?

(A) To a Japanese restaurant
(B) To a park
(C) To a new restaurant
(D) To Southern California

37. Why is the woman unable to go with the man?

(A) She is working late.
(B) She will be out of town.
(C) There are no seats available.
(D) She can't afford it.

---

38. Who most likely is the man?

(A) A journalist
(B) An interior designer
(C) A moving company owner
(D) A job applicant

39. What does the man mean when he says, "I thought it was time to look for a better opportunity"?

(A) He is willing to move to another city.
(B) He wants to lead a big project.
(C) He would like to collaborate with the woman.
(D) He is planning to organize an event.

40. What does the woman suggest about the man?

(A) He should apply for a new position.
(B) He can be a good asset.
(C) He will be promoted soon.
(D) He should interview some applicants.

---

41. What is the man concerned about?

(A) Some new software has not been installed.
(B) A new reimbursement system isn't working well.
(C) He cannot send a document electronically.
(D) There is a printing problem.

42. When is the deadline for the report?

(A) The end of the day
(B) Tomorrow morning
(C) Tomorrow afternoon
(D) Next week

43. What does the woman offer to do?

(A) Deliver some papers
(B) Contact a technician
(C) Arrange a meeting
(D) Order some office supplies

▶▶▶GO ON TO THE NEXT PAGE

44. Why did the woman miss the meeting?

(A) She woke up late.
(B) She was at the airport.
(C) She was sick.
(D) She wasn't aware of it.

45. What did Adele propose at the meeting?

(A) Constructing a new building
(B) Conducting market research
(C) Investing to attract a particular group of people
(D) Developing a new sports car

46. According to the woman, what should management do?

(A) Send a delegation to Korea
(B) Ignore Adele's suggestion
(C) Carry out a survey
(D) Cut the advertising budget

---

47. What did Samantha do yesterday?

(A) She gave a presentation.
(B) She had a job interview.
(C) She began a new job.
(D) She contacted her accountant.

48. What does the man ask Samantha to do?

(A) Apply for a new position
(B) Complete some documents
(C) Work overtime
(D) Attend an orientation

49. What problem is mentioned?

(A) Some bank information was incorrect.
(B) An employee handbook is missing.
(C) A salary has been reduced.
(D) A product was discontinued.

---

50. Why is the woman calling?

(A) To confirm an order
(B) To make a reservation
(C) To ask for directions
(D) To inquire about an item

51. What does the man suggest?

(A) Stopping by his house
(B) Placing an advertisement
(C) Living in the dormitory
(D) Purchasing a brand-new chair

52. What will the woman probably do tomorrow afternoon?

(A) Contact a moving company
(B) Purchase a preowned item
(C) Repair a drawer
(D) Register for a class

---

53. What is the conversation mainly about?

(A) Where to purchase a machine
(B) How to handle a problem
(C) When to hold a training session
(D) What better working conditions to provide

54. Why does the woman say, "But there's no better solution"?

(A) To apologize for her mistake
(B) To ask for some assistance
(C) To consider the man's opinion
(D) To show the seriousness of a problem

55. What will the man probably do next?

(A) Hold a meeting with some supervisors
(B) Close down the factory
(C) Schedule a training session
(D) Order a new machine

---

56. Why did the man receive an e-mail?

(A) A job interview was canceled.
(B) A new product was evaluated.
(C) A schedule was shared.
(D) A seminar location was changed.

57. What does the man ask the woman to do?

(A) Attend a workshop
(B) Send an e-mail
(C) Contact a former employee
(D) Help with a presentation

58. What does the woman say she is working on?

(A) Wallpaper design
(B) Furniture design
(C) Software development
(D) Clothing Alteration

---

59. What do the women tell the man?

(A) He can park next to the building.
(B) He should not drive in bad weather conditions.
(C) He cannot park on the street.
(D) He should park in the underground lot.

60. What is mentioned about Jane?

(A) She does not like driving in snow.
(B) She was fined for illegal parking.
(C) Her car was towed last week.
(D) She got in an accident recently.

61. What will the man probably do next?

(A) Drive back to his office
(B) Pay a parking ticket
(C) Start his meeting with the women
(D) Move his car to another spot

Model Name	Seating Capacity	Daily Price
Skyline	5	$55
Typhoon	7	$70
Dario	5	$50
Kenta	6	$65

62. What's the purpose of the woman's call?

(A) To have her car repaired
(B) To rent a car for a trip
(C) To purchase camping gear
(D) To order car accessories

63. Look at the graphic. Which model will the woman most likely rent?

(A) Skyline
(B) Typhoon
(C) Dario
(D) Kenta

64. What will the man probably do next?

(A) Explain how to pay
(B) Fill out a form
(C) Provide a brochure
(D) Show his car

▶▶▶GO ON TO THE NEXT PAGE

Departing From	Scheduled Arrival Time
San Diego	08:15 A.M.
San Francisco	09:30 A.M.
Lancaster	10:15 A.M.
Santa Maria	11:45 A.M.

65. Look at the graphic. Where are the clients arriving from?

(A) San Diego
(B) San Francisco
(C) Lancaster
(D) Santa Maria

66. According to the woman, what caused the delay?

(A) Poor weather conditions
(B) Lack of necessary equipment
(C) Technical issues at a facility
(D) Unexpected typing errors

67. What does the man ask the woman to do?

(A) Set up a meeting room
(B) Look over a document
(C) Give a demonstration
(D) Make a bus reservation

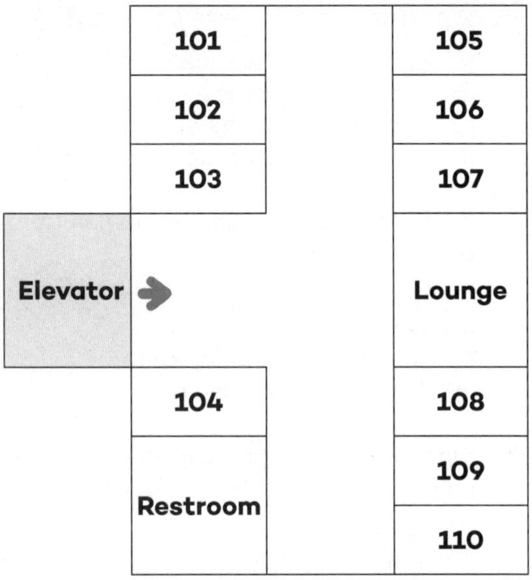

68. What does the man ask the woman to bring?

(A) A tourist map
(B) Some materials
(C) A laptop computer
(D) Some repair tools

69. Why was Mr. London's office relocated?

(A) He purchased a new building.
(B) He recently changed his job.
(C) Remodeling work has to be done.
(D) A contract period ended.

70. Look at the graphic. Where is the man's office?

(A) 101
(B) 105
(C) 107
(D) 110

PART 4

Directions: You will hear some short talks given by a single speaker. You will be asked to answer three questions about what the speaker says in each short talk. Select the best response to each question and mark the letter (A), (B), (C), or (D) on your answer sheet. The talks will not be printed in your test book and will be spoken only one time.

71. Where is the announcement most likely taking place?

(A) At an awards banquet
(B) At a theatrical performance
(C) At a concert hall
(D) At a year-end party

72. According to the speaker, what did Mr. Richard Nelson do before?

(A) He wrote an article.
(B) He played with an orchestra.
(C) He manufactured pianos.
(D) He made critical remarks on artwork.

73. What is Ms. Elizabeth Nelson probably going to do next?

(A) Enjoy a show
(B) Order some food
(C) Present an award
(D) Perform a tune

---

74. Who most likely is the speaker?

(A) A show host
(B) A tour agent
(C) An insurance agent
(D) A news reporter

75. What does the speaker advise vacationers to do?

(A) Get vaccinated
(B) Get travel insurance
(C) Take a vacation to Greece
(D) Consult with a travel expert

76. What does the speaker say Mr. Johnson will do later?

(A) Sell insurance products
(B) Give a local news update
(C) Talk about an island in Greece
(D) Provide information with regard to inquiries

---

77. Who most likely is George Bruckner?

(A) An archaeologist
(B) A music critic
(C) An orchestra member
(D) A classical music composer

78. What are the listeners asked to do during the performance?

(A) Turn off their mobile phones
(B) Concentrate on the performance
(C) Avoid taking calls or leaving
(D) Not take flash photographs

79. According to the announcement, how will the proceeds be used?

(A) To support a charity organization
(B) To patronize some local artists
(C) To fund the museum's research program
(D) To help construct a new concert hall

TEST 10

▶▶▶GO ON TO THE NEXT PAGE

80. Why does the speaker apologize?

(A) A speaker couldn't make it to the event.
(B) An activity has been canceled.
(C) A original venue wasn't booked.
(D) A service is not available.

81. According to the speaker, how can listeners use their tickets?

(A) To visit another event later
(B) To get a complimentary beverage
(C) To make an exchange for a coupon
(D) To get a discount on an item

82. Why does the speaker say, "You shouldn't miss this"?

(A) To tell employees to attend a session
(B) To emphasize the importance of security
(C) To give directions to a facility
(D) To ask visitors to stick around

---

83. What is the purpose of the call?

(A) To make a flight reservation
(B) To talk about a problem with an order
(C) To find out about a package tour
(D) To suggest a reservation change

84. How does the speaker say she learned about the travel agency?

(A) From a coworker
(B) From a travel magazine
(C) From an Internet search
(D) From a radio advertisement

85. What will the speaker probably do on Friday?

(A) Contact Ms. Fonda
(B) Talk about a tour package
(C) Go on vacation
(D) Take a business trip

---

86. Who most likely are the listeners?

(A) Moviegoers
(B) Job applicants
(C) Event attendees
(D) Assembly line workers

87. What does the man mean when he says, "Isn't it quite striking?"

(A) An item is missing.
(B) A device is impressive.
(C) A part is incompatible.
(D) A product is out of stock.

88. What will the speaker most likely do next?

(A) Distribute a brochure
(B) Submit a form
(C) Demonstrate an item
(D) Leave the stage

---

89. When will the weather probably clear up?

(A) Today
(B) Tomorrow
(C) This Sunday
(D) Next week

90. According to the speaker, what has been caused by the inclement weather?

(A) Business closures
(B) Road accidents
(C) Traffic congestion
(D) Power failures

91. What does the speaker say will happen today and tomorrow?

(A) There will be heavy rainfall.
(B) Snow-clearing operations will be performed.
(C) Road construction will be completed.
(D) All the classes at some colleges will be canceled.

---

92. Who most likely is the speaker?
(A) A sales representative
(B) A fitness professional
(C) A nutrition expert
(D) A university professor

93. According to the speaker, what will the listeners be requested to do?
(A) Create their own plans
(B) Purchase some equipment
(C) Complete a survey form
(D) Help some other individuals

94. What does the speaker mean when she says, "I'd appreciate your being honest"?
(A) She wants the listeners to do their best.
(B) She is strict about the policies.
(C) She needs sincere advice.
(D) She hopes to work on a new project.

Materials Needed
Submitted by: Liam Henderson

Item	Cost
Brochures	$1,500
Refreshments	$800
Free gifts	$400
Name tags	$50

95. What does the speaker say will happen on April 2?
(A) An employee training session will be held.
(B) A new product will be introduced.
(C) An important contract will be made.
(D) A report will be submitted.

96. What does the speaker want to do?
(A) Extend a deadline
(B) Inquire about the stock
(C) Stay within a budget
(D) Confirm a guest list

97. Look at the graphic. Which item does the speaker want to get rid of?
(A) Brochures
(B) Refreshments
(C) Free gifts
(D) Name tags

Discount Rates

T-shirts:	20% off
Pants:	30% off
Handbags:	40% off
Jackets:	25% off

98. According to the speaker, what is the reason for the event?
(A) To attract more customers
(B) To celebrate a firm's anniversary
(C) To make room for a new shipment
(D) To advertise a new branch

99. What are the listeners encouraged to do?
(A) Ensure that items are arranged properly
(B) Refer to the user's manual before using it
(C) Help other employees carry material
(D) Check out another branch for extra items

100. Look at the graphic. Which information is wrong?
(A) 20%
(B) 30%
(C) 40%
(D) 25%

TEST 10

TEST 정답표

Listening Comprehension

01

1. (D)	**2.** (A)	**3.** (B)	**4.** (C)	**5.** (D)	**6.** (B)	**7.** (B)	**8.** (A)	**9.** (B)	**10.** (C)
11. (C)	**12.** (C)	**13.** (C)	**14.** (B)	**15.** (B)	**16.** (B)	**17.** (B)	**18.** (A)	**19.** (C)	**20.** (B)
21. (B)	**22.** (B)	**23.** (B)	**24.** (C)	**25.** (C)	**26.** (C)	**27.** (B)	**28.** (C)	**29.** (B)	**30.** (B)
31. (A)	**32.** (B)	**33.** (D)	**34.** (C)	**35.** (D)	**36.** (B)	**37.** (C)	**38.** (C)	**39.** (A)	**40.** (B)
41. (D)	**42.** (A)	**43.** (B)	**44.** (D)	**45.** (B)	**46.** (C)	**47.** (B)	**48.** (A)	**49.** (D)	**50.** (C)
51. (C)	**52.** (D)	**53.** (A)	**54.** (C)	**55.** (D)	**56.** (C)	**57.** (A)	**58.** (D)	**59.** (C)	**60.** (B)
61. (D)	**62.** (C)	**63.** (B)	**64.** (D)	**65.** (C)	**66.** (D)	**67.** (B)	**68.** (D)	**69.** (A)	**70.** (C)
71. (A)	**72.** (B)	**73.** (D)	**74.** (D)	**75.** (A)	**76.** (C)	**77.** (B)	**78.** (D)	**79.** (D)	**80.** (C)
81. (D)	**82.** (D)	**83.** (C)	**84.** (C)	**85.** (D)	**86.** (B)	**87.** (C)	**88.** (D)	**89.** (C)	**90.** (D)
91. (B)	**92.** (D)	**93.** (B)	**94.** (C)	**95.** (C)	**96.** (B)	**97.** (D)	**98.** (A)	**99.** (C)	**100.** (D)

02

1. (A)	**2.** (D)	**3.** (D)	**4.** (B)	**5.** (A)	**6.** (C)	**7.** (C)	**8.** (B)	**9.** (C)	**10.** (A)
11. (A)	**12.** (C)	**13.** (B)	**14.** (A)	**15.** (C)	**16.** (B)	**17.** (C)	**18.** (A)	**19.** (C)	**20.** (A)
21. (C)	**22.** (B)	**23.** (A)	**24.** (A)	**25.** (C)	**26.** (B)	**27.** (A)	**28.** (C)	**29.** (C)	**30.** (A)
31. (A)	**32.** (C)	**33.** (B)	**34.** (C)	**35.** (A)	**36.** (B)	**37.** (C)	**38.** (B)	**39.** (A)	**40.** (B)
41. (A)	**42.** (B)	**43.** (A)	**44.** (A)	**45.** (B)	**46.** (A)	**47.** (C)	**48.** (D)	**49.** (B)	**50.** (B)
51. (C)	**52.** (C)	**53.** (B)	**54.** (B)	**55.** (C)	**56.** (B)	**57.** (A)	**58.** (B)	**59.** (A)	**60.** (B)
61. (D)	**62.** (B)	**63.** (C)	**64.** (D)	**65.** (C)	**66.** (C)	**67.** (D)	**68.** (B)	**69.** (D)	**70.** (C)
71. (C)	**72.** (B)	**73.** (C)	**74.** (C)	**75.** (B)	**76.** (A)	**77.** (C)	**78.** (B)	**79.** (D)	**80.** (C)
81. (B)	**82.** (C)	**83.** (D)	**84.** (A)	**85.** (B)	**86.** (D)	**87.** (A)	**88.** (B)	**89.** (C)	**90.** (D)
91. (A)	**92.** (B)	**93.** (A)	**94.** (C)	**95.** (C)	**96.** (D)	**97.** (B)	**98.** (A)	**99.** (B)	**100.** (B)

03

1. (B)	**2.** (A)	**3.** (A)	**4.** (B)	**5.** (C)	**6.** (C)	**7.** (C)	**8.** (A)	**9.** (A)	**10.** (A)
11. (B)	**12.** (A)	**13.** (B)	**14.** (C)	**15.** (A)	**16.** (A)	**17.** (C)	**18.** (C)	**19.** (C)	**20.** (C)
21. (C)	**22.** (B)	**23.** (B)	**24.** (A)	**25.** (A)	**26.** (C)	**27.** (B)	**28.** (C)	**29.** (B)	**30.** (C)
31. (B)	**32.** (B)	**33.** (A)	**34.** (A)	**35.** (A)	**36.** (D)	**37.** (B)	**38.** (C)	**39.** (A)	**40.** (C)
41. (B)	**42.** (D)	**43.** (D)	**44.** (D)	**45.** (A)	**46.** (B)	**47.** (D)	**48.** (A)	**49.** (A)	**50.** (D)
51. (A)	**52.** (D)	**53.** (B)	**54.** (C)	**55.** (C)	**56.** (A)	**57.** (B)	**58.** (B)	**59.** (C)	**60.** (D)
61. (D)	**62.** (C)	**63.** (B)	**64.** (B)	**65.** (B)	**66.** (B)	**67.** (A)	**68.** (C)	**69.** (A)	**70.** (C)
71. (C)	**72.** (B)	**73.** (D)	**74.** (D)	**75.** (B)	**76.** (C)	**77.** (C)	**78.** (C)	**79.** (D)	**80.** (D)
81. (D)	**82.** (C)	**83.** (D)	**84.** (D)	**85.** (C)	**86.** (A)	**87.** (D)	**88.** (D)	**89.** (B)	**90.** (B)
91. (D)	**92.** (C)	**93.** (B)	**94.** (D)	**95.** (D)	**96.** (C)	**97.** (D)	**98.** (C)	**99.** (C)	**100.** (B)

TEST 정답표

Listening Comprehension

04

1. (C)	**2.** (B)	**3.** (A)	**4.** (C)	**5.** (A)	**6.** (C)	**7.** (C)	**8.** (C)	**9.** (B)	**10.** (A)
11. (C)	**12.** (A)	**13.** (B)	**14.** (A)	**15.** (A)	**16.** (C)	**17.** (C)	**18.** (A)	**19.** (B)	**20.** (B)
21. (A)	**22.** (A)	**23.** (C)	**24.** (C)	**25.** (C)	**26.** (B)	**27.** (C)	**28.** (B)	**29.** (C)	**30.** (B)
31. (A)	**32.** (C)	**33.** (B)	**34.** (B)	**35.** (B)	**36.** (A)	**37.** (C)	**38.** (A)	**39.** (D)	**40.** (C)
41. (A)	**42.** (D)	**43.** (B)	**44.** (B)	**45.** (A)	**46.** (C)	**47.** (A)	**48.** (A)	**49.** (C)	**50.** (C)
51. (D)	**52.** (A)	**53.** (B)	**54.** (B)	**55.** (A)	**56.** (A)	**57.** (D)	**58.** (D)	**59.** (C)	**60.** (C)
61. (B)	**62.** (C)	**63.** (A)	**64.** (C)	**65.** (C)	**66.** (C)	**67.** (B)	**68.** (D)	**69.** (A)	**70.** (B)
71. (B)	**72.** (A)	**73.** (C)	**74.** (B)	**75.** (C)	**76.** (B)	**77.** (D)	**78.** (C)	**79.** (D)	**80.** (C)
81. (A)	**82.** (B)	**83.** (C)	**84.** (C)	**85.** (D)	**86.** (B)	**87.** (C)	**88.** (D)	**89.** (D)	**90.** (B)
91. (C)	**92.** (B)	**93.** (A)	**94.** (C)	**95.** (C)	**96.** (C)	**97.** (A)	**98.** (C)	**99.** (B)	**100.** (C)

05

1. (B)	**2.** (C)	**3.** (D)	**4.** (D)	**5.** (B)	**6.** (C)	**7.** (C)	**8.** (B)	**9.** (C)	**10.** (A)
11. (A)	**12.** (B)	**13.** (C)	**14.** (B)	**15.** (C)	**16.** (B)	**17.** (A)	**18.** (C)	**19.** (A)	**20.** (C)
21. (B)	**22.** (C)	**23.** (B)	**24.** (B)	**25.** (B)	**26.** (A)	**27.** (B)	**28.** (C)	**29.** (A)	**30.** (C)
31. (A)	**32.** (C)	**33.** (D)	**34.** (A)	**35.** (A)	**36.** (C)	**37.** (A)	**38.** (C)	**39.** (A)	**40.** (B)
41. (A)	**42.** (C)	**43.** (B)	**44.** (D)	**45.** (B)	**46.** (A)	**47.** (A)	**48.** (C)	**49.** (D)	**50.** (D)
51. (B)	**52.** (C)	**53.** (B)	**54.** (C)	**55.** (A)	**56.** (A)	**57.** (D)	**58.** (C)	**59.** (C)	**60.** (B)
61. (B)	**62.** (C)	**63.** (C)	**64.** (A)	**65.** (C)	**66.** (A)	**67.** (A)	**68.** (B)	**69.** (A)	**70.** (A)
71. (B)	**72.** (C)	**73.** (D)	**74.** (D)	**75.** (A)	**76.** (B)	**77.** (B)	**78.** (B)	**79.** (C)	**80.** (B)
81. (C)	**82.** (C)	**83.** (D)	**84.** (D)	**85.** (C)	**86.** (C)	**87.** (B)	**88.** (D)	**89.** (B)	**90.** (B)
91. (D)	**92.** (C)	**93.** (B)	**94.** (A)	**95.** (B)	**96.** (A)	**97.** (B)	**98.** (B)	**99.** (D)	**100.** (D)

06

1. (B)	**2.** (C)	**3.** (A)	**4.** (D)	**5.** (B)	**6.** (C)	**7.** (C)	**8.** (C)	**9.** (A)	**10.** (B)
11. (B)	**12.** (C)	**13.** (C)	**14.** (B)	**15.** (B)	**16.** (A)	**17.** (C)	**18.** (B)	**19.** (A)	**20.** (A)
21. (A)	**22.** (C)	**23.** (B)	**24.** (C)	**25.** (A)	**26.** (C)	**27.** (A)	**28.** (B)	**29.** (A)	**30.** (B)
31. (B)	**32.** (B)	**33.** (A)	**34.** (B)	**35.** (D)	**36.** (D)	**37.** (B)	**38.** (D)	**39.** (C)	**40.** (C)
41. (C)	**42.** (B)	**43.** (C)	**44.** (C)	**45.** (C)	**46.** (B)	**47.** (C)	**48.** (B)	**49.** (D)	**50.** (A)
51. (C)	**52.** (B)	**53.** (C)	**54.** (C)	**55.** (B)	**56.** (C)	**57.** (C)	**58.** (D)	**59.** (C)	**60.** (C)
61. (D)	**62.** (C)	**63.** (A)	**64.** (D)	**65.** (B)	**66.** (C)	**67.** (A)	**68.** (D)	**69.** (A)	**70.** (B)
71. (D)	**72.** (D)	**73.** (C)	**74.** (C)	**75.** (B)	**76.** (D)	**77.** (C)	**78.** (B)	**79.** (D)	**80.** (D)
81. (B)	**82.** (D)	**83.** (C)	**84.** (D)	**85.** (A)	**86.** (B)	**87.** (C)	**88.** (D)	**89.** (C)	**90.** (D)
91. (B)	**92.** (D)	**93.** (B)	**94.** (C)	**95.** (C)	**96.** (D)	**97.** (C)	**98.** (B)	**99.** (D)	**100.** (D)

TEST 정답표

Listening Comprehension

07

1. (A)	**2.** (D)	**3.** (B)	**4.** (C)	**5.** (D)	**6.** (C)	**7.** (B)	**8.** (B)	**9.** (B)	**10.** (A)
11. (A)	**12.** (C)	**13.** (C)	**14.** (A)	**15.** (B)	**16.** (A)	**17.** (C)	**18.** (B)	**19.** (C)	**20.** (A)
21. (B)	**22.** (C)	**23.** (A)	**24.** (A)	**25.** (C)	**26.** (C)	**27.** (A)	**28.** (A)	**29.** (A)	**30.** (B)
31. (A)	**32.** (A)	**33.** (C)	**34.** (D)	**35.** (D)	**36.** (C)	**37.** (B)	**38.** (D)	**39.** (C)	**40.** (B)
41. (B)	**42.** (D)	**43.** (C)	**44.** (B)	**45.** (D)	**46.** (C)	**47.** (C)	**48.** (D)	**49.** (D)	**50.** (C)
51. (A)	**52.** (D)	**53.** (B)	**54.** (C)	**55.** (C)	**56.** (B)	**57.** (B)	**58.** (D)	**59.** (C)	**60.** (B)
61. (C)	**62.** (C)	**63.** (B)	**64.** (D)	**65.** (C)	**66.** (B)	**67.** (D)	**68.** (D)	**69.** (B)	**70.** (C)
71. (B)	**72.** (C)	**73.** (D)	**74.** (C)	**75.** (B)	**76.** (A)	**77.** (D)	**78.** (B)	**79.** (C)	**80.** (D)
81. (B)	**82.** (C)	**83.** (B)	**84.** (B)	**85.** (D)	**86.** (A)	**87.** (B)	**88.** (D)	**89.** (D)	**90.** (C)
91. (B)	**92.** (D)	**93.** (C)	**94.** (A)	**95.** (B)	**96.** (C)	**97.** (D)	**98.** (C)	**99.** (B)	**100.** (B)

08

1. (B)	**2.** (C)	**3.** (A)	**4.** (A)	**5.** (B)	**6.** (D)	**7.** (B)	**8.** (C)	**9.** (B)	**10.** (B)
11. (A)	**12.** (C)	**13.** (B)	**14.** (C)	**15.** (B)	**16.** (B)	**17.** (A)	**18.** (A)	**19.** (A)	**20.** (C)
21. (B)	**22.** (C)	**23.** (C)	**24.** (A)	**25.** (C)	**26.** (B)	**27.** (A)	**28.** (C)	**29.** (C)	**30.** (A)
31. (C)	**32.** (C)	**33.** (D)	**34.** (C)	**35.** (D)	**36.** (C)	**37.** (C)	**38.** (C)	**39.** (D)	**40.** (D)
41. (C)	**42.** (D)	**43.** (B)	**44.** (B)	**45.** (D)	**46.** (B)	**47.** (C)	**48.** (C)	**49.** (B)	**50.** (D)
51. (C)	**52.** (B)	**53.** (C)	**54.** (C)	**55.** (D)	**56.** (C)	**57.** (D)	**58.** (C)	**59.** (B)	**60.** (B)
61. (C)	**62.** (C)	**63.** (B)	**64.** (C)	**65.** (C)	**66.** (C)	**67.** (C)	**68.** (C)	**69.** (C)	**70.** (A)
71. (C)	**72.** (D)	**73.** (B)	**74.** (C)	**75.** (B)	**76.** (D)	**77.** (C)	**78.** (B)	**79.** (B)	**80.** (C)
81. (D)	**82.** (B)	**83.** (D)	**84.** (D)	**85.** (B)	**86.** (B)	**87.** (C)	**88.** (C)	**89.** (B)	**90.** (B)
91. (D)	**92.** (D)	**93.** (B)	**94.** (C)	**95.** (C)	**96.** (D)	**97.** (C)	**98.** (C)	**99.** (C)	**100.** (D)

09

1. (C)	**2.** (A)	**3.** (C)	**4.** (D)	**5.** (D)	**6.** (D)	**7.** (C)	**8.** (C)	**9.** (B)	**10.** (A)
11. (C)	**12.** (C)	**13.** (B)	**14.** (A)	**15.** (C)	**16.** (C)	**17.** (A)	**18.** (A)	**19.** (B)	**20.** (C)
21. (A)	**22.** (C)	**23.** (C)	**24.** (A)	**25.** (B)	**26.** (B)	**27.** (A)	**28.** (B)	**29.** (B)	**30.** (A)
31. (B)	**32.** (D)	**33.** (C)	**34.** (D)	**35.** (B)	**36.** (C)	**37.** (C)	**38.** (D)	**39.** (C)	**40.** (B)
41. (D)	**42.** (C)	**43.** (C)	**44.** (D)	**45.** (B)	**46.** (C)	**47.** (C)	**48.** (C)	**49.** (C)	**50.** (D)
51. (D)	**52.** (C)	**53.** (C)	**54.** (D)	**55.** (C)	**56.** (B)	**57.** (B)	**58.** (B)	**59.** (C)	**60.** (D)
61. (C)	**62.** (C)	**63.** (B)	**64.** (D)	**65.** (D)	**66.** (C)	**67.** (C)	**68.** (B)	**69.** (C)	**70.** (C)
71. (D)	**72.** (D)	**73.** (B)	**74.** (C)	**75.** (C)	**76.** (D)	**77.** (C)	**78.** (D)	**79.** (B)	**80.** (C)
81. (C)	**82.** (D)	**83.** (C)	**84.** (C)	**85.** (D)	**86.** (C)	**87.** (B)	**88.** (B)	**89.** (B)	**90.** (C)
91. (C)	**92.** (C)	**93.** (D)	**94.** (B)	**95.** (D)	**96.** (C)	**97.** (B)	**98.** (C)	**99.** (B)	**100.** (C)

TEST 정답표

Listening Comprehension

1. (A)	**2.** (B)	**3.** (C)	**4.** (D)	**5.** (D)	**6.** (C)	**7.** (B)	**8.** (B)	**9.** (C)	**10.** (C)
11. (A)	**12.** (B)	**13.** (C)	**14.** (C)	**15.** (B)	**16.** (C)	**17.** (B)	**18.** (C)	**19.** (C)	**20.** (C)
21. (A)	**22.** (C)	**23.** (C)	**24.** (B)	**25.** (C)	**26.** (C)	**27.** (A)	**28.** (A)	**29.** (A)	**30.** (B)
31. (B)	**32.** (A)	**33.** (C)	**34.** (B)	**35.** (C)	**36.** (C)	**37.** (B)	**38.** (D)	**39.** (A)	**40.** (B)
41. (C)	**42.** (A)	**43.** (A)	**44.** (B)	**45.** (C)	**46.** (C)	**47.** (C)	**48.** (B)	**49.** (A)	**50.** (D)
51. (A)	**52.** (B)	**53.** (B)	**54.** (D)	**55.** (A)	**56.** (C)	**57.** (D)	**58.** (A)	**59.** (C)	**60.** (B)
61. (D)	**62.** (B)	**63.** (C)	**64.** (A)	**65.** (C)	**66.** (A)	**67.** (B)	**68.** (B)	**69.** (C)	**70.** (B)
71. (C)	**72.** (B)	**73.** (D)	**74.** (A)	**75.** (B)	**76.** (C)	**77.** (D)	**78.** (C)	**79.** (C)	**80.** (D)
81. (B)	**82.** (D)	**83.** (C)	**84.** (A)	**85.** (B)	**86.** (C)	**87.** (B)	**88.** (C)	**89.** (D)	**90.** (C)
91. (D)	**92.** (B)	**93.** (C)	**94.** (C)	**95.** (B)	**96.** (C)	**97.** (D)	**98.** (C)	**99.** (A)	**100.** (B)

LC
번역 및 정답

TEST 01

Part 1

1. 미M

(A) A man is wearing an apron.
(B) A man is arranging some plates.
(C) A man is stir-frying some vegetables.
(D) A man is slicing some food.

(A) 한 남자가 앞치마를 착용하고 있다.
(B) 한 남자가 접시를 정렬하고 있다.
(C) 한 남자가 야채를 볶고 있다.
(D) 한 남자가 음식을 썰고 있다. 정답 (D)

2. 호M

(A) A woman is browsing some dresses.
(B) A woman is looking into a bag.
(C) Shelves are being stocked with some boxes.
(D) A woman is being assisted.

(A) 한 여자가 드레스를 구경하고 있다.
(B) 한 여자가 가방 안을 보고 있다.
(C) 선반들에 박스들이 채워지고 있다.
(D) 한 여자가 도움을 받고 있다. 정답 (A)

3. 미W

(A) Some books are being put onto the chairs.
(B) Some posters are hanging on a wall.
(C) Some chairs are being pushed under a table.
(D) Some cushions are on sale.

(A) 책들이 의자들 위에 놓이고 있다.
(B) 포스터들이 벽에 걸려 있다.
(C) 의자들이 테이블 밑으로 넣어지고 있다.
(D) 쿠션들이 할인 중이다. 정답 (B)

4. 영W

(A) The men are stacking some containers.
(B) The men are lifting some boxes.
(C) One of the men is standing on a ladder.
(D) One of the men is opening a large gate.

(A) 남자들이 용기들을 차곡차곡 쌓고 있다.
(B) 남자들이 박스들을 집어들고 있다.
(C) 남자들 중 한 명이 사다리 위에 서 있다.
(D) 남자들 중 한 명이 큰 대문을 열고 있다. 정답 (C)

5. 호M

(A) Some products are being unpacked in a store.
(B) A customer survey is being conducted.
(C) A woman is trying some hair products.
(D) A woman is taking something from a shelf.

(A) 제품들이 가게 안에서 포장이 풀어지고 있다.
(B) 고객 설문 조사가 실시되고 있다.
(C) 한 여자가 헤어 용품을 써 보고 있다.
(D) 한 여자가 선반에서 뭔가를 꺼내고 있다. 정답 (D)

6. 미M

(A) They are wearing long-sleeved shirts.
(B) Some people are crossing a bridge.
(C) Some hikers are setting up a tent.
(D) They are walking through the woods.

(A) 그들은 긴소매 셔츠를 입고 있다.
(B) 몇몇 사람들이 다리를 건너고 있다.
(C) 몇몇 도보 여행자들이 텐트를 설치하고 있다.
(D) 그들은 숲속을 걸어가고 있다. 정답 (B)

Part 2

7. 영W 미M

Who conducted the focus group interview yesterday?
(A) No, Mr. Lee has a different view.
(B) Gerald took care of it.
(C) We should review the contract again.

어제 누가 포커스 그룹 인터뷰를 실시했나요?
(A) 아뇨, Lee 씨는 다른 관점을 갖고 있어요.
(B) Gerald가 그 일을 처리했습니다.
(C) 우리는 계약서를 다시 검토해야 합니다. 정답 (B)

8. 미M 영W

How long do you spend commuting to work?
(A) About an hour by bus.
(B) It's about 20 feet.
(C) I wrote more than ten pages.

통근하는 데 얼마나 많은 시간을 소비하시나요?
(A) 버스로 약 한 시간이요.
(B) 약 20피트입니다.
(C) 저는 10페이지 넘게 작성했습니다. 정답 (A)

9. 미M 호M

When did you start working here?
(A) At a construction site.
(B) February was my first month.
(C) A twenty-minute train ride.

언제 이곳에서 근무하기 시작하셨나요?
(A) 공사 현장에서요.
(B) 2월이 첫 근무 달이었어요.
(C) 기차로 20분 거리입니다. 정답 (B)

10. 호M 영W

Is there a vending machine anywhere in this building?
(A) The headquarters was built two years ago.
(B) We don't have any more space available.
(C) I'm sorry. I'm new here.

이 건물 내 어디에 자판기가 있나요?
(A) 본사는 2년 전에 지어졌습니다.
(B) 저희는 더 이상 이용 가능한 공간이 없습니다.
(C) 죄송합니다. 저는 이곳이 처음이라서요. 정답 (C)

11. 미M 미W

Do we have any job openings?
(A) I think they're open at 9.
(B) I'd like to register for the job training session.
(C) Yes, we should find a replacement for Ms. Smith.

우리에게 공석인 자리들이 좀 있나요?
(A) 그곳은 9시에 문을 여는 것 같아요.
(B) 직무 교육 시간에 등록하고자 합니다.

(C) 네, Smith 씨의 후임을 찾아야 해요. 정답 (C)

12. 호M 미M
Do you know what the chef's special is?
(A) I'll have mine medium rare.
(B) Can I have some hot sauce?
(C) Let's ask the waitress.

오늘의 특선 요리가 무엇인지 아시나요?
(A) 제 것은 약간 덜 익혀주세요.
(B) 핫 소스 좀 주시겠어요?
(C) 종업원에게 물어 봅시다. 정답 (C)

13. 영W 호M
Which desk is yours?
(A) From the factory.
(B) I got a new desktop computer for my office.
(C) The large one by the window.

어느 책상이 당신 것인가요?
(A) 공장으로부터요.
(B) 제 사무실에 쓸 새 데스크톱 컴퓨터를 구했어요.
(C) 창문 옆에 있는 큰 것이요. 정답 (C)

14. 미W 호M
Could you help me unload these suitcases?
(A) We should take this road instead.
(B) Sure, let me get my gloves first.
(C) Just in case something happens.

이 여행 가방들을 내리는 일 좀 도와 주시겠어요?
(A) 대신 우리는 이 길로 가야 합니다.
(B) 그럼요, 제 장갑을 먼저 가져 올게요.
(C) 무슨 일이 있을 경우에 대비해서요. 정답 (B)

15. 미M 호M
Are you available to work on a short project?
(A) I can walk you home.
(B) Sure, but I can't start until next Tuesday.
(C) Yes, we have several rooms available.

단기 프로젝트 작업 하나 하실 시간이 되시나요?
(A) 제가 집까지 걸어서 데려다 드릴 수 있어요.
(B) 그럼요, 하지만 다음 주 화요일에나 시작할 수 있습니다.
(C) 네, 저희는 이용 가능한 여러 개의 방이 있습니다. 정답 (B)

16. 호M 영W
Where's the serial number for this laptop computer?
(A) There are a number of desks in the storage room.
(B) Have you checked the bottom?
(C) I bought them on sale.

이 노트북 컴퓨터의 일련 번호는 어디에 있나요?
(A) 창고에 책상이 많이 있습니다.
(B) 아래쪽을 확인해 보셨나요?
(C) 저는 그것들을 세일 행사에서 구입했어요. 정답 (B)

17. 미M 영W
Would you rather go to a Korean or Japanese restaurant tomorrow?
(A) No, I haven't been to Japan.
(B) I prefer Korean food.
(C) Let's finish the rest of the work tomorrow.

내일 한식당에 가시겠어요, 일식당에 가시겠어요?
(A) 아뇨, 저는 일본에 가 본 적이 없습니다.
(B) 저는 한국 음식을 선호합니다.
(C) 나머지 일은 내일 끝냅시다. 정답 (B)

18. 영W 호M
Did you make a decision on who will get a promotion?
(A) Yes, I'll announce it this afternoon.
(B) To promote the new products.
(C) Of course. That will be great.

누가 승진될 것인지에 대해 결정을 내리셨나요?
(A) 네, 오늘 오후에 발표하겠습니다.
(B) 신제품들을 홍보하기 위해서요.
(C) 물론이죠. 그렇게 되면 정말 좋을 겁니다. 정답 (A)

19. 미W 영W
Why didn't you take the job offer?
(A) No, thanks. I can manage myself.
(B) Sure, I'd be honored to.
(C) I didn't like the management.

왜 그 일자리 제안을 받아들이지 않으셨나요?
(A) 아뇨, 괜찮습니다. 제가 직접 할 수 있습니다.
(B) 그럼요, 영광입니다.
(C) 경영진이 마음에 들지 않았습니다. 정답 (C)

20. 호M 미M
Shouldn't we renew the lease on the apartment?
(A) I have released a new album.
(B) I want to look for another place.
(C) Sure, let's go to a department store.

우리는 아파트에 대한 임대 계약을 갱신해야 하지 않나요?
(A) 저는 새 앨범을 출시했습니다.
(B) 저는 다른 곳을 찾아 보고 싶어요.
(C) 좋아요, 백화점에 갑시다. 정답 (B)

21. 미M 영W
The company awards dinner is canceled, isn't it?
(A) We can't sell these damaged products.
(B) That's what I heard.
(C) Yes, it was very successful.

우리 회사의 시상식 저녁 만찬이 취소되었죠, 그렇지 않나요?
(A) 우리는 이 손상된 제품들을 판매할 수 없습니다.
(B) 저는 그렇게 들었습니다.
(C) 네, 아주 성공적이었습니다. 정답 (B)

22. 영W 미W
Where is the lost and found located?
(A) I found the information very useful.
(B) Down the hall and to the left.
(C) Those are personal collections.

분실물 센터가 어디에 위치해 있나요?
(A) 저는 그 정보가 매우 유용하다고 생각했습니다.
(B) 복도를 따라가시면 왼편에 있습니다.
(C) 그것들은 개인 소장품들입니다. 정답 (B)

23. 미M 미W
Do you have a pen I can use?
(A) Yes, I can use some help.
(B) I can get you one.
(C) No, thanks. I've had enough.

제가 쓸 수 있는 펜이 있으신가요?
(A) 네, 도움을 좀 받을 수 있습니다.
(B) 제가 하나 드릴 수 있어요.
(C) 아뇨, 괜찮습니다. 충분히 먹었습니다. 정답 (B)

24. 영W 호M
Since we are all here, let's get started.
(A) I'll have some, please.
(B) I heard she got the promotion.
(C) Can I get a cup of coffee first?

우리 모두 이곳에 모여 있으므로, 시작해 보겠습니다.
(A) 조금 먹겠습니다.
(B) 그녀가 승진되었다고 들었어요.
(C) 먼저 커피 한 잔 마셔도 될까요? 정답 (C)

25. 호M 영W
We should purchase a new copy machine.
(A) I'll have mine black.
(B) It makes very good coffee.
(C) Is it out of order again?

우리는 새 복사기를 구입해야 합니다.
(A) 제 것은 검정색으로 하겠습니다.
(B) 그것은 아주 맛있는 커피를 만듭니다.
(C) 또 고장 난 건가요? 정답 (C)

26. 미M 영W
How many handouts should I bring to the meeting?
(A) We haven't met them yet.
(B) About fifteen seconds.
(C) I'll let you know in a minute.

회의에 몇 부의 유인물을 가져 가야 하나요?
(A) 우리는 아직 그들을 만나지 못했습니다.
(B) 약 15초요.
(C) 곧 알려 드릴게요. 정답 (C)

27. 미W 호M
The office won't be open during the holiday, right?
(A) Yes, you can see it on your right.
(B) Yes, but I have some work to do.
(C) No, I just stayed at home.

사무실이 휴일에는 문을 열지 않죠, 맞죠?
(A) 네, 오른편에서 그것을 보실 수 있습니다.
(B) 네, 하지만 저는 할 일이 좀 있습니다.
(C) 아뇨, 저는 그냥 집에 있었어요. 정답 (B)

28. 미W 미M
When are you leaving for New York?
(A) Yes, I left one there.
(B) The bus will leave from Terminal A.
(C) I should be there by Monday.

언제 뉴욕으로 출발하시나요?
(A) 네, 그곳에 하나 남겨뒀어요.
(B) 그 버스는 터미널 A에서 출발할 겁니다.
(C) 월요일까지 그곳에 가야 합니다. 정답 (C)

29. 미M 영W
Why hasn't the shipment arrived yet?
(A) They sent the estimate of the total cost.
(B) I was going to ask you the same question.
(C) Back the car up to the loading dock.

왜 배송 물품이 아직 도착하지 않은 거죠?
(A) 그들이 총 비용에 대한 견적서를 보냈습니다.
(B) 저도 당신에게 같은 질문을 하려고 했어요.
(C) 짐 싣는 곳으로 차를 후진시키세요. 정답 (B)

30. 영W 호M
I think we should leave soon.
(A) Yes, he lives in a dorm.
(B) But the movie starts in four hours.
(C) Are you ready to order?

제 생각에 우리는 곧 출발해야 할 것 같아요.
(A) 네, 그는 기숙사에 살고 있습니다.
(B) 하지만 영화는 네 시간 후에 시작해요.
(C) 주문하실 준비가 되셨나요? 정답 (B)

31. 미W 호M
Why are we moving to a different building?
(A) The rent is unaffordable.
(B) I thought you already called a moving company.
(C) Yes, remove all the boxes first.

우리는 왜 다른 건물로 이전하는 건가요?
(A) 임대료가 너무 비싸서 감당할 수 없어요.
(B) 저는 당신이 이미 이사 전문 업체에 전화했다고 생각했어요.
(C) 네, 먼저 모든 상자들을 치워 주십시오. 정답 (A)

Part 3

문제 32-34번은 다음 대화를 참조하시오. 미M 영W

M This is the Orange Phone Repair Shop. Thank you for calling. How may I assist you today?
W Hello, I brought my phone to get it fixed last month and was given a temporary phone to use in the meantime. **(32)However, I found an extra fee on my bill and want to know why I was charged.**
M Hmm... It seems like it was an Internet data charge. Our temporary phones are given out only for calling and texting.
W Well, I was not informed of that.
M I apologize. We used to include data in the past **(33) but had to start charging for it because of the recent increase in the Internet data price. (34) However, we will remove the extra fee this time.** I hope you continue to use our services in the future. Thank you.

남: Orange Phone Repair Shop입니다. 전화 주셔서 감사합니다. 오늘 어떻게 도와 드릴까요?
여: 안녕하세요. 지난 달에 제 전화기를 수리 받기 위해 가져 갔었는데, 그 사이에 사용할 임시 전화기를 받았었어요. 그런데 제 고지서에 추가 요금이

있는 것을 발견하게 되어서 왜 요금이 청구된 것인지 알아보려고 합니다.
남: 흠… 그건 인터넷 데이터 청구 요금이었던 것 같습니다. 저희 임시 전화기들은 오직 발신 전화 및 문자 전송용으로만 나눠 드리고 있습니다.
여: 저, 그 부분은 통보 받지 못했는데요.
남: 죄송합니다. 과거에는 저희가 한때 데이터를 포함하기도 했었는데, 최근의 인터넷 데이터 요금 증가로 인해 그에 대한 요금 부과를 시작해야만 했습니다. 그런데, 이번에는 그 추가 요금을 제외해 드리겠습니다. 앞으로 계속 저희 서비스를 이용해 주시기 바랍니다. 감사합니다.

32. 여자는 왜 전화를 거는가?
(A) 자신의 전화기를 수리 받기위해
(B) 추가 요금에 관해 물어보기 위해
(C) 전화기를 임대하기 위해
(D) 구직 자리에 관해 문의하기 위해 정답 (B)

33. 남자의 말에 따르면, 최근에 무엇이 변경되었는가?
(A) 일부 전화기 관련 정책
(B) 매장 영업 시간
(C) 법률
(D) 요금 정답 (D)

34. 남자는 무엇을 하겠다고 제안하는가?
(A) 나중에 다시 전화 거는 일
(B) 기부하는 일
(C) 청구 요금을 철회하는 일
(D) 강의하는 일 정답 (C)

문제 35-37번은 다음 대화를 참조하시오. 호M 영W

M Hi. I'm sorry to bother you, **(35) but my laptop battery just died.** Do you have any power outlets that **(36) I can use in your restaurant while I eat?**
W No, sorry. The outlet that we usually provide to our customers is not working at the moment.
M Oh... I see. Then, can you recommend any places around here where I can charge my laptop?
W Actually, **(37) there is a bookstore a couple streets down that provides many outlets for its visitors' convenience.** You can find it on Oak Street.

남: 안녕하세요. 방해해서 죄송합니다만, 제 노트북 컴퓨터의 배터리가 막 다 되었어요. 제가 식사를 하는 동안 이 레스토랑에서 사용할 수 있는 전기 콘센트가 있나요?
여: 아뇨, 죄송합니다. 저희가 보통 고객분들께 제공해 드리는 콘센트가 현재 작동되지 않고 있습니다.
남: 아… 알겠습니다. 그럼, 제가 노트북을 충전할 수 있는 근처 장소를 추천해 주실 수 있나요?
여: 실은, 두어 거리만 내려가시면 서점이 하나 있는데, 그곳에서 방문객들의 편의를 위해 여러 개의 콘센트를 제공하고 있습니다. Oak Street에서 찾으실 수 있을 겁니다.

35. 남자는 무슨 문제점을 언급하는가?
(A) 차량의 타이어가 펑크 났다.
(B) 전화기를 잊고 갖고 오지 않았다.
(C) 노트북 컴퓨터를 빌려야 한다.
(D) 노트북 컴퓨터의 배터리가 다 닳았다. 정답 (D)

36. 화자들은 어디에 있는가?
(A) 체육관에
(B) 레스토랑에
(C) 상점에
(D) 수리소에 정답 (B)

37. 여자는 남자에게 무엇을 하도록 권하는가?
(A) 예약 일정을 잡을 것
(B) 긴급 출동 서비스를 부를 것
(C) 서점으로 갈 것
(D) 내일 다시 올 것 정답 (C)

문제 38-40번은 다음 대화를 참조하시오. 미W 호M

M (38) I'd like to reserve a private room for tonight's full-course dinner.
W No problem. We still have a few tables open. The full course will consist of ten dishes from four different countries. Plus, dessert will be served after that.
M Awesome! My name is Mark Johnson, and there will be three of us in total.
W Fantastic! **(39) The course will start at seven, so please don't be late.**
M Oh, we will be sure to arrive twenty minutes early.
W Okay, your table is booked. In addition, **(40) we only take credit cards after lunch, so one of you should be sure to bring one** so we don't run into any problems later. Thanks, and we will see you later tonight.

남: 오늘 저녁에 풀코스 식사를 위한 개별 공간을 예약하고자 합니다.
여: 알겠습니다. 아직 몇몇 테이블에 자리가 있습니다. 풀코스는 4개 나라의 열 가지 요리들로 구성됩니다. 더불어, 식사 후에 디저트도 제공될 것입니다.
남: 잘됐네요! 제 이름은 Mark Johnson이고, 총 3명이 함께 갈 겁니다.
여: 좋습니다! 코스가 7시에 시작될 것이므로 늦지 않게 오십시오.
남: 아, 20분 전에 도착하도록 하겠습니다.
여: 자, 테이블이 예약되었습니다. 추가로, 저희가 점심 식사 이후의 시간에는 오직 신용카드만 받고 있기 때문에 함께 오시는 분들 중 한 분은 카드를 하나 꼭 챙겨 오셔야 나중에 문제를 겪지 않으실 겁니다. 감사 드리며, 이따가 저녁에 뵙겠습니다.

38. 남자는 무엇을 하고 싶어 하는가?
(A) 티켓 구입하는 일
(B) 식사하는 일
(C) 예약하는 일
(D) 레스토랑 사업 시작하는 일 정답 (C)

39. 남자는 무엇을 하도록 요청 받는가?
(A) 제때 도착할 것
(B) 전화 통화를 할 것
(C) 예약 번호를 가져 올 것
(D) 다른 장소를 방문할 것 정답 (A)

40. 여자는 무엇을 하도록 제안하는가?
(A) 알람을 설정할 것
(B) 신용카드를 가져 올 것
(C) 요리를 추천해 줄 것
(D) 현금을 가져 올 것 정답 (B)

문제 41-43번은 다음 대화를 참조하시오. 영W 미M

W Hi, James. I'm sorry to say this, but an emergency just came up. **(41) I know we are supposed to go to the concert together tomorrow, but would you be able to go with someone else instead?**
M Oh, yeah, no problem. **(43) I have another coworker who also wants to go.** Is it okay if I ask what the emergency is?
W (42) My father has been really sick lately, and I need to visit the hospital to check if he is all right.
M Oh... I'm sorry to hear that. **(43) I'll talk to Rebecca and see if she still wants to go.**

여: 안녕하세요, James. 이런 말씀 드려서 죄송하지만, 급한 일이 막 생겼습니다. 내일 함께 콘서트에 갈 예정이라는 것을 알고 있기는 하지만, 대신 다른 분과 함께 가실 수 있겠어요?
남: 아, 네, 괜찮습니다. 함께 가고 싶어 하는 다른 동료가 있습니다. 그 급한 일이 무엇인지 여쭤 봐도 괜찮을까요?
여: 아버지께서 최근에 많이 편찮으셨는데, 괜찮으신지 확인하기 위해 병원을 방문해야 합니다.
남: 아… 그 말씀을 듣게 되어 유감입니다. Rebecca 씨에게 얘기해서 여전히 가고 싶어 하는지 알아보겠습니다.

41. 여자는 남자에게 무엇에 관해 알리는가?
(A) 임무를 완수할 수 없다.
(B) 자신의 전화기를 고쳐야 한다.
(C) 감기에 걸렸다.
(D) 행사에 참석할 수 없다.
정답 (D)

42. 여자의 말에 따르면, 최근에 무슨 일이 있었는가?
(A) 가족 한 명이 건강이 좋지 않았다.
(B) 사고가 발생했다.
(C) 약속이 변경되었다.
(D) 콘서트가 취소되었다.
정답 (A)

43. 남자는 곧이어 무엇을 할 것이라고 말하는가?
(A) 콘서트에 갈 것이다.
(B) 동료 직원에게 연락할 것이다.
(C) 연설을 할 것이다.
(D) 예약을 할 것이다.
정답 (B)

문제 44-46번은 다음 대화를 참조하시오. 미M 영W

M Hi, Jane. **(44) I'm about to go get some coffee. Would you like me to get you something?**
W Yes, that would be great. **(45) Our new coffee machine hasn't arrived yet**, so we have to bring our own in the meantime.
M (45) But we ordered it two weeks ago. It should have arrived by now.
W Did you already forget there was inclement weather? **(46) That's why the shipping has been delayed.**
M Oh, right. It has rained heavily lately. It's great that we have a coffee shop right down the street, so we don't have to travel far.
W I really appreciate your help as I stayed up all night yesterday and was so tired all day. What would I do without you?

남: 안녕하세요, Jane. 제가 막 커피를 사러 가려는 참입니다. 마실 것 좀 사다 드릴까요?
여: 네, 그렇게 해 주시면 좋겠어요. 우리 새 커피 기계가 아직 도착하지 않았기 때문에, 그 동안은 각자 가져 와야 해요.
남: 그런데 우리가 2주 전에 그 기계를 주문했잖아요. 지금쯤이면 도착했어야 하는데요.
여: 악천후가 있었다는 것을 벌써 잊은 거예요? 그게 배송이 지연된 이유입니다.
남: 아, 그렇네요. 최근에 계속 폭우가 쏟아졌죠. 길 바로 저쪽에 커피 매장이 있다는 게 참 다행이에요. 멀리 갈 필요가 없으니까요.
여: 제가 어제 밤새 작업을 해서 종일 너무 피곤했기 때문에 당신의 도움에 대해 정말로 감사드려요. 당신 없이 제가 뭘 하겠어요?

44. 남자는 무엇을 하겠다고 제안하는가?
(A) 전화 회의 일정 잡는 일
(B) 매출 늘리는 일
(C) 음식 가져 오는 일
(D) 마실 것 사 오는 일
정답 (D)

45. 남자의 말에 따르면, 2주 전에 무슨 일이 있었는가?
(A) 새로운 지사가 문을 열었다.
(B) 커피 기계가 구입되었다.
(C) 엘리베이터가 작동을 멈췄다.
(D) 눈보라가 발생했다.
정답 (B)

46. 여자는 왜 "Did you already forget there was inclement weather"라고 말하는가?
(A) 해변으로 가는 것을 정당화하기 위해
(B) 남자에게 운동을 하도록 요청하기 위해
(C) 지연 문제를 설명하기 위해
(D) 뜨거운 음료를 권하기 위해
정답 (C)

문제 47-49번은 다음의 3자 대화를 참조하시오. 미W 영W 호M

M Okay, let's begin the conference. **(47) Are piano sales doing well this month?**
W1 Yes, sales have increased by five percent since March. However, our huge five-year anniversary sale was not much of a success.
M Hmm... I was expecting the figures to be higher-close to around seven percent. Why do you think they didn't go up as much as we had hoped, **(48) Caroline?**
W2 I feel the lack of members on the marketing team was the cause as we let some workers go last month. **(48) How about searching for new recruits to help us devise a better strategy?**
M All right, let's wait until next month's sales report comes out. If sales still don't increase, **(49) we might have to hire more people, but only after we see the results.**

남: 자, 회의를 시작하도록 하겠습니다. 이달 피아노 매출은 좋게 나오고 있나요?
여1: 네, 3월 이후로 매출이 5퍼센트 증가했습니다. 그런데, 우리의 5주년 기념 대규모 세일 행사가 그렇게 성공적이지는 않았습니다.
남: 흠… 저는 그 수치가 더 높을 것으로, 7퍼센트 정도 가까이 될 것으로 기대하고 있었는데요. 왜 우리가 기대했던 것만큼 그 수치가 많이 올라가지 않았다고 생각하세요, Caroline?
여2: 제 생각엔 지난달에 몇몇 직원들을 해고했기 때문에 마케팅팀 인원 부족이 원인이었던 것 같습니다. 더 나은 전략을 짜는 데 도움이 될 수 있는

신입 직원들을 찾아 보시는 건 어떠세요?
남: 알겠습니다. 다음달 매출 보고서가 나올 때까지 기다려 봅시다. 매출이 여전이 오르지 않는다면, 더 많은 사람들을 고용해야 할 수도 있어요. 하지만 결과를 확인한 후에만 가능합니다.

47. 화자들은 무슨 제품에 관해 이야기하고 있는가?
(A) 자동차
(B) 피아노
(C) 전화기
(D) 바이올린
정답 (B)

48. Caroline은 무엇을 제안하는가?
(A) 추가 직원을 고용할 것
(B) 더 많은 세일 행사를 열 것
(C) 소셜 미디어에 광고할 것
(D) 일부 직원을 해고할 것
정답 (A)

49. 남자는 무엇을 제안하는가?
(A) 매장 운영 시간을 연장할 것
(B) 예산을 늘릴 것
(C) 가격을 내릴 것
(D) 결정을 미룰 것
정답 (D)

문제 50-52번은 다음 대화를 참조하시오. 미W 호M

W Hi, Alex. It has been a few months now since **(50) you began your internship here with us.** As your supervisor, **(51) I'd like to hear some feedback on how the work has been for you.**
M It's been a great experience. I've had so much fun developing new skills in programming, and I enjoy seeing the completed projects.
W I'm happy you feel that way. Although you still have a month left with us, because of your splendid work, I want to let you know **(52) we've decided to offer you a position here after your internship ends.**
M Thank you. I am very pleased to hear that! It'd be a great honor to keep working with all of you.

여: 안녕하세요, Alex. 당신이 이곳에서 우리와 함께 인턴 과정을 시작한 이후로 이제 몇 개월이 되었군요. 당신의 상사로서, 저는 그 동안 당신에게 일이 어땠는지에 관한 의견을 들어 보고 싶습니다.
남: 대단한 경험이었습니다. 프로그래밍에 있어서 새로운 역량을 키우는 것이 정말로 재미있었고, 완수한 프로젝트들을 보는 것이 즐겁습니다.
여: 그렇게 생각하신다니 기쁩니다. 우리와 함께 할 시간이 아직 한 달 남아 있기는 하지만, 정말 훌륭하게 일을 해내셔서, 인턴 과정이 끝난 후에 이곳에서의 일자리를 제안하기로 결정했다는 사실을 알려 드리고자 합니다.
남: 감사합니다. 그 말씀을 듣게 되어 정말 기쁩니다! 이곳에 계신 모든 분들과 계속 함께 일한다는 것은 큰 영광일 것입니다.

50. 남자는 누구일 가능성이 가장 큰가?
(A) 상사
(B) 고객
(C) 인턴
(D) 강사
정답 (C)

51. 여자는 남자에게 무엇을 요청하는가?
(A) 도움
(B) 조치
(C) 의견
(D) 아이디어
정답 (C)

52. 남자는 무엇을 받을 것인가?
(A) 상
(B) 보고서
(C) 유급 휴가
(D) 일자리 제안
정답 (D)

문제 53-55번은 다음 대화를 참조하시오. 미M 영W

W So, Paul, we have great expectations from you and your team. We're excited to witness a new innovation that **(53) our company will bring to the world with our cars.**
M You can count on that. We have incorporated many different changes to the entire, and **(54) the engine in particular will blow everyone away.**
W Oh, and why would that be?
M The change in the design has made the engine as efficient as ever, allowing the car to go over a hundred kilometers with just one liter of gas.
W That's amazing! I'm eager to see the engine in person during the conference meeting next week. Oh, I forgot to mention that **(55) we will be having a party tomorrow to celebrate our new product.**
M Actually, I already made plans with my girlfriend tomorrow.
W Oh, that's fine. Another time then.

여: 자, Paul, 당신과 당신의 팀에 대한 기대가 아주 큽니다. 우리 회사가 자동차를 통해 세상에 소개하게 될 새로운 혁신을 보게 되어 흥분됩니다.
남: 기대하셔도 좋습니다. 전체적으로 여러 가지 많은 변화들을 포함시켰고, 특히 엔진은 모두를 깜짝 놀라게 만들 겁니다.
여: 아, 왜 그럴 것 같은가요?
남: 디자인 상의 변화가 그 엔진을 지금껏 가장 효율적인 것으로 만들었는데, 이는 차량이 불과 1리터의 휘발유만으로 100킬로미터를 넘게 갈 수 있게 해 줍니다.
여: 대단하네요! 다음 주에 있을 컨퍼런스 회의에서 그 엔진을 꼭 직접 보고 싶네요. 아, 내일 우리의 신제품을 기념하는 파티를 열 예정이라는 얘기를 해 드리는 것을 깜빡했네요.
남: 실은, 제가 이미 내일 여자친구와 계획이 있습니다.
여: 아, 괜찮습니다. 그러면 다음에 함께 하시죠.

53. 무슨 종류의 제품이 이야기되고 있는가?
(A) 차량
(B) 컴퓨터
(C) 비행기
(D) 기차
정답 (A)

54. 남자는 제품의 어느 특징을 가장 자랑스러워하는가?
(A) 핸들
(B) 문
(C) 엔진
(D) 색상
정답 (C)

55. 남자는 왜 "I already made plans with my girlfriend tomorrow"라고 말하는가?
(A) 자신의 친구에게 전화한 이유를 설명하기 위해
(B) 다른 날에 만날 것을 제안하기 위해

(C) 레스토랑을 추천하기 위해
(D) 초대를 거절하기 위해

정답 (D)

문제 56-58번은 다음의 3자 대화를 참조하시오. 미W 호M 영W

W1 Welcome to the Heritage Square Center. My name's Sally, and **(56) I am the wedding planner here. This is my assistant Lily. Would you like to have a wedding ceremony here?**
M Yes, my girlfriend and I will be getting married in July and plan to have about eighty guests join us.
W2 Well, you've come to the right place. Many others have chosen this location as well, and all were very satisfied with the banquet halls we offer.
M That's great to hear! **(57) We would also like to have food served at the wedding. Would that be possible to arrange?**
W1 Of course! We'll send you an e-mail with an estimate and all the details.
W2 Oh, and on top of that, **(58) parking will be free for your guests all day.**

여1: Heritage Square Center에 오신 것을 환영합니다. 제 이름은 Sally 이며, 저는 이곳의 웨딩 플래너입니다. 이분은 제 보조인 Lily입니다. 이곳에서 결혼식을 올릴 생각이신가요?
남: 네, 제 여자친구와 저는 7월에 결혼할 예정이고, 약 80명의 손님들을 함께 하실 수 있도록 할 계획입니다.
여2: 그러면, 제대로 찾아오셨습니다. 다른 많은 분들도 이 장소를 선택하셨는데, 모두 저희가 제공해 드리는 연회장에 매우 만족하셨습니다.
남: 그 말씀을 듣게 되어 기쁘네요! 저희는 또한 결혼식에 음식을 제공받고 싶습니다. 그렇게 해주시는 것이 가능할까요?
여1: 물론입니다! 견적서와 모든 상세 정보를 이메일로 보내 드리겠습니다.
여2: 아, 그리고 그뿐만 아니라, 초대 손님들은 하루 종일 주차비가 무료입니다.

56. 무슨 종류의 행사가 계획되고 있는가?
(A) 서커스
(B) 회의
(C) 결혼식
(D) 생일 파티

정답 (C)

57. 남자는 무엇에 관해 물어보는가?
(A) 식사 옵션
(B) 가격
(C) 꽃 장식물
(D) 음악

정답 (A)

58. 센터는 무엇을 무료로 제공하는가?
(A) 식사
(B) 공연
(C) 턱시도
(D) 주차

정답 (D)

문제 59-61번은 다음 대화를 참조하시오. 미W 호M

W (59) We are reporting live from Eagle Stadium as our Blazing Eagles won the football game played earlier today against the Raging Bulls. Right now, we have with us Ryan Lee, the running back for the team, to tell us how difficult the game was. It is an honor to have you join us, Mr. Lee.
M The pleasure is mine. It was a tough game today as **(60) a blizzard began halfway into the game** and lasted until the end. We had a hard time seeing through all the snow blowing fiercely, and the snow kept clogging the bottoms of our cleats.
W Well, despite the harsh conditions, the team played magnificently. Thank you, Mr. Lee. **(61) Next, we will interview the coach who guided the Eagles to today's victory.**

여: 우리의 Blazing Eagles가 오늘 앞서 Raging Bulls를 상대로 한 미식 축구 경기에서 승리를 거둠에 따라 저희는 Eagle Stadium에서 현지 중계로 보도해 드리고 있습니다. 지금 바로, 팀의 러닝백인 Ryan Lee 선수가 경기가 얼마나 어려웠는지를 얘기해 주기 위해 함께 자리하셨습니다. 함께 자리해 주셔서 영광입니다, Lee 씨.
남: 제가 더 기쁩니다. 경기 중반으로 접어들면서 눈보라가 시작되어 끝날 때까지 계속되면서 어려운 경기를 했습니다. 매섭게 몰아치는 눈 사이로 앞을 보는 것이 어려웠고, 저희 스파이크 운동화 바닥에 눈이 계속 달라붙었습니다.
여: 저, 그렇게 혹독한 조건에도 불구하고, 팀은 매우 훌륭하게 경기를 했습니다. 감사합니다, Lee 씨. 다음으로, 오늘 Eagles를 승리로 이끌어 주신 코치님과 인터뷰해 보겠습니다.

59. 대화의 주제는 무엇인가?
(A) 금융
(B) 교통
(C) 스포츠
(D) 과학

정답 (C)

60. 무엇이 문제를 야기했는가?
(A) 심각한 부상
(B) 날씨 변화
(C) 보안 점검
(D) 고장 난 차량

정답 (B)

61. 청자들은 뒤이어 무엇을 들을 것인가?
(A) 설문 조사 내용
(B) 연설
(C) 발표
(D) 인터뷰

정답 (D)

문제 62-64번은 다음 대화와 표를 참조하시오. 미M 미W

고객 성명	배송 주문
Stacy Chi	687
Regina Song	688
Kevin Boonta	689
Ken Yamamoto	690

M Jana, **(62) I'm creating the shipping label for the order our customers put in, but the shipping code number doesn't seem to match.**
W Right. There was an error in our database last night, and the codes all got mixed up.
M Oh, when do you think it'll be fixed?
W It should be fixed by tomorrow afternoon. I can help you find the code. **(63) Which customer is it?**
M (63) Her last name is Song.

W Okay, I found it. Here you go.
M Thank you. I owe you one.
W No worries. This will be the last time we'll be doing this anyway because **(64) as of next week, the codes will be automatically matched by the computer.**

남: Jana, 제가 우리 고객들이 넣은 주문에 대한 배송 라벨을 만드는 중인데, 배송 코드 번호가 맞지 않는 것 같아요.
여: 맞아요. 어젯밤에 우리 데이터베이스에 오류가 있었는데, 그 코드들이 모두 뒤섞였어요.
남: 아, 그게 언제 바로 잡힐 것 같으세요?
여: 내일 오후까지는 바로 잡힐 겁니다. 제가 코드 찾는 일을 도와 드릴 수 있어요. 어느 고객이죠?
남: 성이 Song입니다.
여: 알겠어요, 찾았습니다. 여기요.
남: 고맙습니다. 제가 신세 한 번 졌네요.
여: 별 말씀을요. 어쨌든 우리가 이렇게 하는 것이 이번이 마지막일 텐데, 다음 주부터는 코드들이 컴퓨터에 의해 자동으로 맞춰질 것이기 때문입니다.

62. 남자는 무엇에 대해 문제를 겪고 있는가?
(A) 주문 사항 찾는 일
(B) 고객에게 전화하는 일
(C) 배송 물품에 라벨 작업 하는 일
(D) 자신의 컴퓨터 사용하는 일
정답 (C)

63. 그래픽을 보시오. 남자는 어느 코드를 사용해야 하는가?
(A) 687
(B) 688
(C) 689
(D) 690
정답 (B)

64. 여자는 곧 무슨 일이 있을 것이라고 말하는가?
(A) 더 이상 코드가 필요치 않을 것이다.
(B) 부서를 이동할 것이다.
(C) 새로운 컴퓨터가 도착할 것이다.
(D) 코드가 자동화될 것이다.
정답 (D)

문제 65-67번은 다음 대화와 레이블 템플릿을 참조하시오. 미W 호M

로고	Supreme Style
사이즈	중
재질	100% 면
취급 설명	찬물 세탁
원산지	태국산

W Adam, there was a great amount of positive feedback to our new men's coat in the fall collection. **(65) I think we're going to have to expand our production factories to meet all the demand.**
M Okay, **(66) we should look for some clothing manufacturers.**
W Yes, I will do that right after lunch today.
M Great. Then, I will work on the clothing label and send it in tomorrow. Could you check if everything is correct on it?
W Oh, right... **(67) We recently decided to change from cotton to cashmere** as Thailand seems to carry a high supply of the fabric at a decent bargain.
M All right, I will change that right now.

여: Adam, 우리 가을 컬렉션의 남성 코트 신제품에 대한 긍정적인 의견이 아주 많이 있었어요. 제 생각엔 모든 수요를 충족할 수 있도록 생산 공장을 확대해야 할 것 같아요.
남: 알겠어요, 몇몇 의류 제조업체를 찾아봐야겠네요.
여: 네, 오늘 점심 식사 직후에 제가 그 일을 할게요.
남: 좋습니다. 그럼, 제가 의류 라벨 작업을 해서 내일 보내 드리겠습니다. 라벨의 모든 부분이 제대로 되어 있는지 확인 좀 해 주시겠어요?
여: 아, 맞아요… Thailand에서 준수한 수준의 염가로 많은 양의 직물을 취급하는 것 같아서 우리가 최근에 면직물에서 캐시미어로 바꾸기로 결정했습니다.
남: 알겠습니다, 지금 바로 그 부분을 변경하겠습니다.

65. 여자는 무엇이 필요하다고 말하는가?
(A) 가을 패션 쇼에 대한 일정을 최종 확정하는 것
(B) 생산팀에 전화하는 것
(C) 생산 공장의 숫자를 늘리는 것
(D) 오류 확인하는 것
정답 (C)

66. 남자는 무엇을 제안하는가?
(A) 더 많은 캐시미어를 주문할 것
(B) 고객에게 연락할 것
(C) 다른 팀들과 회의를 열 것
(D) 새로운 제조업체들을 찾아볼 것
정답 (D)

67. 그래픽을 보시오. 남자는 라벨의 어느 부분을 수정해야 하는가?
(A) 원산지 국가
(B) 재질
(C) 로고
(D) 취급 설명
정답 (B)

문제 68-70번은 다음 대화와 지도를 참조하시오. 영W 미M

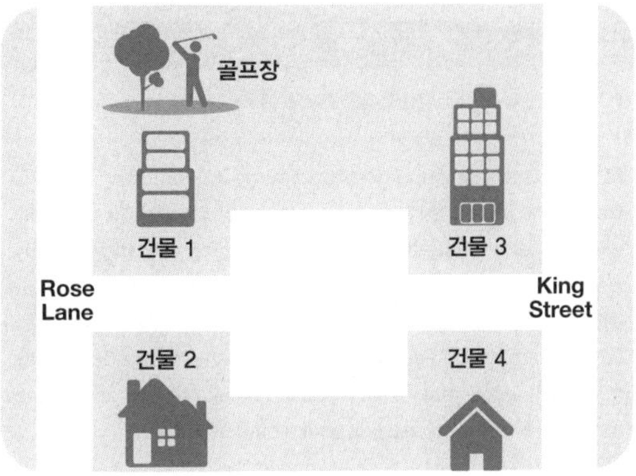

W Hello, Mr. Baek. **(68) This is Happy Dental Care calling to remind you that it has been one year since your last checkup.** If you would like to make an appointment to come in, we can set a date.
M Oh, wow... Time flies. Thanks for letting me know, and yes, I would like to make an appointment. Is 11 A.M. on Saturday available?
W Yes, it is. I also want to point out that the office has moved. **(69) Our new place is on Rose Lane right next to the golf course.**
M Got it. And is the parking free, or do I have to pay?
W Unfortunately, this time it is not free, and **(70) you have to use**

the parking meters in the lot.

여: 안녕하세요, Baek 씨. 저희는 Happy Dental Care이며, 귀하께서 마지막 검진을 받으신 후로 1년이 지났다는 점을 상기시켜 드리기 위해 전화 드렸습니다. 방문 예약을 하기를 원하시면, 날짜를 잡아 드릴 수 있습니다.
남: 아, 와… 시간이 정말 빠르네요. 알려 주셔서 감사 드리고, 네, 예약하고 싶습니다. 토요일 오전 11시가 가능한가요?
여: 네, 그렇습니다. 그리고 저희 병원이 이전했다는 점도 언급해 드리고자 합니다. 새로운 장소는 골프장 바로 옆에 있는 Rose Lane에 위치해 있습니다.
남: 알겠습니다. 그리고 주차가 무료인가요, 아니면 비용을 지불해야 하나요?
여: 안타깝게도, 이번에는 무료가 아니며, 주차장에 있는 주차 미터기를 이용하셔야 합니다.

68. 화자들은 주로 무엇에 관해 이야기하고 있는가?
(A) 발치
(B) 일자리 제안
(C) 위치 변경
(D) 치아 검진
정답 (D)

69. 그래픽을 보시오. Happy Dental Care는 어느 건물에 위치해 있는가?
(A) 건물 1
(B) 건물 2
(C) 건물 3
(D) 건물 4
정답 (A)

70. 여자는 남자에게 주차에 관해 무슨 말을 하는가?
(A) 골프장에 주차해야 한다.
(B) 환자들에게는 무료이다.
(C) 미터기를 이용해야 한다.
(D) 주차장에 자리가 제한되어 있다.
정답 (C)

Part 4

문제 71-73번은 다음 안내 방송을 참조하시오. 호M

M (71) Welcome onboard the Lifetime Adventures cruise to Hawaii. We are thrilled to have you join us today. **(72) Regrettably, we have sold all the tickets to the screening of *Batman* today.** However, there are still tickets available for other movies playing later. We also have several other events going on today. Our various activities are shown and described in the pamphlet that was given out during embarkation. **(73) If you would like to buy any tickets for these events, please talk with a staff member.**

남: 하와이로 떠나는 Lifetime Adventures 여객선에 탑승하신 것을 환영합니다. 오늘 저희와 함께 하시게 되어 대단히 기쁩니다. 안타깝게도, 오늘 Batman 상영 입장권이 모두 매진되었습니다. 하지만 나중에 상영되는 다른 영화에 대한 입장권은 여전히 구매 가능합니다. 또한 오늘 진행될 예정인 여러 다른 행사들도 있습니다. 승선 중에 배부해 드린 팸플릿에 저희의 다양한 활동들이 소개와 함께 설명되어 있습니다. 이 행사들에 대한 어떠한 입장권이든 구매하고자 하실 경우, 직원에게 말씀해 주시기 바랍니다.

71. 안내 방송이 어디에서 이뤄지고 있는가?
(A) 배에서
(B) 놀이 공원에서
(C) 버스에서
(D) 사적지에서
정답 (A)

72. 화자는 무슨 문제점을 언급하고 있는가?
(A) 여객선에 사람들이 너무 많이 있다.
(B) 한 가지 영화 상영 입장권을 구매할 수 없다.
(C) 한 행사가 취소되었다.
(D) 탑승이 지연될 것이다.
정답 (B)

73. 화자의 말에 따르면, 청자들은 왜 직원과 얘기해야 하는가?
(A) 질문을 하기 위해
(B) 도움을 받기 위해
(C) 음식을 주문하기 위해
(D) 입장권을 구입하기 위해
정답 (D)

문제 74-76번은 다음 회의 발췌 내용을 참조하시오. 영W

W (74) Thank you all for the hard work, time, and energy you spent training the new recruits. (75) We should now be ready for the opening of our second branch store next week in Tokyo. (76) It is anticipated that we will have many customers on the opening day, so I would like all of you to arrive a few hours early. But it shouldn't be too difficult as we have been training for this for the last month. I hope to see great results and satisfied faces on our customers.

여: 신입 직원들을 교육하는 데 들이신 노력과 시간, 그리고 에너지에 대해 여러분 모두에게 감사 드립니다. 우리는 이제 다음 주에 도쿄에서 있을 예정인 두 번째 지점 개업식 준비를 해야 합니다. 우리는 개업식 당일에 많은 고객들을 맞이할 것으로 예상되고 있기 때문에, 여러분 모두가 몇 시간 일찍 도착해 주시기 바랍니다. 하지만 지난 한 달 동안 이에 대비한 교육을 받아 왔기 때문에 아주 어려운 일이 되지는 않을 것입니다. 저는 아주 좋은 결과와 고객들의 만족한 얼굴을 볼 수 있기를 바랍니다.

74. 화자는 왜 청자들에게 감사하는가?
(A) 일찍 도착했기 때문에
(B) 몇몇 제품들을 구입했기 때문에
(C) 자금을 늘렸기 때문에
(D) 신입 직원들을 교육했기 때문에
정답 (D)

75. 화자의 말에 따르면, 다음 주에 무엇이 예정되어 있는가?
(A) 매장 개업식
(B) 구인 면접
(C) 직원 회의
(D) 도시 관광
정답 (A)

76. 화자가 "I would like all of you to arrive a few hours early"라고 말할 때 무엇을 암시하는가?
(A) 추가 직원들이 근무할 것이다.
(B) 더 많은 음식이 주문될 것이다.
(C) 높은 참가자 수가 예상된다.
(D) 많은 의자들이 요구된다.
정답 (C)

문제 77-79번은 다음 담화를 참조하시오. 미M

M Good afternoon. My name's John, and I'll be taking care of you today. As it is grand opening week, I will provide you with some information about our bistro. **(77) All of the beef dishes you see on the menu are from grass-fed cows raised on our very own farm. (78) Amber, the owner of the restaurant**, is a skilled livestock farmer who has raised cows ever since she was a child. In addition, today, **(79) our special dish is a sirloin steak, which was delivered fresh just this morning. It is an all-time favorite for steak lovers.** While you have a look over the menu, can I start you off with any appetizers?

남: 안녕하세요. 제 이름은 John이며, 오늘 손님들을 담당할 예정입니다. 개장 주간이기 때문에, 저희 식당에 관한 정보를 여러분께 제공해 드리겠습니다. 메뉴에서 보시는 모든 소고기 요리들은 저희 자체 농장에서 풀을 먹여 기른 소에서 얻은 고기로 만듭니다. 저희 레스토랑 소유주이신 Amber 씨는 어릴 때부터 지금까지 계속 소를 길러 오신 숙련된 축산 전문가이십니다. 추가로, 오늘, 저희 특별 요리는 등심 스테이크로서, 오늘 아침에 신선한 상태로 배송되어 왔습니다. 이는 스테이크를 사랑하시는 분들께서 항상 좋아하시는 것입니다. 메뉴를 훑어보시는 동안, 애피타이저부터 제공해 드려도 될까요?

77. 화자의 말에 따르면, 해당 레스토랑에 관해 무엇이 특별한가?
(A) 닭고기 요리만 제공한다.
(B) 자체 농장을 보유하고 있다.
(C) 몇몇 상을 받은 적이 있다.
(D) 뉴스에 나왔었다. 정답 (B)

78. Amber는 누구인가?
(A) 요리사
(B) 영양학자
(C) 음식 평론가
(D) 업체 소유주 정답 (D)

79. 화자는 왜 "It is an all-time favorite for steak lovers"라고 말하는가?
(A) 레스토랑의 주 요리를 언급하기 위해
(B) 자신이 가장 좋아하는 요리를 말하기 위해
(C) 한 요리의 맛을 설명하기 위해
(D) 한 요리의 인기를 강조하기 위해 정답 (D)

문제 80-82번은 다음 광고를 참조하시오. 영W

W This is a public announcement for all guests. **(80) We have opened a couple of Stein Hotels in this area.** The hotels have everything you need to feel comfortable, such as a swimming pool, a gym, and restaurants. It doesn't stop there. **(81) Beginning in June, you can stay at any of our places across the nation and use your membership to get a ten-percent discount. (82) Check out our Web site to find all of the Stein Hotel locations in the country.**

여: 모든 고객들께 알려 드리는 공지 사항입니다. 저희는 이 지역에 두 곳의 Stein Hotel을 개장했습니다. 이 호텔들은 수영장과, 체육관, 그리고 레스토랑 등과 같이 여러분께서 편안함을 느끼시는 데 필요한 모든 것을 갖추고 있습니다. 이것이 전부가 아닙니다. 6월부터, 여러분께서는 전국에 있는 저희의 어느 지점에서든지 머무르실 수 있으며, 회원권을 활용해 10퍼센트의 할인을 받으실 수 있습니다. 저희 웹 사이트를 확인하셔서 전국에 있는 모든 Stein Hotel 지점들을 찾아보시기 바랍니다.

80. 무슨 종류의 업체가 광고되고 있는가?
(A) 놀이 공원
(B) 레스토랑
(C) 호텔
(D) 수족관 정답 (C)

81. 청자들은 6월부터 무엇을 할 수 있을 것인가?
(A) 수영장 이용하는 일
(B) 무료로 방 예약하는 일
(C) 더 많은 여행 패키지 구입하는 일
(D) 회원 할인 받는 일 정답 (D)

82. 화자는 왜 청자들에게 웹 사이트를 방문하도록 요청하는가?
(A) 파일을 다운로드하기 위해
(B) 쿠폰을 받기 위해
(C) 회원 가입 신청을 하기 위해
(D) 지점 목록을 찾아보기 위해 정답 (D)

문제 83-85번은 다음 전화 메시지를 참조하시오. 미W

W Hi. **(83) This is Elaine, one of the people who delivers furniture for Brookstone Sofas. (84) I am trying to deliver the couch that you ordered.** Currently, I am searching for your house. According to the map, it should be on Millstream Street. **(85) However, I have looked all over the area, and I cannot seem to find your place.** I'll be delivering other orders to nearby customers. While I do that, could you please call me back to clarify the address so I can get your furniture to you?

여: 안녕하세요. 저는 Elaine이며, Brookstone Sofas에서 가구를 배달해 드리는 사람들 중의 한 명입니다. 저는 귀하께서 주문하신 소파를 배달해 드리려는 중입니다. 현재, 제가 귀하의 자택을 찾고 있습니다. 지도에 따르면, Millstream Street에 귀하의 자택이 있어야 합니다. 하지만 이 지역을 모두 돌아봤는데, 귀하의 자택을 찾을 수 없는 것 같습니다. 제가 근처의 다른 고객들께 주문품을 배송해 드리고 있겠습니다. 귀하의 가구를 가져다 드릴 수 있도록 그 동안에 제게 다시 전화 주셔서 주소를 분명하게 알려 주시겠습니까?

83. 화자는 누구인가?
(A) 동료 직원
(B) 택시 기사
(C) 배송 기사
(D) 영업 사원 정답 (C)

84. 해당 업체는 무엇을 판매하는가?
(A) 스피커
(B) 도서
(C) 가정용 가구
(D) 주방 기기 정답 (C)

85. 화자가 "According to the map, it should be on Millstream Street"라고 말할 때 무엇을 암시하는가?
(A) 편지를 보내고 싶어 한다.
(B) 매물로 나온 아파트를 보고 싶어 한다.
(C) 집을 이사했다.
(D) 집을 찾는 데 문제를 겪고 있다. 정답 (D)

문제 86-88번은 다음 담화를 참조하시오. 미M

M Good evening. **(86) I'm William James, the person who will be introducing the new marketing strategy** that our company has decided to implement by using the social media service Connect. Our goal is to expand our products and services to a wider audience. **(87) By using Connect, we will be able to reach out to and connect with more customers**, including our existing clients. **(88) One benefit of marketing with Connect is that it is compatible with all electronic devices, such as computers, phones, and tablets.** So we will be able to work and advertise anywhere and anytime.

남: 안녕하세요. 저는 William James이며, 우리 회사가 소셜 미디어 서비스 Connect를 활용하여 시행하기로 결정한 새로운 마케팅 전략을 소개해 드릴 사람입니다. 우리의 목표는 더 많은 고객들을 대상으로 우리의 제품과 서비스를 확대하는 것입니다. Connect를 활용함으로써, 우리는 더 많은 고객들에게 다가가고 이어질 수 있을 것이며, 여기에는 기존의 고객들도 포함됩니다. Connect와 함께 하는 마케팅이 지닌 한 가지 장점은 컴퓨터와 전화기, 그리고 태블릿 등과 같은 모든 전자 기기들과 호환이 가능하다는 점입니다. 따라서 우리는 언제 어디서든 일을 하고 광고를 할 수 있습니다.

86. 담화는 주로 무엇에 관한 것인가?
(A) 기업 합병
(B) 새로운 사업 전략
(C) 사무실 보안 시스템
(D) 직원 교육 워크숍
정답 (B)

87. 회사는 왜 해당 서비스를 선택했는가?
(A) 긍정적인 평가를 받아 왔다.
(B) 수익성이 좋다.
(C) 더 많은 사람들을 끌어들일 수 있다.
(D) 무료이다.
정답 (C)

88. 화자는 무슨 장점을 언급하는가?
(A) 한 서비스의 사용자 친화적인 특징
(B) 한 서비스의 매출 증대 보장
(C) 한 서비스의 저렴한 월간 가격
(D) 한 서비스의 교차 플랫폼 호환성
정답 (D)

문제 89-91번은 다음 방송을 참조하시오. 영W

W Hello. This is Kimberly with the daily news report. **(89) There is a notice that has been issued about the land development project today.** It states that because of the harsh weather conditions, **(89) there will be a delay in tearing down the old factory** that is scheduled to be converted into the new apartment complex. **(90) While some people are worrying about the loud noise that might be caused by the work**, many are glad to get a chance to move to new homes. To find out more about this situation, **(91) I have come to the area to ask residents a few questions about this change.**

여: 안녕하세요. 저는 일일 뉴스 보도를 전해 드리는 Kimberly입니다. 오늘 부지 개발 프로젝트와 관련해 공표된 공지 사항이 있습니다. 이 공지는 혹독한 기상 조건으로 인해 새 아파트 단지로 탈바꿈될 예정인 낡은 공장을 철거하는 작업이 지연될 것이라는 내용입니다. 일부 사람들은 이 작업으로 인해 야기될 수 있는 큰 소음에 대해 우려하고 있는 반면에, 많은 이들이 새로운 집으로 이사할 수 있는 기회를 갖게 되는 것에 대해 기뻐하고 있습니다. 이 상황에 관해 더 많은 것을 알아보기 위해, 저는 이와 같은 변화에 관해 주민들에게 몇 가지 질문을 하기 위해 해당 구역에 나와 있습니다.

89. 화자는 무엇이 발표되었다고 말하는가?
(A) 공장의 개장
(B) 세금의 감소
(C) 공사의 지연
(D) 법률의 개정
정답 (C)

90. 화자의 말에 따르면, 일부 사람들은 왜 해당 공사 프로젝트에 대해 우려하는가?
(A) 공기 오염을 발생시키기 때문에
(B) 너무 오랜 시간이 걸리기 때문에
(C) 건물을 손상시키기 때문에
(D) 큰 소음을 만들어 내기 때문에
정답 (D)

91. 화자는 곧이어 무엇을 할 것인가?
(A) 일기 예보를 전할 것이다.
(B) 시민들을 인터뷰할 것이다.
(C) 제안을 할 것이다.
(D) 정확한 정보를 입수할 것이다.
정답 (B)

문제 92-94번은 다음 발표 내용을 참조하시오. 호M

M Before we start, **(92) thank you all for staying behind and helping when your shifts have already ended.** The reason why we're here is that all the computers in this office seem to be malfunctioning. **(93) So we have to fix them all before the workers come in to use them tomorrow morning. (94) I will give everyone here who helps today extra pay on their next paycheck.** So after you all have written your names down on this paper, you can begin working on the computers right away to solve this problem.

남: 시작하기 전에, 여러분의 교대 근무가 이미 끝난 시점에 이렇게 따로 남아 도움을 주시는 것에 대해 감사 드립니다. 우리가 이곳에 모인 이유는 이 사무실에 있는 모든 컴퓨터들이 오작동되고 있는 것 같기 때문입니다. 따라서 우리는 내일 아침에 직원들이 출근해 사용하기 전에 이 컴퓨터들을 모두 수리해야 합니다. 오늘 이곳에서 도움을 주시는 모든 분들께 다음 번 급여에 추가 수당을 제공해 드리겠습니다. 따라서 이 서류에 여러분의 이름을 모두 적으신 후에, 이 문제를 해결할 수 있도록 즉시 컴퓨터에 대한 작업을 시작하시면 됩니다.

92. 화자는 무엇에 대해 청자들에게 감사하는가?
(A) 예약을 한 것
(B) 일부 파일을 수정한 것
(C) 일부 전자 기기를 구입한 것
(D) 초과 근무를 하는 것
정답 (D)

93. 청자들은 어느 부서에서 근무하고 있을 가능성이 가장 큰가?
(A) 영업부
(B) 시설 관리부
(C) 인사부
(D) 마케팅부
정답 (B)

94. 화자는 무엇을 제공할 것이라고 말하는가?
(A) 추가 휴가
(B) 승진
(C) 추가 수당
(D) 컴퓨터
정답 (C)

문제 95-97번은 다음 뉴스 보도와 날씨 예보를 참조하시오. 미W

수요일	목요일	금요일	토요일	일요일
흐림	맑음	우천 가능성	우천 가능성	부분 맑음

W (95) Our annual music festival is back once again and will be held at Yellowstone Fields right next to the amphitheater. Many of this year's hot-selling artists are coming and will play a variety of music genres, such as rock, hip-hop, and electronic. **(96) You can check out the list of musicians on our Web site.** And don't forget to print your tickets, or else you will not be able to enter the festival grounds. There will also be many food stands for everyone to enjoy during the concert. **(97) Although it will be sunny the day before, there is a chance of rain on the event day**, so please bring an umbrella just in case.

여: 우리의 연례 음악 축제가 다시 돌아왔으며, 원형 극장 바로 옆에 위치한 Yellowstone Fields에서 개최될 것입니다. 올해 대단한 판매고를 올리고 있는 많은 아티스트들이 와서 록, 힙합, 그리고 일렉트로닉 등과 같은 다양한 장르의 음악을 공연할 것입니다. 저희 웹 사이트에서 참가 음악인들의 목록을 확인해 보실 수 있습니다. 그리고 입장권을 출력하는 일을 잊지 마시기 바랍니다. 그렇지 않을 경우에 축제 행사장에 입장하실 수 없을 것입니다. 또한 콘서트 기간 중에 모든 분들께서 즐기실 수 있는 여러 음식 판매대도 있을 것입니다. 하루 전날에는 날씨가 화창하겠지만, 행사 당일에는 비가 내릴 가능성이 있으므로 만일을 대비해 우산을 챙겨 오시기 바랍니다.

95. 무슨 행사가 설명되고 있는가?
(A) 미술 전시회
(B) 시상식
(C) 음악 콘서트
(D) 무역 박람회 정답 (C)

96. 화자의 말에 따르면, 청자들은 웹 사이트에서 무엇을 찾아볼 수 있는가?
(A) 행사 장소
(B) 연주자 목록
(C) 연락처
(D) 음식 목록 정답 (B)

97. 그래픽을 보시오. 어느 날에 행사가 개최될 것인가?
(A) 일요일
(B) 토요일
(C) 목요일
(D) 금요일 정답 (D)

문제 98-100번은 다음 전화 메시지와 회의 일정표를 참조하시오. 미M

과학 세미나 2월 3일	
오후 2:00	자연 vs. 양육, Abel Fernandez
오후 3:00	건강, Sam Park
오후 4:00	새로운 시대의 치료약, Lisa Kim
오후 5:00	해양 생물, Reo Asami
오후 6:00	저녁 식사

M Hi. It's Jay Kwon from Natural Pharmaceuticals. I was intrigued by your presentation at the science seminar last week. **(98) I want to discuss an investment** in **(99) your business of plant-based remedies.** I could tell you were very passionate about your work, and it has caught my attention. If you are interested in my suggestion, I'd like to arrange a meeting and talk further in person. I hope that our companies can work together to find better solutions in the field of medicine in the future. **(100) You can give me a call at 555-3465, or send me an e-mail at jayk@npham.com.** I hope to hear back from you soon. Thanks. Goodbye.

남: 안녕하세요. 저는 Natural Pharmaceuticals 소속의 Jay kwon입니다. 저는 지난주에 열렸던 과학 세미나에서 귀하의 발표가 아주 흥미로웠습니다. 저는 귀하의 식물 기반 치료 사업에 대한 투자를 논의해 보고 싶습니다. 저는 귀하가 귀하의 일에 대해 매우 열정적이라는 것을 알 수 있었으며, 이것이 제 관심을 사로잡았습니다. 제 제안에 관심이 있으실 경우, 회의 일정을 잡아 직접 뵙고 더 깊이 이야기해 보고 싶습니다. 저는 우리 두 회사가 앞으로 의약 분야에서 더 나은 해결책들을 찾을 수 있도록 함께 노력할 수 있기를 바랍니다. 제게 555-3465로 전화 주시거나 jayk@npham.com으로 이메일을 보내 주시면 됩니다. 곧 회답을 듣기를 바랍니다. 감사합니다. 안녕히 계십시오.

98. 화자가 전화를 건 목적은 무엇인가?
(A) 사업 제휴 관계를 제안하기 위해
(B) 신제품을 소개하기 위해
(C) 청자를 점심 식사에 초대하기 위해
(D) 행사를 준비하는 데 도움을 요청하기 위해 정답 (A)

99. 그래픽을 보시오. 화자는 누구에게 전화하고 있는가?
(A) Sam Park
(B) Reo Asami
(C) Lisa Kim
(D) Abel Fernandez 정답 (C)

100. 화자는 청자에게 무엇을 하도록 요청하는가?
(A) 포트폴리오를 제출할 것
(B) 자신의 사무실을 방문할 것
(C) 보고서를 검토할 것
(D) 자신에게 연락할 것 정답 (D)

TEST 02
Part 1

1. 영W
(A) One of the women is preparing some food.
(B) The women are cleaning the counter.
(C) The women are doing dishes in the kitchen.
(D) One of the women is putting some food into an oven.

(A) 여자들 중 한 명이 음식을 준비하고 있다.
(B) 여자들이 카운터를 치우고 있다.
(C) 여자들이 부엌에서 설거지를 하고 있다.
(D) 여자들 중 한 명이 오븐에 음식을 넣고 있다. 정답 (A)

2. 호M
(A) He's dusting some furniture.

(B) He's vacuuming the floor.
(C) He's setting up some tables.
(D) He's mopping the floor.

(A) 그는 가구들의 먼지를 털고 있다.
(B) 그는 바닥을 진공청소하고 있다.
(C) 그는 테이블을 설치하고 있다.
(D) 그는 바닥을 대걸레로 닦고 있다. 정답 (D)

3. 미M
(A) Some people are riding bikes.
(B) Some people are diving into a river.
(C) Some people are enjoying a boat ride.
(D) Some people are standing on an overpass.

(A) 사람들이 자전거를 타고 있다.
(B) 사람들이 강에 다이빙을 하고 있다.
(C) 사람들이 뱃놀이를 즐기고 있다.
(D) 사람들이 육교 위에 서 있다. 정답 (D)

4. 미W
(A) Some people are looking at a large monitor.
(B) Some people are seated around a table.
(C) A man is speaking into a microphone.
(D) A man is distributing some handouts.

(A) 사람들이 대형 모니터를 보고 있다.
(B) 사람들이 테이블 주위에 앉아 있다.
(C) 한 남자가 마이크에 대고 말하고 있다.
(D) 한 남자가 유인물을 나눠 주고 있다. 정답 (B)

5. 영W
(A) A man is resting on a bench.
(B) A man is unpacking a backpack.
(C) Some bicycles are chained to the rack.
(D) Some helmets are being placed on a shelf.

(A) 한 남자가 벤치에서 휴식을 취하고 있다.
(B) 한 남자가 배낭을 풀고 있다.
(C) 자전거들이 자전거대에 묶여 있다.
(D) 헬멧들이 선반위에 놓여 있다. 정답 (A)

6. 호M
(A) A bicycle is stopped at the traffic light.
(B) A road is being repaved.
(C) Trees are planted on both sides of a road.
(D) Cars are parked in a multilevel structure.

(A) 자전거가 신호등에 멈춰서 있다.
(B) 도로가 포장되고 있다.
(C) 나무들이 도로 양편에 심어져 있다.
(D) 차들이 주차 건물에 주차되어 있다. 정답 (C)

Part 2

7. 미W 미M
Where do you want me to put this package?
(A) I want some bread from PJ Bakery.
(B) About a week from now.
(C) Just leave it by the door.

이 물품을 어디에 놓아 드릴까요?
(A) 저는 PJ Bakery의 빵을 원해요.
(B) 지금부터 약 일주일이요.
(C) 그냥 문 옆에 두세요. 정답 (C)

8. 영W 미M
Why are you returning this sweatshirt?
(A) I have to attend a meeting.
(B) It's a little too tight.
(C) I believe it is her turn.

이 운동복을 왜 반품하시나요?
(A) 저는 회의에 참석해야 합니다.
(B) 좀 너무 조여요.
(C) 그녀 차례인 것 같습니다. 정답 (B)

9. 호M 미W
When is the orientation scheduled to begin?
(A) It will be held in room 301.
(B) She'll be here soon.
(C) It starts in an hour.

오리엔테이션이 언제 시작될 예정인가요?
(A) 301호실에서 열릴 겁니다.
(B) 그녀가 곧 여기로 올 겁니다.
(C) 한 시간 후에 시작됩니다. 정답 (C)

10. 미W 미M
What time are you getting off today?
(A) My shift will be over soon.
(B) He came by my office this morning.
(C) Give me a week or so.

오늘 몇 시에 퇴근하시나요?
(A) 제 교대 근무 조가 곧 끝납니다.
(B) 그가 오늘 아침에 제 사무실에 들렀어요.
(C) 제게 일주일 정도 시간을 주세요. 정답 (A)

11. 호M 영W
Can I fix you something to drink?
(A) Yes, black tea with some sugar, please.
(B) It will be about ten dollars each.
(C) Sure, I can fix it myself.

마실 것 좀 드릴까요?
(A) 네, 설탕을 좀 넣은 홍차로 주세요.
(B) 개당 10달러쯤 될 거예요.
(C) 그럼요, 제가 직접 고칠 수 있습니다. 정답 (A)

12. 영W 호M
What should we do with this old desk?
(A) I need to get a desktop computer.
(B) I haven't finished my task.
(C) Let's just throw it away.

이 낡은 책상을 어떻게 해야 하죠?
(A) 저는 데스크톱 컴퓨터를 한 대 구해야 합니다.
(B) 제 일을 아직 완료하지 못했습니다.
(C) 그냥 버립시다. 정답 (C)

13. 호M 미W
Have you heard about Mr. Park's promotion?
(A) No, the sale is already over.

(B) Yes, he deserves it.
(C) Yes, it'll get here soon.

Park 씨의 승진에 관한 얘기 들으셨어요?
(A) 아뇨, 세일 행사는 이미 종료되었습니다.
(B) 네, 그는 그럴 만한 자격이 있어요.
(C) 네, 그게 곧 여기로 도착할 겁니다. 정답 (B)

14. 미M 영W
I can give you a hand organizing the awards ceremony.
(A) Thanks. I really need extra help.
(B) Sorry. I have my hands full.
(C) It was very helpful.

제가 시상식 행사 준비를 도와 드릴 수 있습니다.
(A) 고마워요. 정말 추가로 도움이 필요합니다.
(B) 미안해요. 제가 너무 바쁩니다.
(C) 아주 큰 도움이 되었습니다. 정답 (A)

15. 호M 미W
How did you like the food there?
(A) I usually take the bus.
(B) Yes, they look alike.
(C) You were right. It was very spicy.

그곳의 음식이 어떠셨나요?
(A) 저는 보통 버스를 탑니다.
(B) 네. 그들은 서로 닮았어요.
(C) 당신 말이 맞았어요. 아주 매웠습니다. 정답 (C)

16. 영W 호M
Should I send this by regular mail or express delivery?
(A) I gave him my e-mail address.
(B) Well, it doesn't really matter.
(C) No, it doesn't cost much.

이것을 일반 우편으로 보내야 하나요, 아니면 특급 배송으로 해야 하나요?
(A) 그에게 제 이메일 주소를 알려 주었습니다.
(B) 저, 크게 상관없습니다.
(C) 아뇨, 그건 비용이 많이 들지 않습니다. 정답 (B)

17. 미W 미M
How much do I owe you then?
(A) It's due on Monday.
(B) I'll have a slice then.
(C) Don't worry. It's on me.

그럼 제가 당신께 얼마를 드려야 하죠?
(A) 그건 월요일이 기한입니다.
(B) 그럼 한 조각 먹겠습니다.
(C) 걱정하지 마세요. 제가 낼게요. 정답 (C)

18. 미W 영W
You'll be attending the meeting, won't you?
(A) Yes, but I'll be a little late.
(B) Yes, it was very informative.
(C) No, I haven't met him.

당신은 회의에 참석하실 거죠, 그렇죠?
(A) 네, 하지만 조금 늦을 겁니다.
(B) 네, 아주 유익했습니다.
(C) 아뇨, 그를 만나지 못했습니다. 정답 (A)

19. 영W 미M
Will all of the participants be wearing name tags?
(A) He's working in the back.
(B) You should sign and date it here.
(C) I think so. Why?

모든 참가자들이 이름표를 부착할 예정인가요?
(A) 그는 뒤쪽에서 일하고 있습니다.
(B) 여기에 서명하시고 날짜를 기재하셔야 합니다.
(C) 그런 것 같아요. 왜 그러시죠? 정답 (C)

20. 미M 호M
Was it Jimmy or Christina who made the hotel reservation?
(A) I'll have to check.
(B) Yes, the room had a nice view.
(C) No, I haven't been served.

호텔 예약을 한 사람이 Jimmy였나요, Christina였나요?
(A) 확인해 봐야 합니다.
(B) 네, 그 객실은 전망이 아주 좋았어요.
(C) 아뇨, 저는 서비스를 받지 못했어요. 정답 (A)

21. 미M 영W
Would you like to give a speech at the annual employee awards banquet?
(A) Yes, the speech was great.
(B) I'd like to open a bank account.
(C) When will it be held?

연례 직원 시상식 연회에서 연설을 좀 해 주시겠습니까?
(A) 네, 연설이 아주 좋았습니다.
(B) 은행 계좌를 하나 개설하고자 합니다.
(C) 언제 열리는 건가요? 정답 (C)

22. 미W 호M
Which hotel is our client staying at?
(A) The Palace Hotel was great.
(B) Let's call his assistant.
(C) For a business trip.

우리 고객께서 어느 호텔에서 머물고 계신가요?
(A) Palace Hotel은 아주 훌륭했습니다.
(B) 그분의 비서에게 전화해 봅시다.
(C) 출장 때문에요. 정답 (B)

23. 호M 영W
The new accounting software was installed yesterday, wasn't it?
(A) No, it'll be done today.
(B) Yes, I finished counting them.
(C) I don't know how he got the job.

새로운 회계 소프트웨어가 어제 설치되었죠, 그렇지 않나요?
(A) 아뇨, 오늘 완료될 겁니다.
(B) 네, 그것들을 세는 일을 완료했습니다.
(C) 그가 어떻게 그 일을 구했는지 모릅니다. 정답 (A)

24. 미M 미W
Who'll be leading the workshop this time?
(A) Someone from the tech support team.
(B) It'll be held on January 20.
(C) I don't think he's working here.

이번에는 누가 워크숍을 진행하게 되나요?
(A) 기술 지원팀에 소속된 누군가가 할 겁니다.
(B) 1월 20일에 열릴 겁니다.
(C) 그 사람은 이곳에서 근무하는 것 같지 않습니다. 정답 (A)

25. 미W 호M
There's no additional charge for a meal during the flight, right?
(A) A window seat or an aisle seat?
(B) Yes, he is in charge.
(C) I think we should ask.

비행기를 타고 가는 중에는 식사에 대해 추가 비용이 들지 않는 것이 맞죠?
(A) 창문 옆 좌석으로 하시겠어요, 아니면 통로 쪽 자리로 하시겠어요?
(B) 네, 그가 맡고 있습니다.
(C) 제 생각엔 우리가 물어봐야 할 것 같아요. 정답 (C)

26. 미W 미M
Who's going to make a presentation at the meeting?
(A) I bought them on sale.
(B) I thought you were working on it.
(C) You should present some picture ID.

회의에서 누가 발표를 할 예정인가요?
(A) 저는 그것들을 세일 행사에서 구입했어요.
(B) 저는 당신이 그 작업을 하고 있는 줄 알았는데요.
(C) 사진이 부착된 신분증을 제시하셔야 합니다. 정답 (B)

27. 호M 영W
We need to schedule an interview with some applicants.
(A) But who's going to interview them?
(B) Please put your full name and contact number here.
(C) You should apply it twice a day.

지원자 몇 명의 면접 일정을 잡아야 합니다.
(A) 하지만 누가 그들을 면접하죠?
(B) 성함 전체와 연락처를 여기에 적어 주십시오.
(C) 그것을 하루에 두 번 바르셔야 합니다. 정답 (A)

28. 영W 호M
Weren't the packages shipped last week?
(A) I need to go shopping.
(B) You haven't aged at all.
(C) There are a few left.

물품이 지난주에 배송되지 않았나요?
(A) 저는 쇼핑하러 가야 합니다.
(B) 당신은 하나도 안 변하셨네요.
(C) 아직 몇 개 남아 있습니다. 정답 (C)

29. 미M 영W
Ms. Jackson requested the budget proposal be ready by Monday.
(A) He's planning to propose tomorrow.
(B) Have you read the job requirements?
(C) I don't think we can meet the deadline.

Jackson 씨가 월요일까지 예산 제안서가 준비되어야 한다고 요청하셨어요.
(A) 그는 내일 제안할 계획입니다.
(B) 자격 요건을 읽어 보셨나요?
(C) 저는 우리가 마감 시한을 맞출 수 있을 것 같지 않아요. 정답 (C)

30. 호M 미W
Can anyone help me finish the inventory this afternoon?
(A) I'll give you a hand.
(B) Right. It was fantastic.
(C) It should be on the top shelf.

제가 오늘 오후에 재고 조사를 끝내는 것을 누가 좀 도와 주시겠어요?
(A) 제가 도와 드릴게요.
(B) 맞아요. 환상적이었어요.
(C) 맨 위쪽의 칸이어야 합니다. 정답 (A)

31. 미W 미M
Why don't I send you a copy of the agreement?
(A) Can you just e-mail it to me?
(B) There's a coffee maker in the kitchen.
(C) Because it costs less.

제가 당신께 계약서 1부를 보내 드릴까요?
(A) 그냥 이메일로 보내 주시겠어요?
(B) 주방에 커피 메이커가 있습니다.
(C) 그게 비용이 덜 들기 때문입니다. 정답 (A)

Part 3

문제 32-34번은 다음 대화를 참조하시오. 영W 미M

W Thank you for calling Mediterranean Delights. How may I be of service today?
M Hello. I'm the events coordinator at the Gallery of Modern Art located down the street. **(33) We would like to use your catering service for our exhibit this weekend.**
W I'm glad to hear that. **(32) Our restaurant is renowned in this area for its exquisite cuisine. (34) Have you checked our Web site?** All of our catering packages are listed there.
M (34) Is that so? Then I'll take a look at the packages first and contact you again later this afternoon.

여: Mediterranean Delights에 전화 주셔서 감사합니다. 오늘 무엇을 도와 드릴까요?
남: 안녕하세요. 저는 길 아래에 위치한 Gallery of Modern Art의 행사 진행 책임자입니다. 이번 주말에 있을 저희 전시회에 귀사의 출장 요리 서비스를 이용하고자 합니다.
여: 그 말씀을 들으니 기쁩니다. 저희 레스토랑은 지역 내에서 가장 훌륭한 음식으로 알려진 곳입니다. 저희 웹 사이트를 확인해 보셨나요? 거기에 모든 출장 요리 패키지가 기재되어 있습니다.
남: 그런가요? 그럼, 먼저 그 패키지들을 확인해 보고 이따가 오후에 다시 연락 드리겠습니다.

32. 여자는 어디에서 근무하는가?
(A) 여행사에서
(B) 미술관에서
(C) 레스토랑에서
(D) 슈퍼마켓에서 정답 (C)

33. 남자는 왜 전화를 거는가?
(A) 여행 패키지를 예약하기 위해
(B) 서비스에 관해 문의하기 위해
(C) 주문을 변경하기 위해
(D) 공연을 연기하기 위해 정답 (B)

34. 남자는 곧이어 무엇을 할 가능성이 가장 큰가?
(A) 한 업체를 방문한다.
(B) 전시회에 참석한다.
(C) 웹 사이트를 둘러 본다.
(D) 동료 직원에게 연락한다. 정답 (C)

문제 35-37번은 다음의 3자 대화를 참조하시오. 호M 미W 미M

M1 (35) I think it's time for me to change my laptop computer. My current one is way too slow. Lucy and Justin, are there any models that you recommend?
W Hmm… I suggest the CloudBook 2000 by Sky Technologies. I just bought one last month, and it's perfect. **(36) It's much faster than other laptops in a similar price range.**
M2 I agree with Lucy's recommendation. Actually, I received an e-mail the other day mentioning a free wireless mouse and two-year warranty with any CloudBook purchase.
M1 Oh, wow. That's a great deal. **(37) Do you mind forwarding that e-mail to me, Justin?**
M2 (37) Not at all.

남1: 제 노트북 컴퓨터를 교체해야 할 때가 된 것 같아요. 현재 사용하는 있는 것이 너무 많이 느려요. Lucy 그리고 Justin, 추천해 주실 만한 모델들이 있나요?
여: 흠… Sky Technologies 사의 CloudBook 2000을 권하겠어요. 제가 지난 달에 한 대 구입했는데, 완벽한 제품이에요. 비슷한 가격대의 다른 노트북들보다 훨씬 더 빨라요.
남2: Lucy의 추천에 대해 동의합니다. 사실, 제가 일전에 어느 CloudBook 구매 제품에 대해서든지 무료 무선 마우스와 2년 품질 보증 서비스를 언급하는 이메일을 받았어요.
남1: 아, 와, 아주 좋은 구매 조건이네요. 그 이메일 좀 제게 전송해 주실 수 있으세요, Justin?
남2: 그럼요.

35. 무슨 제품이 이야기되고 있는가?
(A) 노트북 컴퓨터
(B) 텔레비전
(C) 냉장고
(D) 휴대용 스피커 정답 (A)

36. 여자는 해당 제품에 대해 무엇을 마음에 들어 하는가?
(A) 배터리 수명이 길다.
(B) 속도가 빠르다.
(C) 하드 드라이브 용량이 크다.
(D) 무게가 가볍다. 정답 (B)

37. Justin은 무엇을 하는 데 동의하는가?
(A) 어떤 제품을 구입하는 일
(B) 판매 업체에 연락하는 일
(C) 메시지 전송하는 일
(D) 거래 계약 체결하는 일 정답 (C)

문제 38-40번은 다음 대화를 참조하시오. 미M 영W

M Offering paint-and-dine night **(38) at our bistro** on Thursday nights was a great suggestion. Our revenues have increased considerably since we introduced it last month.
W Indeed. Though **(39) I don't particularly like setting up the canvases and painting supplies for the event**, our patrons' satisfaction has made it worthwhile.
M Yeah… And the media seems to find it noteworthy as well. We were just mentioned in an article in the *San Diego Weekly* as a must-visit restaurant for San Diego tourists.
W Really? Then, **(40) we should post that article at the bistro's entrance.**
M (40) Okay, I'll do that after lunch today.

남: 매주 목요일 밤마다 우리 식당에서 그림과 함께 하는 저녁 행사를 제공하자는 것은 아주 좋은 의견이었어요. 우리가 지난 달에 그 행사를 도입한 이후로 수익이 상당히 증가되어 왔어요.
여: 맞아요. 그 행사를 위해 캔버스와 미술 용품을 준비하는 일이 딱히 좋지는 않지만, 우리 고객들의 만족도가 그럴 만한 가치가 있게 만들었어요.
남: 네… 그리고 언론에서도 주목할 만한 가치가 있다고 생각하는 것 같아요. San Diego 관광객들에게 반드시 방문해 봐야 하는 레스토랑으로 San Diego Weekly의 기사에 막 언급되었어요.
여: 그래요? 그럼, 식당 입구에 그 기사를 게시해야겠네요.
남: 좋아요, 제가 오늘 점심 식사 후에 그렇게 할게요.

38. 화자들은 어디에서 근무하고 있을 가능성이 가장 큰가?
(A) 미술관에서
(B) 레스토랑에서
(C) 음반 매장에서
(D) 잡지사에서 정답 (B)

39. 여자는 무엇을 하는 것이 마음에 들지 않는다고 말하는가?
(A) 장비 준비하는 일
(B) 음식 재료 주문하는 일
(C) 행사 계획하는 일
(D) 불만 처리하는 일 정답 (A)

40. 남자는 자신이 오늘 무엇을 할 것이라고 말하는가?
(A) 보고서 완료하는 일
(B) 잡지 기사 게시하는 일
(C) 도자기 디자인하는 일
(D) 미술 용품 구입하는 일 정답 (B)

문제 41-43번은 다음 대화를 참조하시오. 호M 미W

M Congratulations, Ms. Zhou. **(41) I just got the memo stating that you'll be in charge of managing our first overseas branch in Hong Kong.** How do you feel?
W Thank you, Gordon. Well… I'm actually quite excited because **(42) running the hotel in Hong Kong** will also allow me to be closer to my relatives.
M How wonderful. This opportunity seems to be perfect for you! Is there going to be a company gathering before you leave?
W Yes. Actually, **(43) a luncheon will be held to celebrate my relocation next Friday.** I'd love to see you there.

남: 축하 드립니다, Zhou 씨. Hong Kong에 여는 우리의 첫 해외 지사 관리를 당신이 맡게 될 거라고 쓰여 있는 회람을 막 받았습니다. 기분이 어떠세요?
여: 감사합니다, Gordon. 저… 사실 Hong Kong에서 호텔을 운영하는 일은 제 친척들과 더 가까이 지낼 수도 있게 해 주는 것이기 때문에 상당히 흥분됩니다.

남: 정말 잘된 일입니다. 이번 기회는 당신에게 완벽한 것 같아요! 떠나시기 전에 사내 회식이라도 하는 건가요?
여: 네. 실은, 다음 주 금요일에 제 전근을 축하하기 위해 오찬 행사가 열릴 거예요. 그곳에서 뵈면 좋겠어요.

41. 남자는 왜 여자를 축하해 주는가?
(A) 여자가 최근에 승진되었다.
(B) 여자가 회사의 매출을 증가시켰다.
(C) 여자가 합병을 최종 마무리하는 일을 책임졌었다.
(D) 여자가 일정보다 빨리 프로젝트를 완료했다. 정답 (A)

42. 화자들은 어디에서 근무하고 있을 가능성이 가장 큰가?
(A) 여행사에서
(B) 호텔에서
(C) 출판사에서
(D) 건축 회사에서 정답 (B)

43. 다음 주 금요일에 무슨 일이 있을 것인가?
(A) 오찬 행사
(B) 시상식
(C) 주주 총회
(D) 인터뷰 정답 (A)

문제 44-46번은 다음 대화를 참조하시오. 영W 호M

W This is Rosa speaking.
M Hi, Rosa. It's Andrew from Marketing. **(44) The brochures for our product demonstration this afternoon haven't arrived yet. (44) (45) Do you mind picking them up directly from the printer?**
W Oh... I just sent Jane to get them. **(45) She should be back here in half an hour.** Is there anything else left to prepare?
M Let me see... We just need some refreshments for our attendees.
W All right. Well... **(46) I know an excellent bakery around the block. If you place an order right now, it should be ready before the demonstration begins.**
M (46) Sounds perfect. Thanks, Rosa.

여: Rosa입니다.
남: 안녕하세요, Rosa. 저는 마케팅부의 Andrew입니다. 오늘 오후 우리 제품 시연회를 위한 안내 책자가 아직 도착하지 않았습니다. 인쇄소에서 직접 그 책자들을 좀 갖고 오시겠어요?
여: 아… 그 책자들을 갖고 오라고 방금 Jane을 보냈습니다. 30분 후면 돌아 올 겁니다. 준비해야 할 다른 일이 남은 게 있나요?
남: 어디 보자… 참석자들을 위한 다과가 좀 필요합니다.
여: 알겠습니다. 저… 블록 모퉁이를 돌면 있는 훌륭한 제과점을 하나 알고 있어요. 지금 바로 주문을 하시면, 시연회가 시작되기 전에 준비될 거예요.
남: 아주 좋은 것 같습니다. 감사합니다, Rosa.

44. 남자는 여자에게 무엇을 하도록 요청하는가?
(A) 행사에 필요한 문서를 찾아올 것
(B) 제품 시연회를 지연시킬 것
(C) 마케팅 캠페인을 변경할 것
(D) 발표에 필요한 포스터를 디자인할 것 정답 (A)

45. 여자가 "I just sent Jane to get them"이라고 말할 때 무엇을 암시하는가?
(A) Jane이 고객들을 행사장으로 안내할 것이다.
(B) 남자가 걱정할 필요가 없다.
(C) 자신이 레스토랑에 연락했다.
(D) 연설이 제때 이뤄질 것이다. 정답 (B)

46. 남자는 곧이어 무엇을 할 가능성이 가장 큰가?
(A) 제과 제품을 주문한다.
(B) 인쇄소에 연락한다.
(C) 발표를 한다.
(D) Jane이 프로젝트 제안서 작업하는 것을 돕는다. 정답 (A)

문제 47-49번은 다음 대화를 참조하시오. 미W 미M

M Hello. I'm Samuel Wagner, **(47) the events coordinator at the Seoul Startup Center. (47) (48) I would like to schedule your workshop on company branding at our center this month.**
W Sure, our brand-building workshop is perfect for beginning entrepreneurs struggling to differentiate themselves in the market. Which dates do you have in mind?
M Would February 7 and 10 work? I'd like to hold the workshop once on a weekday and once on a weekend so that more people will have the opportunity to participate.
W Of course. **(49) I'll go ahead and e-mail you the agreement right now. Please read it thoroughly and send me back a signed copy** so that I can finalize the event.

남: 안녕하세요, 저는 Samuel Wagner이며, Seoul Startup Center의 행사 진행 책임자입니다. 이번 달에 저희 센터에 회사 브랜드 만들기에 관한 귀사의 워크숍 일정을 잡으려고 합니다.
여: 좋습니다, 저희 브랜드 확립 워크숍은 시장에서 차별화를 하는 데 어려움을 겪고 있는 초보 기업가들에게 딱 알맞은 행사입니다. 어느 날짜를 생각하고 계신가요?
남: 2월 7일과 10일이 괜찮으신가요? 더 많은 사람들이 참가할 기회를 가질 수 있도록 주중에 한 번, 그리고 주말에 한 번 워크숍을 개최하고자 합니다.
여: 물론입니다. 제가 얼른 처리해서 지금 바로 계약서를 이메일로 보내 드리겠습니다. 꼼꼼하게 읽어 보신 후에 서명한 1부를 돌려 보내 주셔야 이 행사를 최종 확정할 수 있습니다.

47. 남자는 어디에서 근무하는가?
(A) 신문사에서
(B) 광고 회사에서
(C) 기업 활동 관련 대행사에서
(D) 마케팅 회사에서 정답 (C)

48. 남자는 무엇을 하고 싶어 하는가?
(A) 제품 광고하는 일
(B) 건물 구입하는 일
(C) 기사 출판하는 일
(D) 워크숍 준비하는 일 정답 (D)

49. 여자는 남자에게 무엇을 하도록 요청하는가?
(A) 발표를 할 것
(B) 계약서에 서명할 것
(C) 안내 책자를 디자인할 것
(D) 선금을 지불할 것 정답 (B)

문제 50-52번은 다음 대화를 참조하시오. 미W 호M

M Hello, Joyce. How is your first day of work so far? Is there anything you need help with?
W Well… I've been trying to analyze our clients' data, **(50) but I am having trouble viewing all of the required information.**
M Oh, your account probably has not been granted full access to our database yet. **(51) I'll tell our security administrator, Joonsung, to give you access.**
W I'd appreciate that.
M By the way, are you free after work tonight? **(52) Some of the engineers are going bowling, and I think it would be a great opportunity for you to meet more of the team members.**

남: 안녕하세요, Joyce. 지금까지 근무 첫 날을 어떻게 보내고 계세요? 도움이 필요한 일이라도 있으신가요?
여: 저… 우리 고객 데이터를 계속 분석하려는 중인데, 필요한 모든 정보를 보는 데 문제가 있어요.
남: 아, 당신 계정은 아마 아직 우리 데이터베이스에 대한 전체 접근 권한이 승인되지 않았을 거예요. 제가 우리 보안 관리자인 Joonsung에게 당신에게 접근 권한을 드리라고 말할게요.
여: 그렇게 해 주시면 감사하겠습니다.
남: 그건 그렇고, 오늘 저녁 퇴근 후에 시간이 좀 있으신가요? 몇몇 엔지니어들끼리 볼링을 치러 갈 예정인데, 더 많은 팀원들을 만나 보실 수 있는 아주 좋은 기회가 될 것 같아서요.

50. 여자는 무슨 문제점을 언급하는가?
(A) 사원증을 받지 못했다.
(B) 일부 정보를 볼 수 없다.
(C) 자신의 컴퓨터에 일부 소프트웨어가 빠져 있다.
(D) 자신의 고객이 서비스에 만족하지 못하고 있다. 정답 (B)

51. 남자는 Joonsung에게 무엇을 하도록 요청할 것인가?
(A) 비밀번호 변경하는 일
(B) 컴퓨터 수리하는 일
(C) 일부 데이터에 대한 접근을 승인하는 일
(D) 일부 고객들에게 문서 보내는 일 정답 (C)

52. 남자는 여자에게 무엇을 하도록 제안하는가?
(A) IT 부서를 방문할 것
(B) 고객에게 전화할 것
(C) 친목 모임에 참석할 것
(D) 보고서를 제출할 것 정답 (C)

문제 53-55번은 다음 대화를 참조하시오. 미M 영W

M Good morning, Ms. Yamada.
W Hi, Mr. Jenkins. **(53) The Department of Recreation recently asked about the construction of the new baseball stadium. How much progress have we made?**
M Well… I have wonderful news. **(54) The stadium will be completed by February.**
W Oh! That's a surprise. **(54) It will be nice to finish it before baseball season starts.**
M I agree. The baseball team might be able to play this year's season at our newly built stadium.
W Hmm… I'm not sure about that. The league manager may have already signed a contract with another stadium. **(55) I'll call him and get back to you with the details.**

남: 안녕하세요, Yamada 씨.
여: 안녕하세요, Jenkins 씨. 최근에 레크리에이션 부서에서 새로운 야구장 공사에 관해 물어봤습니다. 얼마나 진척되었나요?
남: 저… 놀라운 소식이 있습니다. 경기장은 2월까지 완공될 겁니다.
여: 아! 놀라운 일이네요. 야구 시즌이 시작되기 전에 마친다면 아주 좋을 거예요.
남: 맞습니다. 우리 야구팀이 새로 건설된 경기장에서 올 시즌 경기를 할 수 있을 겁니다.
여: 흠… 그건 확실하지 않아요. 리그 운영 책임자가 다른 경기장과 이미 계약을 했을 수도 있어요. 제가 그분께 전화해 보고 상세 내용을 다시 알려 드릴게요.

53. 화자들은 주로 무엇에 관해 이야기하고 있는가?
(A) 건물 개조 공사
(B) 공사 프로젝트
(C) 지방 선거
(D) 스포츠 행사 정답 (B)

54. 여자가 "Oh! That's a surprise"라고 말할 때 무엇을 암시하는가?
(A) 선물에 대해 만족하고 있다.
(B) 소식을 듣고 기뻐하고 있다.
(C) 행사를 지연시키고 싶어 한다.
(D) 제안서를 완료하지 못했다. 정답 (B)

55. 여자는 곧이어 무엇을 할 가능성이 가장 큰가?
(A) 진행 보고서 제출하는 일
(B) 계약서에 서명하는 일
(C) 전화 거는 일
(D) 티켓 구입하는 일 정답 (C)

문제 56-58번은 다음 대화를 참조하시오. 호M 미W

M Hello, Ms. Graham. Welcome to Trident Advertising.
W (56) Oh, wow! Your advertising company is huge! I thought you were the only one running it.
M Our company is actually comprised of 30 marketers, and each is an expert in a specific industry. **(57) Today, I'll provide you with a consultation and an overview of our services so that you can select the marketing package that is ideal for your business.**
W I appreciate that. By the way, does your company have experience working with mobile education companies? Although users are all highly satisfied with my newly released application, Logix, I am having difficulty marketing it.
M Well, we at Trident can definitely solve that problem. **(58) We have a marketing expert in the tech industry, and he has over 50 clients in mobile education.**

남: 안녕하세요, Graham 씨. Trident Advertising에 오신 것을 환영합니다.
여: 아, 와! 이 광고 회사는 엄청 크네요! 저는 당신이 회사를 운영하는 유일한 사람이라고 생각했어요.
남: 저희 회사는 사실 30명의 마케팅 담당자들로 구성되어 있고, 각자 특정 업계의 전문가입니다. 오늘, 귀하의 회사에 이상적인 마케팅 서비스 패키지를 선택하실 수 있도록 저희 서비스에 관한 상담과 개요 설명을 제공해 드릴 것입니다.

여: 감사합니다. 그건 그렇고, 모바일 교육 업체들과 함께 일해 보신 경험이 있으신가요? 비록 사용자들이 모두 제가 새로 출시한 애플리케이션인 Logix에 크게 만족하고 있다고 하더라도 이것을 마케팅하는 데 어려움을 겪고 있거든요.
남: 저, 저희 Trident 사는 그 문제를 분명 해결해 드릴 수 있습니다. 저희에게 기술 업계의 마케팅 전문가가 있는데, 모바일 교육 업계에 50명이 넘는 고객들을 보유하고 있습니다.

56. 여자는 왜 놀라는가?
(A) 제안서가 거절되었다.
(B) 사무실 공간이 넓다.
(C) 회의가 지연되었다.
(D) 업체가 문을 닫았다. 정답 (B)

57. 여자는 왜 남자를 만나는가?
(A) 마케팅 서비스 패키지를 구입하고 싶어 한다.
(B) 남자를 면접 보고 싶어 한다.
(C) 사무실 공간을 개조하는 데 관심이 있다.
(D) 합병을 최종 확정하는 중이다. 정답 (A)

58. 남자는 일부 고객에 관해 무슨 말을 하는가?
(A) 자신의 회사를 주기적으로 방문한다.
(B) 모바일 교육 업계에 속해 있다.
(C) 기술 업계의 전문가들이다.
(D) 휴대 전화기를 디자인한다. 정답 (B)

문제 59-61번은 다음 대화를 참조하시오. 미M 영W

M Hello, Ms. Wilson. **(59) I want to discuss the sudden increase in customer complaints here in the Quality Assurance Department.**
W Oh... I heard many customers are experiencing problems with the latest model of our laptop computer.
M Yes, and the majority are experiencing the same problem. The laptop's touchpad is not working.
W Hmm... Well, I believe those machines must have been shipped out without the required driver installed on them. **(60) How about if we post a link to download the appropriate driver on our Web site?**
M That's a good idea. Is there any additional information that you need?
W (61) If you could e-mail me the serial numbers of the defective machines, that would be great.

남: 안녕하세요, Wilson 씨. 이곳 품질 보증부에서 고객 불만 숫자가 갑자기 증가한 것에 관해 논의하고 싶습니다.
여: 아… 제가 듣기로는 많은 고객들께서 우리의 최신 노트북 컴퓨터 모델에 문제를 겪고 계시다고 하더라고요.
남: 네, 그리고 대다수가 같은 문제를 겪고 있습니다. 그 노트북 컴퓨터의 터치패드가 작동하지 않고 있어요.
여: 흠… 저, 제 생각에 그 기기들은 틀림 없이 필수 드라이버가 설치되지 않은 채로 배송되었을 겁니다. 적합한 드라이버를 다운로드할 수 있는 링크를 우리 웹 사이트에 게시해 놓으면 어떨까요?
남: 좋은 생각입니다. 필요하신 추가 정보라도 있으신가요?
여: 결함이 있는 기기들의 일련 번호를 제게 이메일로 보내 주실 수 있다면, 아주 좋을 것 같습니다.

59. 남자는 무엇이 문제점이라고 말하는가?
(A) 일부 고객들이 불만스러워하고 있다.
(B) 일정이 변경되었다.
(C) 배송이 지연되었다.
(D) 일부 제품을 구입할 수 없다. 정답 (A)

60. 여자는 어떻게 해당 문제점을 해결하도록 제안하는가?
(A) 고객들에게 환불을 함으로써
(B) 웹 사이트에 링크를 게시함으로써
(C) 직원들을 교육함으로써
(D) 영업 시간을 연장함으로써 정답 (B)

61. 여자는 남자에게 무엇을 하도록 요청하는가?
(A) 면접을 실시할 것
(B) 기계를 수리할 것
(C) 계약서에 서명할 것
(D) 자신에게 이메일을 보낼 것 정답 (D)

문제 62-64번은 다음 대화와 일정표를 참조하시오. 미W 미M

투어 (1시간)	투어 안내 언어
오전 11:00	영어
오후 1:00	중국어
오후 2:00	한국어
오후 3:00	영어

W (64) I'm happy the conference ends early this afternoon. (62) This morning, the hotel receptionist mentioned that there are walking tours of Seoul's royal palaces. It would be nice to experience history in such a modern city.
M I agree. Let's see if there are any tours available today.
W Okay. **(63) Just remember that we should return to the hotel in time for dinner with our colleagues.**
M Right. Take a look at the tour schedule here. Hmm... **(64) This time should be perfect for us. The tour is conducted in English.**
W Perfect. Let's book it right now.

여: 오늘 오후에 컨퍼런스가 일찍 종료되어서 기뻐요. 오늘 아침에, 호텔 접수 담당자가 서울 왕궁 도보 투어가 있다고 언급해 주었어요. 이렇게 현대적인 도시에서 역사를 경험해 보는 일은 멋질 거예요.
남: 동의해요. 오늘 이용 가능한 투어가 있는지 확인해 봅시다.
여: 좋아요. 우리가 동료들과 함께 저녁 식사를 하는 시간에 맞춰 호텔로 다시 돌아가야 한다는 점만 기억해 주세요.
남: 맞아요. 여기 투어 일정표를 한 번 봅시다. 흠… 이 시간대가 우리에게 딱 알맞을 것 같네요. 투어가 영어로 진행돼요.
여: 아주 좋네요. 지금 바로 예약합시다.

62. 화자들은 무엇을 관광할 계획인가?
(A) 식물원
(B) 역사적인 궁궐
(C) 고급 호텔
(D) 현대적인 공원 정답 (B)

63. 여자는 남자에게 무엇에 관해 상기시키는가?
(A) 셔틀 버스 예약하는 일
(B) 호텔 숙박 연장하는 일
(C) 동료 직원들과 저녁 식사 하는 일
(D) 워크숍 일정 변경하는 일 정답 (C)

64. 그래픽을 보시오. 화자들은 어느 투어에 대한 티켓을 구입할 것인가?
(A) 오전 11시
(B) 오후 1시
(C) 오후 2시
(D) 오후 3시
정답 (D)

문제 65-67번은 다음 대화와 표를 참조하시오. 영W 호M

배송 요금 (50달러 이상의 주문에 대해서는 무료 일반 배송)	
일반 배송(10–14 영업일)	$5.00
특급 배송(3–4 영업일)	$10.00
우선 배송(48시간)	$15.00

W Barefoot Shoe Company. Nadia speaking.
M Hello. **(65) I'm interested in purchasing some hiking boots from your online store. But I need them to arrive in time for my backpacking trip this weekend. Is that possible?**
W Hmm... Well, **(66) we do offer a 48-hour priority shipping service.** If you place your order today, you will receive it by Friday.
M (66) Wonderful! Then, I'd like the Extreme Terrain XI boots in size 10, please.
W Okay. With the extra charge for priority shipping, your total comes to $73.00.
M Thank you. **(67) I'll give you my credit card number now to complete the transaction.**

여: Barefoot Shoe Company입니다. 저는 Nadia입니다.
남: 안녕하세요. 귀사의 온라인 매장에서 등산화를 구입하는 데 관심이 있습니다. 그런데 이번 주말에 있을 제 배낭 여행에 맞춰 제품이 도착했으면 합니다. 가능한가요?
여: 흠… 저, 저희가 48시간 우선 배송 서비스를 제공해 드리고 있습니다. 오늘 주문을 하시면, 금요일까지 받으시게 될 겁니다.
남: 잘됐네요! 그럼, Extreme Terrain XI 등산화 사이즈 10으로 하겠습니다.
여: 알겠습니다. 우선 배송에 대한 추가 요금까지 합쳐, 총 73달러입니다.
남: 감사합니다. 거래를 완료할 수 있도록 지금 제 신용카드 번호를 알려 드리겠습니다.

65. 여자는 누구일 가능성이 가장 큰가?
(A) 배송 직원
(B) 재무 컨설턴트
(C) 고객 서비스 직원
(D) 웹 디자이너
정답 (C)

66. 그래픽을 보시오. 남자는 얼마의 배송 요금을 지불할 것인가?
(A) $5.00
(B) $10.00
(C) $15.00
(D) $50.00
정답 (C)

67. 남자는 곧이어 무엇을 할 가능성이 가장 큰가?
(A) 의류 스타일을 정한다.
(B) 자신의 배낭 여행 일정을 변경한다.
(C) 온라인 신청서를 제출한다.
(D) 자신의 신용카드 정보를 제공한다.
정답 (D)

문제 68-70번은 다음 대화와 안내판을 참조하시오. 미W 미M

로비 이용 규칙
1. 일반인들의 출입은 오전 9시~오후 6시까지입니다.
2. 일반인들의 컴퓨터 사용은 20분으로 제한됩니다.
3. 개인 물품을 보관할 수 없습니다.
4. 음료 및 음식물 섭취가 금지됩니다.

W Good morning, Joshua. **(68) I want to thank you for working late yesterday to finalize the sales report.** I just met with the CEO, and he was pleased to hear about our steady increase in sales.
M Don't mention it. I know the meeting got pulled forward at the last minute.
W Yeah... I appreciate your understanding. By the way, is the bicycle parked in the lobby yours?
M Yeah. **(69) It started to rain when I arrived this morning**, so I didn't want my bike to get wet.
W I see. Do you mind parking it in the parking garage instead? **(70) Our regulations prohibit placing personal items in the lobby.**
M Right... It must have slipped my mind. I'll move it right now.

여: 안녕하세요, Joshua. 매출 보고서를 최종 완료하기 위해 어제 야근을 하신 것에 대해 감사 드리고자 합니다. 제가 막 최고경영자를 만났는데, 우리의 지속적인 매출 증가에 대한 얘기를 듣고 기뻐하셨습니다.
남: 별 말씀을요. 그 회의가 마지막 순간에 앞당겨졌다는 것을 알고 있습니다.
여: 네… 이해해 주셔서 감사합니다. 그건 그렇고, 로비에 세워져 있는 자전거가 당신 것인가요?
남: 네. 제가 오늘 아침에 도착했을 때 비가 내리기 시작했기 때문에 자전거가 젖게 놔두고 싶지 않았습니다.
여: 알겠습니다. 대신 주차장에 세워 두시겠어요? 우리 규정에는 개인 물품을 로비에 두는 것이 금지되어 있어서요.
남: 그렇네요… 제가 깜빡 잊은 게 틀림 없습니다. 지금 바로 옮겨 놓겠습니다.

68. 여자는 남자에게 무엇에 대해 감사하는가?
(A) 고객을 만난 것
(B) 야근을 한 것
(C) 발표를 한 것
(D) 매출을 증가시킨 것
정답 (B)

69. 앞서 오늘 아침에 무슨 일이 있었는가?
(A) 교통 혼잡이 발생했다.
(B) 판촉용 세일 행사가 있었다.
(C) 직원 오리엔테이션이 있었다.
(D) 악천후가 발생했다.
정답 (D)

70. 그래픽을 보시오. 화자들은 어느 규칙에 관해 이야기하고 있는가?
(A) 1번 규칙
(B) 2번 규칙
(C) 3번 규칙
(D) 4번 규칙
정답 (C)

Part 4

문제 71-73번은 다음 광고를 참조하시오. 호M

M Have you ever wanted to have **(71) a more diverse music playlist? MusicMe makes this possible by integrating advanced technology to recommend music personalized for each listener.** Thus, you will be introduced to new artists whose works you might have never had a chance to enjoy. All you have to do to get started is download the mobile application from our Web site and answer a short questionnaire. MusicMe will then begin recommending songs. **(72) Our application has music from so many artists, ranging from local musicians to world-renowned stars, that it has been given an award by the World Music Society.** So, what are you waiting for? Get started with MusicMe today and enjoy **(73) one free month of unlimited music recommendations.**

남: 더욱 다양한 음악 재생 목록을 갖기를 원한 적이 있으신가요? 음악을 들으시는 각 개인에게 맞춤화된 음악을 추천해 드리는 고급 기술을 완성함으로써 MusicMe는 이와 같은 일을 가능하게 합니다. 이에 따라, 여러분께서는 한 번도 즐겨 볼 기회를 갖지 못하셨을 수도 있는 음악 작품을 만든 새로운 아티스트들을 소개 받게 되실 것입니다. 이를 시작하시려면 저희 웹사이트에서 모바일 애플리케이션을 다운로드하고 간단한 설문지에 답해 주시기만 하면 됩니다. 그런 다음에 MusicMe가 노래들을 추천해 주기 시작할 것입니다. 저희 애플리케이션에는 국내 음악가에서부터 세계적으로 유명한 스타들에 이르기까지 아주 많은 아티스트들의 음악이 있어서 World Music Society로부터 상을 받은 바가 있습니다. 자, 무엇을 망설이고 계신가요? 오늘 MusicMe를 시작하셔서 한 달 동안 무료로 제공되는 무제한 음악 추천 서비스를 즐겨 보시기 바랍니다.

71. 무슨 업체가 광고되고 있는가?
(A) 미술관
(B) 출판사
(C) 음악 재생 서비스 회사
(D) 연예 기획사
정답 (C)

72. 해당 업체는 무엇에 대해 상을 받았는가?
(A) 저렴한 가격
(B) 다양한 선택권
(C) 고객 서비스
(D) 편리한 영업 시간
정답 (B)

73. 화자는 무슨 제공 사항을 언급하는가?
(A) 무료 콘서트 티켓
(B) 무료 음악 CD
(C) 무료 서비스
(D) 무료 상담
정답 (C)

문제 74-76번은 다음 소개를 참조하시오. 미M

M Good morning, everyone. **(74) Thank you for attending today's recruitment session. I am thrilled that you have all shown interest in joining Whole Nutrition, Inc.** Currently, we are seeking 10 individuals to join our team, and we hope to receive applications from all of you. Now, I'll hand the microphone over to **(75) our senior nutritionist, Michael Henderson.** Michael has been working with us for over six years and will talk about the work culture here at Whole Nutrition, Inc. **(76) Then, we will proceed with a session where you may talk with our recruiters about the hiring process one on one.**

남: 안녕하세요, 여러분. 오늘 채용 행사에 참석해 주셔서 감사 드립니다. 저는 여러분 모두가 저희 Whole Nutrition, 주식회사에 입사하는 것에 관심을 보여 주셔서 대단히 기쁘게 생각합니다. 현재, 저희는 저희 팀에 입사할 열 분을 찾고 있으며, 여러분 모두에게서 지원서를 받아 볼 수 있기를 바라고 있습니다. 이제, 제가 저희 수석 영양사이신 Michael Henderson 씨께 마이크를 넘겨 드리겠습니다. Michael 씨는 저희 회사에서 6년 넘게 근무하고 계시며, 저희 Whole Nutrition, 주식회사의 근무 문화에 관해 이야기해 드릴 것입니다. 그런 다음, 여러분께서 일대일로 채용 과정에 관해 저희 채용 담당자들과 이야기 나누실 수 있는 시간을 진행하도록 하겠습니다.

74. 해당 시간의 목적은 무엇인가?
(A) 업무를 배정하는 것
(B) 새로운 정책을 논의하는 것
(C) 신입 사원을 모집하는 것
(D) 동료 직원의 공로를 인정하는 것
정답 (C)

75. Henderson 씨는 누구인가?
(A) 화학 기술자
(B) 영양 전문가
(C) 유명 요리사
(D) 슈퍼마켓 점원
정답 (B)

76. Henderson 씨의 연설 다음에 무슨 일이 있을 것인가?
(A) 상담 시간
(B) 건강 검진
(C) 직원 평가
(D) 점심 연회
정답 (A)

문제 77-79번은 다음 광고를 참조하시오. 호M

M (77) Now, we will introduce the upcoming weekend events in the Blue River community. The first event is the used book sale that will be held on Saturday by students at Blue River Middle School. To prepare for the event, they are happily accepting donations of used books from the community. **(78) If you are interested in donating any books to the books sale, please do so by visiting the school's office before Friday.** The second event, which takes place on Sunday, is the amateur triathlon. **(79) Details about the triathlon will continue to be updated throughout this week** since showers are expected to visit us this weekend. Now, stay tuned for the weather forecast after a short break.

남: 자, Blue River 지역 사회에서 곧 있을 주말 행사들을 소개해 드리겠습니다. 첫 번째 행사는 Blue River 중학교 학생들에 의해 토요일에 개최되는 중고 도서 세일 행사입니다. 이 행사 준비를 위해, 학생들은 지역 사회로부터 기꺼이 중고 도서들을 기부 받고 있습니다. 도서 세일 행사에 어떤 책이든지 기부하는 데 관심이 있으신 분은, 금요일 전까지 해당 학교의 사무실을 방문하셔서 그렇게 하시기 바랍니다. 두 번째 행사는, 일요일에 열리는 것으로, 아마추어 트라이애슬론입니다. 이번 주말에 소나기가 우리를 찾아 올 예정이기 때문에 트라이애슬론 행사에 관한 상세 정보는 이번 주 내내 지속적으로 업데이트될 것입니다. 이제, 간단한 광고를 들으신 후에 전해 드리는 일기 예보에 주파수를 고정해 주시기 바랍니다.

77. 방송은 주로 무엇에 관한 것인가?
(A) 스포츠 경기 결과
(B) 비즈니스 뉴스
(C) 다가오는 지역 행사
(D) 지역의 인기 있는 레스토랑 정답 (C)

78. 청자들은 금요일 전까지 무엇을 하도록 요청 받는가?
(A) 한 업체에 전화할 것
(B) 기부를 할 것
(C) 등록 신청서를 제출할 것
(D) 한 제품을 구입할 것 정답 (B)

79. 화자가 "showers are expected to visit us this weekend"라고 말할 때 무엇을 암시하는가?
(A) 도로에 교통 혼잡이 생길 수 있다.
(B) 계절이 봄으로 바뀌고 있다.
(C) 청자들은 실내에 머물러 있어야 한다.
(D) 일정에 변동이 있을 수 있다. 정답 (D)

문제 80-82번은 다음 워크숍 발췌 내용을 참조하시오. 미W

W Hello, everyone, and **(80) thank you for attending this month's Brown Bag Seminar hosted by the Human Resources Department. (81) Today, we will be discussing how to incorporate healthy eating habits into our daily lives.** With so much work to take care of every day, many of you may find that you lack the time for a proper meal. However, research has proven that eating a proper meal without work interruptions can both improve health and increase your focus. **(82) Now, I will introduce some tips and easy-to-make recipes to add to your diet.**

여: 안녕하세요, 여러분, 그리고 인사부에서 주최하는 이달의 Brown Bag 세미나에 참석해 주셔서 감사합니다. 오늘, 우리는 건강한 식습관을 일상 생활에 포함시키는 방법에 관해 이야기할 예정입니다. 매일 처리해야 할 일이 너무 많아서, 여러분 중 대부분은 제대로 된 식사를 할 시간이 부족하다고 생각하실 수 있습니다. 하지만, 연구에 따르면 일의 방해를 받지 않고 제대로 된 식사를 하는 것이 건강도 향상시키고 집중력도 높여 주는 것으로 입증되었습니다. 자, 제가 몇 가지 팁과 함께 여러분의 식단에 쉽게 만들어 추가할 수 있는 조리법을 소개해 드리겠습니다.

80. 화자는 무슨 부서에서 근무하는가?
(A) 기술부
(B) 재무부
(C) 인사부
(D) 글로벌 마케팅부 정답 (C)

81. 워크숍의 주제는 무엇인가?
(A) 효과적인 광고 설계하기
(B) 건강한 식습관 만들기
(C) 설득력 있는 제안서 작성하기
(D) 대중 연설 능력 기르기 정답 (B)

82. 청자들은 곧이어 무엇을 할 것인가?
(A) 지원서 작성을 완료한다.
(B) 회의에 참석한다.
(C) 어떤 정보를 배운다.
(D) 몇몇 음료를 시음한다. 정답 (C)

문제 83-85번은 다음 연설을 참조하시오. 미M

M Good afternoon, everyone, and welcome to today's entrepreneur of the year banquet. **(83) Today, it is my pleasure to award Brian Simson, (84) the founder of Brian's Bees Skincare** and the owner of Brian's Bee Farm. Just seven years ago, Brian began his business by selling lip balm made from the honey and beeswax of his bees locally. Now, his brand is recognized nationwide, and **(84) his skincare line has expanded to include a variety of products such as creams, cleansers, and lotions. (85) With over 50 branches nationwide, Brian now plans to open branches in South Korea by the beginning of next year.** Everyone, please give Brian Simson a large round of applause as we welcome him to the stage.

남: 안녕하세요, 여러분, 그리고 오늘 열리는 올해의 기업가 연회에 오신 것을 환영합니다. 오늘, 저는 Brian's Bees Skincare의 설립자이자 Brian's Bee Farm의 소유주이신 Brian Simson 씨께 시상을 하게 되어 기쁩니다. 불과 7년 전에, Brian 씨께서는 자신이 기른 벌들의 꿀과 밀랍으로 만든 립밤을 지역에서 판매하면서 사업을 시작하셨습니다. 현재, 이 브랜드는 전국적으로 인정 받고 있으며, 스킨케어 제품 라인은 계속 확대되어 크림과 클렌저, 그리고 로션과 같은 다양한 제품을 포함하기에 이르렀습니다. 전국에 50곳이 넘는 지점들을 보유한, Brian 씨는 내년 초까지 대한민국에 지점들을 열 계획이십니다. 여러분, Brian Simson 씨를 무대로 모시는 동안 큰 박수를 보내 주시기 바랍니다.

83. 연설의 목적은 무엇인가?
(A) 빈 일자리를 알리는 것
(B) 회사의 합병을 기념하는 것
(C) 투자자들로부터 후원을 받는 것
(D) 수상자를 소개하는 것 정답 (D)

84. Brian Simson 씨는 무슨 업계에 종사하고 있는가?
(A) 피부 관리
(B) 금융
(C) 식품 영양
(D) 건축 정답 (A)

85. 화자의 말에 따르면, Brian Simson 씨는 무엇을 할 계획인가?
(A) 자신의 사업체를 매각하는 일
(B) 해외 지사 개설하는 일
(C) 자신의 제품 라인 확대하는 일
(D) 제품 광고 늘리는 일 정답 (B)

문제 86-88번은 다음 회의 발췌 내용을 참조하시오. 영W

W Before we end today's meeting, I'd like to discuss the Swimometer, our fitness watch specialized for swimming. Earlier today, you all received a copy of the sales report. **(86) It is crucial for us to improve our advertising.** Upon seeing the report, **(87) Amanda** took the initiative to read through the customer reviews. **(87) She told me that more than half of the customers are uncertain as to whether our product is a basic watch** or a specialized swimming watch. I've summarized the changes we need to make in our advertisements on this handout in front of you. **(88) Please take five minutes to review it and share any additional comments.**

여: 오늘 회의를 종료하기 전에, 수영에 특화된 우리의 피트니스 시계 제품 Swimometer에 관해 이야기하고자 합니다. 오늘 앞서, 여러분 모두는 매출 보고서 사본을 받아 보셨습니다. 우리에게 있어 광고를 개선하는 일이 대단히 중요합니다. 보고서를 보자마자, Amanda가 솔선해서 고객들의 후기를 전부 읽어 보았습니다. Amanda는 절반이 넘는 고객들이 우리 제품이 기본적인 시계인지 아니면 수영에 특화된 시계인지에 관해 확신하지 못한다는 점을 제게 알려 주었습니다. 여러분 앞에 놓여 있는 이 유인물에 우리의 광고에 적용해야 하는 변경 사항들을 요약해 두었습니다. 5분 동안 검토해 보시고 어떤 추가 의견이든 공유해 주시기 바랍니다.

86. 화자가 "Earlier today, you all received a copy of the sales report"라고 말할 때 무엇을 의미하는가?
(A) 보고서의 내용이 정확하지 않다.
(B) 청자들이 한 제품에 관해 통보 받을 필요가 없다.
(C) 엉뚱한 보고서가 청자들에게 실수로 발송되었다.
(D) 청자들은 제품이 잘 판매되지 않고 있음을 알고 있다. 정답 (D)

87. Amanda는 화자에게 무엇을 말했는가?
(A) 고객들이 해당 제품의 특징에 관해 혼동하고 있다.
(B) 경쟁사들이 더 효과적인 마케팅 캠페인을 하고 있다.
(C) 해당 제품이 너무 비싸다.
(D) 해당 제품의 품질이 저급하다. 정답 (A)

88. 화자는 청자들에게 무엇을 하도록 요청하는가?
(A) 동영상을 볼 것
(B) 문서를 읽을 것
(C) 컨퍼런스에 참석할 것
(D) 보고서를 작성할 것 정답 (B)

문제 89-91번은 다음 전화 메세지를 참조하시오. 미W

W Hello, Daniel. It's Michelle. I'm calling to let you know that **(89) I won't be able to make it to our meeting tomorrow morning. My flight back to San Jose has been delayed due to the snowstorm here in Toronto**. So I won't be back until tomorrow night. However, **(90) I did take a look at the proposal you e-mailed me regarding entry strategies into international markets.** It sounds promising, but **(91) what about the immediate entry barriers?** Let's discuss this further.

여: 안녕하세요, Daniel. 저는 Michelle입니다. 저는 내일 아침 우리 회의에 참석할 수 없을 것이라는 사실을 알려 드리기 위해 전화 드렸습니다. San Jose로 돌아 가는 제 항공편이 이곳 Toronto의 눈보라로 인해 지연되었습니다. 따라서 저는 내일 밤이나 되어야 돌아 갈 것입니다. 하지만 해외 시장 진입 전략과 관련해 제게 이메일로 보내 주신 제안서는 확인해 봤습니다. 장래성이 있어 보이기는 하지만, 즉각적인 진입 장벽 문제는 어떤가요? 이 부분을 더 논의해 봅시다.

89. 화자는 왜 내일 있을 회의를 취소하는가?
(A) 일부 직원들이 시간이 나지 않는다.
(B) 긴급한 문제를 해결해야 한다.
(C) 이동 계획이 변경되었다.
(D) 일부 시장 조사가 완료되지 않은 상태이다. 정답 (C)

90. 화자의 말에 따르면, 청자의 보고서는 무엇에 관한 것인가?
(A) 한 제품에 대한 고객 만족도
(B) 수익을 증대하는 방법들
(C) 직원 생산성의 개선
(D) 해외 시장으로 진입하는 방법 정답 (D)

91. 화자가 "Let's discuss this further"라고 말할 때 무엇을 암시하는가?
(A) 제안서가 효과가 있을 것으로 생각하지 않는다.
(B) 계약서를 진행하고 싶어 한다.
(C) 매출액에 대해 놀라워하고 있다.
(D) 시장 경쟁에 대해 걱정하고 있다. 정답 (A)

문제 92-94번은 다음 관광 안내 정보를 참조하시오. 영W

W Good morning, everyone, and welcome to Berlin. My name is Amanda. **(92) I was born and raised here in Berlin** and am pleased to be your guide on today's walking tour throughout this historical city. Today's tour will last approximately four hours, including a thirty-minute lunch break. We will be visiting several sites, from historical monuments to modern attractions. **(93) At each site, we will stop for a few minutes so that you may all take photographs.** We also have a professional photographer with us today, **(94) so you may purchase a photo package from our Web site after the tour.** Now, let us begin with the first site, the Berlin Wall.

여: 안녕하세요, 여러분, 그리고 Berlin에 오신 것을 환영합니다. 제 이름은 Amanda입니다. 저는 이곳 Berlin에서 태어나고 자랐으며, 오늘 이 역사적인 도시 곳곳을 돌아 보는 도보 투어에서 여러분의 가이드를 맡게되어 기쁩니다. 오늘 투어는 약 네 시간 동안 진행될 것이며, 30분 동안의 점심 식사 시간이 포함되어 있습니다. 우리는 역사적인 기념물에서부터 현대적인 명소들까지 여러 장소를 방문할 예정입니다. 각각의 장소에서, 여러분 모두가 사진 촬영을 하실 수 있도록 몇 분 동안 머무를 것입니다. 또한 오늘 전문 사진사께서 함께 동행하시기 때문에, 투어 후에 저희 웹 사이트에서 사진 패키지를 구입하실 수 있습니다. 자, 첫 번째 장소인 Berlin Wall부터 출발해 보겠습니다.

92. 화자는 자신에 관해 무엇을 언급하는가?
(A) 역사가이다.
(B) 해당 지역에서 자랐다.
(C) 한 웹 사이트를 디자인했다.
(D) 과거에 한때 사진사였다. 정답 (B)

93. 화자의 말에 따르면, 해당 그룹은 왜 각 장소에서 잠시 머무를 것인가?
(A) 사진 촬영할 기회를 갖기 위해
(B) 역사 관련 정보를 듣기 위해
(C) 질문을 하기 위해
(D) 다과를 즐기기 위해 정답 (A)

94. 화자의 말에 따르면, 청자들은 웹 사이트에서 무엇을 할 수 있는가?
(A) 설문지 작성 완료하는 일
(B) 다른 투어에 등록하는 일
(C) 사진 구입하는 일
(D) 이용 후기 작성하는 일 정답 (C)

문제 95-97번은 다음 전화 메세지와 검사 보고서를 참조하시오. 미M

안전 검사 보고서

상호명: Luigio Little Italy	의견: 점검 불합격
안전 검사 항목 ☑ 보관 구역 ☑ 음식 조리 구역 ☑ 식사 공간 및 화장실 공간	점검 담당자: Peter Nelson

M Hello. **(95) This is Luigio from Luigio Little Italy, the restaurant.** I'm calling regarding the inspection that took place at **(95) my restaurant** this morning. I am now looking over the report that you left us, but I require some additional details. When I look at the left half of the report, it seems as if everything is fine. **(96) However, on the right half, it is written that we failed the inspection.** Would you please let me know the exact reason for this? **(97) I am worried because a client has reserved the entire restaurant for a wedding celebration this weekend. So I'd like to resume business promptly. Thank you.**

남: 안녕하세요. 저는 레스토랑 Luigio Little Italy의 Luigio입니다. 저는 오늘 아침에 저희 레스토랑에서 있었던 시설 점검과 관련해 전화 드렸습니다. 제가 지금 저희에게 남기신 보고서를 훑어보는 중인데, 추가 상세 정보가 좀 필요합니다. 보고서의 왼편을 보면, 모든 것이 괜찮아 보입니다. 하지만 오른편에는, 저희가 점검을 통과하지 못했다고 쓰여 있습니다. 이에 대한 정확한 사유를 제게 알려 주시겠습니까? 제가 걱정하는 이유는 한 고객께서 결혼 축하연을 위해 이번 주말에 레스토랑 전체를 예약해 두셨기 때문입니다. 따라서 즉시 영업을 재개하고자 합니다. 감사합니다.

95. 화자는 어디에서 근무하는가?
(A) 제과점에서
(B) 슈퍼마켓에서
(C) 레스토랑에서
(D) 커피 매장에서 정답 (C)

96. 그래픽을 보시오. 화자는 보고서의 어느 부분에 관해 문의하는가?
(A) 상호명
(B) 안전 점검 항목
(C) 점검 담당자
(D) 의견 정답 (D)

97. 화자는 무엇에 대해 걱정하고 있다고 말하는가?
(A) 실내를 장식하는 일
(B) 어떤 행사에 맞춰 영업을 재개하는 일
(C) 요리 하나를 준비하는 데 충분한 재료를 갖추는 일
(D) 직원이 부족해지는 일 정답 (B)

문제 98-100번은 다음 회의 발췌 내용과 차트를 참조하시오. 호M

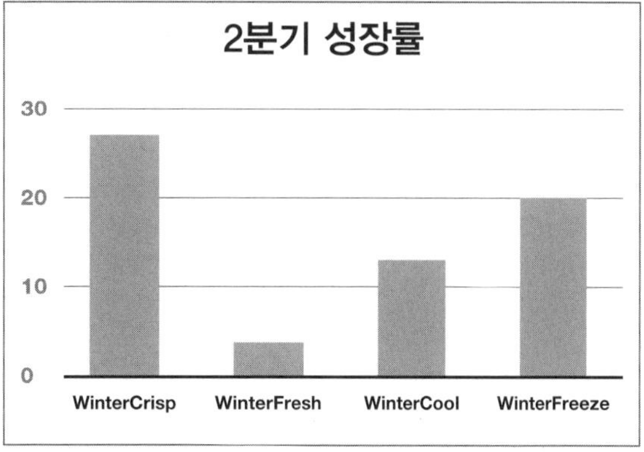

M (98) Now, let's end today's meeting by looking at our second-quarter sales results. As you already know, we recently discontinued the WinterCool model of our refrigerators since it is no longer as energy-efficient as our newer models. So, it's no surprise that sales are low for this model. **(99) But, take a look at this figure here. This three-percent increase in sales is simply unacceptable. (100) Therefore, to boost sales, we have decided to decrease the price of this item.** The new price will be effective tomorrow in both our online and offline stores.

남: 이제, 우리의 2분기 매출 결과를 확인해 보는 것으로 오늘 회의를 종료하겠습니다. 이미 아시다시피, 우리는 최근에 우리의 냉장고 제품들 중 WinterCool 모델을 단종했는데, 더 이상 우리의 최신 모델들만큼 에너지 효율적이지 않기 때문입니다. 따라서, 이 모델에 대한 매출이 저조한 것은 놀라운 일이 아닙니다. 하지만 여기 이 막대를 한 번 보시기 바랍니다. 이 3퍼센트의 매출 증가는 그야말로 받아들일 수 없는 것입니다. 따라서, 매출을 증대시키기 위해, 우리는 이 제품의 가격을 인하하기로 결정했습니다. 새로운 가격이 우리의 온라인 매장과 오프라인 매장에서 모두 내일부터 시행될 것입니다.

98. 청자들은 누구일 가능성이 가장 큰가?
(A) 영업 사원들
(B) 소프트웨어 엔지니어들
(C) 그래픽 디자이너들
(D) 제품 연구 담당자들 정답 (A)

99. 그래픽을 보시오. 화자는 어느 모델에 대해 우려하고 있는가?
(A) WinterCrisp
(B) WinterFresh
(C) WinterCool
(D) WinterFreeze 정답 (B)

100. 회사는 무엇을 하기로 결정했는가?
(A) 새로운 광고 만드는 일
(B) 일부 가격 내리는 일
(C) 신제품 출시하는 일
(D) 자사의 웹 사이트 재디자인하는 일 정답 (B)

TEST 03

Part 1

1. 미W

(A) He's drinking from a cup.
(B) He's facing some computer monitors.
(C) He's taking off his glasses.
(D) He's working on a keyboard.

(A) 그는 컵으로 음료를 마시고 있다.
(B) 그는 몇 대의 컴퓨터 모니터를 마주하고 있다.
(C) 그는 안경을 벗는 중이다.
(D) 그는 키보드로 작업 중이다. 정답 (B)

2. 미M

(A) He's wearing safety goggles.
(B) He's washing a pile of plates.
(C) He's opening a window.
(D) He's holding a pair of gloves.

(A) 그는 보안경을 착용하고 있다.
(B) 그는 접시 더미를 설거지 하고 있다.
(C) 그는 창문을 열고 있다.
(D) 그는 장갑 한 켤레를 들고 있다. 정답 (A)

3. 영W

(A) There are plates on a round table.
(B) There is a coat rack in the corner.
(C) Some chairs are being cleaned.
(D) Some drinks are being filled.

(A) 원형 테이블 위에 접시들이 있다.
(B) 구석에 코트 걸이가 있다.
(C) 의자들이 깨끗이 청소되고 있다.
(D) 음료가 채워지고 있다. 정답 (A)

4. 호M

(A) All of the seats are occupied.
(B) Some tables are set up outside.
(C) Chairs have been stacked against a wall.
(D) Some umbrellas have been folded.

(A) 모든 좌석들이 사용되고 있다.
(B) 몇 개의 테이블들이 외부에 설치되어 있다.
(C) 의자들이 벽에 기대어 쌓여 있다.
(D) 몇 개의 우산들이 접혀져 있다. 정답 (B)

5. 영W

(A) Some boxes have been stacked on the floor.
(B) A light fixture is mounted on a wall.
(C) A laptop computer is located on a desk.
(D) Some books are spread out on a desk.

(A) 상자 몇 개가 바닥에 쌓여 있다.
(B) 조명기구가 벽에 고정되어 있다.
(C) 노트북 컴퓨터가 책상 위에 있다.
(D) 책 몇 권이 책상 위에 펼쳐져 있다. 정답 (C)

6. 미W

(A) A wall is being built with bricks.
(B) Some cars have been parked in a parking lot.
(C) Shopping carts have been lined up along the wall.
(D) Some shopping bags are being loaded into a car.

(A) 벽돌들로 벽이 만들어지고 있다.
(B) 차들이 주차장에 주차되어 있다.
(C) 쇼핑카트들이 벽을 따라 줄지어 세워져 있다.
(D) 쇼핑백들이 차 안에 실리고 있다. 정답 (C)

Part 2

7. 미M 영W

Why did you choose this desk?
(A) At around five this evening.
(B) Once it arrives.
(C) Because it's next to the window.

왜 이 책상을 선택하신 건가요?
(A) 오늘 저녁 5시쯤에요.
(B) 그게 도착하는 대로요.
(C) 창문 옆에 있기 때문입니다. 정답 (C)

8. 호M 영W

Excuse me. You dropped your pen there.
(A) Oh, thanks for telling me.
(B) You can drop by anytime.
(C) In the display case.

실례합니다. 저쪽에 펜을 떨어뜨리셨어요.
(A) 아, 알려 주셔서 감사합니다.
(B) 언제든지 들르셔도 됩니다.
(C) 진열장 안에요. 정답 (A)

9. 미M 미W

When will the company announce the decision?
(A) In a week.
(B) At no extra cost.
(C) Price will go down a little.

회사에서 언제 결정 사항을 발표하나요?
(A) 일주일 후에요.
(B) 추가 비용 없이요.
(C) 가격이 약간 내려갈 겁니다. 정답 (A)

10. 호M 영W

Should I close the window?
(A) Sure, it's cold here.
(B) Yes, we still have an opening.
(C) It's loud and clear.

창문을 좀 닫을까요?
(A) 좋아요, 이곳은 춥네요.
(B) 네, 저희에게 여전히 공석이 있습니다.
(C) 소리가 크고 명확합니다. 정답 (A)

11. 미W 미M

This model comes with a one-year warranty, right?
(A) You can come to my place tomorrow.
(B) Actually, you need to pay extra for that.
(C) Yes, I've been here for two years.

이 모델에는 1년 기간의 품질 보증 서비스가 딸려 있죠, 맞아요?
(A) 내일 저희 집으로 오셔도 됩니다.
(B) 실은, 그 부분에 대해 추가 비용을 지불하셔야 합니다.

(C) 네, 저는 이곳에 2년째 있는 중입니다. 정답 (B)

12. 미M 호M
Where do you usually work out?
(A) At the gym in the community center.
(B) Yes, I work every day.
(C) You can walk home from here.

보통 어디에서 운동하시나요?
(A) 지역 문화 센터에 있는 체육관에서요.
(B) 네, 저는 매일 일합니다.
(C) 여기서 집까지 걸어 가실 수 있습니다. 정답 (A)

13. 미W 호M
Who's the new accountant?
(A) I really miss her, too.
(B) I heard she is from our competitor.
(C) You need an account with us.

누가 새로 온 회계사인가요?
(A) 저도 그녀가 정말 그립습니다.
(B) 우리 경쟁사에서 왔다고 들었어요.
(C) 저희 계정이 있으셔야 합니다. 정답 (B)

14. 미M 영W
Why are you working so late?
(A) No, it's too far to walk.
(B) I haven't seen him lately.
(C) I need to finish this report.

왜 이렇게 늦게까지 일하고 계신 건가요?
(A) 아뇨, 걸어 가기에는 너무 멀어요.
(B) 저는 최근에 그를 보지 못했어요.
(C) 이 보고서를 끝내야 합니다. 정답 (C)

15. 미W 호M
When does the meeting begin today?
(A) Let me check the schedule.
(B) I met them last night.
(C) Jose is coming, too.

오늘 언제 회의가 시작되나요?
(A) 일정표를 확인해 볼게요.
(B) 어젯밤에 그들을 만났습니다.
(C) Jose도 올 겁니다. 정답 (A)

16. 미M 미W
Can you get me some stamps while you are out?
(A) Certainly. How many do you need?
(B) It will get here by Friday.
(C) I sent it by express mail.

나가 계시는 동안 우표를 좀 구해 주시겠어요?
(A) 물론이죠. 얼마나 많이 필요하신가요?
(B) 그게 금요일까지 이곳으로 올 겁니다.
(C) 제가 그것을 특급 우편으로 보냈습니다. 정답 (A)

17. 영W 미W
How was the meeting with Ms. Cline yesterday?
(A) Of course. I'd love to.
(B) I'm sure you will enjoy the place.
(C) We finally reached an agreement.

어제 Cline 씨와 가졌던 회의는 어땠나요?
(A) 물론입니다. 저도 꼭 그렇게 하고 싶습니다.
(B) 분명 그곳을 마음에 들어 하실 겁니다.
(C) 우리는 마침내 합의에 도달했습니다. 정답 (C)

18. 영W 호M
What's the soup made with?
(A) It was completely out of order.
(B) Yes, it was delicious.
(C) Some fish and coconut milk.

그 수프는 무엇으로 만들어지나요?
(A) 완전히 고장 났습니다.
(B) 네, 맛있었습니다.
(C) 생선과 코코넛 밀크로요. 정답 (C)

19. 미M 영W
Didn't you finish reviewing the budget report?
(A) I had some fish last night.
(B) The corner office has a great view.
(C) Are there any problems?

예산 보고서 검토를 완료하지 않으셨나요?
(A) 저는 어젯밤에 생선을 먹었습니다.
(B) 그 모서리 사무실은 경관이 아주 뛰어납니다.
(C) 무슨 문제라도 있나요? 정답 (C)

20. 영W 미W
Where should we put all these boxes?
(A) Let's get together more often.
(B) As soon as we get there.
(C) We don't have any space here.

이 상자들을 전부 어디에 두어야 하나요?
(A) 더 자주 모입시다.
(B) 우리가 그곳에 도착하는 대로요.
(C) 이곳에는 더 이상 공간이 없습니다. 정답 (C)

21. 미W 미M
I heard we have many volunteers signed up.
(A) Try the gas station across the street.
(B) A one-hour aerobics class on Monday.
(C) It was due to the poster you made.

제가 듣기로는 많은 자원 봉사자들이 신청했다고 하던데요.
(A) 길 건너편에 있는 주유소에 한 번 가 보세요.
(B) 월요일에 열리는 한 시간짜리의 에어로빅 강좌입니다.
(C) 당신이 만든 포스터 때문이었습니다. 정답 (C)

22. 미M 영W
I'm thinking about going camping soon.
(A) They offered me a great deal.
(B) Where will you go?
(C) Yes, I'm almost done.

저는 곧 캠핑하러 갈까 생각하고 있어요.
(A) 그곳에서 제게 아주 좋은 거래를 제안했어요.
(B) 어디로 가시나요?
(C) 네, 거의 끝나갑니다. 정답 (B)

23. 미W 미M
Who's picking up the clients from the airport?
(A) I'll pick it up at the store.
(B) I'm free this afternoon.
(C) Yes, Mr. Kwan will be promoted.

누가 공항에서 고객들을 차로 모셔 올 예정인가요?
(A) 제가 매장에서 그것을 구입해 올게요.
(B) 제가 오늘 오후에 시간이 있습니다.
(C) 네, Kwan 씨가 승진될 겁니다. 정답 (B)

24. 미W 호M
Which of the employees has the best performance this quarter?
(A) The report's coming out on Monday.
(B) There will be several job openings in Accounting.
(C) Yes, it was the best course of action.

이번 분기에 어느 직원이 가장 좋은 성과를 보이고 있나요?
(A) 월요일에 보고서가 나올 겁니다.
(B) 회계부에 여러 개의 공석이 생길 겁니다.
(C) 네, 그게 최선의 조치였습니다. 정답 (A)

25. 미M 영W
The company outing has been postponed until May 1.
(A) I'll definitely be there then.
(B) Can you get some stamps?
(C) Why didn't he attend the meeting?

회사 야유회가 5월 1일로 연기되었습니다.
(A) 저는 그럼 꼭 갈 겁니다.
(B) 우표 좀 구해 주시겠어요?
(C) 그가 왜 회의에 참석하지 않았나요? 정답 (A)

26. 미W 호M
I can go over the employee manual again if you want.
(A) Only five of them signed up.
(B) Didn't you go out last night?
(C) Thanks. That would be great.

원하시면 직무 설명서를 다시 검토해 볼 수 있습니다.
(A) 그들 중에서 겨우 다섯 명만 신청했어요.
(B) 어젯밤에 밖에 나가지 않았나요?
(C) 감사합니다. 그렇게 해 주시면 정말 좋겠어요. 정답 (C)

27. 미W 미M
Are you going to attend the training session on sales techniques?
(A) Yes, we need to take the train in an hour.
(B) I took that course last year.
(C) He'll be transferred to the Hong Kong branch.

영업 기술에 관한 교육 시간에 참석하실 예정인가요?
(A) 네, 우리는 한 시간 후에 그 기차를 타야 합니다.
(B) 저는 작년에 그 코스를 들었습니다.
(C) 그는 Hong Kong 지사로 전근될 겁니다. 정답 (B)

28. 미M 영W
Do you have time to talk about the new policy?
(A) According to the police report.
(B) Thanks. You are so kind.
(C) I have my hands full now.

새로운 정책에 관해 이야기할 시간이 있으신가요?
(A) 경찰 조서에 따르면요.
(B) 감사합니다. 참 친절하시네요.
(C) 제가 지금 아주 바쁩니다. 정답 (C)

29. 영W 호M
Should we take a taxi or the bus to the airport?
(A) It will take about a day or so.
(B) Let's use the airport shuttle.
(C) I prefer an aisle seat.

공항까지 택시를 타야 하나요, 아니면 버스를 타야 하나요?
(A) 약 하루 정도 걸릴 겁니다.
(B) 공항 셔틀 버스를 이용합시다.
(C) 저는 통로 쪽 좌석을 선호합니다. 정답 (B)

30. 호M 미W
How did you like the presentation?
(A) I've already sent him an e-mail.
(B) About the new marketing campaign.
(C) I was just talking about it.

발표가 마음에 드셨나요?
(A) 제가 이미 그에게 이메일을 보냈습니다.
(B) 새로운 마케팅 캠페인에 관해서요.
(C) 막 그것에 관한 얘기를 하던 중이었습니다. 정답 (C)

31. 미W 영W
I didn't know your car is still in the repair shop.
(A) Yes, I need a pair of jeans.
(B) Don't worry. Joshua will give us a lift.
(C) Do you take credit cards?

당신의 차가 여전히 수리소에 있는지 몰랐어요.
(A) 네, 저는 청바지 한 벌이 필요합니다.
(B) 걱정 마세요. Joshua 씨가 우리를 차로 태워 줄 겁니다.
(C) 신용카드를 받으시나요? 정답 (B)

Part 3

문제 32-34번은 다음 대화를 참조하시오. 미M 미W

M Glad to see you again, Ms. Lin. **(32) I'd like to purchase some tables and chairs** for **(33) my company's annual event at the Jefferson Convention Center on May 6.** I like the ones in the brochure.
W Great. How many do you need, and when do you want to use them?
M We need thirty sets in total. The event starts at 9 A.M., and the keynote speech is at 9:30. **(33) So, we have to start setting them up at 8:00.** Do you think you can drop them off then?
W Of course. **(34) There's usually a fee for early deliveries, but I won't charge you for that because you're a regular customer.**

남: 다시 뵙게 되어 반갑습니다, Lin 씨. 5월 6일에 Jefferson Convention Center에서 있을 저희 회사의 연례 행사를 위해 테이블과 의자들을 좀 구입하려고 합니다. 안내 책자에 있는 이 제품들이 마음에 드네요.
여: 좋습니다. 얼마나 많이 필요하신가요, 그리고 언제 사용하기를 원하시나요?

남: 총 30세트가 필요합니다. 행사가 오전 9시에 시작되고, 기조 연설이 9시 30분에 있어요. 그래서 8시에 그 물품들을 설치하기 시작해야 합니다. 그때 가져다 주실 수 있나요?
여: 물론입니다. 보통 이른 시간대의 배송에 대해서는 요금이 있지만, 단골 손님이시니까 이 부분에 대해서는 청구하지 않겠습니다.

32. 여자는 어디에서 일하고 있을 가능성이 가장 큰가?
(A) 식료품 매장
(B) 가구 매장
(C) 컨벤션 센터
(D) 채용 대행 업체 정답 (B)

33. 남자는 5월 6일 8시에 무엇을 할 것인가?
(A) 행사장 준비를 한다.
(B) 연설을 한다.
(C) 일부 물품들을 배송한다.
(D) 여자에게 전화한다. 정답 (A)

34. 여자는 무엇을 하겠다고 말하는가?
(A) 수수료 공제하는 일
(B) 나중에 물품 배송하는 일
(C) 추천해 주는 일
(D) 남자에게 안내 책자를 보여주는 일 정답 (A)

문제 35-37번은 다음 대화를 참조하시오. 미W 호M

W Hello. I'd like to take a look at some smartphones. **(35) One of my coworkers bought one here a few days ago and told me about the discount event you're having.** Is it still going on?
M Oh, hi. The event ends tomorrow, and there are several models you can choose from. **(36) What brand do you want to have?** We have a wide selection in the store, so feel free to take a look.
W That'll definitely depend on the price. **(37) I'd like to look around first and come back tomorrow to purchase one.**

여: 안녕하세요. 스마트폰을 좀 보려고 합니다. 제 동료 직원 중 한 명이 며칠 전에 여기에 와서 한 대 구입했는데, 이곳에서 열고 있는 할인 행사에 대해 알려 주었어요. 여전히 진행 중인가요?
남: 아, 안녕하세요. 행사는 내일 종료되는데, 선택 가능하신 여러 모델들이 있습니다. 어떤 브랜드를 원하시나요? 저희 매장에 아주 다양한 제품들이 있으니 마음껏 둘러보시기 바랍니다.
여: 그건 분명히 가격에 따라 다를 거예요. 먼저 둘러보고 나서 내일 다시 와서 하나 구입하려고 합니다.

35. 여자는 어떻게 세일 행사에 대해 알게 되었는가?
(A) 동료직원과 이야기를 해서
(B) 전단을 읽어서
(C) 잡지를 받아서
(D) 인터넷에서 검색해서 정답 (A)

36. 남자는 무엇에 대해 묻는가?
(A) 모델 번호
(B) 매장으로 가는 방법
(C) 가격 범위
(D) 선호하는 제조사 정답 (D)

37. 여자는 무엇을 할 계획인가?
(A) 안내 책자를 먼저 볼 것이다.
(B) 여러 물품들을 비교해 볼 것이다.
(C) 나중에 다른 매장들을 방문할 것이다.
(D) 배송 서비스를 요청할 것이다. 정답 (B)

문제 38-40번은 다음 대화를 참조하시오. 호M 영W

M (38) I have some disappointing news about the event to release our new home appliances. (39) The Diamond Convention Hall, where we were supposed to hold the event, just called me to say that there was a system error on its reservation page.
W (39) Do you mean that we can't use the venue we have arranged?
M Yes, because the room has been double-booked. So, we have to change the event date or look for another one in a different location.
W Well, we can't change the date, so we should go with another location. **(40) Could you call the convention hall to report our decision?** I'll try to contact some other places to find out if there is an available room.

남: 우리의 새로운 가전 제품을 공개하는 행사와 관련해 실망스런 소식이 있어요. 우리가 행사를 개최하기로 예정되어 있던 Diamond Conference Hall이 막 제게 전화를 걸어서 예약 페이지에 시스템 오류가 있었다고 말해 주었어요.
여: 그 말은 우리가 마련한 행사 장소를 사용할 수 없다는 뜻인가요?
남: 네, 그 공간이 이중 예약되었기 때문이래요. 따라서 우리는 행사 날짜를 변경하거나 다른 곳에 있는 장소를 하나 찾아 봐야 해요.
여: 저, 그 날짜는 변경할 수 없기 때문에 다른 곳으로 해야 합니다. 그 컨벤션 홀에 전화해서 우리의 결정 사항을 통보해 주시겠어요? 저는 다른 곳 들에 연락을 취해서 이용 가능한 공간이 있는지 알아보도록 할게요.

38. 화자들은 무슨 종류의 행사에 관해 이야기하고 있는가?
(A) 회사 야유회
(B) 다양한 가전 제품
(C) 제품 출시 행사
(D) 직원 교육 과정 정답 (C)

39. 무슨 문제점이 언급되는가?
(A) 선호하는 공간을 이용할 수 없다.
(B) 직원들이 초과 근무를 해야 한다.
(C) 전단이 아직 준비되지 않은 상태이다.
(D) 행사 예산이 충분하지 않다. 정답 (A)

40. 여자는 남자에게 무엇을 하도록 요청하는가?
(A) 한 장소로 자신을 태워다 줄 것
(B) 모든 물품을 새로운 사무실로 옮길 것
(C) 원래의 행사 장소에 연락할 것
(D) 업그레이드된 디자인을 검토할 것 정답 (C)

문제 41-43번은 다음 대화를 참조하시오. 영W 미M

W Hi. I'm calling because **(41) I purchased two tickets for Friday's rock festival, but I think I lost one of them.** I don't know what to do.
M I can help you with that. If you bring a proof of purchase,

such as the receipt, to the ticket booth, you will be issued a new ticket for the same seat.

W Thank you so much! **(42) I have a credit card bill on which the purchase date is written.** But what if someone finds my old ticket? Won't the seat be double-booked then?

M Oh, don't worry about that. Once you are issued a new ticket, **(43) the old one will be canceled automatically.**

여: 안녕하세요. 제가 금요일에 열리는 록 페스티벌 티켓 두 장을 구입했는데, 한 장을 분실한 것 같아 전화했습니다. 어떻게 해야 할지 모르겠어요.
남: 제가 도와드릴 수 있습니다. 영수증 같은 구매 증거를 매표소로 가져오시면 같은 좌석의 티켓을 새로 발급 받을 수 있습니다.
여: 정말 감사 드려요! 구입 날짜가 적힌 신용카드 청구서가 있어요. 그런데 누군가 제 티켓을 발견하면 어떻게 하죠? 좌석이 이중으로 예약되는 것 아닌가요?
남: 아, 그것에 대해서는 걱정하지 마세요. 고객님이 새 티켓을 발급받게 되면, 이미 발급된 티켓은 자동으로 취소될 것입니다.

41. 여자의 문제는 무엇인가?
(A) 그녀는 예약을 취소하길 원한다.
(B) 그녀는 표를 둔 곳을 잊어버렸다.
(C) 그녀는 신용 카드를 잃어버렸다.
(D) 그녀는 좌석을 예약하지 않았다. 정답 (B)

42. 여자는 무엇을 가져올 것인가?
(A) 회원 카드
(B) 사진이 부착된 신분증
(C) 신용카드
(D) 고지서 정답 (D)

43. 남자는 이전 티켓에 대해 뭐라고 말하는가?
(A) 다른 사람들에 의해 사용될 것이다.
(B) 반값에 판매될 수 있다.
(C) 다음에 사용될 수 있다.
(D) 쓸모가 없다. 정답 (D)

문제 44-46번은 다음의 3자 대화를 참조하시오. 미W 호M 영W

W1 Good morning, sir. How can I help you today?

M Hi. **(44) I'd like to purchase some light fixtures for the rooms in my apartment.** But the thing is... I'm actually on a tight budget. Do you have any items that I can buy at reasonable prices?

W1 Well... You can save a lot of money by purchasing some of our discounted ones. My coworker can let you know more about them. Sarah, **(45) would you please tell this customer about the discount section?**

W2 Sure. **(45) It wasn't supposed to be open until Thursday, but you can actually visit it today.**

M Good. I'd like to look at the corner. Are those items also available online?

W2 Of course. You just need to log on to our Web site. **(46) I can tell you how to find the page on the Web site.**

M I'd appreciate that.

여1: 안녕하세요, 고객님. 오늘 무엇을 도와 드릴까요?
남: 안녕하세요. 제 아파트 내의 방마다 사용할 조명 기구들을 구입하려고 합니다. 하지만 문제는… 실은 제가 예산이 좀 빠듯해요. 합리적인 가격으로 구입할 수 있는 제품들이 있나요?
여1: 저… 할인된 제품들을 구입하는 방법으로 많은 비용을 절약하실 수 있습니다. 제 동료 직원이 그 제품들에 관해 더 알려 드릴 수 있을 겁니다. Sarah, 이 고객님께 할인 코너에 관해 말씀 좀 해 주시겠어요?
여2: 그럼요. 그 코너는 목요일이나 되어야 열릴 예정이었지만, 사실 오늘 방문 가능합니다.
남: 잘됐네요. 그 코너를 한 번 보고 싶어요. 그곳의 물품들이 온라인으로도 구매 가능한가요?
여2: 물론입니다. 저희 웹 사이트에 로그인하기만 하시면 됩니다. 웹 사이트 내에서 그 페이지를 찾는 방법을 알려 드릴 수 있습니다.
남: 그렇게 해 주시면 감사하겠어요.

44. 남자는 무엇을 구입하고 싶어 하는가?
(A) 원예 도구
(B) 일부 컴퓨터 부가 제품들
(C) 가구 한 점
(D) 몇 대의 전기 기구들 정답 (D)

45. Sarah는 일부 물품에 관해 무슨 말을 하는가?
(A) 예상보다 일찍 구매 가능하다.
(B) 매장의 베스트셀러 제품이다.
(C) 신속히 배송될 것이다.
(D) 곧 단종될 것이다. 정답 (A)

46. Sarah는 남자를 위해 무엇을 할 것이라고 말하는가?
(A) 면접 일정 잡는 일
(B) 설명해 주는 일
(C) 온라인 예약 하도록 돕는 일
(D) 다른 지점으로 가는 일 정답 (B)

문제 47-49번은 다음 대화를 참조하시오. 호M 미W

M Jane, do you have the new schedule for the winter session? **(47) You are supposed to teach some of the intermediate and advanced yoga classes.**

W Oh, yes. I noticed you also have classes for the similar levels.

M You're right. And now we will have some more classes. I'm sure the students will enjoy them more.

W Actually, the current schedule is way too tight, and we hardly have any breaks between classes. **(48) As a result, we get tired easily, especially during the afternoon classes. Who'd like it if we can't fully focus on them?**

M I agree. **(49) How about working together to make a better plan for our classes?** I think that might satisfy more people.

남: Jane, 겨울 수업 시간에 대한 새 일정표를 받으셨나요? 당신은 중급과 고급 요가 강좌 몇 개를 가르치도록 되어있군요.
여: 아, 네. 당신도 유사한 레벨의 수업 시간들을 받으셨다는 걸 알았어요.
남: 맞아요. 그리고, 이제 우리는 더 많은 수업을 하게 될 거예요. 분명히 학생들이 수업을 더 즐거워할 겁니다.
여: 실은, 현재 일정은 너무 많이 빡빡해서, 수업 시간 사이에 거의 휴식 시간이 없어요. 그래서 우리가 쉽게 지치는데, 특히 오후 수업 시간 중에 그렇게 되잖아요. 우리가 수업에 전적으로 집중할 수 없다면 누가 좋아하겠어요?
남: 맞아요. 우리 수업에 대해 더 나은 계획을 세울 수 있도록 함께 노력해 보면 어떨까요? 그렇게 하면 더 많은 사람들을 만족시킬 수 있을 것 같아요.

47. 화자들은 누구일 가능성이 가장 큰가?
(A) 대학생

(B) 영업 사원
(C) 재정 자문
(D) 피트니스 강사 정답 (D)

48. 여자가 "Who'd like it if we can't fully focus on them?"이라고 말할 때 무엇을 의미하는가?
(A) 현재의 일정에 대해 불평하고 있다.
(B) 일부 학생들이 강사들에게 무례하다고 생각한다.
(C) 공부하는 데 더 많은 시간을 보내고 싶어 한다.
(D) 학생들이 너무 많아서 놀라워하고 있다. 정답 (A)

49. 남자는 무엇을 하도록 권하는가?
(A) 함께 계획을 세울 것
(B) 더 많은 수강생들을 유치할 것
(C) 그들의 일정을 변경할 것
(D) 운동하는 데 여유 시간을 쓸 것 정답 (A)

문제 50-52번은 다음의 3자의 대화를 참조하시오. 영W 미M 호M

W Excuse me. My name is Emily Jackson. I'm here to pick up some information packets because **(50) I'm planning to register for a computer programming class in September.**
M1 I see. Have you talked to anyone about our sessions?
W Oh, yes, but I'm not sure who that was.
M1 No problem. I can check that out online. Hmm... According to our records, it looks like you talked with Sam. Sam?
M2 Yes, what can I do for you?
M1 This is Emily Jackson. She's here to get some brochures.
M2 Hi, Ms. Jackson. **(51) I have the paperwork ready for you as you requested on the phone this morning. (52) Please have a look so you can make sure you have everything you need.**
W (52) Okay. Thank you very much.

여: 실례합니다. 제 이름은 Emily Jackson입니다. 제가 9월에 컴퓨터 프로그래밍 강좌에 등록할 계획이라서 안내 책자들을 좀 가져 가려고 왔어요.
남1: 알겠습니다. 저희 수업들에 관해서 누군가와 얘기를 나눠 보셨나요?
여: 아, 네, 하지만 누구였는지 잘 모르겠어요.
남1: 괜찮습니다. 제가 온라인으로 확인해 보겠습니다. 흠… 저희 기록에 따르면, Sam과 얘기하신 것 같네요. Sam?
남2: 네, 뭘 도와 드릴까요?
남1: 이 분은 Emily Jackson 씨입니다. 안내 책자들을 받으러 오셨어요.
남2: 안녕하세요, Jackson 씨. 오늘 아침에 전화로 요청하신 바와 같이 문서를 준비해 두었습니다. 필요하신 모든 것이 들어 있는지 확실히 할 수 있도록 한 번 확인해 보시기 바랍니다.
여: 알겠어요. 정말 감사합니다.

50. 여자는 9월에 무엇을 할 것인가?
(A) 다른 국가를 방문할 것이다.
(B) 새로운 웹 사이트를 열 것이다.
(C) 사업 계약서에 서명할 것이다.
(D) 한 강좌에 등록할 것이다. 정답 (D)

51. Sam은 아침에 무엇을 했는가?
(A) 여자와 이야기를 나눴다.
(B) 한 행사에서 강연을 했다.
(C) 티켓 예약을 했다.
(D) 일부 장비를 수리했다. 정답 (A)

52. 여자는 곧이어 무엇을 할 것인가?
(A) 전화를 걸 것이다.
(B) 다른 지점을 방문할 것이다.
(C) 강사들 중 한 명과 상담할 것이다.
(D) 어떤 자료를 확인해 볼 것이다. 정답 (D)

문제 53-55번은 다음 대화를 참조하시오. 미M 영W

M Melissa, **(53) have you finished the presentation slides for the orientation session we're having for new employees later this week? I'd like you to complete them as soon as possible so we can look over them together.**
W Not yet, unfortunately. Right after I started the draft, **(54) my monitor was out of order.** I called the maintenance team to replace it or to make repairs, but I'm still waiting for someone to come.
M In that case, **(55) you can come over to my desk and use mine** because I have a meeting with some clients soon. Even after the meeting, I can work on my notebook if yours is still not fixed.

남: Melissa, 우리가 이번 주 후반에 신입 사원들을 위해 여는 오리엔테이션 시간에 필요한 발표 슬라이드를 완성했나요? 함께 검토해 볼 수 있도록 가능한 한 빨리 끝내 주면 좋겠어요.
여: 아쉽게도, 아직이요. 제가 초고 작업을 시작한 직후에, 제 모니터가 고장 났어요. 그것을 교체하거나 수리를 해 달라고 시설 관리팀에 전화를 했는데, 아직도 그쪽 직원이 오기를 기다리는 중이에요.
남: 그러면, 제가 곧 고객들과 회의가 있으니 제 자리로 와서 제 것을 사용하셔도 돼요. 회의가 끝난 후에도, 당신 것이 여전히 수리되지 않은 상태일 경우에, 저는 노트북 컴퓨터로 일할 수 있습니다.

53. 화자들에게 무슨 종류의 일이 배정되었는가?
(A) 일부 전기 장치 수리하는 일
(B) 교육용 자료 준비하는 일
(C) 행사 개최 장소 마련하는 일
(D) 행사에 필요한 자원 봉사자들을 모집하는 일 정답 (B)

54. 여자의 말에 따르면, 무엇이 지연을 초래했는가?
(A) 정전
(B) 직원 부족
(C) 컴퓨터 기능 불량
(D) 고객들과의 회의 정답 (C)

55. 남자는 무엇을 하겠다고 제안하는가?
(A) 사무용품 매장에 가는 일
(B) 여자를 위해 전화 거는 일
(C) 여자에게 자신의 장비를 사용하게 하는 일
(D) 오후 회의 일정을 재조정하는 일 정답 (C)

문제 56-58번은 다음 대화를 참조하시오. 미M 영W

M Hello. This is Oliver Kim from the Accounting Department. **(56) I need some power extension cords to set up some devices for new employees**, but the storeroom is locked. Could you please come here to open the door for me?
W I'm sorry, but... uh... according to the policy, **(57) you need to get approval from your department manager first.** I think

you have to fill out a relevant form first.

M But my department manager is out of the office now due to an important business meeting. I'm not sure when she'll be coming back. **(58) Could you make an exception this time?**

W We have to stick to the regulations. **(58) So, please wait until she comes back.**

남: 안녕하세요, 저는 회계부의 Oliver Kim입니다. 신입 직원들을 위해 일부 장치들을 설치하기 위해서 전기 연결 코드가 필요한데, 보관실 문이 잠겨 있어요. 이곳으로 오셔서 문 좀 열어 주시겠어요?

여: 죄송합니다만… 어… 규정에 따르면, 먼저 소속 부서장님으로부터 승인을 받으셔야 합니다. 관련 양식을 우선 작성하셔야 할 겁니다.

남: 하지만 저희 부서장님은 중요한 업무 회의 때문에 지금 사무실에 안 계세요. 언제 돌아오실지도 모르겠어요. 이번만 예외로 해 주실 수 있으신가요?

여: 규정을 준수해야 합니다. 따라서, 부서장님께서 돌아오실 때까지 기다려 주십시오.

56. 남자는 무엇을 하려고 하는가?
(A) 사무 용품 얻는 일
(B) 업무 회의 일정 잡는 일
(C) 저장 공간 보수하는 일
(D) 부서 설치하는 일 정답 (A)

57. 여자는 남자에게 무엇을 하도록 요청하는가?
(A) 전화 번호 받아 적는 일
(B) 부서장으로부터 허락 받는 일
(C) 주문 번호 제공하는 일
(D) 한 지점을 직접 방문하는 일 정답 (B)

58. 여자는 왜 "We have to stick to the regulations"라고 말하는가?
(A) 남자의 문제가 곧 해결될 것임을 보장하기 위해
(B) 남자의 요청 사항이 처리될 수 없는 이유를 제공하기 위해
(C) 새로운 회의 일정에 관해 남자에게 알리기 위해
(D) 남자의 도움에 대해 감사의 뜻을 나타내기 위해 정답 (B)

문제 59-61번은 다음 대화를 참조하시오. 영W 미M

W Hello. I just received the speakers I ordered online a few days ago. The model is correct, but… um… **(59) I ordered them in black, not white.** The order number is 55001.

M I apologize for the inconvenience, ma'am. Actually, there are some other customers who have complained about similar problems.

W Oh, really? What happened?

M Well, **(60) we figured out that some items were packed in different crates because some of our new employees were confused.**

W Okay, then what should I do?

M (61) We'll deliver the correct items immediately by express delivery, so please be patient for one or two days. When you receive them, you only have to return the other set in the box provided. The fee will be paid by us.

W I see. Thanks for your help anyway.

여: 여보세요. 제가 며칠 전에 온라인으로 주문한 스피커를 막 받았습니다. 모델은 맞는데… 음… 흰색이 아닌 검정색으로 주문했었어요. 주문번호는 55001입니다.

남: 불편을 드려 죄송합니다, 고객님. 실은, 유사한 문제점에 대해 불만을 제기하신 다른 고객들도 몇 분 있으십니다.

여: 아, 그래요? 무슨 일이죠?

남: 그게, 저희 신입 사원 몇 명이 혼동을 하는 바람에 일부 물품들이 다른 상자에 포장된 것으로 확인되었습니다.

여: 알겠어요. 그럼 제가 어떻게 해야 하죠?

남: 특급 배송으로 즉시 맞는 제품을 배송해 드릴 테니, 하루 이틀 정도만 기다려 주시기 바랍니다. 제품을 받으시는 대로, 제공해 드린 상자에 먼저 받으신 세트를 넣어서 반품해 주시기만 하면 됩니다. 요금은 저희가 부담하겠습니다.

여: 알겠습니다. 어쨌든 도와 주셔서 감사합니다.

59. 여자는 자신의 주문품과 관련해 무슨 문제점을 겪었는가?
(A) 제품 사이즈가 다르다.
(B) 아직 물품을 받지 못했다.
(C) 제품의 색상이 다르다.
(D) 지불 금액이 처리되지 않았다. 정답 (C)

60. 남자의 말에 따르면, 무엇이 문제를 야기했는가?
(A) 시스템 오작동
(B) 일부 낡은 장비
(C) 정전
(D) 일부 직원의 실수 정답 (D)

61. 여자는 무엇을 하도록 권고 받는가?
(A) 다른 매장을 방문할 것
(B) 영수증 사본을 보관할 것
(C) 회사의 반품 정책을 변경할 것
(D) 교환 제품을 기다릴 것 정답 (D)

문제 62-64번은 다음 대화와 안내판을 참조하시오. 호M 미W

부서 안내

회계부	1층
연구개발부	2층
마케팅부	3층
영업부	4층

M Good afternoon. I'm here to meet with Neil Sanderson. He wanted me to call him when I got here, but his cell phone is off.

W I'm sorry, **(62) but Mr. Sanderson had to go on a business trip to deal with some urgent issues.**

M I see… **(63) I was scheduled to give a presentation in front of his teammates because they wanted to know about our company's items.**

W Oh, you must be Jeremy Lin, right?

M Yes, that's right. How do you know my name?

W (64) I was asked to take you to the R&D manager when you come here at 4.

M Great. Thanks for your help.

남: 안녕하세요. Neil Sanderson 씨를 만나러 왔습니다. 그분께서 제가 여기 도착하면 전화해 달라고 하셨는데, 전화기가 꺼져 있네요.

여: 죄송합니다만, Sanderson 씨는 급한 용무로 출장을 가셔야 했습니다.

남: 알겠습니다… 제가 그분의 팀원들 앞에서 발표를 하기로 예정되어 있었는데, 그분들께서 저희 회사의 제품에 관해 알고 싶어 하셨거든요.

여: 아, Jeremy Lin 씨가 맞으시죠?

남: 네, 맞습니다. 어떻게 제 이름을 알고 계시죠?
여: 네 시에 이곳에 오시면 연구개발 부장님께 모시고 가라는 요청을 받았거든요.
남: 잘됐네요. 도와 주셔서 감사합니다.

62. 여자는 Sanderson 씨에 관해 무슨 말을 하는가?
(A) 자신의 전화기를 수리 받기 위해 나갔다.
(B) 얼마 전에 일을 그만두었다.
(C) 현재 부재 중인 상태이다.
(D) 최근에 사업체를 개업했다. 정답 (C)

63. 남자는 왜 Sanderson 씨를 만나고 싶어 하는가?
(A) 그에게 조언을 해 주기 위해
(B) 몇몇 제품들에 관해 이야기하기 위해
(C) 보고서를 제출하기 위해
(D) 긴급한 문제를 처리하기 위해 정답 (B)

64. 그래픽을 보시오. 남자는 어디로 가야 하는가?
(A) 1층
(B) 2층
(C) 3층
(D) 4층 정답 (B)

문제 65-67번은 다음 대화와 표를 참조하시오. 호M 영W

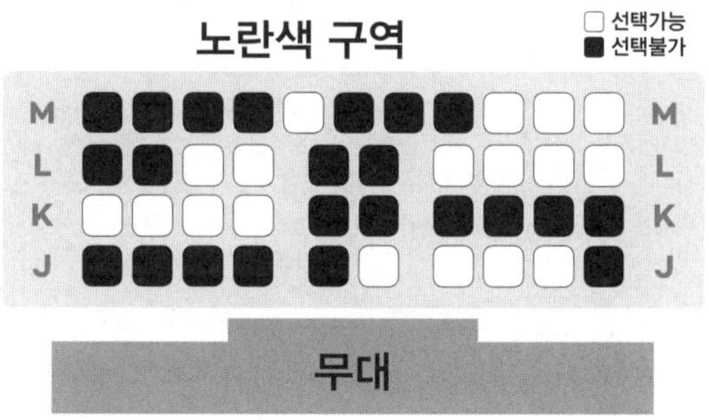

M Hi. **(65) I'm here to purchase tickets for the G4 Concert** on August 31. I've read the reviews for the previous ones, and **(65) people say their guitar playing is incredible.**
W Definitely. You shouldn't miss it if you are a fan of them... Actually, the concert is almost sold out. If you look at this map, you can find in what section the seats are still available. **(66) There are still some seats left in the yellow section.** How many tickets are you going to buy?
M (67) I need four tickets in total, but wonder if four of us can stay together. Also, it'd be better to sit as close to the stage as possible. Do you send the tickets by mail, or can I get them by e-mail?
W Oh, If you want e-tickets, I can send them online.

남: 안녕하세요. 8월 31일에 있을 G4 콘서트 입장권을 구입하러 왔습니다. 이전 공연에 대한 후기를 읽어 봤는데, 사람들은 기타 연주가 믿을 수 없을 정도라고 하더라고요.
여: 분명히, 그 분들의 팬이시라면 놓치지 말아야 하는 공연입니다… 사실 콘서트가 거의 매진이 되어 가고 있습니다. 이 배치도를 보시면, 아직 좌석을 구매하실 수 있는 구역을 확인하실 수 있습니다. 노란색 구역에 아직 약간의 좌석이 남아 있습니다. 몇 장 구매할 예정이신가요?
남: 전부 합쳐서 네 장이 필요한데, 저희 모두가 함께 앉을 수 있는지 궁금합니다. 그리고 가능한 한 무대와 가까우면 더 좋겠습니다. 입장권은 우편으로 보내 주시나요, 아니면 이메일로 받을 수 있나요?
여: 아, 전자 티켓을 원하시면, 온라인으로 보내 드릴 수 있습니다.

65. 남자는 무슨 종류의 행사에 참석하기를 원하는가?
(A) 교육 워크숍
(B) 음악 공연
(C) 스포츠 경기 행사
(D) 연극 공연 정답 (B)

66. 그래픽을 보시오. 남자는 어디에 앉을 가능성이 가장 큰가?
(A) J열
(B) K열
(C) L열
(D) M열 정답 (B)

67. 남자는 무엇에 관해 문의하는가?
(A) 자신의 입장권을 받는 방법
(B) 행사 장소에 도착해야 하는 때
(C) 얼마나 오래 콘서트가 진행되는지
(D) 입장권을 구입할 수 있는 곳 정답 (A)

문제 68-70번은 다음 대화와 표를 참조하시오. 미W 미M

예정된 보수 공사

1층	신규 벽지
2층	페인트칠
3층	바닥재 공사
4층	배선 작업

W Hi. This is Julie Henderson. How's the convention hall renovation going? **(68) I heard that Mr. Smith wants to complete it within a week so he can hold new exhibitions there as soon as our work is done.**
M The work is actually going as scheduled. **(69) We're almost done with the flooring work and will start some wallpaper work from tomorrow. That's the last part of the project.**
W That means our crew has finished the other parts? If so, **(70) I'd like to drop by and take some pictures so I can send them to Mr. Smith.** He really wants to see what the interior looks like.
M Sure, as long as you stay on the floors where we finished the assigned work. Those floors have already been cleaned up, so they should provide a nice background. Just give me a call and let me know before you arrive.

여: 안녕하세요. Julie Henderson입니다. 컨벤션 홀 보수 공사는 어떻게 되어 가고 있나요? 제가 듣기로는 Smith 씨께서 우리 작업이 끝나는 대로 그곳에서 새로운 전시 행사를 개최할 수 있도록 일주일 안으로 완료되기를 원하신다고 하던데요.
남: 사실 작업은 예정대로 진행되고 있습니다. 저희는 현재 바닥재 작업을 진행하고 있고, 내일부터는 벽지 작업을 시작할 겁니다. 그 일이 프로젝트의 마지막 부분입니다.
여: 그 말씀은 우리 작업팀이 나머지 부분들은 끝냈다는 뜻인가요? 그러시다면, Smith 씨께 보내 드릴 수 있도록 제가 잠깐 들러서 사진들을 좀 찍었으면 합니다. 그 분께서 실내가 어떤 모습인지 꼭 보고 싶어 하셔서요.

남: 그럼요, 할당된 작업을 완료한 층에 게시기만 하다면요. 그 층들은 이미 깨끗이 청소도 다 되어 있기 때문에, 멋진 배경을 제공해 줄 겁니다. 도착하기 전에 제게 전화하셔서 알려만 주세요.

68. Smith 씨는 누구일 가능성이 가장 큰가?
(A) 건물 디자이너
(B) 부동산 중개사
(C) 행사 주최 책임자
(D) 전문 사진사
정답 (C)

69. 그래픽을 보시오. 어느 층의 작업이 완료되지 않았는가?
(A) 1층
(B) 2층
(C) 3층
(D) 4층
정답 (A)

70. 여자는 무엇을 할 계획인가?
(A) 고객과 이야기할 것이다.
(B) 추가 자재를 구입할 것이다.
(C) 작업 현장을 방문할 것이다.
(D) 새로운 장식품을 가져올 것이다.
정답 (C)

Part 4

문제 71-73번은 다음 안내 방송을 참조하시오. 미W

W Attention, all passengers. **(71) This shuttle to the Parkview Hotel from the airport will arrive shortly.** We are about thirty minutes later than the original schedule. Due to the car accident and heavy traffic, it took more than usual. Please remain seated until the bus stops completely. Also, before you get off, **(72) please don't forget to double-check your seat and the overhead compartment for your luggage.** According to our policy, **(73) I'll provide each of you with a voucher for 10% off a meal at the hotel** as our way of apologizing for the late arrival. Thank you.

여: 모든 승객 여러분께 알려 드립니다. 공항에서 출발해 Parkview Hotel로 향하는 이 셔틀버스가 곧 도착할 것입니다. 우리는 원래 일정보다 약 30분 늦은 상태입니다. 차량 사고 및 교통 체증으로 인해, 평소보다 더 많은 시간이 걸렸습니다. 버스가 완전히 정차할 때까지 자리에 그대로 앉아 계시기 바랍니다. 또한, 하차하시기 전에, 좌석과 머리 위쪽의 짐칸을 다시 한 번 확인하여 짐을 잊지 말고 챙기시기 바랍니다. 저희 정책에 따라, 늦게 도착하는 것에 대한 사과의 의미로 이 호텔에서의 식사에 대해 10퍼센트 할인을 받으실 수 있는 쿠폰을 여러분 모두에게 제공해 드리겠습니다. 감사합니다.

71. 청자들은 어디에 있을 가능성이 가장 큰가?
(A) 비행기에
(B) 공원에
(C) 버스에
(D) 호텔 라운지에
정답 (C)

72. 화자는 무엇을 요청하는가?
(A) 버스 바깥의 경관을 확인할 것
(B) 각자의 물건을 챙길 것
(C) 즉시 안전벨트를 착용할 것
(D) 호텔 레스토랑들 중 한 곳을 방문할 것
정답 (B)

73. 화자는 청자들에게 무엇을 줄 것인가?
(A) 사용자 설명서
(B) 가이드북
(C) 무료 음료
(D) 할인 쿠폰
정답 (D)

문제 74-76번은 다음 광고를 참조하시오. 미M

M (74) Are you not sure about how to take care of your vehicle? Then, drop by Charles' for regular upkeep of your vehicle. From simple daily care to heavy maintenance, we provide a variety of services in order to prevent unexpected repairs from taking place. Also, you will be assured that your vehicle is always in proper condition. Charles' is open all year round, so give us a call anytime or come by whenever you are in a hurry. **(75) If you sign up for our Web site, you will be given a printable voucher for 10% off. (76) Please visit www.charlescar.com to check out a list of our services, customer reviews, and contact information.**

남: 여러분의 차량을 관리하는 방법을 잘모르시나요? 그렇다면, 차량에 대한 정기적인 유지 관리를 위해 저희 Charles'에 들러 보십시오. 간단한 일상적인 관리에서부터 큰정비에 이르기까지, 저희는 예기치 못한 수리가 발생하는 것을 방지하기 위해 다양한 서비스를 제공해 드립니다. 또한, 여러분의 차량이 언제나 적절한 상태에 있다는 점을 확신하시게 될 것입니다. 저희 Charles'는 일년 내내 영업을 하므로 언제든지 전화 주시거나 급한 일이 있으실 때는 언제든 들르십시오. 저희 웹 사이트에 가입하시면, 10퍼센트의 할인을 받을 수 있는 인쇄용 쿠폰을 받으시게 됩니다. www.charlescar.com을 방문해 저희 서비스 목록과 고객 이용 후기, 그리고 연락처를 확인해 보시기 바랍니다.

74. 광고는 주로 무엇에 관한 것인가?
(A) 렌터카 대리점
(B) 자동차 판매 대리점
(C) 차량 액세서리 매장
(D) 차량 정비 센터
정답 (D)

75. 고객들은 어떻게 할인을 받을 수 있는가?
(A) 서비스 예약을 함으로써
(B) 쿠폰을 출력함으로써
(C) 부품을 구입함으로써
(D) 친구를 데려옴으로써
정답 (B)

76. 화자의 말에 따르면, 웹 사이트에서 무엇을 찾아볼 수 있는가?
(A) 자동차 사고 사진들
(B) 자동차 보험 관련 정보
(C) 고객들의 의견
(D) 다른 지점들
정답 (C)

문제 77-79번은 다음 담화를 참조하시오. 영W

W **(77) Thank you for taking time out of your busy schedules to volunteer to conduct a survey.** As you already know, we have recently launched a few new products, so we need to find out more to improve customer satisfaction. **(78) That's why I've given each of you a list of our customers and some questionnaires. You'll be talking to them on the phone to get** feedback on our new items. **(79) I already spoke with the marketing director last week to get the permission needed to work on this project.** At the end of the day, please return all the papers to me so some of my team members can analyze them afterward.

여: 바쁜 일정 중에도 이렇게 시간 내어 설문 조사를 실시하는 것을 자원해 주신 것에 대해 감사 드립니다. 이미 아시다시피, 우리는 최근에 몇몇 신제품들을 출시했기 때문에, 고객 만족도를 개선하기 위해 더 많은 것을 알아봐야 합니다. 그것이 바로 제가 여러분 각자에게 고객 목록과 설문지를 나눠 드린 이유입니다. 여러분은 전화로 그 분들과 통화를 해서 우리의 신제품들에 관한 의견을 받게 되실 것입니다. 제가 이번 프로젝트를 작업하기 위해 필요한 승인을 받기 위해 이미 지난주에 마케팅 이사님과 얘기했습니다. 오늘 하루가 끝날 때, 제 팀원 몇 명이 이후에 분석을 할 수 있도록 제게 모든 용지들을 되돌려 주시기 바랍니다.

77. 청자들은 무슨 종류의 프로젝트를 하고 있는가?
(A) 품질 검사
(B) 시연회
(C) 고객 설문 조사
(D) 제품 출시 행사
정답 (C)

78. 청자들은 무엇을 하도록 요청 받았는가?
(A) 결함있는 제품을 수리하는 일
(B) 사람들에게 전단을 배부하는 일
(C) 설문 조사용 질문을 하는 일
(D) 마케팅 아이디어를 생각해 내는 일
정답 (C)

79. 화자는 지난주에 무엇을 했는가?
(A) 문서를 검토했다.
(B) 고객들과 만났다.
(C) 환불을 위해 제품을 반품했다.
(D) 임원에게 연락했다.
정답 (D)

문제 80-82번은 다음 전화 메세지를 참조하시오. 호M

M Hi. This is Harry Victor from the Product Development. **(80) I'd like to propose that the Finance Department allocate additional funds for the product demonstration.** We think it would be much better to hold the event at a larger venue. **(81) However, if we try to stay within our budget, there aren't many options...** Actually... we only have a couple. We are looking for some better sites now, **(82) so we can send you a price quote soon.** Thank you.

남: 안녕하세요, 저는 제품 개발부의 Harry Victor입니다. 저는 재무팀에서 제품 시연회에 대한 추가 자금을 배정해 주시기를 제안하고자 합니다. 저희는 더 넓은 장소에서 행사를 개최하는 것이 훨씬 더 좋을 것이라고 생각합니다. 하지만, 저희가 예산 범위에 맞게 하려고 하면, 선택권이 많지 않습니다… 사실… 두어 군데밖에 없습니다. 저희가 현재 더 나은 장소를 찾아 보고 있으므로 곧 비용 견적서를 보내 드릴 수 있습니다. 감사합니다.

80. 남자는 왜 전화를 하는가?
(A) 회의 일정을 잡기 위해
(B) 의견을 요청하기 위해
(C) 제품에 관해 문의하기 위해
(D) 추가 예산을 요청하기 위해
정답 (D)

81. 남자가 "Actually... we only have a couple"이라고 말할 때 무엇을 의미하는가?
(A) 몇몇 제품들이 거의 품절 상태라고 생각한다.
(B) 몇몇 지점 사무실을 방문할 의향이 있다.
(C) 한 가지 주문이 빨리 이뤄져야 한다고 생각한다.
(D) 어떤 상황에 대해 실망하고 있다.
정답 (D)

82. 남자는 무엇을 할 수 있다고 말하는가?
(A) 고객에게 연락하는 일
(B) 상사를 설득하는 일
(C) 견적서를 제공하는 일
(D) 장소를 예약하는 일
정답 (C)

문제 83-85번은 다음 담화를 참조하시오. 미M

M Thank you for attending the product test for our new vacuum cleaner. This product isn't scheduled to be released until next month, but **(83) I'm so pleased that our development team has made a great effort to conduct some test sessions prior to the launch.** As you already saw, this item is specially designed to be a lot more lighter than the previous model. **(84) This means users don't have to worry about wrist and shoulder pain after use.** This is a perfect device. However, **(85) the colors haven't been decided yet, so there is no catalogue available.** We will have it ready soon.

남: 저희의 새로운 진공 청소기 제품에 대한 제품 테스트에 참여해 주셔서 감사합니다. 이 제품은 다음 달에나 출시될 예정이지만, 우리 개발팀에서 제품 출시에 앞서 테스트 시간을 위해 큰 노력을 기울여 주신 것에 대해 매우 기쁘게 생각합니다. 이미 보셨다시피, 이 제품은 기존 모델에 비해 훨씬 가볍게 특별히 설계되어 있습니다. 이는 사용자들이 제품 사용 후에 손목과 어깨 통증에 대해 걱정할 필요가 없다는 것을 의미합니다. 이 제품은 완벽한 기기입니다. 하지만 색상들이 아직 결정되지 않았기 때문에, 이용 가능한 카탈로그가 없는 상태입니다. 곧 준비되도록 하겠습니다.

83. 화자는 왜 기뻐하는가?
(A) 일련의 행사들이 성공적이었다.
(B) 최근에 승진되었다.
(C) 신제품이 전국적으로 잘 판매되고 있다.
(D) 팀원들의 협조에 만족해하고 있다.
정답 (D)

84. 제품의 무슨 이점이 언급되는가?
(A) 매력적인 디자인
(B) 다양한 색상
(C) 오래 지속되는 배터리
(D) 통증 예방
정답 (D)

85. 화자가 "We will have it ready soon"이라고 말할 때 무엇을 의미하는가?
(A) 행사가 마련되어야 한다.
(B) 일부 장비가 교체되어야 한다.
(C) 안내 책자가 인쇄되어야 한다.
(D) 어떤 상품이 광고될 것이다.
정답 (C)

문제 86-88번은 다음 회의 발췌 내용을 참조하시오. 미W

W Good morning, everyone. **(86) As the leading clothing company in the industry, (87) we have decided to sponsor a**

design contest, which will be held in September. Through this event, we will be able to find talented young people who wish to build a career in our field. This is the first time for us to sponsor an event like this, so we hope to find several good designers like Betty Franklin and Gary Tillman, who have been given The Best Designer of the Year Award. By the way, I think I will be busy dealing with some other tasks, so **(88) Mary Austin will be in charge of this project. She is willing to answer any questions you may have.**

여: 안녕하세요, 여러분. 업계 내에서 선도적인 의류 회사로서, 우리는 한 디자인 콘테스트를 후원하기로 결정했으며, 이는 9월에 개최될 예정입니다. 이 행사를 통해서, 우리는 우리 분야에서 경력을 쌓기를 바라는 재능 있는 젊은 사람들을 찾을 수 있을 것입니다. 이런 행사를 후원하는 것이 우리로서는 이번이 처음이므로, 올해의 디자이너 상을 받은 Betty Franklin 씨와 Gary Tillman 씨 같은 여러 명의 훌륭한 디자이너들을 찾게 되기를 바랍니다. 그건 그렇고, 저는 다른 업무들을 처리하느라 바쁠 것이기 때문에 Mary Austin 씨가 이번 프로젝트를 담당할 것입니다. 그분께서 여러분이 궁금해 할 만한 어떤 질문에든 기꺼이 답변해 줄 것입니다.

86. 청자들은 어디에서 일하는가?
(A) 의류 회사에서
(B) 박물관에서
(C) 여행사에서
(D) 신문사에서 정답 (A)

87. 화자는 청자들에게 무엇에 관해 이야기하는가?
(A) 시상식
(B) 제품 출시
(C) 연회
(D) 경연대회 정답 (D)

88. 화자는 Austin 씨에 관해 무엇을 언급하는가?
(A) 휴가차 다른 지역에 가 있을 것이다.
(B) 여러 업무들을 담당하게 될 것이다.
(C) 한 행사에서 연설을 할 것이다.
(D) 어떤 문의 사항이든 답변해 줄 것이다. 정답 (D)

문제 89-91번은 다음 안내 사항를 참조하시오. 호M

M Good morning and thank you for coming here today for a tour of this museum. **(89) I'll be leading your group to help you enjoy all the exhibits.** Well, even though we conduct the tour based on a schedule, **(90) we may spend more time at some places than at others, so please understand that we can't be totally precise.** We appreciate your patience in advance. Okay, when you go inside, please be advised that no flash photography is allowed under any circumstances. **(91) Also, keep an eye on your belongings when we look around.** There are security cameras installed in every section, but we don't want any of you to get in trouble while enjoying your time here at our museum. Thank you.

남: 안녕하세요, 그리고 이 박물관 투어를 위해 오늘 이곳에 와 주신 여러분께 감사 드립니다. 제가 여러분이 속한 그룹을 이끌고 모든 전시물들을 감상하시도록 도울 예정입니다. 저, 저희가 일정에 따라 투어를 진행하기는 하지만, 우리가 특정 장소에서 다른 장소들보다 좀 더 많은 시간을 보낼 수 있기 때문에 완전히 정확하게 진행될 수 없다는 점을 양해해 주시기 바랍니다. 여러분의 인내에 미리 감사 드립니다. 자, 안으로 들어가시면, 어떠한 경우에도 플래시를 이용한 사진 촬영은 허용되지 않는다는 점에 유의하시기 바랍니다. 또한, 둘러보실 때 각자 소지품에 항상 주의하시기 바랍니다. 각 구역마다 설치된 보안 카메라들이 있지만, 이곳 저희 박물관에서의 시간을 즐기시는 동안 어떤 분도 곤란을 겪으시는 일을 원치 않습니다. 감사합니다.

89. 화자는 누구일 가능성이 가장 큰가?
(A) 미술가
(B) 가이드
(C) 사진작가
(D) 기사 정답 (B)

90. 화자는 왜 "We appreciate your patience in advance"라고 말하는가?
(A) 문의 사항이 답변되는 데 시간이 오래 걸릴 수 있다.
(B) 투어의 일부가 예상보다 더 길어질 수 있다.
(C) 제품이 예정대로 출시되지 않을 것이다.
(D) 직원이 현재 문제를 처리하는 중이다. 정답 (B)

91. 청자들은 무엇을 하도록 요청 받는가?
(A) 항상 그룹과 함께 있을 것
(B) 내부에서 카메라 사용을 피할 것
(C) 투어 중에 안내 책자를 참조할 것
(D) 개인 소지품에 주의를 기울일 것 정답 (D)

문제 92-94번은 다음 회의 발췌 내용을 참조하시오. 영W

W (92) I have called this meeting to discuss our plans for the advertisement for the concert we are hosting. As part of the plans, we will be distributing flyers and putting up some posters in the downtown area. **(93) Unfortunately, not many people have signed up for this,** so each one of you might have to cover a larger area. So... um... what I'd like to do now is... go back to our office and **(94) ask some of our coworkers if they might be interested in taking part in this event.** By telling them about how important this is, I think we can gather enough people needed to pass out all the flyers and hang up the posters.

여: 저는 우리가 주최할 예정인 콘서트의 광고에 대한 계획을 논의하기 위해 이 회의를 소집했습니다. 이 계획의 일환으로, 우리는 시내에서 전단을 배부하고 포스터를 게시하게 될 것입니다. 안타깝게도, 그렇게 많은 사람들이 이 일에 참여 신청을 하지 않았기 때문에, 여러분 각자가 더 넓은 구역을 맡아야 할 수도 있습니다. 따라서… 음… 제가 지금 하고자 하는 것은… 사무실로 돌아가서 동료 직원들에게 이 행사에 참여하는 데 관심이 가는지 물어 보는 것입니다. 이 일이 얼마나 중요한지에 관해 그들에게 이야기함으로써, 모든 전단을 나눠주고 포스터들을 부착하는 데 필요한 충분한 인원을 모을 수 있을 것으로 생각합니다.

92. 청자들은 무엇을 계획하고 있는가?
(A) 회사 야유회
(B) 전화 회의
(C) 홍보 행사
(D) 취업 박람회 정답 (C)

93. 화자의 말에 따르면, 무엇이 문제점인가?
(A) 일부 물품들이 사라진 상태이다.
(B) 참여율이 저조하다.
(C) 일부 직원들이 병가를 냈다.
(D) 예산이 승인되지 않았다. 정답 (B)

94. 화자는 곧이어 무엇을 할 것 같은가?
(A) 더 나은 디자인을 만들기 위해 협력한다.
(B) 제품을 광고하기 위해 밖으로 나간다.
(C) 고객들에게 전화를 건다.
(D) 다른 이들에게 함께 하도록 권유한다. 정답 (D)

문제 95-97번은 다음 안내 사항과 그래프를 참조하시오. 미M

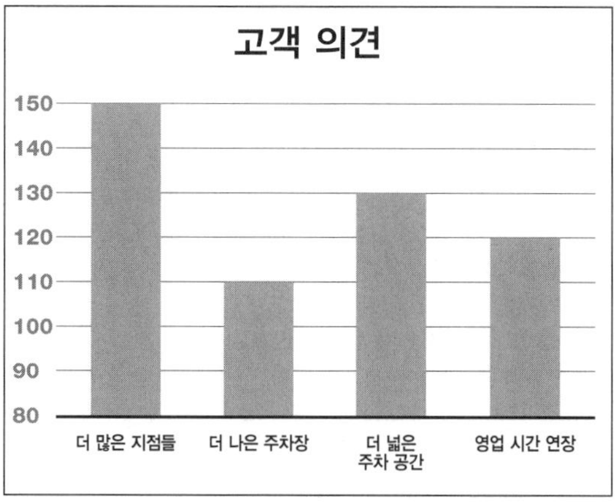

M Before we open today, **(95) I'd like to talk about our electronics store first.** Over the last few weeks, we have asked our customers to visit our Web site and to fill out a survey about which improvements they want. If you look at this chart, you can see the top four answers. **(96) Unfortunately, we are not able to deal with the first two popular suggestions due to financial limits. However, I'm pretty sure the third one is feasible.** I am going to ask you to come up with some ideas about how we can make it possible. **(97) Two of them who present the best solutions will get two extra days of vacation.**

남: 오늘 문을 열기에 앞서, 먼저 우리 전자 제품 매장에 관한 이야기를 하고자 합니다. 지난 몇 주 동안에 걸쳐, 우리는 고객들께 우리 웹 사이트를 방문해 원하는 개선 사항들에 관한 설문 조사를 작성하도록 요청 드려 왔습니다. 이 차트를 보시면, 가장 많은 사람들이 답변한 네 가지를 보실 수 있습니다. 안타깝게도, 재정적인 한계로 인해 가장 많이 답변한 첫 두 가지 제안 사항들은 처리할 수가 없습니다. 하지만, 세 번째 것은 분명 실현 가능하다고 생각합니다. 저는 여러분에게 이를 어떻게 가능하게 할 수 있는지에 관한 아이디어들을 제시하도록 요청하고자 합니다. 가장 좋은 해결책을 제시한 두 분은 이틀 간의 추가 휴가를 받게 될 것입니다.

95. 청자들은 누구일 가능성이 가장 큰가?
(A) 투자자들
(B) 기부자들
(C) 고객들
(D) 매장 점원들 정답 (D)

96. 그래픽을 보시오. 이 업체는 어느 항목을 가장 먼저 처리할 것인가?
(A) 더 많은 지점들
(B) 더 나은 주차장
(C) 웹 사이트 업그레이드
(D) 영업 시간 연장 정답 (C)

97. 가장 좋은 아이디어를 내는 직원들에게 무엇이 주어질 것인가?
(A) 현금 보너스
(B) 상품권
(C) 승진
(D) 휴일 정답 (D)

문제 98-100번은 다음 전화 메시지와 목록을 참조하시오. 미W

구매 제품 목록

물품	수량
복사 용지 (상자)	10
잉크 카트리지	3
스테이플러	2
포스트잇	15

W Hello, Jake. This is Denise. I'm at the stationery store to purchase some office supplies we need, but I think something is wrong on the list. **(98) I'm sure I have told our teammates that we need at least five staplers, so I'm going to buy three more. (99) I'll print out all the questionnaires this afternoon and distribute them to product testers afterward. (100) If you have any questions about the test event, please direct them to Jamie. He has organized many similar events before**, so he is quite experienced.

여: 여보세요, Jake. 저는 Denise입니다. 우리가 필요한 사무 용품을 구입하기 위해 문구점에 와 있는데, 목록에 뭔가 잘못된 것 같아요. 제가 분명히 팀원들에게 최소한 5개의 스테이플러가 필요하다고 얘기했기 때문에, 3개를 더 구입하겠습니다. 제가 오늘 오후에 모든 설문지를 인쇄해서 나중에 제품 테스트 참가자들에게 배부할 것입니다. 이 테스트 행사에 관해 질문이 있으실 경우에, Jamie에게 물어보시기 바랍니다. 그분이 전에 유사한 행사들을 많이 조직해 본 적이 있으셔서 상당히 경험이 많습니다.

98. 그래픽을 보시오. 현재 목록에서 어느 수량이 부정확한가?
(A) 10
(B) 3
(C) 2
(D) 15 정답 (C)

99. 화자는 오늘 오후에 무엇을 할 것이라고 말하는가?
(A) 참가자들의 목록 작성하는 일
(B) 지사 사무실 몇 곳에 들르는 일
(C) 문서 준비하는 일
(D) 행사에 필요한 장소 마련하는 일 정답 (C)

100. 화자는 Jamie에 관해 무엇을 언급하는가?
(A) 자신의 예약을 취소했다.
(B) 행사를 주최하는 일을 담당했다.
(C) 필요한 자료를 인쇄할 것이다.
(D) 오늘 화자의 사무실을 방문할 것이다. 정답 (B)

TEST 04

Part 1

1. 미W

(A) She's ascending the stairs.
(B) She's leaning on the railing.
(C) She's walking down the steps.
(D) She's lifting a brick.

(A) 그녀는 계단을 올라가는 중이다.
(B) 그녀는 난간에 기대어 있다.
(C) 그녀는 계단을 내려가고 있다.
(D) 그녀는 벽돌을 집어들고 있다. 정답 (C)

2. 미M

(A) Some women are placing a microscope into a case.
(B) Some women are wearing safety gloves.
(C) Some women are holding a test tube.
(D) Some women are emptying the boxes.

(A) 여자들이 케이스 안으로 현미경을 넣고 있다.
(B) 여자들이 안전장갑을 착용하고 있다.
(C) 여자들이 시험관을 들고 있다.
(D) 여자들이 상자들을 비우고 있다 정답 (B)

3. 호M

(A) A woman is pointing toward the ocean.
(B) A woman is trying on some sunglasses.
(C) A woman is raising a sail.
(D) A woman is enjoying a boat ride.

(A) 한 여자가 바다 쪽을 가리키고 있다.
(B) 한 여자가 선글라스를 착용해 보는 중이다.
(C) 한 여자가 돛을 올리고 있다.
(D) 한 여자가 뱃놀이를 즐기고 있다. 정답 (A)

4. 영W

(A) Some people are working on the pavement.
(B) A person is walking through the woods.
(C) A person is standing by the side of a road.
(D) Some people are crossing an overpass.

(A) 몇몇 사람들이 포장도로 위에서 작업 중이다.
(B) 한 사람이 숲속을 걷고 있다.
(C) 한 사람이 길가에 서 있다.
(D) 몇 사람이 육교를 건너고 있다. 정답 (C)

5. 미M

(A) She's leaning forward to hit a ball.
(B) She's rearranging a pool table.
(C) She's wiping a table with a cloth.
(D) She's pointing at a frame on a wall.

(A) 그녀가 공을 치기 위해서 몸을 앞으로 숙이고 있다.
(B) 그녀가 당구대를 재정리하고 있다.
(C) 그녀가 천으로 테이블을 닦고 있다.
(D) 그녀가 벽에 있는 액자를 가리키고 있다. 정답 (A)

6. 미W

(A) Many trees are being planted along the beach.
(B) A brick wall is being built around the warehouse.
(C) Some buildings are situated near a hill.
(D) Power lines stretch along the water's edge.

(A) 많은 나무들이 해변가를 따라 심어지고 있다.
(B) 벽돌담이 창고 주위에 지어지고 있다.
(C) 건물들이 언덕 근처에 위치해 있다.
(D) 전깃줄들이 물가를 따라 뻗어있다. 정답 (C)

Part 2

7. 미W 호M

Where's the vacuum cleaner?
(A) It arrived on Monday.
(B) Someone from tech support.
(C) I thought you had it.

진공 청소기가 어디에 있나요?
(A) 그건 월요일에 도착했습니다.
(B) 기술 지원부의 직원이요.
(C) 저는 당신이 갖고 있다고 생각했어요. 정답 (C)

8. 영W 미M

Which courier should we use to send the products?
(A) It won't take long.
(B) We don't carry that type.
(C) The one you recommended.

우리가 어느 택배 회사를 이용해 제품을 보내야 하나요?
(A) 오래 걸리지 않을 겁니다.
(B) 저희는 그 종류를 취급하지 않습니다.
(C) 당신이 추천했던 곳이요. 정답 (C)

9. 미M 영W

How often do you go hiking?
(A) It doesn't cost much.
(B) Around once a month.
(C) Wasn't the event successful?

얼마나 자주 등산하러 가시나요?
(A) 비용이 많이 들지 않습니다.
(B) 대략 한 달에 한 번이요.
(C) 행사가 성공적이지 않았나요? 정답 (B)

10. 호M 미W

Has the new shipment arrived yet?
(A) I haven't checked.
(B) Is he coming soon?
(C) Your total comes to 40 euros.

새로운 배송 물품이 도착했나요?
(A) 아직 확인해 보지 않았습니다.
(B) 그가 곧 오는 건가요?
(C) 전부 합쳐서 40유로입니다. 정답 (A)

11. 영W 호M

When did you start working here?
(A) I normally take the train.
(B) No, he works in the Sales Department.
(C) Since last January.

당신은 언제 여기서 일하기 시작했나요?
(A) 저는 보통 기차를 탑니다.
(B) 아뇨, 그는 영업부에서 근무합니다.

(C) 지난 1월 이후로요. 정답 (C)

12. 미W 호M
Why is Mr. Son out of town this week?
(A) He's attending a conference.
(B) I'll be out of the office.
(C) He lives downtown.

Son 씨가 왜 이번 주에 다른 지역에 가는 거죠?
(A) 컨퍼런스에 참석할 예정입니다.
(B) 저는 사무실 밖으로 나갈 겁니다.
(C) 그는 시내에 살고 있습니다. 정답 (A)

13. 영W 미W
I'd like to propose a toast if you don't mind.
(A) He rejected my proposal.
(B) Okay, but please make it short.
(C) Sorry. I'll pass this time.

괜찮으시다면 건배를 제안하고자 합니다.
(A) 그는 제 제안을 거절했습니다.
(B) 좋아요, 하지만 간단히 해 주세요.
(C) 죄송합니다. 저는 이번에 건너뛰겠습니다. 정답 (B)

14. 미M 영W
Will you let Jerry know this news, or should I?
(A) I want to surprise him in person.
(B) Yes, he is new here.
(C) I haven't renewed my gym membership.

당신이 Jerry에게 이 소식을 알려 주시겠어요, 아니면 제가 할까요?
(A) 제가 직접 놀라게 해 드리고 싶어요.
(B) 네, 그는 이곳이 처음입니다.
(C) 저는 제 체육관 회원 자격을 아직 갱신하지 않았어요. 정답 (A)

15. 영W 미M
Whose turn is it to lead the training workshop?
(A) I did it last year.
(B) You need to turn off all the lights.
(C) Why don't we take the train?

누가 교육 워크숍을 진행할 차례인가요?
(A) 제가 작년에 했습니다.
(B) 모든 전등을 꺼 두셔야 합니다.
(C) 기차를 타는 게 어때요? 정답 (A)

16. 미W 영W
How much does the tour package to Canada cost?
(A) I need to finish packing my belongings.
(B) We accept all major credit cards.
(C) Hold on. Let me look it up.

캐나다로 가는 패키지 여행은 비용이 얼마나 드나요?
(A) 제 소지품을 꾸리는 일을 끝내야 합니다.
(B) 저희는 모든 주요 신용카드를 받습니다.
(C) 잠시만요. 확인해 보겠습니다. 정답 (C)

17. 미M 호M
Didn't you say you need to get a new bag?
(A) No, it was held on Monday.
(B) Several locations.
(C) Yes, I have to.

당신은 새 가방을 구해야 한다고 얘기하지 않았나요?
(A) 아뇨, 월요일에 개최되었어요.
(B) 여러 지점에서요.
(C) 네, 그래야 합니다. 정답 (C)

18. 영W 호M
I made two more copies here.
(A) Chris is coming, too.
(B) It's right next to the coffee maker.
(C) With some sugar, please.

제가 여기서 두 장 더 복사했습니다.
(A) Chris도 올 거예요.
(B) 커피 기계 바로 옆에 있습니다.
(C) 설탕을 좀 넣어 주세요. 정답 (A)

19. 미M 영W
Isn't the company dinner supposed to be tonight?
(A) I'll have some more.
(B) It's been postponed.
(C) Yes, dinner was fantastic.

회사의 저녁 회식이 오늘 밤에 있을 예정이지 않았나요?
(A) 조금 더 먹겠습니다.
(B) 연기되었습니다.
(C) 네, 저녁 식사가 환상적이었습니다. 정답 (B)

20. 미W 호M
Do you think we need to renew the lease or look for a new office?
(A) Sure, that sounds great.
(B) Don't you think we need more space?
(C) We need at least ten copies.

우리가 임대 계약을 갱신해야 한다고 생각하세요, 아니면 새로운 사무실을 찾아봐야 하나요?
(A) 그럼요, 아주 좋은 생각입니다.
(B) 더 넓은 공간이 필요하다고 생각하지 않으세요?
(C) 최소한 10부가 필요합니다. 정답 (B)

21. 영W 호M
Did anybody show you how to use the time clock?
(A) Yes, Jake did this morning.
(B) Everybody came in on time.
(C) He didn't show up today.

당신에게 누군가가 근무 시간 기록기 사용법을 알려 주었나요?
(A) 네, 오늘 아침에 Jake가 알려 주었어요.
(B) 모든 사람들이 제 시간에 왔습니다.
(C) 그는 오늘 오지 않았습니다. 정답 (A)

22. 미W 영W
Let's try out the new Italian restaurant on Nob Hill Street.
(A) No, it's quite cold today.
(B) Sure, where can I try them on?
(C) I've already been served.

Nob Hill Street에 있는 새 이탈리아 레스토랑에 한번 가 봅시다.
(A) 아뇨, 오늘은 날씨가 상당히 추워요.
(B) 그럼요, 어디에서 착용해 볼 수 있죠?
(C) 저는 이미 서비스를 제공 받았습니다. 정답 (A)

23. 미M 호M
Where are the supply order forms?
(A) You need to return it by Monday.
(B) It was very surprising.
(C) Mr. Nelson can get you one.

용품 주문 양식이 어디에 있나요?
(A) 월요일까지 반납하셔야 합니다.
(B) 아주 놀라웠습니다.
(C) Nelson 씨가 가져다 드릴 수 있습니다. 정답 (C)

24. 영W 호M
Have you contacted the potential client?
(A) I prefer not to wear contact lenses.
(B) Sure, I'll definitely be there.
(C) I just did that this morning.

그 잠재 고객에게 연락해 보셨나요?
(A) 저는 콘택트 렌즈를 착용하는 것을 선호하지 않습니다.
(B) 그럼요, 저도 그곳에 꼭 갈 겁니다.
(C) 오늘 아침에 막 했어요. 정답 (C)

25. 미W 호M
When will the new product be released?
(A) You can lease a car.
(B) He'll return on Tuesday.
(C) Not until July.

신제품은 언제 출시되는 건가요?
(A) 차를 한 대 빌리시면 됩니다.
(B) 그는 화요일에 돌아올 겁니다.
(C) 7월이나 되어야 합니다. 정답 (C)

26. 미M 영W
I am here to see Ms. Cook, who's in charge of the Sales Department.
(A) Yes, it's fully charged.
(B) Go to room 301 on third floor.
(C) I don't see any parts missing.

영업부를 맡고 계신 Cook 씨를 만나 뵈러 왔습니다.
(A) 네, 완전히 충전되었습니다.
(B) 3층에 있는 301호실로 가십시오.
(C) 빠진 부분이 하나도 보이지 않습니다. 정답 (B)

27. 미W 호M
Have you read the notice posted on the board?
(A) Yes, he's about to board the plane.
(B) Why don't you give them a tour?
(C) Yes, that was shocking news.

게시판에 게재되어 있는 공지를 읽어 보셨나요?
(A) 네, 그가 막 비행기에 탑승하려는 참입니다.
(B) 당신이 그분들을 견학시켜 드리는 건 어때요?
(C) 네, 충격적인 소식이었어요. 정답 (C)

28. 미M 미W
Where can I get a new parking permit issued?
(A) We met in Seoul last year.
(B) Ask someone at the reception desk.
(C) Anytime between 9 and 6.

어디에서 새로운 주차 허가증을 발급 받을 수 있나요?
(A) 우리는 작년에 서울에서 만났어요.
(B) 안내 데스크에 계신 분께 여쭤 보세요.
(C) 9시에서 6시 사이에 언제든지요. 정답 (B)

29. 미M 영W
The supplies for the event have just arrived.
(A) It will be shipped from the warehouse.
(B) They will join us tonight.
(C) Please let Mr. Kim know.

행사에 필요한 용품이 막 도착했습니다.
(A) 그건 창고에서 배송될 겁니다.
(B) 그들은 오늘 저녁에 우리와 함께 할 겁니다.
(C) Kim 씨께 알려 드리세요. 정답 (C)

30. 영W 미W
Do you still have a job opening in Personnel?
(A) We are open 24 hours a day.
(B) No, it has already been filled.
(C) I have a lot of experience in that field.

아직 인사부에 공석이 남아 있나요?
(A) 저희는 24시간 영업합니다.
(B) 아뇨, 이미 충원되었습니다.
(C) 저는 그 분야에서 많은 경력이 있습니다. 정답 (B)

31. 영W 미M
Why don't I give you some feedback on your presentation?
(A) That would be really helpful.
(B) We should present some picture ID.
(C) No, thanks. I'm not hungry.

제가 당신 발표에 관해 의견을 좀 말씀 드리면 어떨까요?
(A) 그렇게 해 주시면 정말 큰 도움이 될 겁니다.
(B) 우리는 사진이 들어간 신분증을 제시해야 합니다.
(C) 아뇨, 괜찮습니다. 저는 배가 고프지 않습니다. 정답 (A)

Part 3

문제 32-34번은 다음 대화를 참조하시오. 영W 미M

W Good afternoon. **(32) I'm just wondering if I can still purchase a computer model that is on sale.** I've got a flyer about the event you're currently holding. **(32) However, I don't know where to find the item.**
M (33) Oh, I'm sorry, but that specific model has already sold out. However, we do have a variety of models you can choose from, but they are not discounted.
W Ah, I would like to buy something similar to what you advertised on the flyer. **(34) I think I should check out some other stores that are holding a sale.**

여: 안녕하세요. 세일 중인 컴퓨터 모델을 아직 구입할 수 있는지 궁금합니다. 현재 진행 중이신 행사에 관한 전단을 받았거든요. 그런데, 어디에서 그 제품을 찾아야 하는지 모르겠네요.
남: 아, 죄송합니다만, 그 특정 모델은 이미 매진되었습니다. 하지만, 선택하실 수 있는 다양한 모델들을 저희가 보유하고 있기는 합니다만, 할인되는 것은 아닙니다.
여: 아, 저는 전단에 광고하신 것과 유사한 것을 구입하고 싶어요. 세일 행사를 하고 있는 다른 매장들을 확인해 봐야 할 것 같네요.

32. 대화는 어디에서 일어나고 있을 가능성이 가장 큰가?
(A) 지하철 역에서
(B) 버스 정류장에서
(C) 매장에서
(D) 호텔에서 정답 (C)

33. 무엇이 문제점인가?
(A) 오늘 한 직원이 결근했다.
(B) 한 제품을 구매할 수 없다.
(C) 한 제품이 작동하지 않는다.
(D) 서비스가 만족스럽지 못하다. 정답 (B)

34. 여자는 무엇을 하고 싶어 하는가?
(A) 직원과 이야기하는 것
(B) 다른 매장들을 방문하는 것
(C) 환불을 받는 것
(D) 주문한 제품을 반품하는 것 정답 (B)

문제 35-37번은 다음 대화를 참조하시오. 호M 미W

M Hello. My name is Steve McCarthy, and **(35) I'm calling to reserve a room at your hotel.** I'm planning to stay there for four nights, from the 23rd to the 27th of July.
W Hi, Mr. McCarthy. We have suites with a city view or a river view. Which do you prefer? If you visit our Web site, you can check out some photos of those views.
M Oh, then I think I should look at them first to decide where to stay. And **(36) I wonder if you provide discounts to customers who participate in annual tech convention.**
W Sure. **(37) We can get you our reduced rates if you let me know your registration number.**

남: 여보세요. 제 이름은 Steve McCarthy이며, 귀하의 호텔에 객실을 하나 예약하려고 전화 드렸습니다. 저는 그곳에 7월 23일부터 27일까지 4박을 할 계획입니다.
여: 안녕하세요, McCarthy 씨. 저희에게는 도시 경관 또는 강이 보이는 스위트룸이 있습니다. 어느 것이 더 좋으신가요? 저희 웹 사이트를 방문하시면, 이 경관들을 담은 사진들을 확인해 보실 수 있습니다.
남: 아, 그러면 어느 곳에 머무를지 결정할 수 있도록 그 사진들을 먼저 봐야 할 것 같네요. 그리고 연례 기술 컨벤션에 참가하는 고객들에게 할인을 제공해 주시는지 궁금합니다.
여: 물론입니다. 등록 번호를 알려 주시면 요금을 할인해 드릴 수 있습니다.

35. 남자는 왜 전화를 하는가?
(A) 행사에 등록하기 위해
(B) 예약을 하기 위해
(C) 정보를 업데이트하기 위해
(D) 배송을 요청하기 위해 정답 (B)

36. 남자는 무슨 행사를 언급하는가?
(A) 전문적인 세미나
(B) 호텔 개장식
(C) 야외 활동
(D) 제품 출시회 정답 (A)

37. 여자는 무슨 추가 정보를 요청하는가?
(A) 남자의 전화 번호
(B) 환불에 필요한 은행 계좌
(C) 남자의 등록 정보
(D) 결함이 있는 제품에 대한 설명 정답 (C)

문제 38-40번은 다음의 3자 대화를 참조하시오. 영W 미M 호M

W Good morning. **(38) How's the microwave design work coming along?** We need at least three samples by Monday morning.
M1 I think it's going well. **(39) Jay and I have decided to think of some ideas** and to compare them so that we can narrow them down to the best three.
M2 That's right. And I am almost done brainstorming. We can meet up soon to have a discussion about each other's ideas.
W That's great to hear. Well, **(40) both of you might have to work overtime to meet the deadline**, but you'll get extra pay. So, I hope you do your best to create good samples.
M1 Yes, we will. Thank you.

여: 안녕하세요. 전자 레인지 디자인 작업은 어떻게 되어 가고 있나요? 월요일 아침까지 최소한 세 개의 샘플이 필요합니다.
남1: 잘 진행되고 있는 것 같습니다. Jay 씨와 저는 몇가지 아이디어를 생각해 내고 그것들을 비교해서 가장 좋은 세 가지로 추려 내기로 결정했습니다.
남2: 맞아요. 그리고 저는 아이디어 작업을 거의 끝냈어요. 각자의 아이디어들에 관해 논의할 수 있도록 곧 만날 수 있습니다.
여: 잘됐군요. 저, 두 분 모두 마감시한을 맞추기 위해 초과 근무를 해야 할지도 모르지만, 추가 수당을 받게 될 것입니다. 따라서, 좋은 샘플을 만들어 낼 수 있도록 최선을 다해 주시기를 바랍니다.
남1: 네, 그렇게 하겠습니다. 감사합니다.

38. 화자들은 어디에서 근무하고 있을 가능성이 가장 큰가?
(A) 전자제품 회사에서
(B) 원예 용품 매장에서
(C) 컨벤션 센터에서
(D) 제조 공장에서 정답 (A)

39. 남자들은 무엇에 대한 일을 해오고 있는가?
(A) 신입 사원들을 모집하는 일
(B) 고객들과의 회의 일정을 정하는 일
(C) 세미나를 조직하는 일
(D) 아이디어를 생각해 내는 일 정답 (D)

40. 여자는 무엇을 언급하는가?
(A) 시연회를 열 것
(B) 발표를 할 것
(C) 늦게까지 일할 것
(D) 예약을 취소할 것 정답 (C)

문제 41-43번은 다음 3자 대화를 참조하시오. 미W 호M 미M

W Good afternoon. As you know, **(41) we will hold our annual charity event next month.** Who would like to contact **(42) a printing shop** to order flyers and brochures?
M1 I will do it. **(42) The shop we usually use has promised to provide us with some discounts for our new project.** So, we can lower our expenses this time.
W Thanks, John. Why don't you ask them about their current schedule first?

M1 Sure thing. Michael, **(43) do you think you could make a reservation for the venue?**
M2 I can do that. I have already done some research because there were so many participants last year.
M1 Great. Just let me know the name of the venue so we can have it printed on the flyers and brochures.

여: 안녕하세요. 아시다시피, 우리는 다음 달에 연례 자선 행사를 개최할 것입니다. 누가 인쇄소에 연락해서 전단과 안내 책자를 좀 주문해 주시겠어요?
남1: 제가 할게요. 우리가 보통 이용하는 곳에서 새로운 프로젝트에 대해 할인을 좀 해 주기로 약속했었어요. 따라서, 이번에 지출 비용을 좀 줄일 수 있습니다.
여: 고마워요, John. 그곳의 현재 일정에 대해 먼저 물어보는 것은 어때요?
남1: 물론입니다. Michael, 행사 장소를 예약해 주실 수 있으신가요?
남2: 그렇게 할 수 있습니다. 작년에 참가자들이 아주 많았기 때문에 이미 조사를 좀 해 뒀습니다.
남1: 좋아요. 전단과 안내 책자에 인쇄할 수 있도록 제게 행사 장소 이름을 알려 주세요.

41. 대화는 주로 무엇에 관한 것인가?
(A) 연례 행사
(B) 일부 인쇄 오류들
(C) 장소 변경
(D) 일부 신규 참가자들
정답 (A)

42. 인쇄소에 관해 무엇이 언급되는가?
(A) 더 큰 건물로 이전했다.
(B) 다음 달에 폐업할 것이다.
(C) 현재 매우 바쁘다.
(D) 평소의 비용을 할인해 줄 것이다.
정답 (D)

43. Michael은 무엇을 하도록 요청 받는가?
(A) 회의실을 준비할 것
(B) 장소를 예약할 것
(C) 전단을 디자인할 것
(D) 예산 보고서를 작성할 것
정답 (B)

문제 44-46번은 다음 대화를 참조하시오. 영W 미M

W Hello, Liam. **(44) I've recently collected surveys from each department and looked over them.** Now, I only have to start writing the report.
M Oh, you've finally started that project. Each department head wants to know about the results so they can figure out what our employees' complaints are. Anything interesting?
W A lot of them want the company to renovate the cafeteria. As you know, the company has become bigger since we recruited many new employees last year. **(45) So, it's now more inconvenient to have lunch there.**
M Ah, that makes sense. **(45) I heard that people are complaining about that.**
W Well, **(46) I should include it in my report so all the employees can have a better time during their lunch break.**

여: 안녕하세요, Liam. 제가 최근에 각 부서에서 설문 조사지를 수거해 검토했습니다. 이제, 보고서를 쓰기 시작하기만 하면 됩니다.
남: 아, 드디어 그 프로젝트를 시작하셨군요. 우리 직원들의 불만 사항이 무엇인지 알아보기 위해 각 부서장님들께서 결과에 관해 알고 싶어 하세요. 흥미로운 점이라도 있나요?
여: 많은 분들이 회사에서 구내 식당을 개조해 주기를 원하고 있어요. 아시다시피, 작년에 많은 신입 직원들을 모집한 이후로 회사가 더 커졌어요. 따라서, 지금은 그곳에서 점심 식사를 하는 것이 더 불편해졌어요.
남: 아, 이해가 되네요. 제가 사람들이 그 부분에 관해 불평하고 있다는 얘기를 들었어요.
여: 저, 모든 직원들이 점심 식사 시간 중에 더 좋은 시간을 보낼 수 있도록 제 보고서에 그 내용을 포함시킬 겁니다.

44. 여자는 최근에 무엇을 했는가?
(A) 구내 식당에 관해 불만을 제기했다.
(B) 직원 설문 조사를 검토했다.
(C) 신입 직원들을 모집했다.
(D) 일부 지원서들을 모았다.
정답 (B)

45. 남자는 왜 "Ah, that makes sense"라고 말하는가?
(A) 개조 공사가 필요한 이유를 이해한다.
(B) 여자가 도움이 필요하다는 것을 알고 있다.
(C) 자신의 부서장과 이야기해야 한다고 생각한다.
(D) 구내 식당에서 점심 식사를 하고 싶어 한다.
정답 (A)

46. 여자는 보고서에 관해 무엇을 언급하는가?
(A) 점심 시간이 지난 후에야 제출될 것이다.
(B) 신입 직원들의 불만 사항들을 포함할 것이다.
(C) 시설을 향상시키는 데 도움이 될 것이다.
(D) 부서장에 의해 작성되어야 한다.
정답 (C)

문제 47-49번은 다음 대화를 참조하시오. 영W 호M

W Welcome back from the commercial break. We are here with Mr. Jeremy Lee, an expert in starting new business. Today, we will discuss how to help new business owners establish the foundation for their companies.
M Yes. Usually, **(47) it is important to have experienced employees in the field.** This will help business owners build a good reputation.
W That's a great idea. Also, **(48) I heard that you're going to organize some seminars regarding how to run a business.** How's that project going?
M Well, holding an event can also be another business. It will be a new experience for me. **(49) I expect I'll be able to help more people around the country.**

여: 광고 방송이 끝나고 다시 돌아왔습니다. 저희는 새로운 사업을 시작하는 일의 전문가이신 Jeremy Lee 씨와 함께 자리하고 있습니다. 오늘, 저희는 새로운 사업가들이 회사의 기틀을 확립하도록 도움을 주는 방법에 관해 이야기할 것입니다.
남: 네. 일반적으로, 업계에서 경험이 많은 직원들을 보유하는 것이 중요합니다. 이는 사업가들이 좋은 평판을 쌓는 데 도움이 될 것입니다.
여: 좋은 생각입니다. 그리고 사업을 운영하는 방법에 관한 몇몇 세미나들도 준비하실 예정이라고 들었습니다. 그 프로젝트는 어떻게 되어 가고 있으신가요?
남: 음, 행사를 개최하는 일은 또 다른 사업일 수 있습니다. 저에게는 새로운 경험이 될 수 있을 것입니다. 저는 전국의 더 많은 사람들에게 도움을 줄 수 있을 것으로 기대하고 있습니다.

47. 남자는 무슨 제안을 하는가?
(A) 능숙한 직원들을 모집할 것
(B) 더 나은 인센티브를 도입할 것
(C) 구체적인 전략을 생각해 낼 것
(D) 다양한 행사를 조직할 것 정답 (A)

48. 남자는 무엇을 할 계획인가?
(A) 전문적인 행사를 개최하는 것
(B) 회사를 창업하는 것
(C) 제품을 시연하는 것
(D) 보고서를 제출하는 것 정답 (A)

49. 남자가 "It will a new experience for me"라고 말할 때 무엇을 암시하는가?
(A) 행사가 성공적일 것으로 생각하지 않는다.
(B) 더 나은 직원들을 모집할 수 있기를 희망하고 있다.
(C) 자신의 행사 개최를 고대하고 있다.
(D) 곧 여러 많은 지역으로 여행하고 싶어 한다. 정답 (C)

문제 50-52번은 다음 대화를 참조하시오. 미W 호M

W Hi, Nate. **(50) I wanted to enter the storage room this morning to get some materials, but I couldn't open the door.** When I entered the numbers, that didn't work.
M Oh, did you check your e-mail? **(51) The company is currently changing keypads due to security issues.** So, some of them might not work for a while.
W No, I didn't! I went on a business trip, so I couldn't check my e-mail for a few days.
M I see. You will be issued a new employee card. **(52) Go ask your department manager. I think he might have yours now.**

여: 안녕하세요, Nate. 제가 오늘 아침에 물품을 좀 갖고 오기 위해 보관실에 들어 가고 싶었는데, 문을 열 수가 없었어요. 번호를 입력했을 때, 작동되지 않았어요.
남: 아, 이메일을 확인해 보지 않으셨어요? 회사에서 보안 문제로 인해 현재 키패드들을 바꾸는 중이에요. 그래서 일부는 잠시 동안 작동되지 않을 수 있어요.
여: 아뇨, 못 봤어요! 출장을 가느라 며칠 동안 이메일을 확인하지 못했어요.
남: 알겠어요. 신규 사원증을 발급 받으실 겁니다. 가서 소속 부서장님께 여쭤 보세요. 아마 지금 당신 것을 갖고 계실 수도 있습니다.

50. 여자는 무엇을 할 수 없는가?
(A) 자신의 신용카드를 사용하는 일
(B) 고객과 연락하는 일
(C) 방 한 곳에 출입하는 일
(D) 자신의 이메일을 여는 일 정답 (C)

51. 남자의 말에 따르면, 현재 무슨 일이 발생되고 있는가?
(A) 교육 워크숍이 열리고 있다.
(B) 새로운 보안 데스크가 설치되고 있다.
(C) 회사 야유회가 계획되고 있다.
(D) 새로운 장치가 설치되고 있다. 정답 (D)

52. 남자는 여자에게 무엇을 하도록 권하는가?
(A) 상사에게 이야기할 것
(B) 여자의 개인 정보를 수정할 것
(C) 출장을 떠날 것
(D) 여자의 분실물을 찾아볼 것 정답 (A)

문제 53-55번은 다음 대화를 참조하시오. 영W 미M

W Welcome back, Gilbert! How was your business trip? **(53) I heard you visited a lot of cities to attend a few job fairs.** Did you find any potential job candidates?
M I was surprised that there were many talented people, and I think most of them could be great assets to our company. **(54) But the thing is... our competitors offer better benefits packages.** So, I think we should consider introducing better incentives or something.
W Well, I understand what you mean. **(55) Why don't we have a meeting with the managers to come up with some good ideas?**

여: 다시 돌아오신 것을 환영해요, Gilbert! 출장은 어떠셨나요? 몇몇 채용 박람회에 참석하기 위해 여러 도시를 방문하셨다고 들었어요. 잠재적인 취업지원자들을 좀 찾으셨나요?
남: 재능 있는 사람들이 많아서 놀랐는데, 그 사람들 대부분이 우리 회사에 뛰어난 자산이 될 수 있을 것으로 생각해요. 하지만 문제는… 우리 경쟁사들이 더 나은 복지 혜택을 제공하고 있다는 점이에요. 따라서, 우리는 더 나은 인센티브를 도입하는 등의 문제를 고려해야 봐야 할 것 같아요.
여: 음, 무슨 말씀이신지 이해합니다. 좋은 아이디어를 내놓을 수 있도록 관리자들과 회의를 해 보면 어떨까요?

53. 남자는 출장을 가서 무엇을 했는가?
(A) 사업 계약서에 서명했다.
(B) 몇몇 행사에 참석했다.
(C) 연설을 했다.
(D) 고객들과 만났다. 정답 (B)

54. 남자는 무슨 문제점을 언급하는가?
(A) 예상보다 더 적은 지원서를 받았다.
(B) 자신의 회사가 업계에서 경쟁력이 떨어진다.
(C) 채용 박람회 행사가 전혀 성공적이지 않았다.
(D) 경쟁 업체들이 많은 신제품을 출시했다. 정답 (B)

55. 여자는 무엇을 제안하는가?
(A) 회의를 열 것
(B) 더 많은 사람을 모집할 것
(C) 온라인 광고를 활용할 것
(D) 목록을 작성할 것 정답 (A)

문제 56-58번은 다음 대화를 참조하시오. 호M 영W

M Good afternoon. I'm calling to arrange transportation for my department's camping trip. **(56) I'm just wondering if we can rent a large SUV for next weekend.**
W Let me check out the online list first. Okay, there are some available during that period. However, **(57) how many people are going together?** The size of the car should be different depending on that.
M Oh, it's not confirmed yet, but there should be at least eight of us.
W That might be a problem then. The SUVs you could use can seat up to 5 people. So you have to rent two separate ones. By the way, they all include air conditioning and updated navigation systems. **(58) If you want to book them, you should come over to our office to check the cars and to sign a contract.**

TEST 04

남: 안녕하세요. 제 부서의 캠핑 여행을 위한 교통편을 마련하기 위해 전화 드렸습니다. 다음 주말에 대형 SUV를 빌릴 수 있는지 궁금합니다.
여: 제가 온라인 목록을 먼저 확인해 보겠습니다. 네, 그 기간 중에 이용 가능한 것이 좀 있네요. 그런데, 얼마나 많은 사람들이 함께 가시는 건가요? 이에 따라 차량의 사이즈가 달라질 겁니다.
남: 아, 아직 확정된 것은 아니지만, 적어도 8명은 될 겁니다.
여: 아, 그럼 문제가 될 수도 있습니다. 이용하실 수 있는 SUV들은 최대 5명까지 수용할 수 있습니다. 따라서, 두 대의 차량으로 나눠서 빌리셔야 합니다. 그건 그렇고, 그 차량들은 모두 에어컨과 업데이트된 내비게이션 시스템을 포함하고 있습니다. 예약을 원하실 경우, 저희 사무실로 직접 오셔서 차량을 확인하시고 계약서에 서명하셔야 합니다.

56. 남자는 왜 전화를 거는가?
(A) 차량을 대여하기 위해
(B) 호텔에 객실을 예약하기 위해
(C) 예약을 취소하기 위해
(D) 서비스에 관해 불평하기 위해 정답 (A)

57. 여자는 무슨 정보를 요청하는가?
(A) 신용카드 정보
(B) 만료 날짜
(C) 배송 선택권
(D) 인원 수 정답 (D)

58. 여자는 남자가 무엇을 해야 한다고 권하는가?
(A) 남자의 사무실로 먼저 돌아가는 일
(B) 수리 서비스 받아 보는 일
(C) 필요한 서류 보내는 일
(D) 사무실에 직접 방문하는 일 정답 (D)

문제 59-61번은 다음 대화를 참조하시오. 미W 미M

W Hi. **(59) I'd like to know why a reimbursement check for my business trip to Milan hasn't been issued yet.**
M Did you submit all the receipts and completed expense form?
W Sure. I cannot remember the specific date, but **(60) I turned in those documents on the due date last month.**
M If so, **(61) it's possible that your form wasn't processed properly because a new reimbursement system was introduced last month.** I'll look into it and give you a call this afternoon.

여: 안녕하세요. 저의 밀라노 출장비 환급 수표가 왜 아직 발행되지 않았는지 알고 싶습니다.
남: 모든 영수증과 작성된 경비 보고서를 제출하셨나요?
여: 물론이죠. 정확한 날짜는 기억 안 나지만, 지난달 마감 기한에 맞춰 서류들을 제출했어요.
남: 그렇다면 새로운 상환 제도가 지난달에 도입되었기 때문에 당신의 서류가 제대로 처리되지 않았을 가능성이 있어요. 제가 알아보고 오늘 오후까지 연락을 드릴게요.

59. 화자들은 무엇에 관해 대화 중인가?
(A) 출장
(B) 교육
(C) 환급
(D) 지불 방법 정답 (C)

60. 여자는 언제 서류를 제출했는가?
(A) 어제
(B) 지난주
(C) 지난달
(D) 작년 정답 (C)

61. 남자에 따르면 무엇 때문에 지체되었겠는가?
(A) 서류가 제출되지 않았다.
(B) 제도가 변경되었다.
(C) 여자가 영수증 일부를 분실했다.
(D) 담당자가 승인하지 않았다. 정답 (B)

문제 62-64번은 다음 대화와 인명부를 참조하시오. 호M 미W

책임자	부서
Jamie Min	회계부
Gary Moore	인사부
Kelly Henderson	광고부
Roy Oswalt	제품 디자인부

M Excuse me. **(62) I'm here to repair a copy machine in one of the departments.** Should I sign in here at the security desk before I go up?
W Yes, **(63) anyone who accesses our building must sign in and get a visitor's pass.** Please show me a photo ID and write down your name here on the list.
M Ah, thank you. By the way, **(64) I got a phone call from Mr. Jackson, but I didn't see his name on the directory at the entrance.**
W Oh, I'm sorry. He just started working here yesterday, and we asked to change that information. But, we are still waiting. **(64) You will be able to see him in the Advertising Department.**

남: 실례합니다. 저는 이곳 부서들 중의 한 곳에 복사기를 수리하러 왔습니다. 올라가기 전에 이곳 보안 데스크에서 이름을 기록하고 가야 하나요?
여: 네, 저희 건물에 출입하는 사람은 누구든지 반드시 서명하고 방문객 출입증을 받으셔야 합니다. 제게 사진이 포함된 신분증을 보여 주시고 여기 목록에 이름을 기재하십시오.
남: 아, 감사합니다. 그건 그렇고, 저는 Jackson 씨에게서 전화를 받았는데, 입구에 있는 안내 목록에서 그분의 이름을 찾아볼 수가 없네요.
여: 아, 죄송합니다. 그분께서 어제 막 이곳에서 근무를 시작하셔서 그 정보를 변경해 달라고 요청했습니다. 하지만, 아직 기다리는 중이에요. 광고부에서 그분을 보실 수 있을 겁니다.

62. 남자의 방문 목적은 무엇인가?
(A) 과거의 상사를 방문할 것이다.
(B) 사업 계약서에 서명할 것이다.
(C) 결함이 있는 장비를 고칠 것이다.
(D) 교육 워크숍에 참석할 것이다. 정답 (C)

63. 여자는 방문객 출입증에 관해 무슨 말을 하는가?
(A) 모든 방문객들은 반드시 받아야 한다.
(B) 방문객들은 훨씬 미리 받을 수 있다.
(C) 신분증 사본이 반드시 제출되어야 한다.
(D) 부서장이 발급해 줄 수 있다. 정답 (A)

64. 그래픽을 보시오. 누구의 이름이 업데이트되어야 하는가?
(A) Jamie Min
(B) Gary Moore
(C) Kelly Henderson
(D) Roy Oswalt
정답 (C)

문제 65-67번은 다음 대화와 지도를 참조하시오. 미M 영W

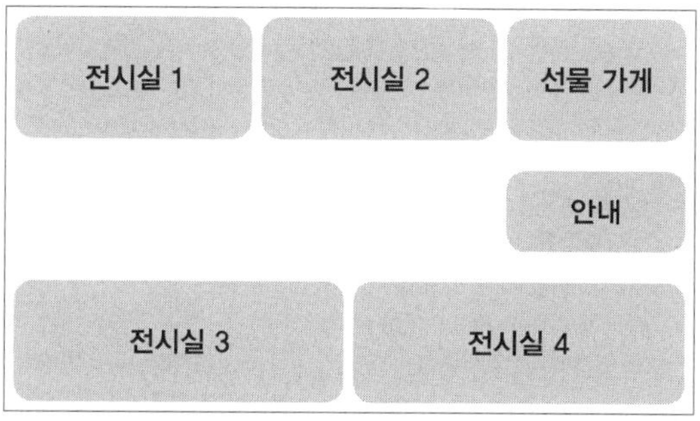

M Jane, **(65) It seems like you're on your way out to meet with some painters for our new exhibition.** But, before you go, can you just take a look at this floorplan to see where we should set up our exhibits?
W Sure. Oh, has the floorplan been finalized?
M That's right. Well, Exhibition Room 1 and 2 are going to be used for the exotic sculptures. And, **(66) your paintings will be displayed in the room next to the Information Kiosk**, so there will be a lot of people visiting that room.
W That sounds great. **(66) I guess you have been assigned the room right next to mine, right?**
M Yes, we have totally different painting styles, so people can compare our work.
W Okay. **(67) But I think we should tell the other painters and sculptors about it at this afternoon's meeting.** Then, they can consider the room for their exhibits.

남: Jane, 우리의 새로운 전시회를 위해 몇몇 화가들을 만나러 나가시는 길인 것 같네요. 하지만 가시기 전에, 어디에 우리 전시물을 놓을 것인지 확인해 보실 수 있도록 이 배치도를 한 번 보시겠어요?
여: 그럼요. 아, 이 배치도가 최종 확정된 건가요?
남: 맞습니다. 전시실 1과 2는 이국적인 조각품들을 위해 사용될 예정이에요. 그리고, 당신의 그림들은 안내 키오스크 옆에 있는 전시실에 진열될 것이기 때문에, 그 방을 방문하는 사람들이 많을 겁니다.
여: 잘된 것 같아요. 당신은 제 전시실 바로 옆에 있는 전시실로 배정되신 것 같아요, 맞죠?
남: 네, 우리는 완전히 다른 화풍을 지니고 있기 때문에, 사람들이 우리 작품을 비교해 볼 수 있어요.
여: 좋아요. 하지만 오늘 오후 회의에서 다른 화가들과 조각가들에게 이에 관해 이야기해야 할 것 같아요. 그래야, 그분들도 각자의 전시품을 위해 공간을 고려해 볼 수 있으니까요.

65. 남자의 말에 따르면, 여자는 막 무엇을 하려 하는가?
(A) 자신의 전시품을 진열할 것이다.
(B) 전화를 할 것이다.
(C) 몇몇 미술가들과 만날 것이다.
(D) 전시회를 개최할 것이다.
정답 (C)

66. 그래픽을 보시오. 남자에게 어느 갤러리가 배정되었는가?
(A) 전시실 1
(B) 전시실 2
(C) 전시실 3
(D) 전시실 4
정답 (C)

67. 여자는 오늘 오후에 무슨 일이 있을 것이라고 말하는가?
(A) 전시실 개조 공사
(B) 다른 미술가들과의 회의
(C) 입문 그림 수업
(D) 유명 조각가들과의 사진 촬영 시간
정답 (B)

문제 68-70번은 다음 대화와 목록을 참조하시오. 호M 미W

컨벤션 홀	주소
Crystal Hall	1101 Millstream Way
Mcpherson Hall	405 Bamboo Road
Oak Hill Hall	332 Oak Hill Street
Granderson Hall	227 45 Avenue

M Hailey, **(68) the job fair we are hosting soon** is being advertised everywhere, including on TV and newspapers and in magazines. I'm pretty sure there will be so many participants.
W I think so. But, **(69) I'm kind of worried about the capacity of the hall we already reserved**. I really don't think it can accommodate many people.
M Hmm, that makes sense. I think we should contact some other places to figure out if their schedules are okay.
W Well, **(70) I heard that the convention hall on Bamboo Road is one of the biggest venues. Why don't we give them a call and check?**

남: Hailey, 우리가 곧 주최하는 취업 박람회 행사가 모든 곳에서 광고되고 있어요, TV와 신문, 그리고 잡지들을 포함해서요. 저는 정말 많은 참가자들이 올 거라고 꽤 확신해요.
여: 저도 그렇게 생각해요. 그런데, 우리가 이미 예약한 홀의 수용 인원이 좀 걱정됩니다. 정말 그곳이 많은 사람들을 수용할 수 없을 것 같다는 생각이 들어요.
남: 흠, 이해가 됩니다. 제 생각에는 다른 장소에 연락해서 일정이 괜찮을지 확인해 봐야 할 것 같아요.
여: 저, 제가 듣기로는 Bamboo Road에 있는 컨벤션 홀이 가장 큰 행사 장소들 중의 하나라고 하더라고요. 그곳에 전화를 걸어 확인해 보는 건 어때요?

68. 화자들은 무엇에 관해 이야기하고 있는가?
(A) 제품 출시 행사
(B) 결함이 있는 제품
(C) 제휴 회사
(D) 직원 모집 행사
정답 (D)

69. 여자는 무엇을 우려하는가?
(A) 행사 장소의 규모
(B) 지원 절차
(C) 장비 이용 가능 여부
(D) 마케팅 전략들
정답 (A)

70. 그래픽을 보시오. 화자들은 아마 어느 홀에 연락할 것 같은가?
(A) Crystal Hall
(B) Mcpherson Hall
(C) Oak Hill Hall
(D) Granderson Hall
정답 (B)

Part 4

문제 71-73번은 다음 안내 방송을 참조하시오. 호M

M Attention, passengers. This is the final announcement **(71) before we arrive at our destination. We are currently about 35 minutes behind schedule. (71) (72) This is due to the sudden rain and poor conditions on the expressway.** I'd like you to understand that I had to drive slowly on some parts of the route. **(73) Because of the late arrival, you will be entitled to 25% off your next trip with us.** If you talk to our staff member right after you get off, you can obtain a coupon. We apologize for any inconvenience and thank you traveling with us. Please don't forget to take all of your belongings.

남: 승객 여러분께 알립니다. 우리 목적지에 도착하기 전에 마지막으로 전해 드릴 말씀이 있습니다. 우리는 현재 일정보다 약 35분 늦은 상태입니다. 이는 갑작스러운 비와 고속도로 상의 좋지 못한 상태로 인한 것입니다. 제가 노선상의 몇몇 구간에서 천천히 운행해야 했다는 점을 양해해 주시기 바랍니다. 늦은 도착으로 인해, 여러분께서는 다음 번에 저희를 이용하실 때 25퍼센트의 할인을 받으실 자격이 있으십니다. 내리자마자 저희 직원에게 말씀하시면, 쿠폰을 받으실 수 있습니다. 불편에 대해서도 사과 드리며, 저희 회사를 이용해 주셔서 감사 드립니다. 여러분의 소지품을 잊지 마시고 모두 챙겨 가시기 바랍니다.

71. 청자들은 어디에 있을 가능성이 가장 큰가?
(A) 비행기에
(B) 버스에
(C) 기차에
(D) 지하철에
정답 (B)

72. 지연의 원인이 무엇인가?
(A) 예기치 못한 날씨
(B) 직원의 부족
(C) 장비 오작동
(D) 기계적인 문제
정답 (A)

73. 화자는 무슨 일이 있을 것이라고 말하는가?
(A) 승객들이 기념품을 받을 것이다.
(B) 한 노선이 더 이상 이용 가능하지 않을 것이다.
(C) 고객들이 할인을 받을 것이다.
(D) 한 직원이 불만 사항들을 처리할 것이다.
정답 (C)

문제 74-76번은 다음 전화 메세지를 참조하시오. 미M

M Hello, Mr. Jeong. **(74) I'd like to thank you for taking time out of your busy schedule to have a meeting. I'm sure your investment will be beneficial to our new project.** During the meeting, **(74) (75) you mentioned that you would like to visit our plant to conduct an inspection before signing the contract.** I talked to my manager about it, and he said you are always welcome to visit us. So, I'm in the middle of arranging a guided tour now. **(76) I'd appreciate it if you would let me know when you are able to come.**

남: 안녕하세요, Jeong 씨. 바쁘신 일정 중에서도 회의를 할 수 있도록 시간을 내어 주신 것에 대해 감사 드리고자 합니다. 저는 귀하의 투자가 저희 프로젝트에 큰 도움이 될 것이라고 확신합니다. 회의 중에, 귀하께서는 계약서에 서명하기 전에 저희 공장을 방문해 점검을 실시하고 싶다고 말씀해 주셨습니다. 제가 이 문제에 관해 저희 부서장님께 말씀을 드렸고, 언제든지 저희를 방문하셔도 좋다고 말씀하셨습니다. 따라서, 저는 현재 가이드를 동반한 견학 일정을 준비하는 과정에 있습니다. 언제 오실 수 있는지 제게 알려 주시면 감사하겠습니다.

74. 화자는 왜 Jeong 씨와 만났는가?
(A) 인터뷰를 하기 위해
(B) 계약을 논의하기 위해
(C) 그에게 사무실을 둘러보게 하기 위해
(D) 물품을 제공하기 위해
정답 (B)

75. Jeong 씨는 무엇을 하고 싶다고 말했는가?
(A) 발표 하는 일
(B) 해외로 전근하는 일
(C) 시설 견학하는 일
(D) 행사 준비하는 일
정답 (C)

76. 화자에 따르면, Jeong 씨는 무엇을 해야 하는가?
(A) 자신의 부서장과 얘기해야 한다.
(B) 시간이 나는지의 여부를 확인해야 한다.
(C) 장비를 배송해야 한다.
(D) 문서를 검토해야 한다.
정답 (B)

문제 77-79번은 다음 담화를 참조하시오. 영W

W (77) I'd like to thank you all very much for attending the release of our new flat-screen television models. Ray Anderson will join us in about twenty minutes to demonstrate some of these models' features. **(78) Mr. Anderson**, the head of our product development team, has been working for our company for over seven years. **(78) He has recently made a great effort to make sure that every process in this development project is running smoothly.** To show our gratitude for attending this event today, **(79) you are entitled to a voucher which gives you 30% off the price of an item. You can obtain one after the event** and use it at any retail store located nationwide. Okay, I'll be back with Mr. Anderson soon.

여: 저희의 새로운 평면 텔레비전 모델 공개 행사에 참석해 주신 것에 대해 여러분 모두에게 큰 감사를 드리고자 합니다. Ray Anderson 씨께서 약 20분 후에 이곳에 함께 하셔서 이 모델들의 몇몇 특징들을 시연해 주실 것입니다. Anderson 씨는 저희 제품 개발팀장이시며, 7년 넘게 저희 회사에서 근무해 오고 계십니다. 최근에는 이 개발 프로젝트의 모든 과정이 순조롭게 진행되도록 확실히 하기 위해 대단한 노력을 기울여 오셨습니다. 오늘 이 행사에 참석해 주신 것에 대한 감사의 뜻으로, 여러분께서는 가격을 30퍼센트 할인 받으실 수 있는 쿠폰을 받을 자격이 있으십니다. 여러분께서는 행사 후에 하나를 받으실 수 있으며, 전국에 위치한 모든 소매점에서 사용하실 수 있습니다. 자, 저는 Anderson 씨와 함께 곧 다시 돌아오겠습니다.

77. 무슨 행사가 소개되고 있는가?
(A) 사내 연회
(B) 교육 워크숍
(C) 시상식
(D) 제품 출시 행사 정답 (D)

78. Ray Anderson 씨는 최근에 무엇을 했는가?
(A) 발표를 했다.
(B) 계약 협상을 했다.
(C) 프로젝트를 감독했다.
(D) 신입 사원을 고용했다. 정답 (C)

79. 화자에 따르면, 행사 후에 무슨 일이 있을 것인가?
(A) 일부 시설 견학이 실시될 것이다.
(B) 참석자들이 샘플 모델을 테스트해 볼 것이다.
(C) 일부 음료가 제공될 것이다.
(D) 참석자들이 쿠폰을 받을 것이다. 정답 (D)

문제 80-82번은 다음 회의 발췌 내용을 참조하시오. 미W

W At a meeting yesterday, **(80) The managers have decided to hold a series of employee workshops.** There have been some issues among those who are responsible for handling customer complaints. So, **(80) we'd like all staff members to be aware of the company's policies and procedures regarding customer relations.** Well, the workshops are mandatory, but **(81) some perks will be offered.** I think you can guess what they are. **(81) Yes, a bonus will be provided for attending these workshops**, and **(82) some of you who complete the course and perform well will be offered extra off days as well.** We will announce the schedule on the intranet soon.

여: 어제 회의에서, 부서장들은 일련의 직원 워크숍을 개최하기로 결정했습니다. 고객 불만 사항을 처리하는 일을 책임지고 있는 분들 사이에서 몇몇 문제들이 있어 왔습니다. 따라서, 우리는 고객 관리와 관련된 회사의 정책 및 절차를 모든 직원들이 숙지하기를 바랍니다. 자, 이 워크숍이 의무적인 것이기는 하지만, 몇몇 특전이 제공될 것입니다. 이것이 무엇에 관한 것인지 예상하실 수 있을 겁니다. 네, 이번 워크숍 참석에 대한 보너스가 제공될 것이며, 과정을 이수하고 좋은 성과를 보이는 몇몇 분들에게는 추가 휴무일도 제공될 것입니다. 곧 회사 인트라넷에 일정을 공지하겠습니다.

80. 화자의 말에 따르면, 회사는 무엇을 하려 하는가?
(A) 일부 회사 정책을 변경하는 일
(B) 고객 불만을 분석하는 일
(C) 직원들의 지식을 개선하는 일
(D) 사업을 해외로 확장하는 일 정답 (C)

81. 화자가 "I think you can guess what they are"이라고 말할 때 무엇을 의미하는가?
(A) 청자들이 이미 보상에 관해 알고 있을 수 있다.
(B) 청자들이 어려운 상황에 대처할 수 있게 될 것이다.
(C) 청자들이 이미 몇몇 책임자들과 만났다.
(D) 청자들이 여러 다른 세미나에 참석하게 될 것이다. 정답 (A)

82. 청자들은 좋은 성과를 보이는 것에 대해 무엇을 받겠는가?
(A) 관리자로의 승진
(B) 추가 휴가일
(C) 이름이 새겨진 상패
(D) 최신식 전자 기기 정답 (B)

문제 83-85번은 다음 전화 메시지를 참조하시오. 영W

W Hello. I'm calling to inquire about my monthly bill that was mailed by your firm yesterday. **(83) I have been a subscriber to your cable TV services since January.** When I signed up for the service package, **(84) I was told that the rate would be 45 dollars per month.** That was one of the reasons why I chose your company. **(84) However, the bill I just received says that I have to pay 95 dollars this month.** I don't get how this could happen! **(85) I'd like to talk to the manager right away**, so please tell her or him to call me back as soon as possible.

여: 여보세요. 저는 어제 귀사로부터 우편으로 발송된 제 월간 청구서에 관해 문의하기 위해 전화 드렸습니다. 저는 1월 이후로 귀하의 케이블 TV 서비스의 가입자가 되었습니다. 서비스 패키지를 신청했을 때, 저는 요금이 월 45달러가 될 것이라고 들었습니다. 그것이 바로 제가 귀사를 선택한 이유들 중의 하나입니다. 그런데, 제가 막 받은 청구서에는 이번 달에 95달러를 지불해야 한다고 쓰여 있습니다. 저는 어떻게 이런 일이 일어날 수 있는지 모르겠습니다! 저는 당장 관리자와 이야기하기를 원하기 때문에 가능한 한 빨리 제게 다시 전화해 달라고 전해 주시기 바랍니다.

83. 여자는 누구일 가능성이 가장 큰가?
(A) 세입자
(B) 영업 사원
(C) 서비스 사용자
(D) 고객 서비스 담당 직원 정답 (C)

84. 여자가 "I don't get how this could happen"이라고 말할 때 무엇을 암시하는가?
(A) 자신의 배송 물품이 운송 중에 분실되었다고 생각한다.
(B) 고객 서비스에 만족하고 있다.
(C) 청구서 금액이 잘못된 것이라고 생각한다.
(D) 친절한 직원들에 대해 놀라워하고 있다. 정답 (C)

85. 여자는 무엇을 하기를 원하는가?
(A) 다른 패키지 신청하는 일
(B) 다른 제공업체로 변경하는 일
(C) 직접 지점 사무실 방문하는 일
(D) 책임자와 한 가지 문제를 의논하는 일 정답 (D)

문제 86-88번은 다음 라디오 방송을 참조하시오. 미W

W I'm Sally Mason, and I'm here at the Sherwood Trade Fair on behalf of KMT Radio. Today, I can see a lot of renowned companies and important figures at the venue. **(86) One of the interesting new businesses is Highland Tech from Texas. There are a series of new home appliances displayed in its booth**, and people are looking forward to taking a look at them. They are also eager to purchase one of the products because **(87) (88) the business announced that first 30 customers will get a complimentary item.** So, take advantage of this marvelous offer now.

여: 저는 Sally Mason이며, 현재 KMT Radio를 대표해 Sherwood Trade Fair 행사장에 나와 있습니다. 오늘, 많은 유명 기업들과 중요 인사들을 행사

장에서 볼 수 있습니다. 새로 참가한 흥미로운 기업들 중의 하나는 Texas에서 온 Highland Tech입니다. 이 회사의 부스에는 일련의 새로운 가전 제품들이 전시되어 있으며, 사람들이 한 번 둘러보기를 고대하고 있습니다. 또한 제품들 중의 하나를 구입할 수 있기를 간절히 바라고 있는데, 이 회사가 첫 30명의 고객들이 무료 제품을 받을 것이라고 공지했기 때문입니다. 따라서, 지금 이 훌륭한 제공 서비스를 이용해 보시기 바랍니다.

86. 무슨 종류의 업체가 이야기되고 있는가?
(A) 신문사
(B) 전자 제품 업체
(C) 식료품점 체인
(D) 채용 대행 업체 정답 (B)

87. 일부 고객들은 무엇을 받을 것인가?
(A) 상품권
(B) 무료 음식
(C) 무료 제품
(D) 카탈로그 정답 (C)

88. 화자는 왜 "So, take advantage of this marvelous offer now"라고 말하는가?
(A) 지금 계약이 이뤄져야 한다고 제안하기 위해
(B) 제품이 잘 판매되고 있음을 나타내기 위해
(C) 한 회사가 폐업하는 것을 알리기 위해
(D) 청자들이 서둘러야 한다는 점을 짚어주기 위해 정답 (D)

문제 89-91번은 다음 광고를 참조하시오. 영W

W (89) Are you interested in becoming your own boss? Would you like to take charge of your work? Do you have a great idea for a new business? Then we have an answer for you. Start your own business with the help of Indie Work! Indie Work is a company committed to supporting startups! **(90) From getting new investors to finding new clients, Indie Work has all the essential information you need to know.** We have helped hundreds of companies during the past few years, including now-famous companies like Koople and Nano Foods. **(91) If you call us right now, we'll send you a free catalogue.**

여: 창업에 관심이 있으신가요? 여러분의 일을 하고 싶으신가요? 새로운 비즈니스에 대한 좋은 생각이 있으신가요? 그러면 저희가 여러분이 원하는 해답을 가지고 있습니다. Indie Work의 도움을 받아 창업하세요! Indie Work는 여러분의 창업을 지원하기 위해 최선을 다하는 회사입니다! 새로운 투자가들을 유치하는 일부터 새로운 고객들을 물색하는 일에 이르기까지, Indie Work는 여러분이 필요한 모든 필수 정보를 갖추고 있습니다. 지난 수년간 저희는 Koople과 Nano Foods처럼 지금은 유명한 회사들을 포함하여 수백 개 회사들의 창업을 도왔습니다. 만약 저희에게 바로 연락을 주시면, 저희가 무료 소개지를 보내드리도록 하겠습니다.

89. 누가 이 광고에 관심을 보일 것 같은가?
(A) 잠재 기업가들
(B) 사업주들
(C) 전문 소매업자들
(D) 도시까지 통근하는 사람들 정답 (D)

90. Indie Work에 대해 언급된 점은 무엇인가?
(A) 창업 자금을 제공한다.
(B) 신규 고객들을 물색한다.
(C) 직업 교육 및 훈련을 제공한다.
(D) 적은 비용으로 회사들을 광고한다. 정답 (B)

91. 청자들이 어떻게 무료 소개지를 받을 수 있는가?
(A) 홈페이지에 접속함으로써
(B) 그들이 신생 업체임을 증명함으로써
(C) Indie Work로 직접 전화함으로써
(D) Indie Work 본사를 방문함으로써 정답 (C)

문제 92-94번은 다음 담화를 참조하시오. 미M

M (92) Our hotel's attention to diversity is the key point to our success in catering to our international clientele. (93) The buffet restaurant on the basement floor has many different items from different parts of the world, and our guests have complimented our chefs on numerous occasions. The gift shops on the second floor have souvenir items that can't be found in any stores around the city, and our store managers continue to work hard to keep them in stock. **(94) The information center on the first floor has three receptionists that can provide service in 10 different languages at all times.**

남: 다양성에 호텔의 역량을 집중시킨 것이 전 세계 고객층을 만족시키는 데 크게 성공한 핵심 비결이라 할 수 있습니다. 지하층에 있는 뷔페 식당은 전 세계 여러 지역의 다양한 메뉴를 갖추고 있으며, 고객들은 여러 차례 주방장들을 칭찬해 주셨습니다. 2층 선물 가게는 시내의 어느 매장에서도 쉽게 찾아볼 수 없는 기념품들을 갖추고 있으며, 매장 관리자는 항상 상품이 잘 준비되어 있도록 최선을 다하고 있습니다. 1층의 안내 데스크에는 10개국 언어로 서비스를 제공할 수 있는 3명 접수 직원들이 상주하고 있습니다.

92. 호텔의 성공에 있어 가장 중요한 요소는 무엇인가?
(A) 다양한 종류의 출장 요리 서비스
(B) 다양한 고객에게 서비스를 제공하는 능력
(C) 최신 시설
(D) 세계적인 명성 정답 (B)

93. 화자에 따르면, 뷔페 식당의 위치는 어디인가?
(A) 지하
(B) 1층
(C) 2층
(D) 3층 정답 (A)

94. 화자가 안내처에 대해 언급한 것은 무엇인가?
(A) 근무 시간이 단축되었다.
(B) 친절한 서비스로 널리 알려져 있다.
(C) 직원들이 외국어에 능통하다.
(D) 고객들이 접수처 직원들을 수차례 칭찬했다. 정답 (C)

문제 95-97번은 다음 전화 메세지와 지불 요약서를 참조하시오. 영W

주문서 (7월)

주문일	품목	수량	가격
7월 15일	복사 용지	10	100달러
7월 20일	잉크 카트리지	7	280달러
7월 26일	모니터	3	450달러
7월 28일	의자	5	750달러

W Hello, Mr. Gibson. This is Irene calling from Quantum Co. **(95) I checked our order form for this month, and it seems like some of the items on the list have not yet been delivered. (96) We ordered them on July 26 and were supposed to receive them on 28**, but I don't think you've sent them to us yet. So, could you please get them to us as soon as possible? We need them to get ready for our event. If you have any problems, **(97) please let me know so we can try to look for another option immediately.** You can give me a call whenever you need to contact me. Thank you.

여: 안녕하세요, Gibson 씨, Quantum Co. 사에서 전화 드리는 Irene입니다. 제가 이번 달에 대한 주문서를 확인해 봤는데, 목록에 있는 품목들 중의 일부가 아직 배송되지 않은 것 같습니다. 저희가 그 제품들을 7월 26일에 주문했고 28일에 받을 예정이었지만, 아직 저희에게 보내 주신 것 같지 않습니다. 따라서, 가능한 한 빨리 저희에게 보내 주시겠습니까? 저희 행사 준비를 하는 데 필요합니다. 무슨 문제라도 있으실 경우, 제게 알려 주셔야 저희가 즉시 다른 선택권을 찾아보도록 노력할 수 있습니다. 제게 연락하실 필요가 있으실 때마다 전화 주시기 바랍니다. 감사합니다.

95. 화자는 왜 전화를 거는가?
(A) 한 제품이 손상되었다.
(B) 비용이 과다 청구되었다.
(C) 한 가지 배송이 이뤄지지 않았다.
(D) 무엇을 주문할지 모른다. 정답 (C)

96. 그래픽을 보시오. 화자는 어느 품목에 관해 이야기하고 있는가?
(A) 복사 용지
(B) 잉크 카트리지
(C) 모니터
(D) 의자 정답 (C)

97. 화자는 무엇을 할 수도 있다고 말하는가?
(A) 후속 조치를 취하는 일
(B) 이메일로 확인서를 보내는 일
(C) 전화를 거는 일
(D) 일부 장비를 수리하는 일 정답 (A)

문제 98-100번은 다음 회의 발췌 내용과 그래프를 참조하시오. 미M

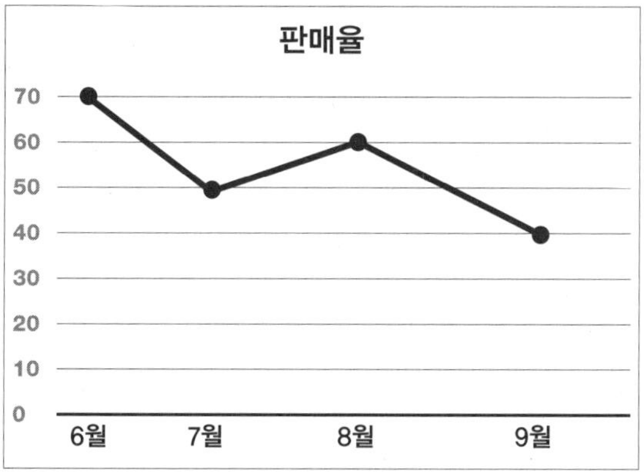

M Good afternoon, everybody. I'm going to start this meeting by talking about how we are able to open more branches nationwide. Basically, **(98) at Graham Home Appliances**, we need to open at least twenty more new branch offices in the next quarter. As you can see, the sales figures in September were the most disappointing ever. The reason that we didn't have any new products on the market in the first half of the month while we focused more on some research and development projects. **(99) The second lowest month was when some of the departments were understaffed**, so many of our employees had a hard time. **(100) Next quarter, we have to increase our sales by hiring more staff members and releasing new kitchen appliances.**

남: 안녕하세요, 여러분. 저는 우리가 전국적으로 어떻게 더 많은 지점들을 개설할 수 있는지에 관해 이야기하는 것으로 이 회의를 시작하려고 합니다. 기본적으로, 우리 Graham Home Appliances 사는 다음 분기에 최소한 20곳의 신규 지점들을 더 개설해야 합니다. 보시다시피, 9월의 매출액은 과거 그 어느 때보다 가장 실망스러웠습니다. 그 이유는 우리가 몇몇 연구 개발 프로젝트에 더 중점을 두면서 상반기에 시장에 내놓은 신제품이 하나도 없었기 때문입니다. 두 번째로 가장 낮았던 달은 일부 부서에 직원들이 부족했던 때였기 때문에, 많은 직원들이 힘든 시간을 보냈습니다. 다음 분기에, 우리는 더 많은 직원들을 채용하고 새로운 주방 기기들을 출시함으로써 매출을 증대시켜야 합니다.

98. 화자는 어디에서 근무하고 있을 가능성이 가장 큰가?
(A) 온라인 쇼핑몰에서
(B) 부동산 중개업체에서
(C) 전자 제품 회사에서
(D) 출판사에서 정답 (C)

99. 그래픽을 보시오. 회사가 언제 직원 부족을 겪었는가?
(A) 6월
(B) 7월
(C) 8월
(D) 9월 정답 (B)

100. 화자의 말에 따르면, 회사는 다음 분기에 무엇을 할 계획인가?
(A) 일부 사무실을 개조할 것이다.
(B) 본사를 이전할 것이다.
(C) 인력 규모를 확대할 것이다.
(D) 일부 직원들을 승진시킬 것이다. 정답 (C)

TEST 05
Part 1

1. 미M
(A) The man's sawing a log.
(B) The man's typing on a keyboard.
(C) The man's using a cell phone.
(D) The man's holding a key chain.

(A) 남자가 통나무를 톱질하고 있다.
(B) 남자가 키보드로 타이핑 중이다.
(C) 남자가 핸드폰을 사용 중이다.
(D) 남자가 열쇠고리를 들고 있다. 정답 (B)

2. 영W
(A) The man is taking off his helmet.
(B) The man is standing next to a bike.
(C) The man is cycling near the railing.
(D) The man is parking a bicycle on a street.

(A) 남자가 헬멧을 벗고 있다.
(B) 남자가 자전거 옆에 서있다.
(C) 남자가 난간 근처에서 자전거를 타고 있다.
(D) 남자가 도로에 자전거를 세우고 있다. 정답 (C)

3. 호M
(A) A woman is weighing some vegetables.
(B) A woman is stocking some fruit.
(C) A woman is sealing some boxes.
(D) A woman is selecting some items.

(A) 한 여자가 야채의 무게를 달고 있다.
(B) 한 여자가 과일들을 진열대에 채우고 있다.
(C) 한 여자가 박스들을 봉하고 있다.
(D) 한 여자가 물건을 고르고 있다. 정답 (D)

4. 미W
(A) Some people are looking at a chart.
(B) Some people are reaching for a folder.
(C) Some people are writing in notebooks.
(D) Some people are listening to a man.

(A) 사람들이 차트를 바라보고 있다.
(B) 사람들이 폴더를 잡으려 한다.
(C) 사람들이 공책에 쓰고 있다.
(D) 사람들이 한 남자가 말하는 것을 듣고 있다. 정답 (D)

5. 미M
(A) A woman is making a presentation in front of a group.
(B) A woman is distributing some papers.
(C) Some people are using a notebook computer.
(D) Some people are leading a tour.

(A) 한 여자가 사람들 앞에서 발표 중이다.
(B) 한 여자가 종이를 나눠 주고 있다.
(C) 사람들이 노트북 컴퓨터를 사용하고 있다.
(D) 사람들이 관광을 인도하고 있다. 정답 (B)

6. 영W
(A) A set of silverware is being located on a table.
(B) Some plates are piled on a counter.
(C) A floral arrangement has been placed on a table.
(D) A light fixture is mounted on a wall.

(A) 은식기류가 테이블 위에 놓이고 있다.
(B) 접시들이 카운터 위에 쌓여 있다.
(C) 꽃꽂이 장식이 테이블 위에 놓여 있다.
(D) 조명기구가 벽에 고정되어 있다. 정답 (C)

Part 2

7. 미W 미M
How old is the warehouse downtown?
(A) At least three years of experience.
(B) It has a built-in camera.
(C) It's been there more than three decades.

시내에 있는 그 창고는 얼마나 오래된 건가요?
(A) 최소 3년 간의 경력이요.
(B) 그것에는 내장 카메라가 있습니다.
(C) 30년 넘게 그곳에 있었어요. 정답 (C)

8. 영W 미M
Do you know where to find some file folders?
(A) I found it very interesting.
(B) Yes, I can show you.
(C) It will be held in the conference room.

파일 폴더를 어디에서 찾을 수 있는지 아시나요?
(A) 저는 그게 매우 흥미로웠다고 생각했어요.
(B) 네, 제가 알려 드릴 수 있어요.
(C) 대회의실에서 열릴 겁니다. 정답 (B)

9. 호M 미W
When will you post the job openings on Web site?
(A) The post office across the street.
(B) We are open seven days a week.
(C) I'll do it first thing tomorrow morning.

언제 웹 사이트에 공석들을 게시하실 건가요?
(A) 길 건너편에 있는 우체국이요.
(B) 저희는 일주일 내내 영업합니다.
(C) 내일 아침에 가장 먼저 할 겁니다. 정답 (C)

10. 영W 호M
Which restaurant did you reserve a table at?
(A) The one on Fourth Street.
(B) I'll take the rest of them.
(C) Monday would be better.

어느 레스토랑에 테이블을 예약하셨나요?
(A) Fourth Street에 있는 곳에요.
(B) 제가 나머지 사람들을 데려 가겠습니다.
(C) 월요일이 더 좋을 것 같아요. 정답 (A)

11. 호M 미W
Where is the orientation for the new employees?
(A) Somewhere in the east wing, I think.
(B) We don't have any job openings.
(C) The ceremony will be held on Friday.

신입 직원들을 위한 오리엔테이션이 어디에서 열리나요?
(A) 동쪽 부속 건물 내의 어딘가에서 열리는 것 같아요.
(B) 저희는 공석이 하나도 없습니다.
(C) 기념식이 금요일에 열릴 겁니다. 정답 (A)

12. 영W 미W
I have a package for Mr. Kwan in sales.
(A) I can get you a 20-percent discount.
(B) I'll let him know.
(C) I'm sorry. It's all sold out.

영업부의 Kwan 씨 앞으로 온 배송 물품이 있습니다.
(A) 20퍼센트 할인을 제공해 드릴 수 있습니다.
(B) 제가 그분께 알려 드릴게요.
(C) 죄송합니다. 그 제품은 전부 품절되었습니다. 정답 (B)

13. 미M 영W
Would you like to try today's special?
(A) Yes, you should try them on.
(B) At the fast-food restaurant.
(C) I'm just going to have a burger set.

오늘의 특별 요리를 한 번 드셔 보시겠습니까?

(A) 네, 그것들을 한 번 착용해 보셔야 합니다.
(B) 패스트푸드 레스토랑에서요.
(C) 저는 그냥 버거 세트로 하겠습니다. 정답 (C)

14. 영W 미M
My gym membership will be renewed automatically, right?
(A) Yes, he is a new member.
(B) Didn't you read the contract?
(C) I need to get auto insurance.

제 체육관 회원 자격이 자동으로 갱신되는 것이 맞나요?
(A) 네, 그는 신입 회원입니다.
(B) 계약서를 읽어 보지 않으셨나요?
(C) 저는 자동차 보험 상품을 구입해야 합니다. 정답 (B)

15. 호M 미W
Do we need more desks for the temporary workers?
(A) He'll be working overtime.
(B) When did you get a new desktop computer?
(C) I think there are several extras downstairs.

임시 직원들을 위한 추가 책상이 필요한가요?
(A) 그가 초과 근무를 할 예정입니다.
(B) 언제 새 데스크톱 컴퓨터를 구하셨나요?
(C) 아래층에 여러 개의 여분이 있는 것 같아요. 정답 (C)

16. 영W 호M
Who is this behind you in the picture?
(A) There's a larger gas station around the corner.
(B) A former colleague at a previous job.
(C) But I love taking pictures.

사진 속에 당신 뒤쪽에 있는 이 사람은 누구인가요?
(A) 모퉁이를 돌면 더 큰 주유소가 있습니다.
(B) 이전 직장에서 일했던 과거의 동료입니다.
(C) 하지만 저는 사진 찍는 것을 정말 좋아합니다. 정답 (B)

17. 호M 미W
Make sure you turn off the lights when you leave the office.
(A) Okay. I won't forget to do that.
(B) I'll return it as soon as possible.
(C) She left all the windows open.

사무실에서 나가실 때 반드시 전등을 끄도록 하세요.
(A) 알겠습니다. 잊지 않고 그렇게 하겠습니다.
(B) 가능한 한 빨리 그것을 반납하겠습니다.
(C) 그녀가 모든 창문들을 열어 두었습니다. 정답 (A)

18. 미W 영W
How much did you pay for that new smartphone?
(A) Yes, I love it so much.
(B) I bought them over the Internet.
(C) About 250 dollars.

그 새 스마트폰에 대해 얼마를 지불하셨나요?
(A) 네, 저는 그게 정말 마음에 들어요.
(B) 저는 그것들을 인터넷에서 구입했어요.
(C) 약 250달러요. 정답 (C)

19. 미M 영W
Haven't you booked a room for the business trip?
(A) It totally slipped my mind.
(B) He is giving a presentation to the board members.
(C) Yes, I need to check out the room.

출장에 필요한 객실을 예약하지 않으셨나요?
(A) 완전히 까먹고 있었어요.
(B) 그가 이사회 임원들을 대상으로 발표를 할 겁니다.
(C) 네, 제가 그 방을 확인해 봐야 합니다. 정답 (A)

20. 호M 영W
Are the vendors attending Friday's presentation?
(A) I already had a meeting with the president.
(B) It's a gift for the visitors.
(C) Some of them are still considering it.

판매업자들이 금요일에 있을 발표에 참석할 예정인가요?
(A) 저는 이미 대표님과 회의를 했습니다.
(B) 방문객들을 위한 선물입니다.
(C) 그들 중의 일부는 여전히 고려 중입니다. 정답 (C)

21. 미W 미M
Why wasn't the dry cleaner on Central Street open this morning?
(A) It is within the walking distance.
(B) It's being renovated.
(C) No, it's not close.

Central Street에 있는 드라이클리닝 매장이 오늘 아침에 왜 문을 열지 않은 건가요?
(A) 그곳은 걸어서 갈 수 있는 거리에 있습니다.
(B) 현재 개조 공사 중입니다.
(C) 아뇨, 그곳은 가깝지 않아요. 정답 (B)

22. 미M 미W
This laptop comes with a two-year warranty, doesn't it?
(A) Don't worry. I'll come with you.
(B) Yes, we should come up with a plan.
(C) Yes, but there will be extra fees afterward.

이 노트북 컴퓨터에는 2년 품질 보증 서비스가 딸려 있지 않나요?
(A) 걱정 마세요. 제가 당신과 함께 갈게요.
(B) 네, 우리는 계획을 생각해 내야 합니다.
(C) 네, 하지만 그 이후에는 추가 비용이 있을 겁니다. 정답 (C)

23. 호M 영W
When are you leaving for the airport?
(A) No, it won't take long.
(B) My flight will depart at 5.
(C) I'm going to San Francisco.

언제 공항으로 출발하실 건가요?
(A) 아뇨, 오래 걸리지 않을 겁니다.
(B) 제 비행기가 5시에 출발할 겁니다.
(C) 저는 샌프란시스코로 갈 예정입니다. 정답 (B)

24. 영W 미M
I want to purchase a new tablet PC for work.
(A) Take two tablets with water before meals.
(B) I can get you a discount coupon.
(C) Is that a new purse?

제가 일하는 데 필요한 새로운 태블릿 PC를 구입하려고 합니다.
(A) 식사 전에 물과 함께 두 알을 드십시오.

(B) 제가 할인 쿠폰을 드릴 수 있습니다.
(C) 그건 새로운 지갑인가요? 정답 (B)

25. 미M 미W
Haven't the business expenses been reimbursed yet?
(A) Those are nice but very expensive.
(B) I don't think the manager approved it.
(C) Mr. Kim suggested a new business plan.

업무용 경비가 아직 환급되지 않았나요?
(A) 그것들은 훌륭하기는 하지만, 너무 비쌉니다.
(B) 부장님께서 승인하신 것 같지 않아요.
(C) Kim 씨가 새로운 사업 계획을 제안했습니다. 정답 (B)

26. 영W 미M
Can I get a copy of the handouts from the meeting?
(A) Give me about a minute.
(B) He is the keynote speaker.
(C) It was held in the main hall.

회의에서 나눠 준 유인물의 사본을 좀 구할 수 있을까요?
(A) 제게 1분 정도만 시간을 주세요.
(B) 그가 기조 연설자입니다.
(C) 중앙 홀에서 열렸습니다. 정답 (A)

27. 미M 미W
How would you promote the new service?
(A) Yes, she deserves a promotion.
(B) Mostly with SNS marketing.
(C) To better serve our customers.

새로운 서비스를 어떻게 홍보하실 건가요?
(A) 네, 그녀는 승진할 만한 자격이 있습니다.
(B) 대체로 SNS 마케팅으로요.
(C) 우리 고객들에게 더 나은 서비스를 제공하기 위해서요. 정답 (B)

28. 미W 영W
Who should I talk to about ordering office supplies?
(A) Let's throw a surprise party for Ms. Gomez.
(B) She hasn't placed an order.
(C) Just let me know what you need.

사무 용품 주문과 관련해서 어느 분과 얘기해야 하나요?
(A) Gomez 씨를 위해 깜짝 파티를 열어 줍시다.
(B) 그녀는 주문을 하지 않았어요.
(C) 필요한 것을 제게 알려 주시면 됩니다. 정답 (C)

29. 미M 미W
Should we resume the rest of the work this afternoon or tomorrow morning?
(A) I'm kind of busy today.
(B) Don't worry. I can walk home.
(C) Sure. Can I have a couple of them?

나머지 일을 오늘 오후에 재개해야 하나요, 아니면 내일 아침에 다시 해야 하나요?
(A) 저는 오늘 좀 바쁩니다.
(B) 걱정 마세요. 저는 집에 걸어서 갈 수 있어요.
(C) 그럼요. 두어 개 주실 수 있나요? 정답 (A)

30. 미W 호M
Where can I get some staples?
(A) A stapler and some folders.
(B) Probably in a week.
(C) You can use mine.

어디에서 스테이플러 침을 구할 수 있나요?
(A) 스테이플러와 몇몇 폴더들이요.
(B) 아마 일주일 후일 겁니다.
(C) 제 것을 쓰셔도 됩니다. 정답 (C)

31. 미W 영W
I can't find any free Wi-Fi networks.
(A) Neither can I.
(B) Can you offer me a discount?
(C) Yes, she is doing fine.

무료 와이파이 네트워크를 하나도 찾을 수 없어요.
(A) 저도요.
(B) 할인 좀 해 주시겠어요?
(C) 네, 그녀는 잘 지냅니다. 정답 (A)

Part 3

문제 32-34번은 다음 대화를 참조하시오. 미W 호M

W Hi. This is Catherine. **(32) I'm just wondering if you have finished the draft of flyers and posters for our new items.**
M Not yet. Actually, I need a few more days. Oh, would you do me a favor? **(33) Could you please e-mail me some pictures of the items?** I need some extra ones, but I can't download them from our intranet.
W Okay, I'll do that immediately. Is there anything else I can help you out with?
M No, that's enough. Thanks. I'm sure I can finish the work before the weekend. **(34) Then, you will be able to send the materials to the printing shop next week.**

여: 안녕하세요, Catherine입니다. 우리의 신제품을 위한 전단과 포스터 초안을 완료하셨는지 궁금합니다.
남: 아직이요. 실은, 며칠 더 시간이 필요합니다. 아, 부탁 하나만 들어 주시겠어요? 제게 이메일로 그 제품들의 사진 좀 보내 주시겠어요? 추가 사진이 좀 필요한데, 우리 인트라넷에서 다운로드할 수가 없네요.
여: 네, 바로 그렇게 해 드리겠습니다. 제가 도와 드릴 다른 일은 또 없으신가요?
남: 없습니다. 그거면 됩니다. 감사합니다. 주말 전에 분명히 작업을 끝낼 수 있습니다. 그렇게 하면, 다음 주에 인쇄소로 자료들을 보내실 수 있을 겁니다.

32. 남자는 어느 부서에서 일하고 있을 가능성이 가장 큰가?
(A) 회계부
(B) 인사부
(C) 디자인부
(D) 시설관리부 정답 (C)

33. 남자는 여자에게 무엇을 하도록 요청하는가?
(A) 마감 시한을 연장하는 일
(B) 자신의 사무실을 방문하는 일
(C) 사진을 촬영하는 일
(D) 이메일로 이미지를 보내는 일 정답 (D)

34. 다음 주에 아마 무슨 일이 있을 것인가?
(A) 홍보용 자료가 인쇄될 것이다.
(B) 남자가 며칠 쉴 것이다.
(C) 제품 시연회가 열릴 것이다.
(D) 여자가 작업을 완료하도록 도울 것이다. 정답 (A)

문제 35-37번은 다음 대화를 참조하시오. 미M 미W

M Hi, Kelly. I'm on my way to Mr. Johnson's office, but **(35) I forgot to check the directions before I left the office. Could you please find his office address on my desk?** There's a memo on the left side of the monitor.
W No problem. It says his office is the gray building right next to the Sears Tower. It's across from the police station. By the way, why are you still looking for his office? **(36) You left the office almost an hour ago. Did you have any problem?**
M (36) Yes, there was an accident, so I was stuck in traffic for over forty minutes. Anyway, thanks for your help, Kelly. **(37) I'll let you know tomorrow what Mr. Johnson says.**

남: 안녕하세요, Kelly. 제가 지금 Johnson 씨 사무실로 가는 길인데, 사무실에서 나오기 전에 가는 길을 확인하는 것을 깜빡했어요. 제 책상에서 그분 사무실 주소 좀 찾아 주시겠어요? 모니터 왼쪽 편에 메모가 하나 있어요.
여: 알겠습니다. 메모에 보면 그분 사무실이 Sears Tower 바로 옆에 있는 회색 건물이라고 되어 있어요. 경찰서 맞은편이에요. 그건 그렇고, 왜 아직도 그분 사무실을 찾고 계신 건가요? 거의 한 시간 전에 사무실에서 나가셨잖아요. 무슨 문제라도 있으셨어요?
남: 네, 자동차 사고가 있어서, 교통 체증에 40분 넘게 갇혀 있었어요. 어쨌든, 도와줘서 고마워요, Kelly. Johnson 씨께서 하시는 말씀을 내일 알려 드릴게요.

35. 화자들은 무엇에 관해 이야기하고 있는가?
(A) 한 사무실의 위치
(B) 한 사무실의 월간 임대료
(C) 남자의 차량에 대한 수리 서비스
(D) 모니터의 교체 정답 (A)

36. 왜 남자의 일정이 지연되었는가?
(A) 도로가 수리되고 있었다.
(B) 버스가 예정보다 늦게 도착했다.
(C) 도로상에 문제가 있었다.
(D) 자신의 차량이 견인되었다. 정답 (C)

37. 남자는 무엇을 할 것이라고 말하는가?
(A) 다음날 여자와 이야기할 것이다.
(B) 곧 차량 수리소를 방문할 것이다.
(C) Johnson 씨의 사무실을 사진 촬영할 것이다.
(D) 지도를 복사할 것이다. 정답 (A)

문제 38-40번은 다음 대화를 참조하시오. 미M 영W

M Hi. I received my order of desk lamps, but **(38) when I opened the box, one of them was broken on the neck.** I don't know what happened to it. My order number is 55809.
W Oh, I'm sorry to hear that. There must have been a problem in transit. Well, **(39) if you return the item to us, we'll deliver a new one right away**. Of course, it will be free.
M Thanks! **(40) I should leave a good review on your Web site** and recommend your company to my friends as well. Have a nice day!

남: 안녕하세요. 제가 주문한 책상 램프 주문품을 받았는데, 제가 상자를 열어 봤을 때, 그 중에서 한 개가 목 부분이 망가져 있었어요. 무슨 일이 있었던 건지 모르겠네요. 제 주문 번호는 55809입니다.
여: 아, 그 말씀을 듣게 되어 유감입니다. 운송 중에 문제가 있었던 것이 분명합니다. 저, 그 제품을 저희에게 반송해 주시면, 즉시 새 제품을 배송해 드리겠습니다. 당연히, 그 비용은 무료입니다.
남: 고맙습니다! 제가 당신 웹 사이트에 좋은 후기를 남기고 친구들에게도 이 회사를 추천해 줘야겠어요. 좋은 하루 보내세요!

38. 남자는 왜 여자에게 전화를 거는가?
(A) 제품을 주문하기 위해
(B) 배송 경로를 설명하기 위해
(C) 결함이 있는 제품을 알리기 위해
(D) 일자리 관련 정보를 얻기 위해 정답 (C)

39. 여자는 무엇을 권하는가?
(A) 제품을 되돌려 보낼 것
(B) 한 지사를 방문할 것
(C) 책임자와 이야기할 것
(D) 양식을 작성할 것 정답 (A)

40. 남자는 무엇을 할 것이라고 말하는가?
(A) 더 많은 제품을 구입할 것이다.
(B) 의견을 게시할 것이다.
(C) 물품 사진을 찍을 것이다.
(D) 온라인으로 주문할 것이다. 정답 (B)

문제 41-43번은 다음 대화를 참조하시오. 영W 호M

W (41) Thank you for calling Jerry's Realtors. What can I do for you?
M Hello. **(42) I'm looking for a space good enough to open a restaurant.** I heard that there are some spots inside the NY Mall. Would it be possible to view them?
W Yes, it's possible, but let me check my schedule first. How about 4:30 tomorrow?
M I have a business meeting at 4:00. **(43) Do you have time Thursday? The afternoon would be better.**
W Hmm... I think I'll be free between 4 :00 and 5:00 p.m. Does that work for you?
M That'll be great. I'll give you a call before I leave. See you then.

여: Jerry's Realtors에 전화 주셔서 감사합니다. 무엇을 도와 드릴까요?
남: 안녕하세요. 저는 레스토랑을 개업하기에 충분할 정도로 좋은 자리를 찾고 있습니다. 제가 듣기로는 NY Mall 내부에 몇몇 자리가 있다고 하던데요. 그곳들을 좀 보는 것이 가능할까요?
여: 네, 가능합니다만, 제 일정을 먼저 확인해 보겠습니다. 내일 4시 30분 어떠세요?
남: 제가 4시에 사업 관련 회의가 있습니다. 목요일에 시간 있으세요? 오후면 더 좋을 것 같습니다.
여: 흠… 제가 오후 4시에서 5시에 여유가 있을 것 같습니다. 괜찮으신가요?
남: 좋을 것 같습니다. 제가 출발하기 전에 전화 드리겠습니다. 그럼 그때 뵙겠습니다.

41. 여자는 어디에서 근무하는가?
(A) 부동산 중개업체에서
(B) 쇼핑몰에서
(C) 컨벤션 센터에서
(D) 레스토랑에서 정답 (A)

42. 남자는 무엇을 할 것이라고 말하는가?
(A) 다른 도시로 이사할 것이다.
(B) 자신의 레스토랑을 개조할 것이다.
(C) 새로운 사업을 시작할 것이다.
(D) 대중 교통을 이용할 것이다. 정답 (C)

43. 남자가 "I have a business meeting at 4:00"라고 말할 때 무엇을 암시하는가?
(A) 오후 4시 이전에 회의를 하고 싶어 한다.
(B) 다른 시간에 만나고 싶어 한다.
(C) 회의에 참석하기 위해 일찍 떠나야 한다.
(D) 회의를 연기할 수 있을 것이다. 정답 (B)

문제 44-46번은 다음 대화를 참조하시오. 미M 영W

M Hi, my name's Martin, **(44) I'd like to visit your establishment and have an interview this week to write a review in my food magazine.** I'm a journalist.
W Hi. Let me check my schedule. It looks like I'll be available this Thursday afternoon. Is it okay?
M Yes, that's fine with me. I'm looking forward to trying some of your famous dishes.
W Great! **(45) I'm so pleased that an article about my business will be published.** Oh, by the way, have you decided what you want to try?
M Not yet. **(46) Would you please recommend any popular one?**
W Certainly, or you can check out our menu first online.

남: 안녕하세요, 제 이름은 Martin입니다. 제 음식 잡지에 실을 평론을 작성하기 위해 이번 주에 귀하의 업체를 방문해 인터뷰를 하고자 합니다. 저는 기자입니다.
여: 안녕하세요. 제 일정을 확인해 보겠습니다. 이번 주 목요일 오후에 제가 시간이 날 것 같습니다. 괜찮으신가요?
남: 네, 저는 좋습니다. 그곳의 몇몇 유명한 음식들을 한 번 먹어 보기를 고대하고 있습니다.
여: 좋습니다! 제 업체에 관한 기사가 실리게 된다니 정말 기쁩니다. 아, 그건 그렇고 어느 것을 드셔 보고 싶은지 결정하셨나요?
남: 아직이요. 인기 있는 것을 좀 추천해 주시겠습니까?
여: 물론이죠. 아니면 온라인으로 저희 메뉴를 먼저 확인해 보셔도 됩니다.

44. 여자는 누구일 가능성이 가장 큰가?
(A) 취업 지원자
(B) 평론가
(C) 유명 요리사
(D) 레스토랑 주인 정답 (D)

45. 여자는 무엇에 대해 기뻐하는가?
(A) 식사 손님으로부터의 긍정적인 반응
(B) 언론에의 노출
(C) 고객과의 성공적인 회의
(D) 자신의 상사에 의한 추천 정답 (B)

46. 남자는 여자에게 무엇을 하도록 요청하는가?
(A) 맛있는 음식 권하는 일
(B) 인터뷰 시간에 참석하는 일
(C) 온라인으로 조사하는 일
(D) 제품 가격 할인하는 일 정답 (A)

문제 47-49번은 다음 대화를 참조하시오. 호M 미W

M Hi, Mary. I can't wait to leave for our business trip tomorrow. I've never been to Seattle.
W (47) It's a great city. Once you visit the city, you'll never forget about it. I'm actually looking forward to going there again.
M I hope we have some time for sightseeing after all the meetings.
W Maybe, but we have to finalize the deal first. It's very important because **(48) the company plans to expand into the North American area.**
M I understand. I'm pretty sure we will be okay. Just in case, **(49) I'll practice my presentation a few more times** so I don't make any mistakes while we are there.

남: 안녕하세요, Mary. 저는 빨리 내일 출장을 떠났으면 좋겠어요. 저는 한 번도 Seattle에 가 본 적이 없거든요.
여: 그곳은 멋진 도시입니다. 일단 그 도시를 방문하고 나면, 절대로 잊을 수가 없을 거예요. 사실 저는 그곳에 다시 가 보기를 고대하고 있습니다.
남: 모든 회의를 마친 후에 관광을 할 시간이 좀 있기를 바랍니다.
여: 아마도요, 하지만 계약을 먼저 최종 확정해야 합니다. 회사가 북미 지역에서 사업을 확장할 계획이기 때문에 매우 중요합니다.
남: 이해합니다. 저는 우리가 아무 문제 없을 거라고 확신합니다. 만일을 위해서, 그곳에 있는 동안 어떤 실수도 하지 않도록 제 발표 내용을 몇 번 더 연습할게요.

47. 여자가 "I'm actually looking forward to going there again"이라고 말할 때 무엇을 암시하는가?
(A) 전에 Seattle에 가 본 적이 있다.
(B) 곧 휴가를 떠나기를 바라고 있다.
(C) 다시 회의를 하고 싶어 한다.
(D) 한 번 더 고객을 만날 것이다. 정답 (A)

48. 여자는 회사에 관해 무슨 말을 하는가?
(A) 새로운 패키지 여행을 도입할 것이다.
(B) 곧 본사를 이전할 것이다.
(C) 자사의 사업 확장을 고려하고 있다.
(D) 다른 회사를 매입할 예정이다. 정답 (C)

49. 남자는 내일 무엇을 할 것이라고 말하는가?
(A) 항공편을 예약하는 일
(B) 다양한 활동을 예약하는 일
(C) 회의에 동료 직원을 데려 오는 일
(D) 발표 예행 연습을 하는 일 정답 (D)

문제 50-52번은 다음의 3자 대화를 참조하시오. 미M 영W 호M

M1 (50) Welcome to the program, listeners. Today, we have Hailey Kim, the CEO of a famous electronics company. Thank you for joining us, Ms. Kim.
W Thank you for inviting me. It's great to be here at the station.

M2 Well, our listeners have been waiting for you to come. So, what do you think the key to the success of your business is?
W Well, **(51) I think having a great network of business contacts is very important.** It has been really helpful whenever I face obstacles.
M1 I see. And why do you think your firm is doing very well in the market?
W Quality merchandise. We have a very strict quality-control process in order to guarantee the best items. **(52) You can come visit our manufacturing facilities so you can view the entire process yourself.**
M1 **(52) We hope we can.** I've never seen a manufacturing process in person.
M2 Me neither! **(52) It should a great opportunity for us to understand it.**

남1: 프로그램을 들으시는 청취자 여러분 환영합니다. 오늘, 우리는 유명 전자제품 회사의 CEO이신 Hailey Kim 씨와 함께 합니다. 함께 해 주셔서 감사합니다, Kim 씨.
여: 초대해 주셔서 감사합니다. 방송국에 이렇게 와 보니 참 좋습니다.
남2: 저, 저희 청취자들께서 와 주시기를 계속 기다려 왔습니다. 자, 귀하 업체의 성공 비결이 무엇이라고 생각하십니까?
여: 음, 저는 사업상의 지인들과 좋은 인적 관계를 형성하는 것이 매우 중요하다고 생각합니다. 제가 장애물과 마주칠 때마다 정말로 큰 도움이 되어 왔습니다.
남1: 알겠습니다. 그리고 귀사의 회사가 시장에서 왜 아주 잘하고 있다고 생각하십니까?
여: 양질의 상품입니다. 저희는 최고의 제품을 보장하기 위해 엄격한 품질 관리 과정을 보유하고 있습니다. 저희 제조 시설을 방문해 보시면 모든 과정을 직접 보실 수 있습니다.
남1: 그럴 수 있기를 바랍니다. 저는 제조 과정을 한 번도 직접 본 적이 없습니다.
남2: 저도요! 저희가 그 과정을 이해할 수 있는 아주 좋은 기회가 될 것입니다.

50. 인터뷰 진행자들은 어디에서 일하고 있을 가능성이 가장 큰가?
(A) 신문사
(B) 지역 판매 대리점
(C) TV 방송국
(D) 라디오 방송 채널 정답 (D)

51. 여자는 무엇이 중요하다고 말하는가?
(A) 마케팅 전략
(B) 사업 관계
(C) 시장 조사
(D) 직원 복지 혜택 정답 (B)

52. 남자들은 무엇을 할 수 있기를 바라는가?
(A) 여자와 계약을 맺는 일
(B) 제조 과정을 변경하는 일
(C) 제조 공장을 방문하는 일
(D) 업계의 또 다른 전문가를 초대하는 일 정답 (C)

문제 53-55번은 다음 대화를 참조하시오. 미M 미W

M Hi, Jenny. It's George. **(53) I tried to take the express bus, but I just missed it. They say the next one will leave in 30 minutes.** I don't think I can make it to the meeting with the new client on time. Can we just delay it or reschedule it?
W I'm not sure if it's possible. I'm on my way to the site, and I think I can be there on time. So, **(54) if you send me the file, I can start the presentation.** I helped you make the slides, so I think I know what to talk about.
M That's a great idea. I'll be able to forward it to you via my smartphone! **(55) I'll do the rest of the presentation as soon as I get there.**

남: 안녕하세요, Jenny. George입니다. 제가 고속 버스를 타려고 했었는데, 그 버스를 놓쳤어요. 다음 버스는 30분이나 있어야 출발한다고 하더라고요. 저는 신규 고객과의 회의에 제때 도착할 수 없을 것 같아요. 회의를 좀 지연시키거나 일정을 재조정할 수 있을까요?
여: 가능할지 모르겠어요. 제가 지금 그 장소로 가는 길인데, 저는 제때 도착할 수 있을 것 같아요. 그러니까, 제게 파일을 보내 주시면, 제가 발표를 시작할 수 있습니다. 당신이 슬라이드를 만드는 일을 제가 도와 드렸기 때문에, 무엇에 관해 얘기해야 하는지 알 것 같아요.
남: 아주 좋은 생각입니다. 제 스마트폰을 통해 전송해 드릴 수 있을 것 같아요! 제가 그곳에 도착하는 대로 발표의 나머지 부분을 하겠습니다.

53. 남자는 무슨 문제점을 언급하는가?
(A) 티켓 예약을 할 수 없다.
(B) 현재 이용 가능한 버스가 없다.
(C) 자신의 차량이 즉시 수리되어야 한다
(D) 일부 고객들이 올 의향이 없다. 정답 (B)

54. 여자는 무엇을 제안하는가?
(A) 새로운 회사 차량을 구입할 것
(B) 사무실로 돌아갈 것
(C) 필요한 자료를 보낼 것
(D) 일정이 재조정된 회의에 함께 할 것 정답 (C)

55. 남자는 무엇을 하겠다고 제안하는가?
(A) 발표의 후반 부분을 진행할 것
(B) 회사의 임원들에게 슬라이드를 이메일로 보낼 것
(C) 나중에 온라인으로 의견을 게시하는 것
(D) 발표의 핵심 요소들을 논의하는 것 정답 (A)

문제 56-58번은 다음 대화를 참조하시오. 호M 미W

W Hey, Mark. **(56) How's the preparation for our annual training workshop going?**
M **(56) I'm checking out the list of participants** before I call a catering firm. And, it starts at 9 a.m., right?
W Yes, but the first session of the training will begin at 10 because of the speech by our president. In addition, **(57) the location might be moved to a bigger place** because more people from our branches will join.
M Ah, okay. Thank you very much. Then, **(58) I think I should call those branches first to update the list.**

여: 안녕하세요, Mark. 우리의 연례 교육 워크숍 준비는 어떻게 되어 가고 있나요?
남: 지금 출장 요리 제공 업체에 전화하기 전에 참가자 목록을 확인하는 중입니다. 그리고, 오전 9시에 시작하는 게 맞죠?
여: 네, 하지만 대표님 연설 때문에 첫 번째 교육 시간은 10시에 시작될 거예요. 그리고, 우리 지사들에서 사람들이 더 참가할 것이기 때문에 장소가 더 큰 곳으로 변경될 수도 있어요.

TEST 05

남: 아, 알겠어요. 정말 고마워요. 그럼, 저는 목록을 업데이트하기 위해 그 지사들에 먼저 전화를 해 봐야겠네요.

56. 화자들은 무엇에 관해 이야기하는가?
(A) 연례 사내 행사
(B) 회사 야유회
(C) 신입 사원 오리엔테이션
(D) 개조 공사
정답 (A)

57. 여자는 무슨 정보를 제공하는가?
(A) 일부 직원들이 불참할 것이다.
(B) 몇몇 새로운 연사들이 함께 할 것이다.
(C) 행사가 취소될 수 있다.
(D) 장소에 변동이 있을 수도 있다.
정답 (D)

58. 남자는 무엇을 할 가능성이 큰가?
(A) 출장을 갈 것이다.
(B) 한 행사에서 연설을 할 것이다.
(C) 지역 사무실들에 연락할 것이다.
(D) 대표와 회의를 할 것이다.
정답 (C)

문제 59-61번은 다음의 3자 대화를 참조하시오. 미W 미M 영W

W1 Good morning, Paulina. Have you figured out how you want to display the Autumn line of men's fashion?
W2 We have a few ideas. Ryan has been helping me, too.
M (59) (60) Yes, we think we should make a mannequin display near the department store entrance.
W2 And, perhaps we can arrange them in a fall scene with leaves all around them.
W1 Oh, that is an interesting idea. However, a lot of our mannequins are still being used to display the swimwear. You won't have enough mannequins to do it.
M Well, **(61) we thought we could purchase extra mannequins from Cliffton Outfitters.**
W2 Right... It is going out of business, so they might be happy to sell us some.
W1 Okay... **(61) Ryan, give them a call and see what they say.**

여1: 안녕하세요, Paulina. 남성 의류의 가을 시즌 라인을 어떻게 진열하고 싶은지 결정하셨어요?
여2: 몇 가지 아이디어가 있어요. Ryan도 저를 계속 도와주고 계세요.
남: 네, 저희 생각에는 백화점 출입구 근처에 마네킹 진열을 해야 할 것 같아요.
여2: 그리고, 어쩌면 마네킹 주변에 모두 나뭇잎을 놓아 가을 분위기를 내도록 배치할 수 있을 거예요.
여1: 아, 그거 흥미로운 아이디어네요. 하지만 우리가 갖고 있는 많은 마네킹들이 여전히 수영복을 진열하는 데 계속 사용 중이에요. 그렇게 하는 데 마네킹이 충분하지 않을 거예요.
남: 저, 저희는 Cliffton Outfitters에서 추가로 마네킹을 구입할 수 있을 거라고 생각했어요.
여2: 맞아요··· 그곳은 폐업할 거라서 우리에게 기꺼이 제품을 판매할 수 있을 겁니다.
여1: 알겠어요··· Ryan, 그곳에 전화해서 무슨 말을 하는지 알아보세요.

59. 화자들은 어디에서 근무하는가?
(A) 가전 기기 매장에서
(B) 미술관에서
(C) 백화점에서
(D) 배송회사에서
정답 (C)

60. 남자는 무엇을 제안하는가?
(A) 가격을 낮출 것
(B) 진열품을 만들 것
(C) 영업 시간을 연장할 것
(D) 온라인으로 광고할 것
정답 (B)

61. 남자는 곧이어 무엇을 할 것 같은가?
(A) 재고를 확인한다.
(B) 한 업체에 연락한다.
(C) 일부 상품을 풀어 놓는다.
(D) 가격 목록을 업데이트한다.
정답 (B)

문제 62-64번은 다음 대화와 노선도를 참조하시오. 영W 미M

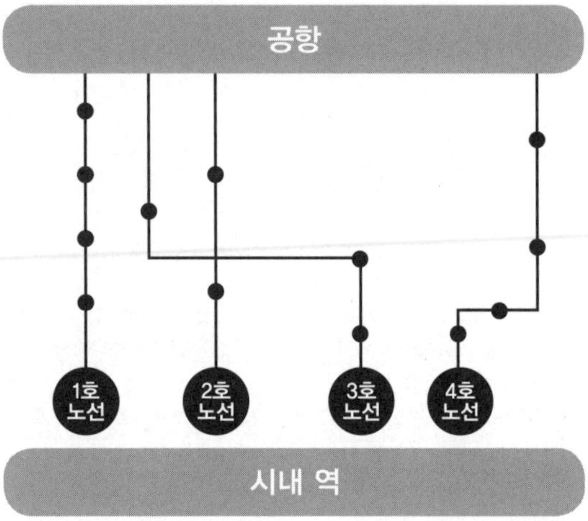

W Chris, **(62) could you help me out before you go to the meeting?** I'll be taking the subway from downtown to the airport tomorrow, and I want to know which way is the fastest. I heard Line 2 is not available at the moment.
M You're right. **(63) Take this line on the map. It is the express line, and there are only three stops to the airport.** It's the fastest way to get there.
W Great! Then, I don't have to worry about being late for my departure time.
M By the way, **(64) it seems like you are finally going on vacation!**
W Yeah, I'm so excited! **(64) I really want to go abroad this time.** Even though it is only a week, I can't wait!
M Sounds nice! Tell me about it when you come back.

여: Chris, 회의에 가시기 전에 저 좀 도와주실 수 있으세요?? 제가 내일 시내에서 공항으로 가는 지하철을 탈 예정인데, 어느 것이 가장 빠른지 알고 싶어서요. 제가 듣기로는 2호선은 현재 이용할 수 없다고 하더라고요.
남: 맞습니다. 이 노선도에 있는 이 노선을 타세요. 그게 급행 노선인데, 공항까지 불과 3개의 정류장밖에 없어요. 그게 그곳에 가는 가장 빠른 방법입니다.
여: 잘됐네요! 그럼, 출발 시간에 늦는 것에 대해 걱정할 필요가 없겠어요.
남: 그건 그렇고, 드디어 휴가를 떠나시는 것 같네요!
여: 네, 정말 흥분돼요! 이번에는 꼭 해외로 가고 싶거든요. 겨우 일주일밖에

되지는 않지만, 빨리 가고 싶어요!
남: 즐거우실 것 같네요! 돌아오시면 제게 휴가 얘기 좀 해 주세요.

62. 대화는 어디에서 이뤄지고 있는가?
(A) 지하철 역에서
(B) 리조트에서
(C) 사무실에서
(D) 버스 터미널에서 정답 (C)

63. 그래픽을 보시오. 남자는 여자에게 어느 노선을 이용하도록 제안하는가?
(A) 1번 노선
(B) 2번 노선
(C) 3번 노선
(D) 4번 노선 정답 (C)

64. 여자는 자신의 휴가에 관해 무슨 말을 하는가?
(A) 해외 여행이 될 것이다.
(B) 일주일 이상 걸릴 것이다.
(C) 불과 일주일 전에 계획되었다.
(D) 취소되어야 한다. 정답 (A)

문제 65-67번은 다음 대화와 표를 참조하시오. 미M 영W

품목	가격
꽃병 (흰색)	40달러
씨앗 (5종류)	20달러
원예용 흙	30달러
익일 배송 요금	15달러
총계	105달러

M Hello. **(65) I just have some quick questions about my order.**
W (65) Yes, how can I help you?
M (67) I ordered a white vase from your online store, but when I got the delivery, I noticed that it hasn't arrived with the other items.
W I'm sorry to hear that. Can you please tell me your order number?
M Oh, it's 66320. **(66) Can you figure out what happened to the item?**
W Let me check that out on our system. Okay, it is currently out of stock, and we are also waiting for it to arrive from the manufacturer. Do you still want me to send it when it gets here?
M Ah, then, **(67) I'll just cancel the item. Would you please refund the amount to my account?**
W Okay, sir. I'll make sure the money refunded within 3 business days.

남: 안녕하세요, 제 주문 사항과 관련해서 몇 가지 간단한 질문이 있습니다.
여: 네, 무엇을 도와 드릴까요?
남: 제가 귀사의 온라인 상점에서 흰색 꽃병을 주문했는데, 배송 물품을 받았을 때, 그 제품이 다른 제품들과 함께 도착하지 않았다는 것을 알게 되었습니다.
여: 그 말씀을 듣게 되어 유감입니다. 주문 번호를 좀 알려 주시겠습니까?
남: 아, 66320입니다. 그 제품에 무슨 일이 생긴 건지 확인해 주실 수 있나요?
여: 저희 시스템에서 확인해 보겠습니다. 됐습니다. 그 제품은 현재 품절 상태이고, 저희도 제조사에서 도착하기를 기다리는 중입니다. 그 제품이 저희 쪽에 도착하면 여전히 배송해 드리기를 원하시나요?
남: 아, 그럼, 그냥 그 제품은 취소할게요. 제 계좌로 그 금액을 환불해 주시겠어요?
여: 알겠습니다, 고객님. 영업일로 3일 이내에 그 금액이 반드시 환불되도록 해 드리겠습니다.

65. 여자는 누구일 가능성이 가장 큰가?
(A) 원예 도서 저자
(B) 컴퓨터 프로그래머
(C) 고객 서비스 직원
(D) 재정 자문 정답 (C)

66. 남자는 무엇에 관해 묻는가?
(A) 물품이 빠진 이유
(B) 환불을 받는 방법
(C) 계좌를 개설할 수 있는 곳
(D) 배송 물품이 도착하는 때 정답 (A)

67. 그래픽을 보시오. 얼마가 남자에게 환불되는가?
(A) 40달러
(B) 20달러
(C) 30달러
(D) 15달러 정답 (A)

문제 68-70번은 다음 대화와 일정표를 참조하시오. 호M 미W

항공편	출발 시각
JA302	오전 9:00
KT24	오전 10:30
JA304	오후 2:30
RA775	오후 3:00

M (68) Hello, thank you for calling Pacific Air. How can I help you today?
W I have to go on a business trip to Osaka this Friday, so **(68) I'd like to reserve a ticket.**
M I see. What time would you like to leave?
W Well, I'm planning to attend an annual event in the afternoon on that day, so it'd be better if I can get there before noon. I want to check in at my hotel first.
M Okay, then how about leaving at around 10:30 a.m.? It usually takes less than an hour, so you can still have enough time.
W Ah, but **(69) there was a delay when I went to the airport last time. So, I prefer to arrive in the city early and wait around.**
M In that case, **(70) you'd better take the first flight on that day.**

남: 여보세요, Pacific Air에 전화 주셔서 감사합니다. 오늘 무엇을 도와 드릴까요?
여: 제가 이번 주 금요일에 Osaka로 출장을 가야 해서, 티켓을 한 장 예약하려고 합니다.
남: 알겠습니다. 몇 시에 출발하고 싶으신가요?
여: 저, 제가 그날 오후에 연례 행사에 참석할 계획이라서, 정오가 되기 전

TEST 05

에 도착할 수 있다면 좋을 것 같습니다. 제 호텔에 먼저 체크인하고 싶어서요.
남: 좋습니다. 그러시면 오전 10시 30분쯤 출발하시는 건 어떠세요? 보통 한 시간이 채 걸리지 않기 때문에, 여전히 시간이 충분히 있으실 겁니다.
여: 아, 그런데 제가 지난 번에 공항에 갔을 때 지연되는 일이 좀 있었어요. 그래서 그 도시에 일찍 도착해서 기다리고 있는 게 더 좋습니다.
남: 그런 경우라면, 그날 첫 비행기를 타시는 게 좋겠습니다.

68. 남자는 누구일 가능성이 큰가?
(A) 항공기 승무원
(B) 항공사 직원
(C) 호텔 직원
(D) 행사 조직자 정답 (B)

69. 여자는 무엇에 대해 걱정하는가?
(A) 제때 목적지에 도착하는 일
(B) 추가 항공권 구입하는 일
(C) 공항에서 체크인하는 일
(D) 좌석 업그레이드하는 일 정답 (A)

70. 그래픽을 보시오.여자는 어떤 항공편을 이용할 가능성이 가장 큰가?
(A) JA302
(B) KT24
(C) JA304
(D) RA775 정답 (A)

Part 4

문제 71-73번은 다음 전화 메시지를 참조하시오. 미M

M Good morning, Frank. This is Andrew. **(71) I'm still waiting for an answer from Mr. Manson, but I don't think he will agree to give a speech at our event next week.** This means we'll have to change a speaker for one of the orientation sessions. **(72) I want you to make phone calls to some of our previous speakers to ask for help.** I know it's a big favor, but **(73) I don't think there is a better option.**

남: 안녕하세요, Frank. 저는 Andrew입니다. 저는 여전히 Manson 씨로부터 답변을 기다리고 있는 중이지만, 저는 이분이 다음 주에 있을 우리 행사를 위해 연설을 하는 데 동의하실 거라고 생각하지 않습니다. 이는 우리가 오리엔테이션 시간들 중의 하나에 대한 연설자를 변경해야 한다는 것을 의미합니다. 저는 당신이 과거에 연설을 하셨던 몇몇 분들께 전화를 걸어서 도움을 요청해 주시기를 원합니다. 어려운 부탁이라는 것을 알기는 하지만 더 나은 선택권이 없는 것 같습니다.

71. 남자는 무엇을 기다리고 있는가?
(A) 여행 일정표
(B) 확인 답변
(C) 계약서
(D) 배송 물품 정답 (B)

72. 남자는 Frank에게 무엇을 하도록 요청하는가?
(A) 사업 계약서에 서명할 것
(B) 새로운 장비를 구입할 것
(C) 잠재 연설자에게 연락할 것
(D) 상사의 사무실 방문할 것 정답 (C)

73. 남자는 왜 "I know it's a big favor"라고 말하는가?
(A) 일정 변경을 요청하기 위해
(B) 오리엔테이션에 참가하기 위해
(C) 더 많은 방문객들을 끌어들이기 위해
(D) 늦은 통지에 대해 사과하기 위해 정답 (D)

문제 74-76번은 다음 회의 발췌 내용을 참조하시오. 영W

W Management has noticed that **(74) there have been more accidents at our facility than ever before.** Since we value our employees more than anything, **(74) we have thought about how to deal with the problem.** That's why we have decided to hold a series of workshops on workplace safety. This issue is directly related to those on the assembly lines, so **(75) they will attend more sessions than other employees next week. (76) I was told that some staff members are already scheduled to go on a business trip overseas.** They should attend another one next month.

여: 경영진에서는 그 어느 때보다 우리 시설 내에서 더 많은 사고가 있었다는 점을 인지했습니다. 우리는 그 무엇보다 직원들을 소중하게 여기고 있기 때문에 이 문제에 대처하는 방법에 관해 생각해 봤습니다. 이것이 바로 우리가 근무지 안전에 관한 일련의 워크숍을 개최하기로 결정한 이유입니다. 이 문제는 조립 라인에서 근무하는 분들과 직접적으로 연관되어 있기 때문에 그 직원들은 다음 주에 다른 직원들보다 더 많은 시간에 참석하게 될 것입니다. 제가 듣기로는 일부 직원들이 이미 해외로 출장을 가기로 예정되어 있다고 들었습니다. 그 분들은 다음 달에 있을 워크숍에 참석하셔야 합니다.

74. 화자는 주로 무엇에 관해 이야기하고 있는가?
(A) 곧 있을 공사 프로젝트
(B) 새롭게 고용된 직원들
(C) 고객 불만 사항들
(D) 안전 관련 우려의 증가 정답 (D)

75. 화자는 다음 주에 회사에서 무슨 일이 있을 것이라고 말하는가?
(A) 워크숍 시간들
(B) 신규 장비 설치
(C) 구직자 면접
(D) 직원 평가 정답 (A)

76. 화자는 일부 직원들에 관해 무슨 말을 하는가?
(A) 재택 근무를 하도록 신청했다.
(B) 다음 주에 시간이 나지 않을 것이다.
(C) 작업 중에 부상을 당했다.
(D) 해외 지사로 전근할 것이다. 정답 (B)

문제 77-79번은 다음 안내 사항을 참조하시오. 호M

M Okay, everyone. I have an announcement about today's delivery. **(78) I was told that the truck will arrive late in the afternoon instead of in the morning due to a mechanical problem.** So, I'd like to assign some other tasks to those who were supposed to **(77) arrange our stock of pants and jackets.** I have noticed that some floors look less organized than others. This may cause our customers to have trouble locating certain items. The manager will tell you how to handle this. Also, **(79) he will let you know this afternoon if you have to work overtime**

after the truck arrives.

남: 자, 여러분. 오늘 배송과 관련해서 공지할 사항이 있습니다. 기계적인 문제로 인해 트럭이 아침이 아닌 오후 늦게 도착할 것이라는 얘기를 들었습니다. 따라서 바지와 재킷 재고를 정리하기로 되어 있었던 분들께 다른 일들을 배정해 드리고자 합니다. 저는 몇 개 층들이 다른 데보다 덜 정리된 것처럼 보인다는 것을 알았습니다. 이는 우리 고객들이 특정 물품들의 위치를 찾는 데 어려움을 겪게 할 수 있습니다. 매니저께서 이 일을 처리하는 방법에 관해 여러분께 말씀 드릴 것입니다. 또한, 그분께서 트럭이 도착한 후에 초과 근무를 해야 할 경우에 오늘 오후에 여러분께 알려 드릴 것입니다.

77. 어디에서 이 공지가 이뤄지고 있을 가능성이 가장 큰가?
(A) 부동산 중개업체에서
(B) 의류 매장에서
(C) 여행사에서
(D) 박물관에서 정답 (B)

78. 화자는 무슨 문제점을 언급하는가?
(A) 고객들의 숫자가 감소했다.
(B) 물품 배송이 지연되었다.
(C) 일부 제품들이 곧 품절될 것이다.
(D) 낡은 사무 용품들이 있다. 정답 (B)

79. 화자는 오늘 오후에 관해 무슨 말을 하는가?
(A) 잠재 투자자들과의 회의가 열릴 것이다.
(B) 고객 설문 조사 내용이 분석될 것이다.
(C) 연장된 근무 시간이 공지될 것이다.
(D) 매니저들이 한 사안을 논의하기 위해 모일 것이다. 정답 (C)

문제 80-82번은 다음 보도를 참조하시오. 미M

M Thank you for tuning in to TEN's English Up. **(80) An article recently published in a newspaper discusses some methods to learn a foreign language.** According to the article, a study shows that students who got one-on-one tutoring from a foreigner were able to improve their language skills better than those who attended group classes. **(81) Neil Jameson, the writer of the article, further suggests that anyone who starts learning a foreign language should go abroad for at least 6 months for a better experience. (82) For more language-learning tips, visit his personal blog at www.blog.njlanguage.com.**

남: TEN의 English Up을 청취해 주셔서 감사 드립니다. 최근 한 신문에 실린 기사가 외국어 학습에 관한 몇몇 방법들을 다루고 있습니다. 이 기사에 따르면, 외국인을 통해 일대일 교습을 받은 학생들이 그룹 강좌에 참석한 학생들보다 더 잘 언어 능력을 향상시킬 수 있었던 것으로 한 연구에 나타났습니다. 이 기사를 작성한 Neil Jameson 씨는 외국어를 배우기 시작하는 사람들은 누구든 더 나은 경험을 위해 최소 6개월 동안 해외로 가야 한다고 추가적으로 제안하고 있습니다. 더 많은 언어 학습 관련 팁을 보시려면, 그의 개인 블로그인 www.blog.njlanguage.com을 방문하시기 바랍니다.

80. 뉴스 보도는 무엇에 관한 것인가?
(A) 대중 연설 방법들
(B) 언어 학습에 관한 최근 기사
(C) 취업 지원자들을 위한 언어 능력
(D) 더 나은 의사 소통 능력 정답 (B)

81. Neil Jameson은 사람들이 무엇을 하도록 권하는가?
(A) 채용 박람회에 등록할 것
(B) 더 많은 뉴스 기사를 읽을 것
(C) 다른 국가들에서 공부할 것
(D) 온라인으로 더 많은 정보를 찾을 것 정답 (C)

82. 화자는 왜 한 웹 사이트를 언급하는가?
(A) 청자들에게 비디오를 다운로드하도록 요청하기 위해
(B) 온라인 강좌를 추천하기 위해
(C) 청자들이 더 많은 정보를 얻도록 돕기 위해
(D) 자신의 회사가 만든 신제품을 광고하기 위해 정답 (C)

문제 83-85번은 다음 회의 발췌 내용을 참조하시오. 영W

W Before I start talking about today's issue, I have some interesting news. **(83) One of the top actresses, Kelly JJ, will visit us in two weeks. She is going to sign a contract to advertise our department store.** Also, she will have an autograph session near the main entrance afterward. On that day, **(84) there will be many reporters from a variety of newspapers and magazines.** We shouldn't miss this great opportunity. So, **(85) I'd like to ask you to come up with some ideas on how we can better arrange the event.**

여: 오늘의 사안에 관한 이야기를 시작하기 전에, 흥미로운 소식이 있습니다. 최고의 여배우들 중 한 명인 Kelly JJ 씨가 2주 후에 우리를 방문할 것입니다. 그분께서는 우리 백화점을 광고하기 위해 계약을 맺을 예정입니다. 또한, 그 후에 중앙 출입구 근처에서 사인회 행사도 열 것입니다. 그날, 다양한 신문사와 잡지사에서 많은 기자들도 올 것입니다. 우리는 이 좋은 기회를 놓치지 말아야 합니다. 따라서, 저는 여러분들이 이 행사를 더 잘 마련할 수 있는 방법에 관한 아이디어들을 생각해 내 주었으면 합니다.

83. Kelly JJ는 왜 방문하러 오는가?
(A) 제품을 구입하기 위해
(B) 대표이사와 만나기 위해
(C) 사진 촬영을 하기 위해
(D) 계약을 마무리 짓기 위해 정답 (D)

84. 화자는 왜 "We shouldn't miss this great opportunity"라고 말하는가?
(A) 몇몇 서비스들에 대해 불평하기 위해
(B) 행사에 대해 더 많은 자금을 요청하기 위해
(C) 더 많은 광고 방송을 만들도록 제안하기 위해
(D) 행사의 중요성을 언급하기 위해 정답 (D)

85. 청자들은 무엇을 할 가능성이 가장 큰가?
(A) 뉴스 기사를 읽는 일
(B) 상사에게 이야기하는 일
(C) 의견을 제출하는 일
(D) 예약 일정을 재조정하는 일 정답 (C)

문제 86-88번은 다음 담화를 참조하시오. 미W

W Good evening, everyone. **(86) Welcome to our company's year-end banquet.** I'd like to inform you that **(87) there will be a bit of delay due to a projector problem. (86) The maintenance team at the hotel is working on it**, so please be patient until the equipment is repaired. They told me that it won't take too long.

TEST 05

As soon as it is fixed, our CEO will begin his speech. **(88) In the meantime, please enjoy your beverages and the background music. They will help you pass the time.**

여: 안녕하세요, 여러분. 우리 회사의 연말 연회에 오신 것을 환영합니다. 프로젝터 문제로 인해 약간의 지연이 발생했다는 점을 여러분께 알려 드리고자 합니다. 호텔의 시설 관리팀이 현재 작업 중이므로, 해당 장비가 수리될 때까지 조금만 참고 기다려 주시기 바랍니다. 그분들이 아주 오래 걸리진 않을 것이라고 제게 알려 주셨습니다. 수리가 끝나는 대로, 최고경영자께서 연설을 시작하실 것입니다. 그러는 동안, 음료와 배경 음악을 즐겨 보세요. 이렇게 하시면 시간을 좀 보내시는 데 도움이 될 것입니다.

86. 청자들은 어디에 있을 가능성이 가장 큰가?
(A) 콘서트 행사장에
(B) 제품 출시 행사장에
(C) 호텔 연회장에
(D) 수리 센터에 정답 (C)

87. 화자는 무슨 문제점을 언급하는가?
(A) 한 직원이 부재중이다.
(B) 일부 장비가 오작동되었다.
(C) 한 행사의 일정이 재조정되어야 한다.
(D) 일부 프로젝트들이 취소되었다. 정답 (B)

88. 청자들은 무엇을 하도록 요청 받는가?
(A) 자리에 머물러 있을 것
(B) 제품을 테스트해 볼 것
(C) 담화를 들을 것
(D) 다과를 즐길 것 정답 (D)

문제 89-91번은 다음 담화를 참조하시오. 영W

W Good afternoon, everyone. Thank you for visiting the Metro Center Mall. For your information, **(89) this recently built shopping mall** is the largest in the state with more than 250 retail units. Today's tour around the mall will start with us looking at how the retail units are zoned and where they are located. Then, **(90) we will move to a meeting room, where you will listen to some instructions about how to sign a contract to rent a unit. (91) After the tour, each of you will receive a complimentary T-shirt with the mall's logo on it.** Now, come right this way.

여: 여러분, 안녕하세요. Metro Center Mall을 찾아 주셔서 감사 드립니다. 여러분의 정보를 위해, 최근에 지어진 이 쇼핑몰은 250개가 넘는 소매 점포들이 있어 우리 주에서 가장 규모가 큰 곳입니다. 오늘 이 몰의 곳곳을 돌아보는 견학은 소매 점포들이 어떻게 구역을 형성하고 있고 어디에 위치해 있는지를 보는 것으로 시작할 것입니다. 그런 다음, 회의실로 자리를 옮길 것이며, 그곳에서 여러분은 점포 임대 계약을 맺는 방법에 관한 설명을 듣게 될 것입니다. 견학이 끝나면, 여러분 모두 쇼핑몰 로고가 새겨진 무료 티셔츠를 받으시게 됩니다. 자, 이쪽으로 이동하겠습니다.

89. 화자는 몰에 관해 무슨 말을 하는가?
(A) 리모델링될 것이다.
(B) 완전히 새로운 곳이다.
(C) 점검될 것이다.
(D) 현재 공사 중이다. 정답 (B)

90. 청자들은 누구일 가능성이 가장 큰가?
(A) 지역 정부 관리들
(B) 잠재적인 업체 소유주들
(C) 영업 사원들
(D) 장차 인테리어 디자이너가 되려는 사람들 정답 (B)

91. 청자들은 견학 후에 무엇을 받을 것인가?
(A) 영화 티켓
(B) 쿠폰
(C) 카탈로그
(D) 무료 제품 정답 (D)

문제 92-94번은 다음 전화 메세지를 참조하시오. 호M

M Hello, Ms. Nelson. This is Jason Freeman. **(92) I just noticed that you left a message saying your computer isn't working properly again.** You said it gets slow whenever you have to download a file on the Internet and sometimes keeps restarting. Well, that's not a big deal. **(93) However, I'm not available at the moment because I'm on my way to visit one of the office suppliers. So I'll just ask my coworker Fred to take a look at it. (94) Just in case you are in a hurry, I'll tell him to bring one of his laptops so you can use it while he is carrying out the work.**

남: 안녕하세요, Nelson 씨. Jason Freeman입니다. 당신의 컴퓨터가 다시 제대로 작동하지 않고 있다고 말한 메시지를 남기셨다는 것을 막 알게 되었습니다. 인터넷에서 파일을 다운로드해야 할 때마다 속도가 느려지고 때때로 다시 시작되는 것이 반복된다고 말씀해 주셨습니다. 저, 큰 문제는 아닙니다. 하지만, 제가 사무 용품 공급 업체들 중의 한 곳으로 방문하러 가는 길이라 지금은 시간이 나지 않습니다. 따라서 제 동료 직원인 Fred에게 가서 한 번 살펴보도록 요청하겠습니다. 급하실 경우에 대비해, 그가 작업을 실시하는 동안 노트북 컴퓨터를 사용하실 수 있도록 하나 가져 가라고 얘기해 놓겠습니다.

92. 화자는 누구일 가능성이 가장 큰가?
(A) 영업 사원
(B) 행사장 자원 봉사자
(C) 기술 지원 담당 직원
(D) 부동산 중개업체 직원 정답 (C)

93. 화자가 "Well, that's not a big deal"이라고 말할 때 무엇을 의미하는가?
(A) 온라인으로 제품을 주문할 예정이다.
(B) 한 가지 사안이 쉽게 처리될 수 있다.
(C) 새로운 계약을 맺으러 가는 길이다.
(D) 한 제품이 할인된 가격에 구매될 수 있다. 정답 (B)

94. 남자는 무엇을 할 것을 추천하는가?
(A) 다른 장비를 사용할 것
(B) 파일을 한 번 살펴 볼 것
(C) 야외에서 행사를 열 것
(D) 필요한 문서를 가져 올 것 정답 (A)

문제 95-97번은 다음 회의 발췌 내용과 그래프를 참조하시오. 미W

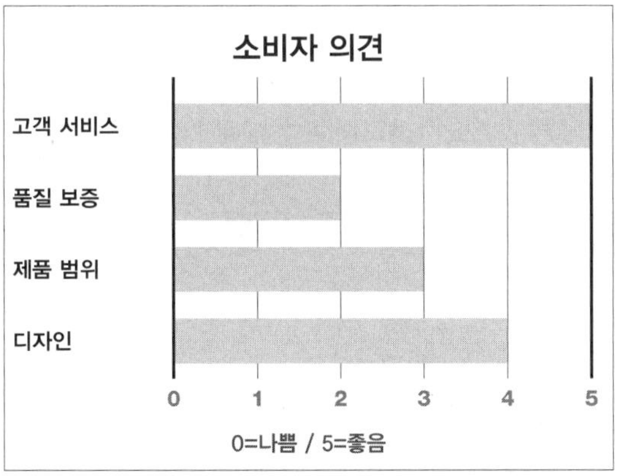

W Okay, everyone. Now, let's take a look at the next part of the survey results. Well, even though **(95) the stools and cabinets we produce** have recently become popular, we need to come up with more ideas to increase sales. That's why we need feedback from our customers. **(96) We are going to open some branches overseas later this month**, so we especially have to seriously consider how to deal with customers' complaints about our products. Doing that will help us make a good impression on our customers abroad. **(97) I'd like to talk about the most disappointing part first.**

여: 자, 여러분. 이제, 설문 조사 결과의 다음 부분을 한 번 보도록 합시다. 저, 우리가 생산하는 의자와 캐비닛들이 최근에 인기를 얻고 있기는 하지만, 매출을 증대할 수 있는 더 많은 아이디어들 내놓아야 합니다. 그것이 바로 우리가 고객들로부터 의견이 필요한 이유입니다. 이달 말에 해외에 몇몇 지점들을 열 예정이므로, 특히 우리 제품에 관한 고객들의 불만 사항을 처리하는 방법을 진지하게 고려해 봐야 합니다. 이렇게 하는 것이 우리가 해외에서 고객들에게 좋은 인상을 남기는 데 도움이 될 것입니다. 저는 우선 가장 불만족스러운 항목에 관해 이야기해 보고자 합니다.

95. 화자는 무슨 종류의 회사에서 근무하고 있을 가능성이 가장 큰가?
(A) 채용 대행사에서
(B) 가구 제조사에서
(C) 식료품점 체인에서
(D) 백화점에서
정답 (B)

96. 회사는 무엇을 할 계획인가?
(A) 자사의 사업을 확장할 것이다.
(B) 더 많은 자금을 얻을 것이다.
(C) 제품 테스트를 실시할 것이다.
(D) 전국적인 행사를 개최할 것이다.
정답 (A)

97. 그래픽을 보시오. 화자는 다음으로 무엇에 관해 이야기할 것인가?
(A) 고객 서비스
(B) 품질 보증
(C) 제품 범위
(D) 디자인
정답 (B)

문제 98-100번은 다음 담화와 일정표를 참조하시오. 미M

금요일 일정표

오전 9:00	
오전 10:00	콘셉트 회의
오전 11:00	
오전 12:00	
오후 1:00	면접
오후 2:00	
오후 3:00	Glory Light Fixtures 사
오후 4:00	

M Good morning, Jenny. This is Edward. In light of the feedback from JW Enterprises, **(98) I have thought about the decorations for its new building** on Millstream Road. **(99) I'd like to look over the new proposal with you in order to stay within the budget.** I checked out my schedule and noticed that there's a job interview with an applicant in the afternoon tomorrow. I'm sure that you'll conduct it, so **(100) why don't we get together right after the interview?** However, I have to go out for a meeting with a supplier at 3. Please give me a call and let me know what you think.

남: 안녕하세요, Jenny. 저는 Edward입니다. JW Enterprises에서 받은 의견을 감안해서, Millstream Road에 있는 그 회사의 새 건물에 필요한 실내 장식에 관해 생각해 봤습니다. 저는 예산 범위에 맞추기 위해 당신과 함께 새로운 제안서를 검토해 봤으면 합니다. 제 일정표를 확인해 보니 내일 오후에 한 지원자와 구직 면접이 있다는 것을 알게 되었습니다. 당신도 면접을 진행하신다는 것을 알기 때문에 면접 직후에 만나는 게 어떨까요? 하지만 저는 공급업체와의 회의를 위해 3시에 나가야 합니다. 이와 관련해 제게 전화해서 알려 주시기 바랍니다.

98. 화자는 어디에서 근무할 가능성이 가장 큰가?
(A) 채용 대행 업체에서
(B) 인테리어 디자인 회사에서
(C) 제조 회사에서
(D) 전자 제품 공급 업체에서
정답 (B)

99. 화자는 청자와 무엇을 논의하고 싶어 하는가?
(A) 새로운 건물로 이전하는 때
(B) 한 일자리에 대한 지원 여부
(C) 돈을 기부할 곳
(D) 비용 제한 방법
정답 (D)

100. 그래픽을 보시오. 화자는 몇 시에 만나기를 원하는가?
(A) 오전 10시
(B) 오전 11시
(C) 오후 1시
(D) 오후 2시
정답 (D)

TEST 06

Part 1

1. 미M
(A) The woman is opening her purse.
(B) The woman is looking at a display case.
(C) The woman is folding a plastic bag.
(D) The woman is putting a glass into a case.

(A) 여자가 핸드백을 열고 있다.
(B) 여자가 진열장을 보고 있다.
(C) 여자가 비닐 봉지를 접고 있다.
(D) 여자가 케이스에 안에 잔을 넣고 있다. 정답 (B)

2. 미W
(A) They are looking out the window.
(B) They are being served in a kitchen.
(C) They are dining indoors.
(D) They are speaking to an audience.

(A) 그들은 창 밖을 내다보고 있다.
(B) 그들은 부엌에서 음식을 제공받고 있다.
(C) 그들은 실내에서 식사 중이다.
(D) 그들은 청중들에게 말하고 있다. 정답 (C)

3. 영W
(A) Chairs are arranged in a circle.
(B) The seating area is being cleaned.
(C) A driveway leads to a building.
(D) Trees are being planted in a garden.

(A) 의자들이 둥글게 정렬되어 있다.
(B) 앉는 곳이 깨끗하게 청소되고 있다.
(C) 차 진입로가 건물로 이어지고 있다.
(D) 나무들이 정원에 심어지고 있다. 정답 (A)

4. 호M
(A) Some people are running up the stairs.
(B) A railing is being cleaned.
(C) Some lampposts are being lit.
(D) Some people are resting on the steps.

(A) 일부 사람들이 계단을 뛰어올라가고 있다.
(B) 난간이 청소되고 있다.
(C) 몇몇 가로등들에 불이 켜지고 있다.
(D) 몇몇 사람들이 계단에서 휴식을 취하고 있다. 정답 (D)

5. 영W
(A) Some people are opening a fence.
(B) Some people are walking toward an entrance.
(C) A building faces a lawn.
(D) All of the windows are wide open.

(A) 사람들이 울타리를 열고 있다
(B) 사람들이 입구쪽으로 걸어가고 있다
(C) 건물이 잔디를 향해 있다
(D) 모든 창들이 활짝 열려 있다. 정답 (B)

6. 호M
(A) A bus has been parked in a multilevel structure.
(B) Some people are getting off a bus.
(C) A bicycle has been mounted at the front of a bus.
(D) Some people are waiting for the light to change.

(A) 버스가 주차건물에 세워져 있다.
(B) 몇몇 사람들이 버스에서 내리고 있다.
(C) 자전거 한대가 버스 앞쪽에 올려져 있다.
(D) 몇몇 사람들이 신호등이 변경 되기를 기다리고 있다. 정답 (C)

Part 2

7. 미W 미M
Who's going to give the visitors a tour of the plant?
(A) Becky Kim is a client.
(B) You should present a visitor's pass.
(C) One of the receptionists.

누가 방문객들께 공장 견학을 시켜 드릴 예정인가요?
(A) Becky Kim 씨는 고객입니다.
(B) 방문객 출입증을 제시하셔야 합니다.
(C) 안내 담당 직원들 중의 한 명이요. 정답 (C)

8. 미W 호M
How do I reach the potential client?
(A) We agreed with each other.
(B) Within walking distance.
(C) She left her business card.

그 잠재 고객에게 어떻게 연락할 수 있나요?
(A) 우리는 서로 합의했습니다.
(B) 걸어 갈 수 있는 거리에 있습니다.
(C) 그녀가 명함을 남겨 두었어요. 정답 (C)

9. 영W 호M
When will the audit report be ready?
(A) Give me another day.
(B) You need to report it to him.
(C) Probably in the top drawer.

감사 보고서가 언제 준비되나요?
(A) 제게 하루만 더 시간을 주세요.
(B) 그것을 그에게 보고하셔야 합니다.
(C) 아마 맨 위쪽 서랍에 있을 거예요. 정답 (A)

10. 호M 미M
When did you get a new notebook computer?
(A) You can store them in the back.
(B) I bought it on sale last week.
(C) I already booked a seat on a plane yesterday.

언제 새 노트북 컴퓨터를 구하신 건가요?
(A) 그것들을 뒤쪽에 보관하시면 됩니다.
(B) 지난주에 세일 행사에서 구입했어요.
(C) 어제 이미 항공편 좌석을 예매했습니다. 정답 (B)

11. 미M 영W
That was a long trip, wasn't it?
(A) Yes, let's set a date now.
(B) You're right. It was a seven-hour flight.
(C) Yes, I need to pack my belongings.

긴 여행이었어요, 그렇지 않았나요?
(A) 네, 지금 날짜를 정합시다.
(B) 맞아요. 7시간이 걸린 비행이었으니까요.

(C) 네, 저는 제 소지품을 꾸려야 합니다. 정답 (B)

12. 영W 호M
Where can I find the updated employee directory?
(A) Probably a week from today.
(B) I'm sure he is free now.
(C) I can get you one.

어디에서 업데이트된 직원 목록을 찾아 볼 수 있나요?
(A) 아마 오늘부터 일주일 후일 겁니다.
(B) 분명 그가 지금 시간이 있을 겁니다.
(C) 제가 하나 드릴게요. 정답 (C)

13. 영W 호M
Do you know when the registration desk opens?
(A) It's on the first floor.
(B) Yes, go down the hall and take the first left.
(C) I saw people signing up there just now.

접수처가 언제 여는지 아시나요?
(A) 1층에 있습니다.
(B) 네, 복도를 따라 가시다가 첫 번째 갈림길에서 왼쪽으로 도세요.
(C) 지금 막 사람들이 신청하고 있는 것을 봤어요. 정답 (C)

14. 호M 미M
Whose turn is it to organize the awards ceremony?
(A) Once he returns from vacation.
(B) I did it the last time.
(C) At a nonprofit organization.

누가 시상식 행사 준비를 할 차례인가요?
(A) 그가 휴가에서 돌아 오는 대로요.
(B) 제가 지난번에 그 일을 했습니다.
(C) 한 비영리 단체예요. 정답 (B)

15. 영W 호M
Where will the job fair be held this year?
(A) In fact, every year.
(B) It hasn't been decided yet.
(C) I haven't applied for the job.

올해는 어디에서 직업 박람회가 열리는 건가요?
(A) 실은, 매년이요.
(B) 아직 결정되지 않았습니다.
(C) 저는 그 자리에 지원하지 않았습니다. 정답 (B)

16. 미M 미W
Didn't you submit the budget proposal yesterday?
(A) It's taking longer than I thought.
(B) Sure, I'll be right with you.
(C) No, he is an auditor.

어제 예산 제안서를 제출하지 않았나요?
(A) 제가 생각한 것보다 더 오래 걸리네요.
(B) 그럼요, 바로 그리 가겠습니다.
(C) 아뇨, 그는 회계 감사관입니다. 정답 (A)

17. 미W 미M
Have you attended the sales workshop yet?
(A) Due to low attendance.
(B) I got them on sale last week.
(C) I didn't know that was required.

혹시 영업 워크숍에 참석하셨었나요?
(A) 저조한 참석률 때문에요.
(B) 지난주에 있었던 세일 행사에서 그것들을 구했습니다.
(C) 그게 필수인지 몰랐어요. 정답 (C)

18. 영W 미M
Why are there many boxes stacked in the hallway?
(A) No, I'm not finished packing.
(B) Because the new shipment arrived.
(C) Go down the hall and take the second right.

복도에 왜 많은 상자들이 쌓여 있는 건가요?
(A) 아뇨, 저는 짐을 꾸리는 일을 끝내지 않았습니다.
(B) 새로운 배송 물품이 도착했기 때문입니다.
(C) 복도를 따라 가시다가 두 번째 모퉁이에서 우회전하세요. 정답 (B)

19. 미M 호M
Why don't we focus on more important issues?
(A) Okay! Let's do that.
(B) I saw them in the May issue.
(C) Because he is a valuable asset.

더 중요한 사안들에 초점을 맞추는 게 어때요?
(A) 좋아요! 그렇게 합시다.
(B) 그것들을 5월호에서 봤습니다.
(C) 그가 소중한 인재이기 때문입니다. 정답 (A)

20. 미W 영W
Let's throw a retirement party for Mr. Cayman.
(A) Do you know a good place?
(B) Some parts are missing.
(C) Yes, I really had a great time.

Cayman 씨를 위해 퇴직 기념 파티를 열어 줍시다.
(A) 좋은 장소를 아시나요?
(B) 몇몇 부분들이 빠져 있습니다.
(C) 네, 정말로 좋은 시간을 보냈습니다. 정답 (A)

21. 호M 미M
How are you going to rearrange all the furniture?
(A) I need your help.
(B) You can take the bus.
(C) A large flower arrangement.

어떻게 모든 가구를 재배치할 예정인가요?
(A) 당신 도움이 필요합니다.
(B) 버스를 타시면 됩니다.
(C) 대형 꽃 장식물이요. 정답 (A)

22. 미M 영W
You sent the clients the invoices, didn't you?
(A) A one-year subscription.
(B) Sure, I'll lend you a voice recorder.
(C) Hasn't the payment arrived yet?

고객들께 거래 내역서를 발송해 드리신 게 맞죠?
(A) 1년 기간의 가입 서비스입니다.
(B) 그럼요, 녹음기를 빌려 드릴게요.
(C) 지불 비용이 아직 입금되지 않은 건가요? 정답 (C)

23. 미M 호M
How soon can you rearrange the office?

TEST 06

(A) Six miles an hour.
(B) It will be finished by Friday.
(C) He'll be out in an hour.

얼마나 빨리 사무실 재배치를 하실 수 있나요?
(A) 시간당 6마일이요.
(B) 금요일까지 끝날 겁니다.
(C) 그는 한 시간 후에 나갈 겁니다. 정답 (B)

24. 미W 영W
What kind of tablet PC are you using?
(A) Sorry. I'm still using these.
(B) Over the Internet.
(C) Why? Do you need one?

어떤 종류의 태블릿 PC를 사용하고 계신가요?
(A) 죄송합니다. 제가 아직 이것들을 사용하는 중입니다.
(B) 인터넷 상에서요.
(C) 왜요? 하나 필요하신가요? 정답 (C)

25. 영W 미M
Will you take your groceries with you, or should I deliver them to your home?
(A) I'll bring them with me. Thanks.
(B) It'll be about 45 dollars.
(C) No, he won't be home today.

식료품을 직접 가지고 가실 건가요, 아니면 제가 댁으로 배달해 드릴까요?
(A) 제가 가져가겠습니다. 감사합니다.
(B) 약 45달러일 겁니다.
(C) 아뇨, 그는 오늘 집에 없을 겁니다. 정답 (A)

26. 미M 미W
Should I print the meeting agenda for everyone or just e-mail it?
(A) Sign your name at the bottom.
(B) I haven't met them yet.
(C) Everyone will bring a laptop.

모든 분들을 위해 회의 안건을 인쇄해야 하나요, 아니면 그냥 이메일로 보낼까요?
(A) 하단에 성함을 기재해 주십시오.
(B) 그들을 아직 만나지 못했어요.
(C) 모든 사람들이 노트북 컴퓨터를 가져올 겁니다. 정답 (C)

27. 호M 미W
The application must be submitted by today.
(A) Who told you that?
(B) Apply it twice a day.
(C) No, I'll take the subway.

지원서는 반드시 오늘까지 제출되어야 합니다.
(A) 누가 그렇게 얘기하던가요?
(B) 그것을 하루에 두 번 바르세요.
(C) 아뇨, 저는 지하철을 탈 겁니다. 정답 (A)

28. 호M 미M
I have a problem installing the software you gave me.
(A) It'll be shipped from the warehouse.
(B) I'll send you detailed instructions.
(C) I want you to come and help me.

당신이 제게 준 소프트웨어를 설치하는 데 문제가 있어요.
(A) 그건 창고에서 배송될 겁니다.
(B) 제가 상세 설명서를 보내 드리겠습니다.
(C) 오셔서 저 좀 도와주셨으면 해요. 정답 (B)

29. 미W 미M
Would you like to use the laundry service?
(A) Can I have my shirt pressed, too?
(B) Okay, I'll have it done by noon.
(C) Yes, you can check in now.

세탁 서비스를 이용해 보시겠습니까?
(A) 제 셔츠도 다림질해 주실 수 있나요?
(B) 좋습니다, 정오까지 완료하겠습니다.
(C) 네, 지금 체크인하실 수 있습니다. 정답 (A)

30. 미M 영W
Does your company offer overnight delivery service to Seoul?
(A) Two round-trip tickets, please.
(B) We guarantee next-day delivery.
(C) I need a room for three nights.

당신 회사에서는 서울까지 야간 배송 서비스를 제공해 주시나요?
(A) 왕복 티켓 두 장이요.
(B) 저희는 익일 배송을 보장해 드리고 있습니다.
(C) 3박을 할 수 있는 방이 필요합니다. 정답 (B)

31. 영W 호M
Wouldn't you rather stay home when it rains?
(A) There will be heavy rain tonight.
(B) Yes, I can enjoy watching a movie.
(C) I'm planning to move soon.

비가 내리면 집에 머물러 있는 걸 좋아하시지 않나요?
(A) 오늘밤에 폭우가 내릴 겁니다.
(B) 네, 영화 보는 것을 즐길 수 있죠.
(C) 저는 곧 이사할 계획입니다. 정답 (B)

Part 3

문제 32-34번은 다음 대화를 참조하시오. 미M 영W

M Excuse me. **(32) Isn't your company launching a new product next week?** I heard about it from a friend and am quite interested.
W We sure are. **(33) There will be an event at our main branch for the new flagship phone that we'll be releasing.**
M Wow! **(33) I'd like to check it out.** Will I be able to purchase the phone there, or do I have to preorder one beforehand?
W You'll be able to purchase one on the day of the event, but just to let you know, the supply will be quite limited. **(34) So be sure to arrive early before they sell out.**

남: 실례합니다. 당신 회사가 다음 주에 신제품을 출시하지 않나요? 친구에게서 그와 관련된 얘기를 들었는데, 꽤 관심이 있어서요.
여: 분명히 그렇습니다. 저희 주요 지점에서 저희가 출시할 예정인 신제품 주력 전화기 모델에 대한 행사가 있을 겁니다.
남: 와우! 그 제품을 확인해 보고 싶네요. 그곳에서 전화기를 구입하는 것이 가능할까요, 아니면 사전에 예약 주문을 해야 하나요?
여: 행사 당일에 구입하는 것이 가능하실 수는 있지만, 한 가지 알려드리고 싶은 것은, 공급량이 상당히 한정적일 것입니다. 따라서 매진되기 전에 꼭 일찍 도착하셔야 합니다.

32. 남자는 왜 여자와 이야기하는가?
(A) 메시지에 답변하기 위해
(B) 신제품에 관해 묻기 위해
(C) 일부 상품을 판매하기 위해
(D) 일부 물품을 주문하기 위해 정답 (B)

33. 남자는 무슨 행사에 참석할 계획인가?
(A) 기업 주최 행사
(B) 학예회
(C) 지역 사회 프로그램
(D) 기술 컨퍼런스 정답 (A)

34. 여자는 남자에게 무엇을 하도록 권고하는가?
(A) 예약을 할 것
(B) 일찍 도착할 것
(C) 티켓을 구입할 것
(D) 근처 지점의 영업 시간을 확인할 것 정답 (B)

문제 35-37번은 다음 대화를 참조하시오. 미M 미W

M (35) I read an advertisement for your fitness center in a newspaper article, and I'd like to sign up for a membership. Could you tell me about the gym?
W Of course. Equal Fitness Gym has a number of locations across the country, and we just upgraded all the equipment as well. On top of that, **(36) we offer a cheap membership price compared to those of our competitors.**
M Sounds perfect. **(37) In September, I'll be moving to another state**, so I'll still be able to go to the gym in that location then.

남: 제가 신문 기사에서 귀하의 피트니스 센터에 대한 광고를 읽었는데, 회원 가입 신청을 하고자 합니다. 체육관에 관해 얘기 좀 해 주시겠습니까?
여: 물론입니다. 저희 Equal Fitness Gym은 전국에 걸쳐 많은 지점들이 있고, 막 모든 운동 장비들도 업그레이드했습니다. 그 외에, 경쟁 업체들에 비해 저렴한 회비도 제공해 드리고 있습니다.
남: 아주 좋은 것 같네요. 9월에, 제가 다른 주로 이사를 할 예정이라서, 그 때도 여전히 그곳에 있는 체육관으로 갈 수 있겠네요.

35. 남자는 Equal Fitness Gym에 관해 어떻게 들었는가?
(A) 텔레비전 광고를 통해
(B) 웹 사이트 광고를 통해
(C) 가족 회원을 통해
(D) 신문 기사를 통해 정답 (D)

36. 여자의 말에 따르면, Equal Fitness Gym은 경쟁 업체들과 어떻게 다른가?
(A) 한 달에 한 번 경품을 나눠 준다.
(B) 수영장이 있다.
(C) 무료 타월을 제공한다.
(D) 더 낮은 가격을 제공한다. 정답 (D)

37. 남자는 9월에 무엇을 할 것인가?
(A) 운동 선수들을 훈련시키는 것
(B) 다른 곳으로 이사하는 것
(C) 출장을 떠나는 것
(D) 자신의 회원 자격을 취소하는 것 정답 (B)

문제 38-40번은 다음의 3자 대화를 참조하시오. 호M 미M

M1 As you know, **(38) the objective of this meeting is to discuss a proposal for some urgent building work at our Southside plant.**
M2 Well, I'm not convinced that work is as urgent as the report suggests.
M1 All right. Perhaps we should get a second opinion before we spend any money. **(39) Rachel, as the chief financier at our company, what do you think?**
W In my opinion, yes. If you ask me, there is a serious risk of an accident. It's a real concern.
M2 In that case, I agree. We should do something now.
W I think we should all be aware that some urgent work does need to be done, and **(40) we need to work on a long-term plan for a major refit.**

남1: 아시다시피, 이 회의의 목적은 우리의 Southside 공장에 있을 일부 긴급 공사 작업에 대한 제안 사항을 논의하는 것입니다.
남2: 저, 저는 그 작업이 보고서에서 제안하는 것만큼 급한 것인지 확신이 들지 않아요.
남1: 좋습니다. 아마 우리가 비용을 조금이라도 소비하기 전에 다른 의견을 들어봐야 할 것 같네요. Rachel, 우리 회사의 재무 담당 책임자로서, 어떻게 생각하세요?
여: 제 생각에는, 해야 합니다. 제 개인적인 생각으로는, 심각한 사고 위험성이 있습니다. 정말로 큰 문제입니다.
남1: 그렇다면, 저는 동의합니다. 지금 뭔가 조치를 해야 합니다.
여: 제 생각에는 일부 긴급 작업이 수행되어야 한다는 점을 우리 모두가 인식해야 하고, 주요 보수 작업에 대한 장기적인 계획을 만들어야 합니다.

38. 남자들은 무엇을 논의하고 있는가?
(A) 지출 비용의 감소
(B) 제조 공장의 확장
(C) 친환경적인 제품 라인
(D) 긴급한 요구 사항 정답 (D)

39. 여자는 누구인가?
(A) 건축가
(B) 구조 공학자
(C) 고위 임원
(D) 디자이너 정답 (C)

40. 여자는 남자들에게 무엇을 하도록 알려 주는가?
(A) 직원 성과를 파악할 것
(B) 일정을 변경할 것
(C) 즉시 계획을 세울 것
(D) 건물 하나를 철거할 것 정답 (C)

문제 41-43번은 다음 대화를 참조하시오. 영W 미M

W Hello, George. Nice to see you today. What are you studying there?
M Hi, Pauline. I'm trying to learn a new language. **(41) It's always been a goal of mine to live in Korea.**
W That's awesome! My friends and I study Korean, too. **(42) You should join us on Saturday to study together.**
M Wow, really? I didn't know that. I'd love that. It'd be really great and help us learn much more quickly. **(43) Where are you**

planning to meet?
W We haven't decided yet, but I'll text you the location once we do.

여: 안녕하세요, George. 오늘 뵙게 되어 반갑습니다. 거기서 무슨 공부를 하고 있는 건가요?
남: 안녕하세요, Pauline. 새로운 언어를 배우려고 노력 중입니다. 한국에서 사는 게 항상 제 목표였거든요.
여: 정말 잘됐네요! 제 친구들과 저도 한국어를 공부해요. 토요일에 저희와 함께 모여서 공부해 보세요.
남: 와우, 정말로요? 그러신 줄은 몰랐어요. 저도 그러고 싶습니다. 정말로 좋을 거예요. 그리고 우리가 훨씬 더 빠르게 배우는 데 도움이 될 겁니다. 어디에서 만나실 계획이신가요?
여: 저희는 아직 결정하지는 않았는데, 결정하는 대로 장소를 문자 메시지로 알려 드릴게요.

41. 남자는 무슨 목표를 갖고 있는가?
(A) 친척을 방문하는 것
(B) 교사가 되는 것
(C) 다른 나라에서 사는 것
(D) 많은 언어를 배우는 것
정답 (C)

42. 여자는 무엇을 하는가?
(A) 남자에게 교재를 주는 일
(B) 남자를 스터디 그룹에 초대하는 일
(C) 남자에게 개인적으로 교습을 하는 일
(D) 남자에게 일자리를 제안하는 일
정답 (B)

43. 남자는 무슨 정보를 요청하는가?
(A) 일정표
(B) 상세 보고서
(C) 만나는 장소
(D) 만나는 시간
정답 (C)

문제 44-46번은 다음 대화를 참조하시오. 호M 미W

M Hi, Gabriella. How did the food convention go?
W It was a transformative and learning experience.
M Oh? I'm really interested in hearing the details.
W Yeah, Harumi Yamada gave a demonstration on how to cut a fish while maintaining a huge portion of the meat on it.
M That sounds great. Our customers would really like that.
W That's not all. **(45) He recommended a special dish to us that had a taste I've never had before.** Thankfully, I took detailed notes on the recipe.
M Awesome! **(44) We can put that on the menu from now on.**
W Right! **(46) I'm going to head over to the kitchen and try making it.** While I do that, you should update the menu to let our customers know.

남: 안녕하세요, Gabriella. 식품 컨벤션은 어떻게 진행되었나요?
여: 전환점이 되면서 배울 것이 많은 경험이었어요.
남: 그래요? 상세 내용을 들어 보는 데 큰 관심이 있습니다.
여: 네, Harumi Yamada 씨가 많은 부분의 살을 유지한 상태로 생선을 자르는 방법에 관해 시연을 해 주셨어요.
남: 대단한 것 같네요. 우리 고객들이 아주 마음에 들어 할 거예요.
여: 그게 전부가 아닙니다. 그분께서는 제가 전에 한 번도 먹어 본 적이 없는 맛을 지닌 특별 요리를 저희에게 권해 주셨어요. 다행히도, 제가 그 조리법을 상세히 적어 두었습니다.
남: 잘됐군요! 지금부터 그 요리를 우리 메뉴에 올릴 수 있겠어요.
여: 맞습니다! 제가 주방 쪽으로 가서 그것을 한 번 만들어 볼 생각입니다. 제가 그 일을 하는 동안, 우리 고객들에게 알릴 수 있도록 메뉴를 업데이트 해 주세요.

44. 화자들은 무슨 종류의 업체에서 일하는가?
(A) 식료품점
(B) 카페
(C) 음식점
(D) 문구점
정답 (C)

45. Harumi Yamada 씨는 무엇을 제안했는가?
(A) 동료 직원들과 교대 근무를 바꿀 것
(B) 자신의 견습생이 될 것
(C) 새로운 요리를 시식해 볼 것
(D) 초과 근무를 할 것
정답 (C)

46. 여자는 무엇을 할 것이라고 말하는가?
(A) 제출된 것을 검토하는 것
(B) 주방에서 요리하는 것
(C) 직원 교육을 돕는 것
(D) 선택 가능한 식사를 고르는 것
정답 (B)

문제 47-49번은 다음 대화를 참조하시오. 영W 미M

W Hi, Victoria. I'm just phoning to let you know what happened in the meeting.
M Oh, thanks, Benjamin. So how did it go?
W It was truly disappointing. **(47) (48) They rejected all of our proposals to change suppliers to GEC for our computer parts. Some of the managers agreed that we needed to change,** but the president persuaded them to leave things as they are.
M Then what do you propose we do?
W (49) We should try to provide some more information about GEC at another meeting to be held next week.
M Sounds good. I'll head over to the office to do some research to gather some good information.

여: 안녕하세요, Victoria. 회의에서 있었던 일을 알려 드리기 위해 전화 드렸습니다.
남: 아, 감사합니다, Benjamin. 그래서 어떻게 되었나요?
여: 정말로 실망스러웠습니다. 우리 컴퓨터 부품에 대해 공급 업체를 GEC로 변경하자는 우리의 모든 제안들을 거절했습니다. 일부 부서장들은 우리가 변경할 필요가 있다는 데 동의했지만, 사장님께서 그분들을 설득해 그대로 두도록 만드셨어요.
남: 그럼 우리가 무엇을 해야 한다고 생각하시나요?
여: 다음 주에 한 차례 더 열릴 회의에서 GEC 사에 관해 더 많은 정보를 제공해 봐야죠.
남: 좋은 생각 같습니다. 제가 사무실로 가서 좋은 정보를 모을 수 있도록 조사를 해 보겠습니다.

47. 화자들은 무슨 제품에 관해 이야기하고 있는가?
(A) 모니터
(B) 에어컨
(C) 전자 하드웨어
(D) 스피커 시스템
정답 (C)

48. 여자의 말에 따르면, 무슨 정보가 실망스러웠는가?
(A) 한 기기가 상당히 손상된 상태이다.
(B) 모든 새로운 제안들이 거부되었다.
(C) 회의가 예상보다 늦게 종료되었다.
(D) 부품 하나가 업그레이드되어야 한다. 정답 (B)

49. 여자는 무엇을 하도록 권하는가?
(A) 제안된 아이디어를 변경하는 것
(B) 일부 직원들을 해고하는 것
(C) 예산을 감축하는 것
(D) 해당 공급 업체에 관해 조사하는 것 정답 (D)

문제 50-52번은 다음 대화를 참조하시오. 미W 호M

W Doug, can I talk with you for a moment? I'm concerned about the delays we're experiencing with some of our suppliers.
M We're doing everything we can to get back on schedule. **(50) The reason for this situation is larger packages being delayed because of a bottleneck at the distribution point.**
W Is there any way around these delays?
M Well, **(51) we can work with better delivery services for our most urgent shipping.** They guarantee delivery within 72 hours, but they're very expensive.
W Okay, we have no choice. We can't make excuses to our clients. **(52) Come to my office in the afternoon to contact them.**
M (52) All right, I'll think of a negotiation plan.

여: Doug, 잠깐만 얘기 하실 수 있으세요? 일부 우리 공급 업체들과 관련해서 우리가 겪고 있는 지연 문제에 대해 걱정이 됩니다.
남: 원래 일정대로 다시 맞추기 위해 우리가 할 수 있는 모든 것을 하는 중입니다. 이 상황이 발생된 원인은 물품 분배 지점의 병목 문제 때문에 지연되고 있는 더 큰 배송 물품들입니다.
여: 이 지연 문제를 해결하는 방법이 있을까요?
남: 저, 우리의 가장 긴급한 배송에 대해서는 더 나은 서비스 업체들과 거래할 수 있습니다. 그 업체들은 72시간 내의 배송을 보장해 주기는 하지만, 매우 비쌉니다.
여: 좋아요, 우리에겐 다른 선택권이 없습니다. 우리 고객들에게 변명을 할 수는 없어요. 오후에 제 사무실로 오셔서 그 업체들에게 연락해 보세요.
남: 좋습니다, 협의 계획을 생각해 보겠습니다.

50. 남자의 말에 따르면, 무엇이 일부 배송 물품이 늦게 도착하도록 만들었는가?
(A) 시설에 물품 분배 문제가 있다.
(B) 직원들에게 결함이 있는 기기들이 주어졌다.
(C) 일부 용품들을 구매할 수 없었다.
(D) 일부 장비가 수리되지 않았다. 정답 (A)

51. 남자는 무엇을 하도록 제안하는가?
(A) 책임자와 이야기하는 것
(B) 여행 준비 사항들을 변경하는 것
(C) 다른 서비스 업체를 이용하는 것
(D) 의제를 수정하는 것 정답 (C)

52. 화자들은 오늘 오후에 무엇을 하는 데 동의하는가?
(A) 더 많은 직원들을 고용하는 일
(B) 배송 회사들과 협의하는 일
(C) 대회의실을 예약하는 일
(D) 일부 설명 내용을 검토하는 일 정답 (B)

문제 53-55번은 다음 대화를 참조하시오. 영W 호M

W Hey,Lebron. **(53) Can you take out the trash for me later today?**
M Sure, but could you tell me how and what I should throw away?
W Okay. Today is Saturday, so you can leave the unburnable trash outside the door. **(55) Unburnable trash is, for example, plastic. It's important not to harm the environment.**
M All right. By the way, where are you going?
W (54) I'm going to have dinner with a friend who just came back from America. Oh, yeah! Don't forget to put all the trash in clear plastic bags.
M Okay, got it. Thanks.

여: 안녕하세요, Lebron. 오늘 이따가 제 대신 쓰레기 좀 밖으로 가져가 주시겠어요?
남: 그럼요, 그런데 그 방법과 무엇을 버려야 하는지를 알려 주시겠어요?
여: 물론입니다. 오늘은 토요일이니까, 소각할 수 없는 쓰레기를 문 밖에 내다 놓으실 수 있어요. 소각할 수 없는 쓰레기는, 예를 들면, 플라스틱 같은 거죠. 환경에 해가 되지 않는 것이 중요하거든요.
남: 알겠습니다. 그건 그렇고, 어디 가시는 건가요?
여: 미국에서 막 돌아온 친구와 함께 저녁 식사를 하러 갈 예정입니다. 아, 맞아요! 모든 쓰레기를 깨끗한 비닐 봉지에 넣는 것을 잊지 마세요.
남: 네, 알겠습니다. 감사합니다.

53. 여자는 남자에게 무엇을 하도록 요청하는가?
(A) 배송 물품을 찾아 오는 일
(B) 음식을 가져오는 일
(C) 쓰레기를 버리는 일
(D) 항공권을 예약하는 일 정답 (C)

54. 여자는 오늘 무엇을 할 계획인가?
(A) 파티를 준비하는 것
(B) 자신의 집을 청소하는 것
(C) 지인과 만나는 것
(D) 외국으로 여행 가는 것 정답 (C)

55. 여자는 왜 "It's important not to harm the environment"라고 말하는가?
(A) 의사 소통을 개선하기 위해
(B) 해야 할 일에 관해 남자에게 상기시키기 위해
(C) 일부 지출 비용을 감소시키기 위해
(D) 남자에게 조심스럽게 걷도록 요청하기 위해 정답 (B)

문제 56-58번은 다음의 3자 대화를 참조하시오. 미W 미M 영W

W Hi, Theodore and Roderick. **(56) I'm surprised to see you two at the conference this year.**
M1 It's been a long time, Arianna. **(57) I thought we wouldn't make it either because of the road construction project on the freeway.**
W Yeah, I heard you and your team have been working nonstop.
M2 Right, but the supplier of the steel we are using to build the bridges is giving a speech today. What have you been up to, Arianna?
W Oh, I see. You know, **(58) I recently became the person in charge of recruiting new employees at our company.** We're looking for skilled experts in engineering to improve our production facilities.

TEST 06

여: 안녕하세요, Theodore 그리고 Roderick. 올해 이 컨퍼런스에서 두 분을 뵙게 되어 놀라워요.
남1: 오랜만이네요, Arianna. 고속도로의 도로 공사 프로젝트 때문에 저희도 올 수 없을 거라고 생각했어요.
여: 네, 당신과 당신의 팀이 쉬지 않고 작업해 오고 있다는 얘기를 들었어요.
남2: 맞아요, 하지만 우리가 다리를 건설하기 위해 이용하고 있는 철강 공급 업체가 오늘 연설을 하거든요. 당신은 어떻게 지내셨나요, Arianna?
여: 아, 알겠습니다. 있잖아요, 저는 최근에 저희 회사에서 신입 직원 채용 책임자가 되었어요. 저희 생산 시설을 개선하기 위해 공학 분야의 능력 있는 전문가들을 찾고 있습니다.

56. 화자들은 어디에 있는가?
(A) 연구 실험실에
(B) 비즈니스 회의에
(C) 업계 컨퍼런스 행사에
(D) 공장에 정답 (C)

57. 남자들은 무슨 프로젝트에 대한 작업을 하고 있는가?
(A) 3D 프린터
(B) IT 시스템
(C) 도로 공사
(D) 새로운 컴퓨터 프로그램 정답 (C)

58. 여자는 무엇을 책임지고 있다고 말하는가?
(A) 실내 디자인을 맞춤 제공하는 것
(B) 주택 대출을 제공하는 것
(C) 기밀 기록들을 인쇄하는 것
(D) 신입 직원들을 채용하는 것 정답 (D)

문제 59-61번은 다음 대화를 참조하시오. 미W 미M

W Hey, Tom. How's it going?
M Not well. We keep running into problems with the client. **(59) The client doesn't like the design of the floor tiles** and keeps changing his mind. It's very frustrating.
W That can be very annoying. When is the deadline?
M It is. My group has to start over again. **(60) And the deadline is in two weeks. I don't know how we're going to make it.**
W (61) Let me help. I'll start by creating new designs for the tile.

여: 안녕하세요, Tom. 어떻게 지내세요?
남: 별로입니다. 고객과 계속 문제에 부딪히고 있어요. 이 고객은 바닥 타일 디자인을 마음에 들어 하지 않는데다, 계속 마음을 바꾸고 있거든요. 정말 좌절감이 큽니다.
여: 정말 짜증나시겠어요. 마감 시한이 언제인가요?
남: 맞아요. 제 팀이 처음부터 다시 일을 시작해야 합니다. 그리고 마감 시한은 2주 후입니다. 어떻게 해낼 수 있을지 모르겠어요.
여: 제가 도와 드릴게요. 제가 새로운 타일 디자인을 만드는 것으로 시작해 볼게요.

59. 고객이 바닥 타일과 관련해 무엇을 마음에 들어 하지 않았는가?
(A) 무게
(B) 비용
(C) 디자인
(D) 내구성 정답 (C)

60. 남자는 왜 "I don't know how we're going to make it"이라고 말하는가?
(A) 경연대회 준비를 해야 한다.
(B) 출장을 떠나야 한다.
(C) 마감 시한을 맞추지 못할까 우려하고 있다.
(D) 내일 고객과 만날 예정이다. 정답 (C)

61. 여자는 무엇을 할 것이라고 말하는가?
(A) 수정된 계약서를 인쇄하는 것
(B) 공급 업체에 연락하는 것
(C) 평면도 작업자에게 전화하는 것
(D) 해당 팀을 돕는 것 정답 (D)

문제 62-64번은 다음 대화와 표를 참조하시오. 영W 호M

도시 공원 야유회 시설

야유회 장소	수용 인원
Wintersweet	55
Ridgewood	65
Kearny Mesa	75
Linda Vista	85

W Hi, Sebastian. The company has decided to have a picnic next week. **(62) I just received a list with the names of the people that are attending.**
M All right, now we need to choose a picnic spot at a city park. There seem to be a lot of options for us.
W I live near the Ridgewood area. It's big but a bit dirty. I don't think people would be too happy about it. Besides, **(63) we don't really need a place for more than 60 people. So let's head over to the smaller one.**
M Yes, I concur with your opinion. Okay, just let me know our budget, and **(64) I'll take care of all the entertainment.**

여: 안녕하세요, Sebastian. 회사에서 다음 주에 야유회를 떠나기로 결정했어요. 참석할 예정인 사람들이 포함된 목록을 제가 막 받았습니다.
남: 알겠습니다, 이제 우리는 도시 공원 한 곳에 야유회 개최 장소를 선정해야 합니다. 우리에게 많은 선택권이 있는 것 같아요.
여: 제가 Ridgewood 지역 근처에 살고 있어요. 규모는 크지만 조금 지저분합니다. 제 생각엔 사람들이 그곳을 아주 만족스러워할 것 같지는 않아요. 게다가, 60명이 넘는 사람들이 이용하는 장소가 꼭 필요한 건 아니에요. 그러니 더 작은 곳으로 합시다.
남: 네, 저도 당신 의견에 동의합니다. 자, 제게 우리 예산을 알려 주시면, 제가 모든 오락 프로그램을 처리하겠습니다.

62. 여자는 야유회와 관련해 무슨 정보를 받았는가?
(A) 행사 진행 시간
(B) 필요한 용품 목록
(C) 참석하는 사람들의 이름
(D) 행사 장소의 주소 정답 (C)

63. 그래픽을 보시오. 화자들은 어느 야유회 장소를 선택할 것인가?
(A) Wintersweet
(B) Ridgewood
(C) Kearny Mesa
(D) Linda Vista 정답 (A)

64. 남자는 자신이 무엇을 처리할 것이라고 말하는가?
(A) 의료
(B) 보험
(C) 긴급 서비스
(D) 오락 프로그램
정답 (D)

문제 65-67번은 다음 대화와 표를 참조하시오. 미M 영W

청구서

액자 사이즈	비용
3x5 인치	20달러
5x5 인치	25달러
6x6 인치	35달러
8x10 인치	40달러
총액	120달러

M Hi, Ms. Kim. **(65) The photos you asked to be framed are done.**
W Thanks for letting me know. **(65) I was worried we wouldn't be able to put them in our new office this week.**
M No problem. Congratulations on your new business. I sent you an e-mail with the invoice.
W Thanks! I checked the invoice earlier today, but I noticed an extra charge for a picture frame we didn't ask for. **(66) We didn't have a 6x6 inch photograph to be framed.**
M Oh, really? Let me check… Oh, you're right. I'm sorry. I'll send you a new invoice right now. In addition, **(67) my assistant will deliver the framed photographs to your house later tonight.**
W I would really appreciate that. Thank you and take care.

남: 안녕하세요, Kim 씨. 액자에 넣어 달라고 요청하신 사진들이 준비되었습니다.
여: 알려 주셔서 감사합니다. 이번 주에 우리의 새 사무실에 그 사진들을 놓을 수 없을까 걱정했어요.
남: 별말씀을요. 새로운 업체를 여신 것을 축하드립니다. 제가 이메일로 거래 내역서를 보내 드렸습니다.
여: 감사합니다! 오늘 아까 그 청구서를 확인해 봤는데, 저희가 요청하지 않은 사진 액자에 대한 추가 청구 요금이 있다는 것을 알았어요. 저희는 6x6 인치 크기의 사진을 액자에 넣어 달라고 하지 않았습니다.
남: 아, 그래요? 확인해 보겠습니다… 아, 그렇네요. 죄송합니다. 지금 바로 새로운 청구서를 보내 드리겠습니다. 추가로, 제 조수가 이따가 저녁에 액자에 넣은 사진을 댁으로 배달해 드릴 겁니다.
여: 그렇게 해 주시면 감사하겠습니다. 감사합니다. 그리고 안녕히 계세요.

65. 여자는 액자에 넣은 사진들로 무엇을 할 것이라고 말하는가?
(A) 동료 직원에게 판매하는 것
(B) 사무실을 장식하는 것
(C) 친척에게 선물로 주는 것
(D) 고객에게 배송하는 것
정답 (B)

66. 그래픽을 보시오. 거래 내역서에서 어느 액수가 삭제될 것인가?
(A) 20달러
(B) 25달러
(C) 35달러
(D) 40달러
정답 (C)

67. 남자는 자신의 보조가 무엇을 할 것이라고 말하는가?
(A) 몇몇 제품을 소유주에게 갖다 주는 것
(B) 추가 완충 포장재로 구매 제품을 포장하는 것
(C) 영수증을 출력하는 것
(D) 한 가지 과정을 더 빨리 처리하는 것
정답 (A)

문제 68-70번은 다음 대화와 일정을 참조하시오. 호M 영W

Washington 출발, San Francisco 행

항공편 번호	출발 시각	도착 시각
항공편 69	6:00 A.M.	8:20 A.M.
항공편 86	8:35 A.M.	11:00 A.M.
항공편 103	11:55 A.M.	2:05 P.M.
항공편 128	2:00 P.M.	4:20 P.M.

M Ascend Airlines. How can I help you?
W Hi. **(70) I have to get to San Francisco** from Washington on Saturday. But I can't seem to access the Web site.
M (68) I apologize. We have been doing maintenance on the server, so the Web site has been down during the process. If you'd like, I can book a ticket for you. It'd be much quicker by phone. What time would you like to book the flight for?
W Thank you. I'd appreciate that. **(69) I need to leave before 7:00 in the morning** to **(70) attend my son's graduation at 10:00 A.M.**

남: Ascend Airlines입니다. 무엇을 도와 드릴까요?
여: 안녕하세요. 제가 토요일에 Washington에서 San Francisco로 가야 합니다. 그런데 귀사의 웹 사이트에 접속할 수 없는 것 같아요.
남: 죄송합니다. 저희가 서버에 대한 관리 작업을 계속 해 오고 있었기 때문에, 이 과정에서 저희 웹 사이트가 접속 불가능한 상태입니다. 괜찮으시다면, 제가 티켓을 예매해 드릴 수 있습니다. 전화로 하면 훨씬 더 빠를 것입니다. 몇 시로 항공편을 예약하고 싶으신가요?
여: 고맙습니다. 그렇게 해 주시면 감사하겠습니다. 오전 10시에 있을 제 아들의 졸업식에 참석할 수 있도록 아침 7시 전에 출발해야 합니다.

68. 남자는 왜 사과하는가?
(A) 기계가 작동을 멈췄다.
(B) 불만 사항이 온라인으로 제출되었다.
(C) 전문 계약이 만료되었다.
(D) 웹 사이트가 접속 불가능하다.
정답 (D)

69. 그래픽을 보시오. 여자는 어느 항공편을 이용할 가능성이 가장 큰가?
(A) 항공편 69
(B) 항공편 86
(C) 항공편 103
(D) 항공편 128
정답 (A)

70. 여자는 San Francisco에서 무엇을 할 것이라고 말하는가?
(A) 행사 장소를 예약하는 것
(B) 졸업식 행사에 참석하는 것
(C) 마라톤에 참가하는 것
(D) 제품을 홍보하는 것
정답 (B)

Part 4

문제 71-73번은 다음 녹음 메시지를 참조하시오. 호M

M Hey, Katie. **(71) It's Alvin, the repair store manager. (72) I want to know if you can come in to work a bit early tomorrow. The new employees are coming in tomorrow, and I would like you to train them.** I was supposed to do it myself, but a client just called me and said she needs some urgent repair work first thing tomorrow morning. **(73) If you can please show them around our facility, I'll be sure to pay you overtime.** Please contact me as soon as possible to let me know your answer. Thanks.

남: 안녕하세요, Katie. 수리점 매니저인 Alvin입니다. 내일 아침 조금 일찍 출근하실 수 있는지 알고 싶습니다. 내일 신입 직원들이 올 예정인데, 당신이 교육을 해 주었으면 합니다. 제가 이 일을 직접 할 예정이었지만, 고객 한 분이 막 제게 전화를 하셔서 내일 아침 가장 먼저 긴급한 수리 작업을 해야 한다고 말씀하셨습니다. 신입 직원들에게 우리 시설을 둘러볼 수 있게 해 주실 수 있다면, 제가 꼭 초과 근무 수당을 지급해 드리겠습니다. 제게 가능한 한 빨리 연락하셔서 대답을 알려 주시기 바랍니다. 감사합니다.

71. 화자는 무슨 종류의 업체를 관리하는가?
(A) 농장
(B) 음식점
(C) 창고
(D) 수리점 정답 (D)

72. 청자는 내일 왜 일찍 출근할 수도 있는가?
(A) 일찍 매장 문을 열기 위해
(B) 장비를 준비하기 위해
(C) 가구를 배송하기 위해
(D) 신입 직원들을 교육하기 위해 정답 (D)

73. 화자는 청자에게 무엇을 제안하는가?
(A) 유급 휴가
(B) 승진
(C) 초과 근무 수당
(D) 급여 인상 정답 (C)

문제 74-76번은 다음 방송을 참조하시오. 영W

W In city news, **(74) yesterday, local firm Plinkton Associates announced it plans to build new railway tracks for trains.** This will allow multiple trains to travel to the same location at the same time. **(75) The reason why Plinkton Associates was selected for the work is that it has a long history of building train tracks going back to the 1800s. (76) The city hopes this will decrease the amount of time required to travel to places and will let travelers make fewer stops along the way.**

여: 우리 시 소식입니다. 어제, 지역 업체인 Plinkton Associates가 새로운 열차용 철로를 짓겠다는 계획을 발표했습니다. 이는 동시에 같은 곳으로 여러 열차들이 이동할 수 있게 해 줄 것입니다. Plinkton Associates가 해당 작업에 대해 선정된 이유는 이 업체가 1800년대까지 거슬러 올라가는 오랜 철로 건축 역사를 지니고 있기 때문입니다. 시에서는 이 공사가 여러 장소를 이동하는 데 필요한 시간을 감소시키고 그 과정에서 여객들이 덜 정차할 수 있게 해 줄 것으로 바라고 있습니다.

74. 어제 무슨 일이 있었는가?
(A) 한 건설 회사가 문을 닫았다.
(B) 한 매장의 할인 행사가 종료되었다.
(C) 새로운 프로젝트가 발표되었다.
(D) 더 빠른 열차가 만들어졌다. 정답 (C)

75. 화자는 왜 Plinkton Associates가 선정되었다고 말하는가?
(A) 많은 예산을 갖고 있다.
(B) 이전의 건설 경험을 지녔다.
(C) 많은 직원을 보유하고 있다.
(D) 매우 빠르게 작업을 완료할 것이다. 정답 (B)

76. 시에서는 무엇을 하기를 바라는가?
(A) 친환경 차량을 홍보하는 것
(B) 판매세율을 낮추는 것
(C) 열차 승차권의 가격을 내리는 것
(D) 교통 시스템을 개선하는 것 정답 (D)

문제 77-79번은 다음 광고를 참조하시오. 미W

W It's that time of the year again, folks. **(77) The anniversary celebration of Zumies Clothing has begun. This means the annual sale will start from today at 12 P.M. (78) Come and get the clothing you've always wanted to buy at extra-low prices** and be sure to come early before everything sells out. On top of that, **(79) you can come visit our Web site at www.zumies.com to fill out a survey** to receive a discount on your next purchase.

여: 일 년 중 가장 중요한 때가 다시 돌아왔습니다, 여러분. 우리 Zumies Clothing의 기념일 축하 행사가 시작되었습니다. 이는 연례 세일 행사가 오늘 오후 12시부터 시작된다는 것을 의미합니다. 행사장에 오셔서 여러분께서 항상 구입하시기를 원하셨던 의류를 초저가로 가져가시기 바라며, 모든 제품이 품절되기 전에 반드시 일찍 오시기 바랍니다. 그 외에도, 저희 웹 사이트 www.zumies.com을 방문하셔서 설문 조사 양식을 작성하시면 다음 번 구매 제품에 대한 할인을 받으실 수 있습니다.

77. 광고는 주로 무엇에 관한 것인가?
(A) 전시회
(B) 매장 개장
(C) 기념일 세일 행사
(D) 공장 개장 정답 (C)

78. 무슨 종류의 업체가 광고되고 있는가?
(A) 주방 기기 매장
(B) 의류 매장
(C) 가구 회사
(D) 전자 제품 제조사 정답 (B)

79. 화자의 말에 따르면, 청자들은 웹 사이트에서 무엇을 할 수 있는가?
(A) 계정 번호를 요청하는 일
(B) 비용 지불을 취소하는 일
(C) 프로그램을 다운로드하는 일
(D) 설문지를 작성 완료하는 일 정답 (D)

문제 80-82번은 다음 담화를 참조하시오. 미M

M Thank you for inviting us to this technology conference. Do you have a difficult time remembering the passwords for all those accounts you own? Then, **(80) start using First Pass, the password management service that stores encrypted passwords in private accounts.** Just think about all those times you forgot your password and spent so much time trying to remember or retrieve it. **(80) With our program, (81) you won't ever have to worry about memorizing or losing a password again.** First Pass is available both on computers and phone. **(82) Now, let me show you how secure this software is as we look at these presentation slides.**

남: 이 기술 컨퍼런스 행사에 저희를 초대해 주셔서 감사 드립니다. 여러분께서 갖고 계신 모든 계정들에 대한 비밀번호를 기억하는 데 어려움을 겪고 계신가요? 그러시다면, 암호화된 비밀번호들을 개인 계정에 저장하는 비밀번호 관리 서비스인 First Pass를 이용해 보기 시작하십시오. 여러분께서 비밀번호를 잊어버려서 그것을 기억하거나 되찾기 위해 노력하느라 아주 많은 시간을 소비한 모든 횟수를 떠올려 보십시오. 저희 프로그램을 이용하시면, 앞으로 다시는 비밀번호를 암기하거나 잃어버리는 것에 대해 걱정하실 필요가 없습니다. First Pass는 컴퓨터와 전화기에서 모두 이용 가능합니다. 자, 이 발표 슬라이드를 함께 보시면서 이 소프트웨어가 얼마나 안전한지를 여러분께 보여 드리겠습니다.

80. 화자는 무엇을 판매하고 있는가?
(A) 음성 녹음기
(B) 스마트폰
(C) 컴퓨터
(D) 소프트웨어 프로그램 정답 (D)

81. 화자는 해당 제품이 사람들이 무엇을 막을 수 있게 도움을 줄 것이라고 말하는가?
(A) 문서 파일을 분실하는 것
(B) 비밀번호를 잊는 것
(C) 안전한 프로그램을 만드는 것
(D) 바이러스에 감염되는 것 정답 (B)

82. 화자는 곧이어 무엇을 할 것인가?
(A) 무료 샘플을 나눠 주는 일
(B) 프로그램 하나를 설치하는 일
(C) 새로운 비밀번호를 만드는 일
(D) 몇몇 슬라이드를 보여 주는 일 정답 (D)

문제 83-85번은 다음 회의 발췌 내용을 참조하시오. 영W

M It looks like everyone is here, so let's get started. As we discussed in our last meeting, **(83) we need sales to go up by this Friday**, or we'll need to lay off a few workers. **(84) However, the good news is that the top three employees who have the most sales will receive a bonus payment.** So I encourage you all to work hard. **(85) The company has also hired a renowned expert in sales to help. He will share useful information with us not only on how to increase our sales but how to double them by end of this month.**

남: 모든 분이 이곳에 와 계신 것 같으니, 시작해 보겠습니다. 우리가 지난번 회의에서 논의했다시피, 우리는 이번 주 금요일까지 판매량을 증가시켜야 하며, 그렇지 않을 경우에 몇몇 직원들을 해고해야 할 것입니다. 하지만, 좋은 소식은 가장 높은 판매량을 기록하는 최고의 직원 세 명은 보너스 급여를 받게 될 것입니다. 따라서 저는 여러분 모두가 열심히 일해 주시기를 권해 드립니다. 회사에서는 또한 도움을 주기 위해 영업 분야의 유명 전문가도 고용한 상태입니다. 이분께서는 판매량을 증가시키는 방법뿐만 아니라 이달 말까지 두 배로 만드는 방법에 관해서도 우리에게 유용한 정보를 공유해 주실 것입니다.

83. 화자는 청자들에게 금요일까지 무엇을 하도록 상기시키는가?
(A) 행사 장소를 방문하는 것
(B) 문서를 수정하는 것
(C) 판매량을 증가시키는 것
(D) 보고서를 제출하는 것 정답 (C)

84. 화자는 무슨 좋은 소식을 언급하는가?
(A) 신임 매니저를 고용할 것이다.
(B) 새로운 회사 정책이 시행되었다.
(C) 기부를 받았다.
(D) 일부 직원들이 보너스 급여를 받을 것이다. 정답 (D)

85. 화자는 왜 "The company has also hired a renowned expert"라고 말하는가?
(A) 추가 도움을 받을 수 있음을 설명하기 위해
(B) 간단한 테스트를 치르기 위해
(C) 한 행사에서 프로젝트를 대표하기 위해
(D) 비즈니스 거래를 제안하기 위해 정답 (A)

문제 86-88번은 다음 담화를 참조하시오. 미M

M I'd like to congratulate you all for getting one step closer to your dream job. **(86) I'm Rebecca Adams, and I'm the person who'll be sharing tips for you about the job fair tomorrow. (87) I suggest you all print a copy of your résumé and bring it with you.** Be prepared to talk about your work experience, skills, and abilities. You should also remember that the three keys to all interviews are making eye contact, offering a firm handshake, and showing enthusiasm. So now, **(88) I'd like all of you to get into small groups and start practicing interviewing one another.**

남: 여러분이 꿈에 그리던 직업에 한 걸음 더 가까이 다가가게 된 것에 대해 여러분 모두에게 축하의 말씀을 드리고자 합니다. 저는 Rebecca Adams이며, 내일 있을 채용 박람회에 관한 팁을 여러분께 공유해 드릴 사람입니다. 저는 여러분 모두가 이력서 사본을 출력해 지참해 오시기를 권해 드립니다. 여러분의 근무 경력, 기술, 그리고 능력에 관해 이야기하실 준비를 하십시오. 또한 모든 면접의 세 가지 핵심 요소들이 눈을 맞추는 것과 굳은 악수를 하는 것, 그리고 열정을 보여 주는 것이라는 점도 기억하셔야 합니다. 자 그럼, 여러분 모두 소그룹으로 나눠서 서로 면접을 보는 것을 연습하기 시작하겠습니다.

86. 담화의 목적은 무엇인가?
(A) 고용 제안을 하는 것
(B) 구직자들에게 안내하는 것
(C) 신입 직원들을 모집하는 것
(D) 학생들이 성공하도록 돕는 것 정답 (B)

87. 남자는 청자들에게 무엇을 하도록 권하는가?
(A) 타당한 전략을 개발할 것

(B) 적절한 복장을 갖춰 입을 것
(C) 이력서를 출력할 것
(D) 모든 사람과 인적 관계를 형성할 것 정답 (C)

88. 청자들은 곧이어 무엇을 할 것인가?
(A) 고용 업체들을 조사하는 일
(B) 영화를 관람하는 일
(C) 연설을 듣는 일
(D) 서로 면접을 하는 일 정답 (D)

문제 89-91번은 다음 전화 메세지를 참조하시오. 호M

M Hi, Blake. It's Alex. **(89) Have you checked out the cooking class e-mail I sent you? We definitely need to take it** and surprise everyone with the food we'll be able to make. It'll be a great skill to learn so that **(90) we don't embarrass ourselves again like last year with the Thanksgiving dinner party. You remember what happened, right?** Well, **(91) I'm going to head over to the market later to get some ingredients to cook some salmon tonight.** Let me know what you decide to do. Bye.

남: 안녕하세요, Blake. 저는 Alex입니다. 제가 보내 드린 요리 강좌 이메일을 확인해 보셨나요? 우리는 반드시 그것을 수강해서 우리가 만들 수 있게 될 음식으로 모든 사람들을 놀라게 해야 합니다. 우리가 배우기에 아주 좋은 기술일 것이기 때문에 작년의 추수감사절 만찬처럼 다시는 우리 자신을 창피하게 만들지 않게 될 겁니다. 무슨 일이 있었는지 당신도 기억나죠? 음, 저는 나중에 시장으로 가서 오늘밤에 연어를 요리하는 데 필요한 몇몇 재료를 구입할 겁니다. 당신이 결정하시는 바를 제게 알려 주세요. 안녕히 계세요.

89. 메시지는 주로 무엇에 관한 것인가?
(A) 회의에 참석하는 일
(B) 만찬을 준비하는 일
(C) 요리 강좌를 수강하는 일
(D) 쇼핑몰에 가는 일 정답 (C)

90. 화자가 "You remember what happened, right"이라고 말할 때 무엇을 암시하는가?
(A) 강좌를 취소할 수 없다.
(B) 제품을 테스트해 봐야 한다.
(C) 이메일을 수정하고 싶어 한다.
(D) 실수를 반복하고 싶어 하지 않는다. 정답 (D)

91. 화자는 오늘밤에 무엇을 할 예정인가?
(A) 센터를 방문하는 것
(B) 시장에 들르는 것
(C) 레슨 비용을 지불하는 것
(D) 요리사를 만나는 것 정답 (B)

문제 92-94번은 다음 방송을 참조하시오. 영W

W Welcome to my show, *Simple Cooks*. I'm Mary Oak, **(92) a chef who has won various food contests.** I started out as just a regular person who loved to cook food, especially for the family. Then, my family suggested I enter some cooking contests, and that led me to where I am now. Today, I'll be giving some simple and easy tips on how to cook. **(93) You should set up the perfect workspace by gathering clean tools, bowls, and utensils. And make sure to keep a trashcan within arm's reach. Always read and reread your recipes before you start cooking.** Now, because we got the basics down, **(94) I will show you all how to make a simple dish at home.**

여: 제 프로그램인 'Simple Cooks'에 오신 것을 환영합니다. 저는 Mary Oak이며, 여러 음식 경연대회에서 수상한 경험이 있는 요리사입니다. 저는 처음에 그저 음식을 요리하기를 아주 좋아하는 일반적인 사람으로 시작했는데, 특히 가족들을 위해서요. 그때, 제 가족은 제게 요리 콘테스트에 참가해 보기를 권해 주었고, 이로 인해 지금에 이르게 되었습니다. 오늘, 저는 요리 방법에 관한 몇몇 간단하면서 쉬운 팁을 알려 드릴 것입니다. 깨끗한 도구와 그릇, 그리고 기구를 모으는 방법으로 완벽한 작업 공간을 준비하십시오. 그리고 손이 닿는 곳에 반드시 쓰레기통을 놓아 두도록 하십시오. 요리를 시작하기 전에 항상 조리법을 읽고 또 읽으십시오. 이제, 기초적인 사항들은 알려 드렸으니, 여러분 모두에게 집에서 간단한 요리를 하나 만드는 법을 알려 드리겠습니다.

92. 화자는 왜 해당 프로그램을 진행할 자격이 있는가?
(A) 요리사에게서 추천을 받았다.
(B) 자신 소유의 레스토랑이 있다.
(C) 50년이 넘게 요리를 해 왔다.
(D) 많은 요리 콘테스트에서 우승했다. 정답 (D)

93. 화자는 왜 "Always read and reread your recipes before you start cooking"이라고 말하는가?
(A) 다른 사람의 의견에 동의하지 않기 위해
(B) 준비 과정의 중요성을 말하기 위해
(C) 사람들이 어떠한 실수도 하지 않도록 하기 위해
(D) 자신의 기법이 타당함을 보여 주기 위해 정답 (B)

94. 화자는 곧이어 무엇을 할 가능성이 가장 큰가?
(A) 가족을 위해 요리하는 것
(B) 요리 콘테스트를 주최하는 것
(C) 시연을 해 보이는 것
(D) 청중들을 인터뷰하는 것 정답 (C)

문제 95-97번은 다음 전화 메세지를 참조하시오. 호M

이름: Abraham Richardson
사원 번호: 325624

소속 부서 번호: 7878
사무실 번호: 6190
전화 번호: 283-5570

M Hello. I'm Abraham Richardson. **(95) I'm calling about the identification badge that I asked for from the Label Printing Department. (96) However, there seems to be an error on my phone number.** And as this is used at work every day to exchange contacts, it will cause a huge inconvenience. It's a relief tomorrow is the weekend, **(97) but could you please issue a new correct badge and send it over to my house quickly?** That would be great. Thank you.

남: 안녕하세요. 저는 Abraham Richardson입니다. 라벨 인쇄부에 제가 요청 드린 사원증과 관련해 전화드렸습니다. 그런데, 제 전화 번호에 오류가 있는 것 같습니다. 그리고 이것이 회사에서 매일 연락처를 주고 받는 데 사용되기 때문에, 큰 불편을 초래할 것입니다. 내일이 주말인 것은 다행이지만, 정확한 새 사원증을 발급해서 제 집으로 빨리 보내 주실 수 있으신가요? 그렇게 해 주시면 좋겠습니다. 감사합니다.

95. 화자는 무슨 부서에 전화를 거는가?
(A) 재무
(B) 시설 관리
(C) 라벨 인쇄
(D) 생산
정답 (C)

96. 그래픽을 보시오. 화자는 무슨 정보가 부정확하다고 말하는가?
(A) 325624
(B) 7878
(C) 6190
(D) 283-5570
정답 (D)

97. 화자는 청자에게 무엇을 하도록 요청하는가?
(A) 고객과 만나는 것
(B) 팀장과 계획을 논의하는 것
(C) 새로운 사원증을 출력하는 것
(D) 문서를 분석하는 것
정답 (C)

문제 98-100번은 다음 회의 발췌 내용과 배치도를 참조하시오. 영W

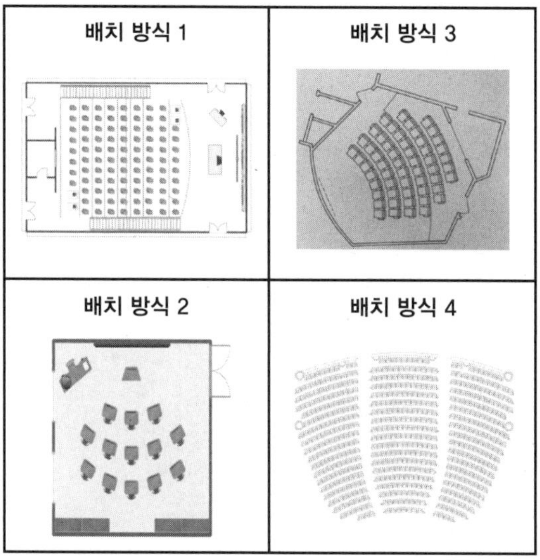

W All right team, next week, **(98) the incoming freshmen will have their university orientation. (99) We're expecting higher attendance than usual as we have accepted more students to our college this year than any year in history since this school opened.** To deal with that, we'll have to set up the seating arrangement efficiently in the auditorium so that everyone has a chance to sit and listen in comfort. We don't want anyone to feel left out at the start of the year now, do we? So **(100) I propose that we have three long divided sections** and have the speakers walk up and down the aisles to welcome everybody at least once during the orientation.

여: 좋습니다, 팀원 여러분, 다음 주에, 새로 입학하는 신입생들이 대학 오리엔테이션을 할 것입니다. 우리 학교가 개교한 이래로 역사상 그 어느 해보다 올해 우리 대학에 더 많은 학생들을 받았기 때문에 평소보다 더 많은 참석자들이 있을 것으로 예상하고 있습니다. 이에 대처하기 위해, 우리는 강당에 좌석 배치를 효율적으로 준비해야 모든 사람이 자리에 앉을 기회를 갖고 편안하게 얘기를 들을 수 있을 것입니다. 우리는 한 해를 시작하는 지금 시점에 그 누구도 소외감을 느끼는 것을 원치 않습니다, 그렇죠? 따라서 저는 세 곳의 길게 나뉜 구역을 만들어서 오리엔테이션 중에 연사들이 통로를 오가면서 최소한 한 번씩은 모든 이들을 환영할 수 있게 하기를 제안합니다.

98. 무슨 종류의 행사가 준비되고 있는가?
(A) 골프 경기 대회
(B) 학생 오리엔테이션
(C) 감사 오찬
(D) 제품 출시회
정답 (B)

99. 화자는 왜 참석자 수가 높을 것으로 예상하는가?
(A) 이번 행사에 대한 기대가 크다.
(B) 티켓 가격이 비싸지 않다.
(C) 학부모들도 올 것이다.
(D) 올해 많은 학생들이 입학했다.
정답 (D)

100. 그래픽을 보시오. 어느 배치 방식이 강당에서 활용될 것인가?
(A) 배치 방식 1
(B) 배치 방식 2
(C) 배치 방식 3
(D) 배치 방식 4
정답 (D)

TEST 07
Part 1

1. 미W
(A) The man is talking on the phone.
(B) The man is tying his shoelaces.
(C) The man is buttoning his shirt.
(D) The man is resting his chin in his hand.

(A) 남자가 전화 통화 중이다.
(B) 남자가 신발끈을 묶고 있다.
(C) 남자가 그의 셔츠 단추를 채우고 있다.
(D) 남자가 턱을 괴고 있다. 정답 (A)

2. 영W
(A) A woman is standing on a ladder.
(B) A woman is stacking some boxes.
(C) A woman is putting on a uniform.
(D) A woman is pulling a cart.

(A) 여자가 사다리 옆에 서 있다.
(B) 여자가 박스들을 차곡차곡 쌓고 있다.
(C) 여자가 유니폼을 착용하는 중이다.
(D) 여자가 카트를 끌고 있다. 정답 (D)

3. 미M
(A) She's trying on a jacket.
(B) She's examining some clothing.
(C) She's putting a dress into a bag.
(D) She's hanging a shirt on a rack.

(A) 그녀가 재킷을 입어 보고 있다.
(B) 그녀가 옷을 살펴보고 있다.
(C) 그녀가 가방에 드레스를 집어넣고 있다.
(D) 그녀가 셔츠를 옷걸이에 걸고 있다. 정답 (B)

4. 영W
(A) Some plants are being watered.
(B) Some trees are being trimmed.
(C) Some plants are hanging in rows.
(D) Some flowers are being picked.

(A) 화초들에 물을 주고 있다.
(B) 나무들이 다듬어지고 있다.
(C) 화초들이 여러 줄로 매달려 있다.
(D) 꽃들을 꺾고 있다. 정답 (C)

5. 미W
(A) A person is peeling an orange.
(B) A person is stocking the shelves.
(C) A person is weighing some fruit.
(D) A person is holding a plastic bag.

(A) 한 사람이 오렌지 껍질을 벗기고 있다.
(B) 한 사람이 선반에 물건을 채우고 있다.
(C) 한 사람이 과일 무게를 달고 있다.
(D) 한 사람이 비닐봉투를 들고 있다. 정답 (D)

6. 호M
(A) Some chairs are arranged in a circle.
(B) Some trees are being planted on a beach.
(C) Some rest areas have been set on a beach.
(D) Some people are swimming in the ocean.

(A) 의자들이 동그랗게 배열되어 있다.
(B) 나무들이 해변가에 심어지고 있다.
(C) 휴식 공간들이 해변가에 설치되어 있다.
(D) 사람들이 바다에서 수영 중이다. 정답 (C)

Part 2

7. 호M 미W
Can you take a look at my budget report?
(A) He came home late last night.
(B) I'll be right with you.
(C) Sure, we can share a cab.

제 예산 보고서를 한번 봐 주시겠어요?
(A) 그가 어젯밤 늦게 집에 왔어요.
(B) 제가 바로 그리 갈게요.
(C) 그럼요, 함께 택시를 타면 됩니다. 정답 (B)

8. 영W 미M
Do you know where Mr. Lopez is?
(A) I don't know when to start.
(B) I'm not sure, but he'll be back soon.
(C) It'll begin at two o'clock.

Lopez 씨가 어디 있는지 아세요?
(A) 언제 시작해야 할지 모르겠어요.
(B) 잘 모르겠습니다, 하지만 곧 돌아오실 겁니다.
(C) 2시에 시작될 겁니다. 정답 (B)

9. 호M 미M
How can I get to the registration desk?
(A) You need to fill out the form.
(B) Turn left at the first corner.
(C) I got mine in Japan.

접수처로 어떻게 가야 하나요?
(A) 양식을 작성해 주셔야 합니다.
(B) 첫 번째 모퉁이에서 좌회전하세요.
(C) 제 것은 일본에서 구했어요. 정답 (B)

10. 영W 미M
When can I stop by your office?
(A) Any time before noon.
(B) We stopped running an advertisement.
(C) Take the escalator to the second floor.

당신 사무실에 언제 들를 수 있나요?
(A) 정오 전에는 언제든지 좋습니다.
(B) 우리는 광고를 내는 일을 중단했습니다.
(C) 에스컬레이터를 타고 2층으로 가세요. 정답 (A)

11. 미W 영W
When will the store renovations be finished?
(A) Not for another month.
(B) There's a large storage area in the back.
(C) I made a reservation this morning.

언제 매장 개조 공사가 완료되는 건가요?
(A) 한 달은 더 있어야 합니다.
(B) 뒤쪽에 넓은 보관 공간이 있습니다.

(C) 제가 오늘 아침에 예약했습니다. 정답 (A)

12. 미W 영W
Do you want some sugar or cream with your coffee?
(A) Yes, I can make extra copies.
(B) I might have extra copies.
(C) Can I have both, please?

커피에 설탕이나 크림 중에 무엇을 넣어 드릴까요?
(A) 네, 제가 추가로 복사할 수 있습니다.
(B) 제가 추가 사본을 갖고 있을 수도 있습니다.
(C) 둘 다 넣어 주실 수 있나요? 정답 (C)

13. 호M 영W
I should print all the brochures before the meeting starts.
(A) I haven't met him yet.
(B) Sure, here you are.
(C) Then I'll get some refreshments.

저는 회의가 시작되기 전에 모든 안내 책자를 인쇄해야 합니다.
(A) 저는 아직 그를 만나지 못했어요.
(B) 그럼요, 여기 있습니다.
(C) 그럼, 제가 다과를 준비할게요. 정답 (C)

14. 미M 미W
Would you like some chicken or some fish?
(A) Is the chicken baked or fried?
(B) Yes, I'm done.
(C) I'd like to finish it first.

치킨으로 하시겠어요, 아니면 생선으로 드시겠어요?
(A) 치킨을 굽는 건가요, 아니면 튀기는 건가요?
(B) 네, 저는 끝냈습니다.
(C) 저는 그걸 먼저 끝내고 싶습니다. 정답 (A)

15. 미M 호M
You checked all the applications, didn't you?
(A) Sure. Just fill out the form.
(B) No, not yet.
(C) They offer a better salary.

모든 지원서들을 확인해 보셨죠?
(A) 물론이죠. 양식만 작성하시면 됩니다.
(B) 아뇨, 아직이요.
(C) 그곳은 더 나은 연봉을 제공합니다. 정답 (B)

16. 미W 호M
Where will the next science fair be held?
(A) In Las Vegas, as usual.
(B) It will begin in two months.
(C) You should get here by Monday.

다음 번 과학 박람회는 어디에서 열리나요?
(A) 늘 하던 대로 Las Vegas에서요.
(B) 두 달 후에 시작될 겁니다.
(C) 월요일까지 이리로 오셔야 합니다. 정답 (A)

17. 미W 미M
What's the price of this laptop computer?
(A) It should be in your lab.
(B) Can you fax me the price list?
(C) I think there is a discount on it.

이 노트북 컴퓨터의 가격은 얼마인가요?
(A) 당신 실험실에 있을 겁니다.
(B) 가격 목록을 팩스로 좀 보내 주시겠어요?
(C) 그 제품은 할인이 되는 것 같습니다. 정답 (C)

18. 호M 미W
Hasn't the monthly training session been canceled?
(A) No, the train departs at noon.
(B) Yes, due to the tight budget.
(C) About the marketing strategies.

월간 교육 시간이 취소되지 않았나요?
(A) 아뇨, 그 기차는 정오에 출발합니다.
(B) 네, 빡빡한 예산 때문에요.
(C) 마케팅 전략에 관해서요. 정답 (B)

19. 미M 영W
Why didn't you use the copy machine?
(A) To distribute some handouts.
(B) About one hundred copies.
(C) We need a new ink cartridge.

왜 복사기를 사용하지 않으셨나요?
(A) 일부 유인물을 나눠 주기 위해서요.
(B) 약 100부입니다.
(C) 새 잉크 카트리지가 필요합니다. 정답 (C)

20. 미M 영W
Let's throw a retirement party for Mr. Cayman.
(A) That is great.
(B) The price went up.
(C) Let's renew the membership.

새로운 마케팅 계획에 관해 몇몇 제안 사항이 있습니다.
(A) 잘됐네요.
(B) 가격이 올랐습니다.
(C) 회원 자격을 갱신합시다. 정답 (A)

21. 호M 미M
Where do you want me to hang this poster?
(A) Yes, it's in the drawer.
(B) Next to the window over there.
(C) It was uploaded last night.

이 포스터를 어디에 부착할까요?
(A) 네, 그건 서랍에 있습니다.
(B) 바로 저쪽 창문 옆에요.
(C) 그건 어젯밤에 업로드 되었습니다. 정답 (B)

22. 호M 미W
Isn't K-Supermarket closed every other Sunday?
(A) They opened another branch office.
(B) Yes, he closed his account yesterday.
(C) Yes, it's a new store policy.

K-Supermarket은 격주로 일요일마다 문을 닫지 않나요?
(A) 그곳은 또 다른 지점 하나를 열었어요.
(B) 네, 그는 어제 자신의 계정을 닫았습니다.
(C) 네, 그게 새로운 매장 정책입니다. 정답 (C)

23. 영W 미M
Who made the flower arrangement for the event?
(A) One of the secretaries.
(B) Mr. Gump took them out for dinner.
(C) Once you get there.

행사에 쓸 그 꽃 장식을 누가 만들었나요?
(A) 비서들 중의 한 사람이요.
(B) Gump 씨가 그들을 데리고 저녁 식사를 하러 갔습니다.
(C) 일단 그곳으로 가시는 대로요. 정답 (A)

24. 영W 호M
Don't you think we need to change the current caterer?
(A) I haven't heard any complaints.
(B) We don't have any large bills.
(C) It has to be in lowercase letters.

우리가 현재 이용 중인 출장 요리 제공 업체를 바꿔야 한다고 생각하지 않으세요?
(A) 저는 아무런 불만 사항도 듣지 못했어요.
(B) 저희는 비용이 큰 청구서가 전혀 없습니다.
(C) 소문자로 된 글자여야 합니다. 정답 (A)

25. 미W 영W
Wasn't Ms. Cortez nominated for the employee of the month award this time?
(A) There will a job fair soon.
(B) We are still hiring more sales staffers.
(C) You're thinking of Ms. Lopez in Sales.

Cortez 씨가 이번에 이달의 직원 상에 후보로 지명되지 않았나요?
(A) 곧 직업 박람회가 열릴 겁니다.
(B) 우리는 여전히 추가 영업 사원들을 고용하는 중입니다.
(C) 영업부의 Lopez 씨를 생각하고 말씀하시는 거군요. 정답 (C)

26. 미W 호M
Why did Mr. Baum change the meeting time?
(A) It will be a time-consuming job.
(B) Until next Monday.
(C) Due to a scheduling conflict.

Baum 씨가 왜 회의 시간을 변경한 거죠?
(A) 그건 시간이 걸리는 일입니다.
(B) 다음 주 월요일까지요.
(C) 일정상의 충돌 문제 때문에요. 정답 (C)

27. 미W 영W
I'm not sure how to use this accounting software.
(A) Why don't you attend the training session?
(B) Thanks. It will be a great help.
(C) It will be shipped from the warehouse.

이 회계 소프트웨어 사용법을 잘 모르겠어요.
(A) 교육 시간에 참석해 보시는 게 어떠세요?
(B) 감사합니다. 정말 큰 도움이 될 겁니다.
(C) 창고에서 배송될 겁니다. 정답 (A)

28. 미M 호M
Is the weather here always this cold?
(A) This is not that bad.
(B) Well, give him a call.
(C) I don't know whether she'll be here.

이곳 날씨는 항상 이렇게 추운가요?
(A) 이 정도는 그렇게 나쁜 게 아닙니다.
(B) 저, 그에게 전화해 보세요.
(C) 그녀가 이곳으로 올지 모르겠습니다. 정답 (A)

29. 미M 미W
Who should I contact in order to access the new system?
(A) I'll give you a manual.
(B) Right. It won't be necessary.
(C) Not enough people showed interest.

새로운 시스템을 이용하려면 누구에게 연락해야 하나요?
(A) 제가 지침서를 드릴게요.
(B) 맞아요. 그건 필요치 않습니다.
(C) 충분히 많은 사람들이 관심을 보이지 않았습니다. 정답 (A)

30. 호M 미M
You're finally getting a corner office, right?
(A) Yes, just leave it by the door.
(B) No, but I wish I were.
(C) When should we leave?

드디어 고급 사무실을 얻으시는 게 맞나요?
(A) 네, 그냥 문 옆에 두세요.
(B) 아뇨, 하지만 그랬으면 좋겠네요.
(C) 우리가 언제 떠나야 하나요? 정답 (B)

31. 영W 미W
I'd like to make an appointment with Dr. Cho.
(A) She does not work here anymore.
(B) Yes, it was so disappointing.
(C) Is this for here or to go?

저는 Cho 박사님으로 예약을 하고자 합니다.
(A) 그분께서는 더 이상 이곳에서 일하지 않으세요.
(B) 네, 아주 실망스러운 일이었어요.
(C) 드시고 가시나요, 아니면 포장이신가요? 정답 (A)

Part 3

문제 32-34번은 다음 대화를 참조하시오. 호M 미W

M Hello. I'm George Martinez. **(32) I have an interview at 10:00 today with Mr. Hopkins for the assistant director position for the new thriller that your company is planning to shoot next month.**
W Hi, Mr. Martinez, Mr. Hopkins is currently interviewing another applicant. He'll be with you in just a moment. **(33) Did you bring an extra copy of your résumé?**
M Yes, it is right here with me in this portfolio along with samples of my work and some other documents.
W Awesome, you sure are prepared. By the way, **(34) I'd like to ask how you found out about this position.**

남: 안녕하세요. 저는 George Martinez입니다. 귀사에서 다음 달에 촬영할 것으로 계획 중이신 새로운 스릴러 영화에 대한 조감독 직책 때문에 오늘 10시에 Hopkins 씨와 면접이 잡혀 있습니다.
여: 안녕하세요, Martinez 씨, Hopkins 씨는 현재 다른 지원자를 면접하고 계십니다. 잠시 후면 뵐 수 있으실 겁니다. 이력서 추가 사본은 지참하고 오셨나요?

남: 네, 바로 여기 제 작품 샘플 및 다른 서류들과 함께 이 포트폴리오에 넣어서 가져왔습니다.
여: 좋습니다. 분명히 준비가 되셨군요. 그건 그렇고, 이 직책에 대해서 어떻게 알게 되셨는지 여쭤보고 싶네요.

32. 화자들은 어디에 있을 가능성이 가장 큰가?
(A) 영화사에
(B) 미술관에
(C) 예술 스튜디오에
(D) 박물관에
정답 (A)

33. 남자는 무엇을 가져왔는가?
(A) 신분증
(B) 명함
(C) 이력서
(D) 티켓
정답 (C)

34. 여자는 남자에게 무엇에 관해 묻는가?
(A) 근무 경력
(B) 작업 샘플
(C) 교통 수단
(D) 해당 공석을 알게 된 방법
정답 (D)

문제 35-37번은 다음 대화를 참조하시오. 영W 미M

W Hi. **(35) I went to see the dolphin show at your aquarium last Saturday. But I was very dissatisfied with the performance as it was a total disaster.**
M I'm sorry about that. This was the first performance, both for the trainers and the marine mammals. We have received complaints from many customers today and **(36) plan to give out refunds for the tickets.**
W Great. By the way, can I receive tickets for another show in the future instead?
M (37) I'm sorry. We're only able to refund the money as all future shows have been canceled for the time being.

여: 안녕하세요. 저는 지난 토요일에 귀하의 수족관에 돌고래 쇼를 보러 갔었어요. 그런데 쇼가 완전히 엉망이어서 공연이 매우 불만족스러웠어요.
남: 그 부분에 대해 유감스럽게 생각합니다. 이번이 트레이너와 그 해양 포유동물들 모두에게 첫 공연이었습니다. 오늘 많은 고객들로부터 불만 사항을 접수했고, 입장권에 대한 환불을 제공해 드릴 계획입니다.
여: 잘됐네요. 그건 그렇고, 그 대신에 앞으로 있을 다른 쇼에 대한 입장권을 받을 수 있나요?
남: 죄송합니다. 향후의 모든 쇼가 당분간 취소되었기 때문에 저희는 오직 금액 환불만 해 드릴 수 있습니다.

35. 여자는 왜 전화를 거는가?
(A) 일부 정보를 확인하기 위해
(B) 예약 시간을 확인해 주기 위해
(C) 지연 문제에 대한 우려를 표현하기 위해
(D) 불만을 제기하기 위해
정답 (D)

36. 남자는 무엇이 제공될 것이라고 말하는가?
(A) 식사
(B) 상품권
(C) 환불
(D) 상품
정답 (C)

37. 남자는 왜 사과하는가?
(A) 배송이 늦게 도착할 것이다.
(B) 쇼가 취소되었다.
(C) 일부 직원들이 반드시 교육되어야 한다.
(D) 일부 거래 서비스를 이용할 수 없다.
정답 (B)

문제 38-40번은 다음 대화를 참조하시오. 미W 호M

W Kevin, I just got a call back from Jungsoo Hong, the bestselling nonfiction author, to do a meet and greet **(38) at our bookstore.** He'll also be doing a workshop for aspiring authors who are starting their careers.
M Awesome, that's great news! **(39) I hope we all get a chance to take pictures and to have our books signed by him.**
W Of course. He's an extremely generous and humble man. So we also need to return the favor and make sure everything is ready for him when he gets here. **(40) We need to set up a display for his presentation when he starts the workshop.**
M All right, I'll be sure to do that this afternoon.

여: Kevin, 제가 방금 베스트셀러 논픽션 작가인 Jungsoo Hong 씨로부터 우리 서점에서 팬미팅 행사를 하는 것에 관한 답변 전화를 받았어요. 그 분께서는 새롭게 경력을 시작해 장차 작가가 되려는 사람들을 위한 워크숍도 진행하실 겁니다.
남: 정말 잘됐네요, 아주 좋은 소식이에요! 저는 우리 모두가 사진도 찍고 우리 책에 그분의 사인도 받을 기회가 있기를 바라고 있어요.
여: 물론입니다. 그분은 대단히 너그러우시고 겸손하신 분이세요. 따라서 우리는 또한 보답도 해 드리고 이곳에 오셨을 때 모든 것이 확실히 준비되도록 해 드려야 합니다. 그분이 워크숍을 시작할 때 그분의 발표에 필요한 화면을 설치해야 합니다.
남: 좋습니다, 제가 오늘 오후에 그 일을 꼭 하겠습니다.

38. 화자들은 어디에서 일하는가?
(A) 쇼핑 센터에서
(B) 컨벤션 센터에서
(C) 도서관에서
(D) 서점에서
정답 (D)

39. 남자는 Jungsoo Hong 씨가 무엇을 하기를 바라는가?
(A) 시상을 하는 것
(B) 개인 기부를 하는 것
(C) 일부 책에 사인해 주는 것
(D) 사업 계약을 체결하는 것
정답 (C)

40. 남자는 오늘 오후에 무엇을 할 것이라고 말하는가?
(A) 보고서를 준비하는 것
(B) 화면을 설치하는 것
(C) 발표를 하는 것
(D) 파티를 마련하는 것
정답 (B)

문제 41-43번은 다음 대화를 참조하시오. 미M 영W

M Hi, Elizabeth. **(41) Did you look at the TV ratings for our new show that just aired yesterday? The viewers gave us very low scores and wrote rude comments.**
W Yeah, I just saw them right now. What should we do?
M (42) Let's have a meeting tomorrow to discuss this

TEST 07

problem and to find a solution to it as quickly as possible.** We need to find new ways to reach the public. Maybe we should expand our advertising efforts.
W We definitely should, or we might lose our invitation to **(43) the film festival next month.**

남: 안녕하세요, Elizabeth. 어제 막 방송된 우리의 새 프로그램에 대한 TV 시청률을 확인해 보셨나요? 시청자들이 우리에게 매우 낮은 점수를 주고 무례한 의견까지 작성했어요.
여: 네, 지금 막 봤습니다. 어떻게 해야 하죠?
남: 내일 회의를 열어서 이 문제에 관해 논의해 보고 가능한 한 빨리 해결책을 찾아 봅시다. 우리는 일반 대중에게 다가갈 수 있는 새로운 방법을 찾아봐야 해요. 아마 광고 활동을 확대해야 할 겁니다.
여: 분명 그렇게 해야 해요. 그렇지 않으면 다음 달에 있을 영화제에 대한 초청 자격을 잃을지도 몰라요.

41. 화자들은 무슨 문제점을 논의하고 있는가?
(A) 재고 수준이 너무 낮다.
(B) 한 프로그램이 부정적인 평가를 받았다.
(C) 불만 사항이 온라인으로 제출되었다.
(D) 전문 계약 기간이 만료되었다. 정답 (B)

42. 남자는 무엇을 제안하는가?
(A) 예산을 늘릴 것
(B) 새로운 배우들을 데려올 것
(C) 행사에 참가할 것
(D) 회의를 개최할 것 정답 (D)

43. 다음 달에 무슨 일이 있을 것인가?
(A) 사진 촬영
(B) 기업 행사
(C) 영화제
(D) 무역 박람회 정답 (C)

문제 44-46번은 다음 대화를 참조하시오. 호M 영W

M Fiona, **(44) would you be able to come in and substitute for me on Wednesday to teach my math class?** I have to attend a teacher conference on that day.
W (45) Sorry, but I was called in for jury duty on Wednesday, and that will last for the whole day.
M Oh, okay, no problem. I'll try to find someone else then.
W (46) You should try contacting Yusuf. I remember him saying that he would like to change his teaching schedule this week.

남: Fiona, 수요일에 오셔서 제 대신 수학 수업을 좀 가르쳐 주실 수 있으신가요? 제가 그날 교사 컨퍼런스에 참석해야 합니다.
여: 죄송하지만, 제가 수요일에 배심원 임무를 해 달라는 요청을 받았는데, 그게 하루 종일 지속될 겁니다.
남: 아, 알겠어요, 괜찮습니다. 그럼 다른 사람을 찾아 보도록 할게요.
여: Yusuf 씨에게 한 번 연락해 보세요. 그분이 이번 주에 자신의 수업 일정을 변경하고 싶다고 말씀하신 게 기억나요.

44. 화자들은 무슨 업계에서 일하는가?
(A) 행정
(B) 교육
(C) 연구
(D) 저널리즘 정답 (B)

45. 여자가 "I was called in for jury duty on Wednesday"라고 말할 때 무엇을 의미하는가?
(A) 관련 경험이 부족하다.
(B) 세미나를 이끌 것이다.
(C) 휴가를 떠날 계획이다.
(D) 시간이 나지 않는다. 정답 (D)

46. 여자는 Yusuf 씨에 관해 무슨 말을 하는가?
(A) 그가 발표를 해야 한다.
(B) 그가 예약 일정을 재조정하고 싶어 한다.
(C) 그가 근무 조를 변경하고 싶어 한다.
(D) 그가 학교에서 가까운 곳에 살고 있다. 정답 (C)

문제 47-49번은 다음의 3자 대화를 참조하시오. 미W 호M 미M

W (47) I sincerely welcome both of you to your new team, the Trail Blazers. I hope you feel at home soon in the new city you'll be playing for. Let me show you around **(47) the facility where we'll do most of the training.** Is there anything you'd like to know first?
M1 I wonder if there are a pool and a sauna in the gym. I love to swim and remove toxins in the sauna afterward.
W There are. **(48) While the pool is being fixed because of some cracks in it,** the sauna is ready to be used anytime. Is there anything else you are curious about?
M2 Yes, **(49) when will we meet our teammates?** I'd like to meet them and get to know them right away.
W Of course. **(49) We will all have dinner together later tonight.**

여: 두 분 모두 새로운 팀인 Trail Blazers에 오신 것을 진심으로 환영합니다. 두 분이 활동하시게 될 새로운 도시에서 곧 편안하게 지내실 수 있기를 바랍니다. 우리가 대부분의 훈련을 하게 될 시설을 두 분께 둘러보시도록 해 드리겠습니다. 가장 먼저 알고 싶으신 것이 있나요?
남1: 체육관 내에 수영장과 사우나가 있는지 궁금합니다. 제가 수영하는 것과 그 후에 사우나에서 독소를 제거하는 것을 아주 좋아합니다.
여: 있습니다. 수영장은 내부에 생긴 일부 균열 문제로 인해 현재 수리되고 있는 반면에, 사우나는 언제든지 이용될 준비가 되어 있습니다. 궁금하신 또 다른 점이 있으신가요?
남2: 네, 언제 팀원들을 만나나요? 당장 그들을 만나서 서로 알게 되었으면 좋겠어요.
여: 당연합니다. 이따가 오늘 저녁에 다같이 모여 저녁 식사를 할 것입니다.

47. 여자는 누구에게 이야기하고 있을 가능성이 가장 큰가?
(A) 세입자들
(B) 트레이너들
(C) 운동 선수들
(D) 실내 디자이너들 정답 (C)

48. 여자는 운동 시설에 관해 무슨 말을 하는가?
(A) 출입하는 데 회원권이 필요하다.
(B) 현재 공사 중이다.
(C) 사우나가 없다.
(D) 수영장이 수리되어야 한다. 정답 (D)

49. 남자들은 오늘밤에 무엇을 할 것 같은가?
(A) 훈련을 시작하는 것

(B) 팀 감독을 만나는 것
(C) 함께 수영하러 가는 것
(D) 팀원들과 함께 식사하는 것 정답 (D)

문제 50-52번은 다음 대화를 참조하시오. 영W 미M

W Hello. My name is Maria, the school principal. **(50) I am planning to replace all the computers at our school.**
M (50) Thank you for coming to our electronics store. We have the best high-performing machines as well as great prices. Do you know how many you'll be needing?
W Yes, we'll need a hundred and fifty of them. **(51) The students will be coming back to start school in the second week of April.** Would it be possible for the order to arrive by then?
M That is no problem, ma'am. **(52) We have a tremendous number of computers in our inventory. So if you would like, we can send them all tomorrow.**
W That's fantastic! Then I'll make the order today.

여: 안녕하세요. 제 이름은 Maria이며, 학교의 교장입니다. 제가 저희 학교의 모든 컴퓨터를 교체할 계획입니다.
남: 저희 전자 제품 매장에 오신 것에 대해 감사 드립니다. 저희는 뛰어난 가격뿐만 아니라 가장 훌륭한 고성능 기계들을 보유하고 있습니다. 얼마나 많이 필요하신지 알고 계신가요?
여: 네, 저희는 150대가 필요할 겁니다. 학생들이 4월 둘째 주에 학교 생활을 시작하기 위해 돌아 올 예정입니다. 그때까지 주문품이 도착하는 것이 가능할까요?
남: 문제 없습니다, 고객님. 저희는 재고로 엄청나게 많은 컴퓨터를 보유하고 있습니다. 따라서 괜찮으시다면, 전부 내일 보내 드릴 수 있습니다.
여: 정말 잘됐네요! 그럼 오늘 주문하겠습니다.

50. 화자들은 무엇에 관해 이야기하고 있는가?
(A) 전자 제품을 판매하는 일
(B) 주방 기기를 구입하는 일
(C) 새로운 컴퓨터를 구매하는 일
(D) 노트북 컴퓨터를 수리하는 일 정답 (C)

51. 4월 둘째 주에 무슨 일이 있을 것인가?
(A) 학생들이 학교로 돌아올 것이다.
(B) 평가가 실시될 것이다.
(C) 점검이 있을 것이다.
(D) 시설이 문을 열 것이다. 정답 (A)

52. 남자는 내일 무엇을 보내겠다고 말하는가?
(A) 가격 견적서
(B) 고객 만족도 설문 조사지
(C) 협의 세부 정보
(D) 구매된 제품 정답 (D)

문제 53-55번은 다음 대화를 참조하시오. 호M 미W

M Rebecca, **(53) you're part of the team that's in charge of the dinner party tomorrow, right? Is everything going all right?**
W (53) Yes, we've been working on it all week. So far, we've set all the tables, picked up the ingredients for the chef we hired, and planned some small events for the guests.
M Okay. Do you think you can get everything finished by tonight?
W It should be possible, but **(54) we are not planning to purchase any candles because of expense issues.**
M Okay, that sounds fine. **(55) It would be a problem if we went over our budget.** I'll ask my friend if we can get some flowers from her shop then.

남: Rebecca, 당신은 내일 있을 저녁 파티를 책임지고 있는 팀의 일원이신 것이 맞으시죠? 모든 일이 아무 문제 없나요?
여: 네, 저희는 그 일에 대해 일주일 내내 일해 왔어요. 지금까지, 모든 테이블을 준비했고, 우리가 고용한 요리사를 위해 재료도 구입했으며, 손님들을 위한 몇몇 작은 행사도 계획해 두었습니다.
남: 알겠습니다. 오늘밤까지 모든 일을 끝내실 수 있다고 생각하세요?
여: 가능하기는 하겠지만, 저희는 지출 비용 문제 때문에 양초를 전혀 구입하지 않을 계획입니다.
남: 알겠습니다, 괜찮은 것 같아요. 우리가 예산을 초과한다면 문제가 될 겁니다. 그럼 제가 친구의 매장에서 꽃을 좀 구할 수 있는지 그 친구에게 물어볼게요.

53. 여자는 무엇에 대한 일을 하고 있는가?
(A) 무역 박람회
(B) 저녁 만찬 준비
(C) 워크숍
(D) 새로운 조리법 정답 (B)

54. 여자가 "We are not planning to purchase any candles"라고 말할 때 무엇을 의미하는가?
(A) 한 프로젝트가 연기되어야 한다고 생각한다.
(B) 거래 조건에 합의하고자 한다.
(C) 팀이 변화를 주고 싶어 한다.
(D) 동료 직원들이 불만 사항을 제출했다. 정답 (C)

55. 남자는 무엇에 대해 우려하는가?
(A) 마감 시한을 맞추는 일
(B) 화재 위험을 피하는 일
(C) 예산 범위 내에 머무르는 일
(D) 상급자들과 만나는 일 정답 (C)

문제 56-58번은 다음 대화를 참조하시오. 미M 영W

M Jasmine, **(57) did you learn or see anything new at the nutrition convention last week** that we could use here at our eatery?
W Yes, Brian. At the event, I learned a recipe on how to make burgers that maintain the juicy taste and soft texture of a hamburger with real meat.
M That's great! **(58) We actually have been receiving suggestions from customers for better options on our menu.** So their requests should be satisfied.
W Absolutely. I will demonstrate how to make it to our chefs later when they arrive. **(59) But now, I'll update the menu.**

남: Jasmine, 여기 우리 식당에서 우리가 활용할 수 있을 만한 뭔가 새로운 것을 지난주에 식품 영양 컨벤션에서 배우거나 보신 것이 있으신가요?
여: 네, Brian. 행사장에서, 저는 진짜 고기를 넣은 햄버거가 지닌 육즙의 맛과 부드러운 질감을 유지한 버거들을 만드는 법에 관한 조리법을 배웠습니다.

남: 잘됐네요! 실은 우리가 고객들로부터 우리 메뉴에 더 나은 선택권에 대한 의견을 받아 왔어요. 따라서 그 요청 사항들이 충족되어야 합니다.
여: 물론입니다. 제가 우리 요리사들이 도착하면 나중에 만드는 법을 시연해 보이겠습니다. 하지만 지금은, 메뉴를 업데이트하겠습니다.

56. 여자는 최근에 어디에 갔었는가?
(A) 주방 용품 창고
(B) 영양 관련 행사
(C) 오찬 모임
(D) 요리 박람회 정답 (B)

57. 남자의 말에 따르면, 고객들은 계속 무엇을 요청해 왔는가?
(A) 더 많은 음식량
(B) 질 좋은 선택권
(C) 더 깨끗한 식기
(D) 적절한 가격 정답 (B)

58. 여자는 곧이어 무엇을 할 것이라고 말하는가?
(A) 일부 음식을 요리하는 것
(B) 요리사들과 이야기하는 것
(C) 일부 재료를 가져 오는 것
(D) 메뉴를 업데이트하는 것 정답 (D)

문제 59-61번은 다음 대화를 참조하시오. 미W 호M

W Hi. This is Kelly Bane from Feel Fresh. I received a call earlier but was on the other line at the time.
M Hi, yes. **(59) I'm planning to open a second branch of my company** and require several air conditioners for the office as it can get really hot during the summer in this city.
W (60) The Natural Breeze 1000 is a great option. It is extremely cost efficient thanks to the new compressor we've built, so you won't need to worry about high electricity bills.
M That sounds just like what I need. How much is does it cost?
W It's currently on sale at a thirty-percent discount, so you can get it for $500.
M All right. **(61) Could I get your cell phone number? I'll have to talk to my accountant first and will give you a call back later.**

여: 안녕하세요. 저는 Feel Fresh의 Kelly Bane입니다. 제게 아까 전화가 왔었는데, 그때 다른 통화를 하고 있었습니다.
남: 안녕하세요, 네. 제가 제 회사의 두 번째 지사를 열 계획인데, 이 도시에서 여름 동안 정말로 날씨가 더워질 수 있기 때문에 해당 사무실에 쓸 몇몇 에어컨이 필요합니다.
여: Natural Breeze 1000는 아주 좋은 선택권입니다. 저희가 만든 새로운 컴프레서 덕분에 대단히 비용 효율적이라서, 높은 전기세에 대해 걱정하실 필요가 없습니다.
남: 제가 바로 필요로 하는 것 같네요. 비용이 얼마나 들죠?
여: 현재 30퍼센트 할인가에 판매되고 있기 때문에, 500달러에 구입하실 수 있습니다.
남: 알겠습니다. 휴대 전화 번호를 좀 알려 주실 수 있으세요? 저희 회계 담당자와 먼저 얘기한 다음에 나중에 다시 전화드리겠습니다.

59. 남자는 누구인가?
(A) 일기 예보 기자
(B) 전기 기사
(C) 사업가
(D) 회계사 정답 (C)

60. 여자는 Natural Breeze 1000에 관해 무슨 말을 하는가?
(A) 다양한 크기로 나온다.
(B) 비용 효율적이다.
(C) 환경 친화적이다.
(D) 쉽게 세척할 수 있다. 정답 (B)

61. 남자는 왜 나중에 다시 전화하겠다고 말하는가?
(A) 반드시 상사로부터 승인을 받아야 한다.
(B) 더 저렴한 선택권을 찾고 싶어 한다.
(C) 회계 담당자와 이야기해야 한다.
(D) 해당 제품에 관심이 없다. 정답 (C)

문제 62-64번은 다음 대화와 보고서를 참조하시오. 영W 미M

손익 계산서	
매출	$160,000
영업 소득	$60,000
비용 지출	$40,000
세금	$10,000

W Our monthly financial statement has been finished by the accountants. Could you look at it to see if everything is correct?
M All right, let's see... The balance sheet and statement of cash flow seem to be right, **(63) (64) but it seems like the figures for the expenses have been miscalculated on the income statement.**
W Oh, right. Thanks to our new supplier, the expenses for **(62) making our exercise machines** have greatly decreased.
M Exactly. I'll head over to the Accounting Department later to have them fix this error.

여: 우리의 월간 재무제표가 회계 직원들에 의해 완료되었습니다. 모든 것이 정확한지 알아보기 위해 한 번 보시겠어요?
남: 알겠습니다, 어디 보자… 대차대조표와 현금 유동 도표는 맞는 것 같은데, 손익 계산서에서 지출 비용에 대한 수치가 잘못 계산된 것 같아요.
여: 아, 그렇군요. 새 공급 업체 덕분에, 우리의 운동 기계들을 만드는 데 드는 지출 비용이 크게 줄어 들었어요.
남: 맞습니다. 제가 나중에 회계부로 가서 그곳 직원들에게 이 오류를 바로 잡도록 부탁하겠습니다.

62. 회사는 무슨 제품을 만드는가?
(A) 자전거
(B) 요가 매트
(C) 운동 기계
(D) 스포츠 장비 정답 (C)

63. 남자는 보고서에 관해 무엇을 지적하는가?
(A) 일부 월간 목표가 충족되지 않았다.
(B) 일부 숫자들이 잘못 계산되었다.
(C) 일부 지출 비용이 감소되었다.
(D) 일부 장비가 수리되지 않았다. 정답 (B)

64. 그래픽을 보시오. 남자는 어느 액수를 변경할 것이라고 말하는가?
(A) $160,000
(B) $10,000
(C) $60,000
(D) $40,000
정답 (D)

문제 65-67번은 다음 대화와 GPS 지도를 참조하시오. 호M 영W

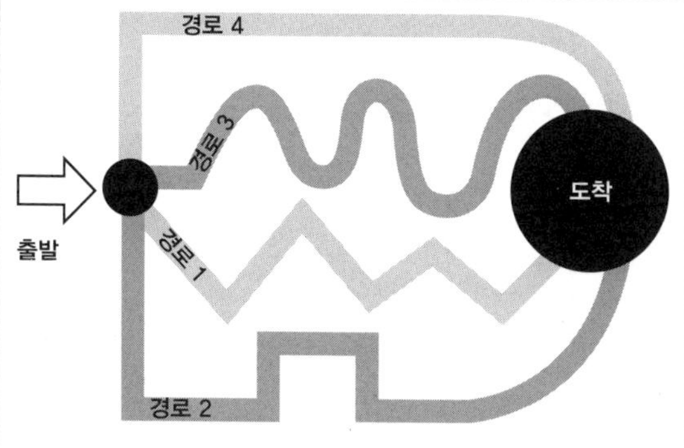

경로 1 – 20분
경로 3 – 25분
경로 2 – 30분
경로 4 – 15분

M (65) I appreciate you giving me a ride to work this morning, Mary. The bus I always take got caught in an accident and will be arriving late.
W No problem. Our workplaces are right next to each other. **(66) However, I just found out there is a parade going on today.** The usual street I would take is closed, so I'll have to take a detour.
M Oh, right. I heard about that yesterday. Don't worry. **(67) I know a path that isn't blocked and will only take us 15 minutes.** It's a shortcut compared to the other available routes.
W All right, that sounds good.

남: 오늘 아침에 회사까지 차로 태워 주시는 것에 대해 감사합니다, Mary. 제가 항상 타는 버스가 도중에 사고가 나서 늦게 도착할 예정이었거든요.
여: 별말씀을요. 우리 근무 장소가 서로 바로 옆이잖아요. 그런데, 오늘 진행되는 퍼레이드가 있다는 사실을 막 알았어요. 제가 평소에 이용하는 거리가 폐쇄되어서, 우회로를 이용해야 할 거예요.
남: 아, 맞아요. 어제 그에 관한 얘기를 들었어요. 걱정하지 마세요. 제가 막혀 있지 않은 길을 아는데, 겨우 15분 밖에 걸리지 않을 거예요. 다른 이용 가능한 경로들에 비하면 지름길이죠.
여: 알겠어요, 그게 좋겠어요.

65. 여자는 왜 남자를 차로 태워 주는가?
(A) 남자가 운전 면허증이 없다.
(B) 남자가 자동차 사고를 당했다.
(C) 남자가 버스를 탈 수 없다.
(D) 남자가 자신의 차량 열쇠를 분실했다.
정답 (C)

66. 여자의 말에 따르면, 오늘 무슨 행사가 열리는가?
(A) 자선 행사
(B) 퍼레이드
(C) 마라톤
(D) 음식 먹기 시합
정답 (B)

67. 그래픽을 보시오. 화자들은 어느 경로를 이용할 것인가?
(A) 경로 1
(B) 경로 2
(C) 경로 3
(D) 경로 4
정답 (D)

문제 68-70번은 다음 대화와 일정을 참조하시오. 미M 미W

콘서트 장소	날짜
San Jose	1월 22일
San Diego	4월 17일
Los Angeles	7월 14일
San Francisco	9월 21일

M (68) I'm relieved that I came to watch the Ultra Rock Festival tonight instead of staying home.
W I concur. This was the first music concert I've been to, and it was a great experience.
M Right. Oh, did you see the schedule for the other concert dates? Concerts are being hosted in every major city in the state. I'm thinking of going to some of them.
W Yes, I'm planning to attend all of them. We can go together.
M Awesome, but **(69) make sure to change the date for the one in San Diego on your calendar. (70) Repairs on the stadium for the event have been delayed because some of the machinery has broken down.** So the date has been moved back.
W Oh, I see. Thanks for the help! I would've have gone without knowing and ended up at a construction site.

남: 오늘밤에 집에만 있는 대신 Ultra Rock Festival을 보러 와서 다행입니다.
여: 동의해요. 이것이 제가 처음 와 본 음악 콘서트였는데, 정말 멋진 경험이었어요.
남: 맞아요. 아, 다른 콘서트 날짜들에 대한 일정표 보셨어요? 콘서트들이 주 내의 모든 주요 도시에서 개최되고 있어요. 저는 그중에 일부 콘서트에 가 볼 생각이에요.
여: 네, 저는 그 콘서트에 전부 참석할 계획이요. 우리가 함께 갈 수도 있고요.
남: 정말 좋기는 하지만, 달력에 San Diego에서 열리는 것에 대한 날짜를 꼭 변경해 두세요. 행사를 위해 경기장에 진행되고 있는 수리 작업이 지연되었는데, 일부 기계가 고장 났기 때문이에요. 그래서 그 날짜는 뒤로 미뤄졌어요.
여: 아, 알겠어요. 도와주셔서 감사해요! 알지도 못하고 갔다가 결국 공사장에 있을 뻔 했네요.

68. 화자들은 방금 무엇에 참석했는가?
(A) 댄스 강좌
(B) 서커스
(C) 박물관
(D) 음악 콘서트
정답 (D)

69. 그래픽을 보시오. 어느 날짜가 변경될 것인가?
(A) 1월 22일
(B) 4월 17일
(C) 7월 14일
(D) 9월 21일
정답 (B)

70. 수리 작업에서 무엇이 지연을 초래했는가?
(A) 정책이 최근에 변경되었다.
(B) 몇몇 사고가 발생되었다.
(C) 일부 기계가 작동하지 않는다.
(D) 눈보라가 발생했다. 정답 (C)

Part 4

문제 71-73번은 다음 녹음 메시지를 참조하시오. 영W

W Hello, Mr. Archer. It's Jessy Chan. I have some bad news... **(71) I won't be able to conduct your job interview (72) tomorrow afternoon. I have urgent business to deal with and will be traveling to New York in the morning.** Unfortunately, I won't be available until the following week. I'm very sorry for this to happen, but **(73) if you would please contact me as soon as possible to reschedule the interview, that would be great. Thanks.**

여: 안녕하세요, Archer 씨. Ron Chan입니다. 좀 좋지 않은 소식이 있습니다… 내일 오후에 귀하의 구직 면접을 실시할 수 없을 것 같습니다. 제가 처리해야 할 긴급한 비즈니스가 있어서 아침에 New York으로 출장을 갈 예정입니다. 안타깝게도, 저는 다음 주나 되어야 시간이 날 것 같습니다. 이런 일이 발생하게 되어 죄송하지만, 가능한 한 빨리 제게 연락하셔서 면접 일정을 재조정하실 수 있다면, 좋을 것 같습니다. 감사합니다.

71. 화자는 왜 전화를 하는가?
(A) 동료 직원에게 실수에 관해 알리기 위해
(B) 면접을 취소하기 위해
(C) 채용 제안을 하기 위해
(D) 아이디어를 제안하기 위해 정답 (B)

72. 화자는 내일 아침에 무엇을 할 것인가?
(A) 조사를 실시하는 일
(B) 영업 사원 한 명에게 전화하는 일
(C) 출장을 떠나는 일
(D) 고객과 만나는 일 정답 (C)

73. 화자는 청자에게 무엇을 하도록 제안하는가?
(A) 서명이 된 계약서를 돌려 보낼 것
(B) 워크숍에 참석할 것
(C) 일부 보고서들을 수정할 것
(D) 자신에게 연락할 것 정답 (D)

문제 74-76번은 다음 회의 발췌 내용을 참조하시오. 미M

M Over the last month, **(74) we gave out surveys to customers to vote for the next type of gourmet bread they would like to try.** The results of the survey were the melon cream cheese bread being the most popular choice. **(75) So starting in April, we will be adding that new item to the menu.** Our bakers will experiment with various kinds of ingredients to bake a variety of breads, each with a little different taste. Then, starting next week, **(76) we will begin handing out samples to our customers to get feedback** on which one is their favorite.

남: 지난 한 달 동안에 걸쳐, 우리는 고객들에게 다음으로 먹어 보고 싶은 고급 빵의 종류에 대해 투표할 수 있도록 설문 조사지를 나눠 드렸습니다. 이 설문 조사의 결과를 보면 멜론 크림 치즈 빵이 가장 인기 있는 선택이었습니다. 따라서 4월부터, 우리는 이 새로운 제품을 메뉴에 추가할 예정입니다. 우리 제빵사들이 각각 조금씩 다른 맛으로 된 다양한 빵들을 구울 수 있도록 여러 종류의 재료를 갖고 실험을 할 것입니다. 그런 다음, 다음 주부터, 우리는 어느 것이 가장 마음에 드는지에 관한 의견을 얻을 수 있도록 우리 고객들께 샘플을 나눠 드리기 시작할 것입니다.

74. 화자는 무슨 종류의 업체에서 근무하고 있는가?
(A) 출장 요리 제공 업체
(B) 사탕 매장
(C) 제과점
(D) 패스트푸드 음식점 정답 (C)

75. 화자는 무슨 사업 계획을 이야기하고 있는가?
(A) 새로운 요리사를 고용하는 것
(B) 메뉴를 업데이트하는 것
(C) 업체의 문을 닫는 것
(D) 제품 하나를 없애는 것 정답 (B)

76. 해당 업체는 무엇을 할 가능성이 가장 큰가?
(A) 음식 샘플을 제공하는 것
(B) 일부 고객들에게 연락하는 것
(C) 공급 업체에 주문하는 것
(D) 기념을 위한 저녁 만찬을 주최하는 것 정답 (A)

문제 77-79번은 다음 회의 발췌 내용을 참조하시오. 호M

M Thank you, everyone, for joining us today. I'm Richard Hawk, and **(77) I was hired to provide training on how to improve management skills.** I have worked with many successful companies and all kinds of people for over thirty years. Some of those people are presidents of their own companies now. Okay, two important skills are communication and leadership. **(78) I will be e-mailing you all a short video to watch later tonight** that will be a great help in sharpening your speaking skills. **(79) To start, I would like all of you to come up to the front to introduce yourselves one by one.**

남: 오늘 저희와 함께해 주셔서 감사합니다, 여러분. 저는 Richard Hawk이며, 관리 능력을 개선하는 방법에 관한 교육을 제공해 드리기 위해 고용되었습니다. 저는 30년 넘게 성공을 거둔 많은 회사 및 모든 유형의 사람들과 함께 일해 왔습니다. 이 사람들 중 일부는 현재 각자 소유한 회사의 대표 이사입니다. 자, 두 가지 중요한 능력은 의사 소통과 리더십입니다. 여러분의 말하기 능력을 향상시키는 데 큰 도움이 될 짧은 동영상을 이따가 저녁에 보실 수 있도록 여러분 모두에게 이메일로 보내 드릴 예정입니다. 우선, 여러분 모두 한 분씩 앞으로 나오셔서 각자 소개부터 해 주셨으면 합니다.

77. 워크숍은 주로 무엇에 관한 것인가?
(A) 외국인 고객들을 유치하는 방법을 알아내는 것
(B) 온라인으로 상품을 판매하는 것
(C) 컨퍼런스 회의를 조직하는 것
(D) 관리 능력을 향상시키는 것 정답 (D)

78. 화자는 청자들에게 무엇을 보낼 것인가?
(A) 교재
(B) 동영상

(C) 다이어리
(D) 일정표 정답 (B)

79. 청자들은 곧이어 무엇을 할 것인가?
(A) 연설을 한다.
(B) 팟캐스트를 듣는다.
(C) 자기소개를 한다.
(D) 파트너와 이야기한다. 정답 (C)

문제 80-82번은 다음 담화를 참조하시오. 미W

W As some of you already know, our policy on the minimum number of work hours in a week has changed **(80) at this manufacturing plant.** Up until now, we had been working sixty hours a week, **(81) but the government has ordered us to reduce this to forty hours for everyone starting next month.** The reason for this is to protect employees from the many potential risks associated with working at a factory for extended hours. **(82) Now, I'm going to hand out agreement forms for this policy update for all of you to read and sign.**

여: 여러분 중 일부는 이미 아시겠지만, 우리 제조 공장에서 주간 최소 근무 시간에 대한 우리 정책이 변경되었습니다. 지금까지는, 일주일에 60시간을 근무해 왔지만, 정부에서는 다음 달부터 모든 사람에게 이를 40시간으로 줄이도록 우리에게 요구했습니다. 이렇게 하는 이유는 연장된 시간 동안 공장에서 근무하는 것과 관련된 여러 잠재 위험성으로부터 직원들을 보호하는 것입니다. 자, 여러분 모두가 읽어 보시고 서명하실 수 있도록 이 정책 변경 사항에 대한 동의서를 나눠 드리겠습니다.

80. 청자들은 어디에서 근무하는가?
(A) 사내 체육관에서
(B) 스포츠 경기장에서
(C) 전자 제품 매장에서
(D) 공장에서 정답 (D)

81. 화자의 말에 따르면, 무엇이 변경되고 있는가?
(A) 제품 디자인
(B) 근무 시간
(C) 보안 코드
(D) 휴가 정책 정답 (B)

82. 청자들은 곧이어 무엇을 할 것인가?
(A) 참석자 목록을 제공하는 것
(B) 사람들에게 공장을 둘러 보게 하는 것
(C) 동의서에 서명하는 것
(D) 발표를 듣는 것 정답 (C)

문제 83-85번은 다음 전화 메시지를 참조하시오. 영W

W Hi. It's Sherry. I'm heading over to the art fair right now, but **(83) I forgot to buy some of the supplies. I won't be able to set up the booth without them.** Do you think you could go to the shop and buy them for me? **(84) I'll e-mail you the supply list and where they are located inside the shop** to make things simple and easy for you. And **(85) I'll ask John to transfer the money to you.**

여: 안녕하세요. Sherry입니다. 제가 바로 지금 미술 박람회에 가는 중인데, 일부 용품을 구입하는 것을 깜빡 잊었습니다. 이 용품들 없이는 부스를 설치할 수 없을 겁니다. 저를 위해 매장으로 가셔서 용품들을 좀 구입해 주실 수 있으신가요? 간편하고 쉽게 처리하실 수 있도록 제가 용품 목록과 매장 내 용품들의 위치를 이메일로 보내 드리겠습니다. 그리고 당신에게 송금해 달라고 John에게 요청하겠습니다.

83. 화자가 "I forgot to buy some of the supplies"라고 말할 때 무엇을 암시하는가?
(A) 청자의 이야기를 들을 수 없다.
(B) 완전히 준비된 상태가 되지 않을 것이다.
(C) 한 고객이 우회로를 이용해야 한다.
(D) 공사 계획이 승인되었다. 정답 (B)

84. 화자는 청자에게 무엇을 이메일로 보낼 것인가?
(A) 웹 사이트 주소
(B) 용품 목록
(C) 미술 그림
(D) 데이터 파일 정답 (B)

85. 화자는 John에게 무엇을 하도록 요청할 것인가?
(A) 매장으로 가는 일
(B) 물품을 구입하는 일
(C) 비용을 계산하는 일
(D) 송금하는 일 정답 (D)

문제 86-88번은 다음 회의 발췌 내용을 참조하시오. 미M

M Before we wrap things up, **(86) I'd like to make a quick announcement about the product testing for our upcoming makeup line.** We put an advertisement on our Web site to recruit test subjects to participate in the project. However, **(87) we did not get the minimum number of participants needed to test all of the products. There is a chance we might need to drop the entire thing** if we cannot execute the procedures. So **(89) if you're interested in participating in this research and keeping the project alive, please speak with me after the meeting is over.**

남: 마무리를 하기 전에, 저는 우리가 곧 내놓을 메이크업 제품 라인의 제품 테스트에 관한 간단한 공지를 하고자 합니다. 우리는 이 프로젝트에 참여할 테스트 대상자들을 모집하기 위해 우리 웹 사이트에 광고를 냈습니다. 하지만, 모든 제품을 테스트하는 데 최소로 필요한 숫자의 참가자들을 구하지 못했습니다. 우리가 이 절차를 실행할 수 없을 경우에 모든 것을 중단할 수도 있는 가능성이 있습니다. 따라서 여러분이 이 연구에 참여하고 프로젝트가 계속 유지되도록 하는 데 관심이 있을 경우, 이 회의가 끝난 후에 제게 말씀해 주십시오.

86. 청자들은 누구일 가능성이 가장 큰가?
(A) 회사 직원
(B) 메이크업 아티스트
(C) 연구원
(D) 패션 디자이너 정답 (A)

87. 화자가 "There is a chance we might need to drop the entire thing"이라고 말할 때 무엇을 암시하는가?
(A) 서류에 오류가 발생되었다.
(B) 불충분한 수의 참가자들이 신청했다.

TEST 07

(C) 배송 물품이 일정대로 도착하지 않았다.
(D) 제품이 크게 손상되었다. 정답 (B)

88. 청자들은 왜 회의 후에 화자에게 연락해야 하는가?
(A) 상담 일정을 잡기 위해
(B) 팸플릿을 요청하기 위해
(C) 일정표를 변경하기 위해
(D) 제품을 테스트하도록 돕기 위해 정답 (D)

문제 89-91번은 다음 광고를 참조하시오. 호M

M Are you constantly waking up tired and sore? Then we have the perfect solution for you! **(89) Our massage chair, the Ultra Rest**, will revitalize you and make you feel young again after just thirty minutes of use. **(90) It is relatively cheap compared to similar products sold by other companies.** We sometimes forget to take care of ourselves because we are so busy in our daily lives. Although work is important, the body and mind are just as important. **(91) Explore our Web site to enter a drawing to win a free prize along with your purchase.**

남: 지속적으로 피곤하고 몸이 쑤시는 상태로 일어나시나요? 그러시다면, 여러분을 위한 완벽한 해결책이 있습니다! 저희 마사지 의자인 Ultra Rest는 불과 30분 동안 사용하는 것만으로도 새로운 활력을 드리고 젊어진 기분을 느끼게 해 드릴 것입니다. 이 제품은 다른 회사들이 판매하는 유사 제품들에 비해 비교적 저렴합니다. 우리는 일상 생활 중이 너무 바쁜 관계로 때때로 스스로를 돌보는 일을 깜빡 잊습니다. 일이 중요하기는 하지만, 몸과 마음도 그만큼 중요합니다. 구매 제품과 함께 무료 상품을 받으실 수 있는 경품 행사에도 참가하실 수 있도록 저희 웹 사이트를 둘러보시기 바랍니다.

89. 무엇이 광고되고 있는가?
(A) 베개
(B) 용도 전환이 가능한 침대
(C) 소파
(D) 마사지 의자 정답 (D)

90. 화자는 해당 제품에 관해 무엇을 강조하는가?
(A) 신뢰할 만한 서비스
(B) 편안함
(C) 가격
(D) 신축성 정답 (C)

91. 청자들은 왜 웹 사이트를 방문해야 하는가?
(A) 주소를 찾기 위해
(B) 추첨 행사에 참가하기 위해
(C) 설문지를 작성 완료하기 위해
(D) 가격을 비교해 보기 위해 정답 (B)

문제 92-94번은 다음 뉴스 보도를 참조하시오. 호M

M Hello, everyone, and thanks for tuning in to your local news, *Today in Palm Springs*, on channel nine CBC Network. **(92) Tonight, we're going to take a look at a report from the performing arts center.** It has announced plans for a building expansion. **(93) This will allow a greater number of audience members to purchase tickets and to watch their favorite acts without having to wait weeks** because of a show being sold out. **(94) But this means that some renovations will be scheduled. Therefore, the center will be closed for the time being**, and the completion date will be announced in the future.

남: 안녕하세요, 여러분, 그리고 CBC Network 9번 채널의 지역 뉴스 프로그램 'Today in Palm Springs'를 시청해 주셔서 감사합니다. 오늘밤, 우리는 공연 예술 센터에서 전해 온 소식을 확인해 볼 예정입니다. 이 센터는 건물 확장에 대한 계획을 발표했습니다. 이는 쇼가 매진되는 것으로 인해 몇 주 동안 기다릴 필요 없이 훨씬 더 많은 관객들이 입장권을 구입하고 가장 좋아하는 공연을 볼 수 있도록 해 줄 것입니다. 하지만 이는 일부 개조 공사가 예정될 것임을 의미합니다. 따라서, 이 센터는 당분간 문을 닫을 것이며, 완료 날짜는 향후에 발표될 것입니다.

92. 화자는 무슨 기관에 관해 보도하는가?
(A) 고등학교
(B) 영화관
(C) 발레 아카데미
(D) 예술 센터 정답 (D)

93. 화자의 말에 따르면, 해당 프로젝트는 일반 대중에게 무슨 혜택을 제공하는가?
(A) 더 순조로운 거래
(B) 감소된 교통량
(C) 추가 좌석 이용 가능성
(D) 더 저렴한 입장권 가격 정답 (C)

94. 화자가 "But this means that some renovations will be scheduled"라고 말할 때 무엇을 암시하는가?
(A) 한 곳이 한동안 문을 닫을 것이다.
(B) 한 쇼가 지금부터 사람들로 붐빌 것이다.
(C) 한 주차 건물이 이용할 수 없을 것이다.
(D) 한 신규 지점이 개장될 것이다. 정답 (A)

문제 95-97번은 다음 담화와 목록을 참조하시오. 미M

가구

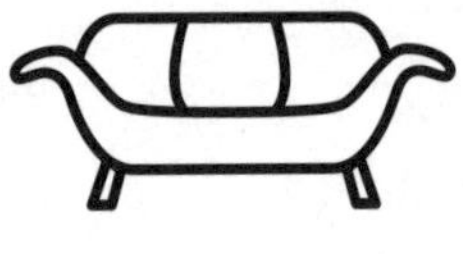

소파: 4가지 선택권

의자: 3가지 선택권

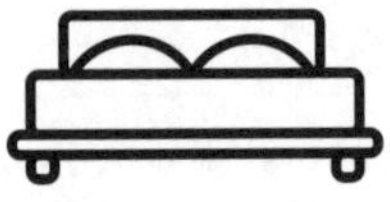

침대: 5가지 선택권

책상: 6가지 선택권

M I have some important news. **(95) I'd like to discuss how our stores are doing in the first quarter of the year. I**

scanned through our sales report along with our customer satisfaction score, and, well, there are good news and bad news. There has been an increase in sales of all our pieces of furniture. So to meet the huge amount of demand, **(96) we plan to add more chair options in July. (97) However, a handful of customers have expressed frustration that their orders are arriving late.** We must find out why this is happening and solve the problem immediately.

남: 중요한 소식이 있습니다. 저는 올해 첫 분기 동안 우리의 매장들이 잘하고 있는지에 관해 논의하고자 합니다. 제가 고객 만족도 점수와 함께 우리의 매출 보고서를 훑어봤는데, 저, 좋은 소식과 나쁜 소식이 있습니다. 우리 가구 제품들의 매출이 증가되어 왔습니다. 따라서 엄청난 양의 수요를 충족하기 위해, 7월에 의자 선택권을 더 추가할 계획입니다. 하지만, 소수의 고객들께서 주문 제품이 늦게 도착하고 있다는 불만을 제기하셨습니다. 우리는 반드시 이와 같은 일이 왜 발생되고 있는지 알아내고 즉시 문제점을 해결해야 합니다.

95. 화자는 주로 무엇에 관해 이야기하고 있는가?
(A) 매장 개장
(B) 분기 보고서
(C) 월간 세일 행사
(D) 행사 판촉 활동
정답 (B)

96. 그래픽을 보시오. 7월에 어느 선택권 수량이 증가될 것인가?
(A) 4
(B) 5
(C) 3
(D) 6
정답 (C)

97. 화자는 무엇에 대해 우려하고 있는가?
(A) 진열대에 겨우 몇 가지 제품만 있다.
(B) 프로젝트 마감 시한이 불명확하다.
(C) 일부 직원들이 게을러지고 있다.
(D) 주문품들이 제때 배송되지 않고 있다.
정답 (D)

문제 98-100번은 다음 전화 메시지와 지도를 참조하시오. 영W

W Hello. **(98) This is Regina George calling from the Wellagio Hotel.** I want to inform you that you have won three free admission passes to the Great European Royal Circus. **(99) The venue is located right across from us and is next to a five-star steak restaurant that you can enjoy dinner at after the show. (100) I realized you're coming to our hotel the day after the circus, but you might want to consider coming a day earlier for this.** It's one of the most famous and sought-out theatrical performances in the world, so you won't regret it.

여: 안녕하세요. 저는 Wellagio Hotel에서 전화 드리는 Regina George입니다. 귀하께서는 Great European Royal Circus에 들어가실 수 있는 세 장의 무료 입장권에 당첨되셨음을 알려 드리고자 합니다. 이 행사 장소는 저희 호텔 바로 맞은편에 위치하고 있으며, 공연 후에 저녁 식사를 즐기실 수 있는 별 5개짜리 스테이크 레스토랑 옆에 있습니다. 귀하께서는 서커스 공연 다음 날에 저희 호텔로 오신다는 사실을 알게 되었는데, 이 공연을 위해 하루 일찍 오시는 것을 고려해 보셔도 좋습니다. 이는 세계에서 가장 유명하고 아주 많은 사람들이 찾는 극장 공연들 중의 하나이므로 후회하지 않으실 것입니다.

98. 화자는 누구일 가능성이 가장 큰가?
(A) 공연 배우
(B) 웨이터
(C) 호텔 매니저
(D) 요리사
정답 (C)

99. 그래픽을 보시오. 어디에서 공연이 열릴 예정인가?
(A) Wellagio Hotel
(B) 경기장
(C) 스테이크 레스토랑
(D) North Coast Mall
정답 (B)

100. 화자는 무슨 계획을 변경하도록 제안하는가?
(A) 아침 식사 모임
(B) 호텔 예약 사항
(C) 시설 견학
(D) 회의 장소
정답 (B)

Actual Test 08

Part 1

1. 미W

(A) She's pulling a cart.
(B) She's choosing some vegetables.
(C) She's emptying a basket.
(D) She's paying for some items.

(A) 그녀는 카트를 끌고 있다.
(B) 그녀는 야채를 고르고 있다.
(C) 그녀는 바구니를 비우고 있다.
(D) 그녀는 물건 값을 지불하고 있다. 정답 (B)

2. 영W

(A) She's looking out a window.
(B) She's working on a keyboard.
(C) She's seated by a window.
(D) She's leaning against a wall.

(A) 그녀는 창밖을 보고 있다.
(B) 그녀는 키보드를 사용 중이다.
(C) 그녀는 창문 옆에 앉아 있다.
(D) 그녀는 벽에 기대어 있다. 정답 (C)

3. 미M

(A) Many boxes have been filled with items.
(B) Some boxes are being stacked against a wall.
(C) A woman is securing a cupboard to a wall.
(D) A woman is packing some boxes.

(A) 많은 상자들이 물건들로 채워져 있다.
(B) 몇몇 박스들이 벽에 차곡차곡 쌓여 있다.
(C) 한 여자가 벽에 찬장을 고정하고 있다.
(D) 한 여자가 몇몇 박스에 짐을 싸고 있다. 정답 (A)

4. 호M

(A) Some people are wearing hard hats.
(B) Some people are walking in the woods.
(C) Some people are holding tree branches.
(D) Some people are loading a tree trunk.

(A) 사람들이 안전모를 착용하고 있다.
(B) 사람들이 숲을 걷고 있다.
(C) 사람들이 나무가지를 잡고 있다.
(D) 사람들이 통나무를 싣고 있다. 정답 (A)

5. 영W

(A) Some plants are being watered.
(B) Pillows are arranged on sofas.
(C) A large window is being cleaned.
(D) A table has been draped with a cloth.

(A) 몇몇 화초들에 물을 뿌리고 있다.
(B) 소파들 위에 쿠션들이 놓여 있다.
(C) 커다란 창이 청소가 되고 있다.
(D) 테이블 하나가 천으로 장식되어 있다. 정답 (B)

6. 호M

(A) A clerk is bagging some vegetables.
(B) Some customers are pushing a cart.
(C) A woman is taking out some bottles.
(D) Some people are waiting in line.

(A) 점원이 야채를 가방에 담고 있다.
(B) 고객들이 카트를 밀고 있다.
(C) 한 여자가 병들을 꺼내고 있다.
(D) 사람들이 줄을 서서 기다리고 있다. 정답 (D)

Part 2

7. 호M 영W

Did you hire a new gardener?
(A) Hang it a little higher, please.
(B) Yes, he'll be here today.
(C) Some flowers and trees would be fine.

새로운 정원사를 고용하셨나요?
(A) 조금 더 높게 걸어 주세요.
(B) 네, 오늘 이곳에 오실 거예요.
(C) 몇몇 꽃들과 나무들이 있으면 괜찮을 거예요. 정답 (B)

8. 미M 미W

Where do you want me to put these boxes?
(A) Anytime between 9 and 11 in the morning.
(B) You can take a bus around the corner.
(C) Just leave them on the desk by the door.

이 상자들을 어디에 둘까요?
(A) 오전 9시에서 11시 사이에 아무 때나요.
(B) 모퉁이를 돌면 버스를 타실 수 있습니다.
(C) 문 옆에 있는 책상에 올려 두시면 됩니다. 정답 (C)

9. 미W 호M

When is Mr.Tyrell coming back?
(A) I'll be busy tomorrow.
(B) Probably around noon.
(C) We met in Seoul last year.

Tyrell 씨가 언제 돌아 오죠?
(A) 저는 내일 바쁠 겁니다.
(B) 아마 정오쯤일 겁니다.
(C) 우리는 작년에 서울에서 만났어요. 정답 (B)

10. 미M 영W

What made you decide on a career as a vet?
(A) You should make a decision.
(B) I just love animals.
(C) He is a mail carrier.

무엇 때문에 수의사로서 경력을 쌓기로 결정하시게 된 건가요?
(A) 결정을 내리셔야 합니다.
(B) 저는 그저 동물들을 사랑합니다.
(C) 그는 우편 배달부입니다. 정답 (B)

11. 호M 미M

Who's the new manager of the Sales Department?
(A) I heard he is from the New York branch.
(B) Yes, I've met him.
(C) Mr. Lee is working on the sales report.

누가 영업부의 신임 부서장이신가요?
(A) 제가 듣기로는 뉴욕 지사에서 오신 분이라고 하더라고요.
(B) 네, 저는 그를 만났습니다.

(C) Lee 씨가 매출 보고서 작업을 하는 중입니다. 정답 (A)

12. 미W 영W
Do you need some help finding your size?
(A) Yes, I found it very useful.
(B) I can get you something smaller.
(C) No, thanks. I'm just browsing.

원하시는 사이즈를 찾으시는 데 도움이 필요하신가요?
(A) 네, 저는 그것이 매우 유용하다고 생각했어요.
(B) 더 작은 것을 갖다 드릴 수 있습니다.
(C) 아뇨, 괜찮습니다. 저는 그저 둘러보는 중입니다. 정답 (C)

13. 호M 미W
Timothy was chosen as the employee of the month, right?
(A) We hired three new sales representatives this month.
(B) I think it was Jennifer.
(C) Not enough people showed up.

Timothy가 이달의 직원으로 선정된 것이 맞죠?
(A) 우리는 이번 달에 세 명의 신입 영업 사원들을 고용했습니다.
(B) 저는 Jennife였다고 생각하는데요.
(C) 사람들이 충분히 오지 않았습니다. 정답 (B)

14. 영W 호M
Don't you need to review all the applications?
(A) Yes, the corner office has a better view.
(B) At least three years of experience.
(C) Yes, there are about thirty of them.

모든 지원서들을 검토해 보셔야 하지 않나요?
(A) 네, 그 고급 사무실은 전망이 더 좋습니다.
(B) 최소 3년 동안의 경력이요.
(C) 네, 약 30개 정도 있습니다. 정답 (C)

15. 미W 미M
Is this bus going to city hall?
(A) A guided tour will begin in an hour.
(B) That's what I heard.
(C) Yes, he is so demanding.

이 버스가 시청으로 가는 건가요?
(A) 가이드를 동반한 투어가 한 시간 후에 시작됩니다.
(B) 저는 그렇다고 들었습니다.
(C) 네, 그는 너무 까다로워요. 정답 (B)

16. 미M 영W
How long will the job fair last?
(A) It wasn't fair at all.
(B) Let me check the Web site.
(C) It's approximately twenty pages long.

직업 박람회가 얼마나 오래 지속되는 건가요?
(A) 그 일은 전혀 공평하지 않았어요.
(B) 제가 웹 사이트를 확인해 볼게요.
(C) 약 20페이지 정도의 길이입니다. 정답 (B)

17. 영W 미W
Why is the road so congested?
(A) I'm not sure. There might be an accident.
(B) I wouldn't suggest it.
(C) Okay. Let's catch a taxi.

도로가 왜 이렇게 혼잡한 거죠?
(A) 잘 모르겠어요. 사고가 났을 수도 있죠.
(B) 저는 그것을 권하지 않겠어요.
(C) 좋아요. 택시를 잡아탑시다. 정답 (A)

18. 미M 호M
Where will the sales workshop take place?
(A) It should be posted on the board.
(B) There will be a huge sale next month.
(C) Why don't we walk to the museum?

어디에서 영업 워크숍이 열리나요?
(A) 게시판에 게재되어 있을 겁니다.
(B) 다음 달에 대규모 세일 행사가 있을 거예요.
(C) 박물관까지 걸어서 가는 건 어때요? 정답 (A)

19. 호M 영W
Would you like to have more soup?
(A) No, I've had enough.
(B) Yes, it's made of vegetables.
(C) Sure, I'll show you how.

수프 좀 더 드시겠어요?
(A) 아뇨, 충분히 많이 먹었습니다.
(B) 네, 채소로 만들었습니다.
(C) 그럼요, 제가 방법을 알려 드릴게요. 정답 (A)

20. 미W 미M
Do we get supplies from OfficeMax across the street or somewhere else?
(A) Apply for the sales position that's available.
(B) Yes, there will be a surprise party in the office.
(C) We get discounts from the one on 2nd Avenue.

길 건너편에 있는 OfficeMax에서 용품을 구하나요, 아니면 다른 곳에서 구하나요?
(A) 현재 자리가 나 있는 영업직에 지원해 보세요.
(B) 네, 사무실에서 깜짝 파티가 있을 겁니다.
(C) 우리는 2nd Avenue에 있는 곳에서 할인을 받습니다. 정답 (C)

21. 호M 미W
Does anybody have a phone charger?
(A) She is still on the phone.
(B) I have one here.
(C) We could postpone the event

휴대 전화 충전기를 갖고 계신 분 있으신가요?
(A) 그녀는 여전히 통화 중입니다.
(B) 여기 하나 있습니다.
(C) 우리가 그 행사를 연기할 수도 있습니다. 정답 (B)

22. 영W 호M
How do I access the company database from my laptop?
(A) The date hasn't been set yet.
(B) We have extra desks in the basement.
(C) Install the application I sent you.

제 노트북 컴퓨터에서 어떻게 회사 데이터베이스에 접속하나요?
(A) 날짜는 아직 정해지지 않았습니다.
(B) 우리는 지하에 여분의 책상들이 있습니다.
(C) 제가 보내 드린 애플리케이션을 설치하세요. 정답 (C)

23. 호M 미W
I can cover your shift on Friday.
(A) I prefer a manual to an automatic transmission.
(B) We need a larger table cover.
(C) Thanks. I owe you one.

제가 금요일에 당신 교대 근무를 대신할 수 있어요.
(A) 저는 자동 변속기보다 수동을 더 선호합니다.
(B) 우리는 더 큰 식탁보가 필요합니다.
(C) 감사합니다. 신세 한번 지는군요. 정답 (C)

24. 미M 영W
What cold medicine works fast?
(A) I think this one will do.
(B) No one has called me yet.
(C) Taking the freeway might be faster.

어떤 감기약이 가장 빠르게 효과가 나타나나요?
(A) 이거면 될 겁니다.
(B) 아직 아무도 제게 전화하지 않았어요.
(C) 고속도로를 타는 게 더 빠를 수 있습니다. 정답 (A)

25. 호M 영W
It's difficult to say what the total cost of the renovations will be.
(A) They offered me a great deal.
(B) The admission fee is two dollars each.
(C) I know. We should request more information.

개조 공사에 드는 총 비용이 얼마일지 말하기 어렵습니다.
(A) 그들은 제게 아주 좋은 거래를 제안했어요.
(B) 입장료가 각각 2달러입니다.
(C) 알고 있습니다. 우리는 더 많은 정보를 요청해야 합니다. 정답 (C)

26. 미W 호M
I need to repair the air-conditioning unit before summer comes.
(A) Just get me a pair of jeans.
(B) Can I come and see how you do it?
(C) I'll go to the beach during summer vacation.

여름이 오기 전에 에어컨 기기를 수리해야 합니다.
(A) 청바지 한 벌 주세요.
(B) 제가 가서 어떻게 하시는지 봐도 될까요?
(C) 저는 여름 휴가 중에 해변에 갈 겁니다. 정답 (B)

27. 미M 미W
Who's organizing the year-ending party?
(A) I'm afraid it was canceled.
(B) A table for a party of ten.
(C) It'll take about a week or so.

누가 연말 파티를 준비하고 있나요?
(A) 그 행사는 취소된 것 같은데요.
(B) 10명의 일행을 위한 테이블이요.
(C) 약 일주일 정도 걸릴 겁니다. 정답 (A)

28. 미W 호M
Why didn't you reschedule the meeting to next Monday?
(A) Sure, that sounds great.
(B) The conference hall next to the elevator.
(C) I won't be here that day.

왜 회의 일정을 다음 주 월요일로 재조정하지 않으셨나요?
(A) 좋습니다. 아주 좋은 생각 같아요.
(B) 엘리베이터 옆에 있는 컨퍼런스 홀이요.
(C) 저는 그날 이곳에 없을 겁니다. 정답 (C)

29. 호M 영W
Did anybody order these office supplies?
(A) No, he's a lot older than that.
(B) Of course, in alphabetical order.
(C) Are those folders and notepads?

이 사무 용품을 주문하신 분 계신가요?
(A) 아뇨, 그는 그것보다 훨씬 더 나이가 많아요.
(B) 물론이죠, 알파벳 순으로요.
(C) 그게 폴더와 메모지들인가요? 정답 (C)

30. 미M 호M
Do you want your tea with some honey and milk?
(A) Can you just get me some sugar instead?
(B) This milk is good for a couple of days.
(C) It comes out to about twenty dollars.

차에 꿀과 우유를 좀 넣어서 드릴까요?
(A) 대신 그냥 설탕을 좀 주시겠어요?
(B) 이 우유는 유통 기한이 며칠 남아 있습니다.
(C) 전부 합쳐 약 20달러입니다. 정답 (A)

31. 미W 호M
It is made of dried herbs from India, isn't it?
(A) I'm soaking wet.
(B) Whichever you prefer.
(C) Yes, it tastes bitter.

그것은 인도에서 온 말린 허브로 만들어지지 않았나요?
(A) 저는 완전히 젖었어요.
(B) 선호하시는 어느 것이든지요.
(C) 네, 쓴 맛이 납니다. 정답 (C)

Part 3

문제 32-34번은 다음 대화를 참조하시오. 미W 호M

M (32) I'd like to rent out two copies of this book, please. One of them is for myself, and the other one is for my wife.
W All right. That'll be $6.55 after taxes. The due date is one week from today. As these two are the only hard copies we carry, **(33) if you return them late, they will not be available for other customers.**
M Understood. I'll make sure to return them on time. By the way, are there any other interesting books here that you can suggest that I should read?
W Of course. **(34) This book right here is truly a masterpiece. You should give it a try.** I'm actually reading it right now.

남: 이 책 두 권을 대출하고자 합니다. 한 권은 제 자신을 위한 것이고, 다른 한 권은 제 아내를 위한 것입니다.
여: 좋습니다. 그러시면 세금을 제하고 6달러 55센트가 됩니다. 반납 기일은 오늘부터 일주일 후입니다. 이 두 권은 저희가 취급하는 유일한 양장본이기 때문에, 늦게 반납하실 경우, 다른 고객들께서 이용하실 수 없을 것입니다.
남: 알겠습니다. 반드시 제때 반납하도록 하겠습니다. 그건 그렇고, 여기에

제게 읽어 보도록 권해 주실 만한 다른 흥미로운 책들이 있나요?
여: 물론입니다. 바로 여기 이 책이 정말로 걸작입니다. 한번 읽어 보시기 바랍니다. 사실 저도 지금 읽고 있는 책입니다.

32. 남자는 무엇을 하고 싶어 하는가?
(A) 서점을 여는 것
(B) 자신의 책들을 판매하는 것
(C) 몇 권의 책을 빌리는 것
(D) 도서관에서 근무하는 것 정답 (C)

33. 여자는 남자가 늦을 경우에 무슨 일이 있을 것이라고 말하는가?
(A) 알람이 울릴 것이다.
(B) 연체료가 적용될 것이다.
(C) 이메일이 발송될 것이다.
(D) 물품을 이용할 수 없을 것이다. 정답 (D)

34. 여자는 남자에게 무엇을 제공하는가?
(A) 찾아오는 일
(B) 정보
(C) 추천
(D) 무료 도서 정답 (C)

문제 35-37번은 다음 대화를 참조하시오. 영W 호M

W Are the car repairs going well, Hector?
M Yes, Mrs. Lee. **(35) I'm almost finished with fixing the engine.** Except that there is one problem.
W Oh? What is the issue?
M (36) I forgot where I put my torque wrench, which I need to tighten the nuts. Loose nuts can impede engine operation levels.
W That's certainly not good. **(37) You should try searching your coworker's toolbox located in the back to see if there's one.**
M Yeah, I'll look right now.

여: 차량 수리 작업이 잘되어 가고 있나요, Hector 씨?
남: 네, Lee 씨. 엔진을 수리하는 일을 거의 완료했습니다. 한 가지 문제가 있다는 점만 제외하면요.
여: 아? 그게 무슨 문제죠?
남: 제가 토크 렌치를 어디에 두었는지 잊어버렸는데, 너트를 조일 때 필요한 것이거든요. 느슨한 너트들이 엔진 작동 수준을 방해할 수 있습니다.
여: 그렇다면 분명 좋지 않은 일이네요. 뒤쪽에 놓여 있는 동료 직원의 공구 상자를 찾아서 하나 있는지 한번 확인해 보도록 하세요.
남: 네, 지금 바로 확인해 볼 겁니다.

35. 남자는 누구일 가능성이 가장 큰가?
(A) 자동차 경주 선수
(B) 기계 공학자
(C) 판매 대리점 영업 사원
(D) 차량 정비사 정답 (D)

36. 남자는 무슨 문제점을 언급하는가?
(A) 부품을 하나 주문해야 한다.
(B) 자신의 차량 열쇠를 분실했다.
(C) 공구를 놓아 둔 곳을 잊어버렸다.
(D) 엔진 하나를 수리할 수 없다. 정답 (C)

37. 여자는 무엇을 권하는가?
(A) 다음 번에 더 조심할 것
(B) 또 다른 제품을 구입할 것
(C) 공구 상자를 확인해 볼 것
(D) 남자의 동료 직원에게 전화할 것 정답 (C)

문제 38-40번은 다음 대화를 참조하시오. 미M 영W

M Sharen, I'm extremely frustrated by how terrible our annual sale is going this year. It's already been five days, yet we rarely have any customers coming in.
W I'm quite shocked by this situation. This has never happened before. **(38) We still have a full rack of paint left in the inventory.**
M (39) Exactly. There are still 30 buckets left.
W We should think of some ideas to solve this issue. I'll go to our Web site and update the advertisements.
M Definitely. **(40) I'll hand some flyers out to people walking in the mall while you do that.** Maybe that will attract more customers.

남: Sharen, 올해 우리의 연례 세일 행사가 얼마나 끔찍하게 진행되고 있는지에 대해 매우 좌절감이 큽니다. 벌써 5일이나 지났지만, 좀처럼 찾아오는 고객이 많지 않네요.
여: 저는 이 상황에 대해 상당히 충격적입니다. 이런 일이 전에는 한번도 일어난 적이 없었어요. 여전히 재고로 선반 가득히 놓인 물감 제품들이 있습니다.
남: 맞습니다. 여전히 30통이 남아 있어요.
여: 이 문제를 해결할 아이디어를 좀 생각해 봐야 해요. 제가 우리 웹 사이트에 가서 광고 내용을 업데이트하겠습니다.
남: 좋습니다. 당신이 그 일을 하는 동안 저는 쇼핑몰 내에서 걸어 다니는 사람들에게 전단을 나눠 주겠습니다. 아마 그렇게 하는 것이 더 많은 고객들을 끌어 들일 겁니다.

38. 화자들은 무슨 제품에 관해 이야기하고 있는가?
(A) 주방 용품
(B) 운동 장비
(C) 미술 용품
(D) 사무 용품 정답 (C)

39. 남자가 "There are still 30 buckets left"라고 말할 때 무엇을 암시하는가?
(A) 세일 행사가 잘되고 있어서 기쁘게 생각한다.
(B) 그것들을 모두 구입하고 싶어 한다.
(C) 재고가 다시 채워져야 한다.
(D) 제품이 잘 판매되고 있지 않다. 정답 (D)

40. 남자는 무엇을 할 것이라고 말하는가?
(A) 매장 앞에 더 많은 세일 행사 안내판을 놓는 것
(B) 연례 세일 행사를 취소하는 것
(C) 일부 가격을 낮추는 것
(D) 일부 전단을 나눠 주는 것 정답 (D)

문제 41-43번은 다음 대화를 참조하시오. 미W 미M

W Hello. **(41) I was invited to this party.** However, I lost my invitation ticket. Is there a way to verify that I'm a guest so I can still take part in the event?

M Yes. I can check the attendee list. What is your name, ma'am?

W Olivia Kim. **(41) I'm friends with the sister of the host of this party.**

M Sorry, but I can't find your name on the list. **(42) Would you like me to talk with the host and ask if he'll come here to sort this situation out?**

W No, that's okay. **(43) I'll try calling my friend again even though she hasn't been picking up the phone.**

M All right, just let me talk to her if you get in touch.

여: 안녕하세요. 제가 이 파티에 초대받았습니다. 그런데, 제 초대권을 잃어버렸습니다. 제가 여전히 행사에 참여할 수 있도록 초대 손님이라는 것을 입증할 방법이 있나요?
남: 네. 참석자 목록을 확인해 볼 수 있습니다. 성함이 어떻게 되시죠, 손님?
여: Olivia Kim입니다. 저는 이 파티 주최자의 여동생과 친구입니다.
남: 죄송합니다만, 목록에서 손님의 성함을 찾을 수가 없습니다. 제가 주최자분과 얘기해서 그분이 이쪽으로 오셔서 이 상황을 해결하실 수 있는지 여쭤봐도 될까요?
여: 아뇨, 괜찮습니다. 제 친구가 계속 전화를 받지 않고 있기는 하지만 그 친구에게 다시 한번 전화를 걸어 볼게요.
남: 좋습니다, 연락이 되시면 제가 그분과 통화하도록 해 주십시오.

41. 여자는 무슨 행사에 참석하는가?
(A) 결혼식
(B) 무역 박람회
(C) 개인 파티
(D) 시상식
정답 (C)

42. 남자는 여자를 위해 무엇을 하겠다고 제안하는가?
(A) 이번 한 번만 들여보내 주는 일
(B) 참석자 목록을 재확인하는 일
(C) 한 손님을 밖으로 안내해 드리는 일
(D) 주최자와 이야기하는 일
정답 (D)

43. 여자는 곧이어 무엇을 할 가능성이 가장 큰가?
(A) 주최자를 찾는 일
(B) 친구에게 전화하는 일
(C) 집으로 돌아 가는 일
(D) 나중에 다시 오는 일
정답 (B)

문제 44-46번은 다음 대화를 참조하시오. 영W 호M

W Hello. I'm calling about an order I made earlier today.

M Sure. How can I help you?

W (44) The food just arrived, but I asked for French fries. (45) Instead, onion rings arrived in my order.

M I'm sorry about that. We'll make fresh fries and deliver them to you right away.

W The problem is that I actually have to go to work soon.

M We can deliver them to your work if that's okay with you.

W All right. I'll put them in the microwave later after I'm done with work.

M Once again, I sincerely apologize for this incident. **(46) I'll send a $20 gift card to make up for our mistake.**

여: 안녕하세요. 제가 오늘 아까 주문한 상황과 관련해서 전화드렸습니다.
남: 알겠습니다. 어떻게 도와 드릴까요?
여: 음식이 막 도착하기는 했는데, 저는 프렌치 프라이를 요청했습니다. 대신, 어니언링이 제 주문품에 담겨 도착했어요.
남: 그렇게 되셨다니 죄송합니다. 저희가 프렌치 프라이를 만들어서 지금 바로 배달해 드리겠습니다.
여: 문제는 제가 사실 곧 출근을 해야 한다는 거예요.
남: 괜찮으시다면 회사로 배달해 드릴 수 있습니다.
여: 알겠습니다. 제가 일을 마친 후에 나중에 전자레인지에 넣어서 먹을게요.
남: 다시 한번, 이 일에 대해 진심으로 사과드립니다. 저희 실수에 대해 보상해 드리기 위해 20달러 상당의 상품권을 보내 드리겠습니다.

44. 화자들은 무엇에 관해 이야기하고 있는가?
(A) 마감 시한
(B) 음식
(C) 일
(D) 교통편
정답 (B)

45. 여자는 무슨 문제점을 언급하는가?
(A) 가격표가 부정확하다.
(B) 음료가 쏟아졌다.
(C) 주문품이 늦게 도착했다.
(D) 주문품이 잘못되었다.
정답 (D)

46. 남자는 여자에게 무엇을 주겠다고 말하는가?
(A) 영수증
(B) 상품권
(C) 명함
(D) 무료 제품
정답 (B)

문제 47-49번은 다음 대화를 참조하시오. 미W 미M

W Hello. I ordered these shoes on your Web site last week, but **(47) they're not the correct size for me. So I'd like to return them.**

M No problem. Did you print the online receipt, or do you have a picture of the confirmation code for the purchase?

W Yes, I have the receipt right here inside the shoebox. **(48) In addition, I'd like to try on some other shoes. (49) Do you have this one in size 8 in stock?**

M (49) Let me check.

여: 안녕하세요. 제가 지난주에 귀하의 웹 사이트에서 이 신발을 주문했는데, 제게 맞지 않는 사이즈입니다. 그래서 반품하려고 합니다.
남: 알겠습니다. 온라인 영수증을 출력하셨나요, 아니면 제품 구매에 대한 확인 코드 사진이 있으신가요?
여: 네, 바로 여기 신발 상자 안에 영수증이 있습니다. 추가로, 다른 신발을 한 번 착용해 보고 싶습니다. 이 신발이 8사이즈로 재고로 있나요?
남: 확인해 보겠습니다.

47. 여자는 무엇을 하고 있는가?
(A) 예약을 하는 것
(B) 불만을 제기하는 것
(C) 제품을 반품하는 것
(D) 신발을 판매하는 것
정답 (C)

48. 남자는 누구일 가능성이 가장 큰가?
(A) 신발 제작자
(B) 회사의 부서장

(C) 영업 사원
(D) 패션 디자이너 정답 (C)

49. 남자는 무엇을 할 것이라고 말하는가?
(A) 여자에게 견적서를 보내는 것
(B) 매장 재고를 확인하는 것
(C) 매니저에게 전화하는 것
(D) 예약을 하는 것 정답 (B)

문제 50-52번은 다음 대화를 참조하시오. 호M 미W

M (50) How are things going with the search for the person who'll be taking the comedic role in our new film, Victoria?
W (51) We've received many applications, but there are too many papers to check. Do you mind helping me with that?
M Of course not. I'll join you in 5 minutes.
W Thanks a lot. While we look through the rest, **(52) I'll start sending e-mails to the candidates that are qualified to be interviewed.**
M Okay. We should be able to find the right person quickly with both of us working.

남: 우리의 새 영화에 코믹한 역할을 맡을 사람을 찾는 일은 어떻게 되어 가고 있나요, Victoria 씨?
여: 지원서를 많이 받기는 했지만, 확인해야 할 서류가 너무 많습니다. 이 일을 좀 도와주실 수 있으세요?
남: 물론입니다. 5분 후에 당신에게 갈게요.
여: 정말 감사합니다. 우리가 나머지를 살펴보는 동안, 저는 면접을 치를 자격이 되는 지원자들에게 이메일을 발송하기 시작할게요.
남: 좋습니다. 우리 둘이 함께 작업하면 적합한 사람을 빨리 찾을 수 있을 겁니다.

50. 대화의 주제는 무엇인가?
(A) 감독을 찾는 것
(B) 영화 투자자들을 찾는 것
(C) 영화 대본을 수정하는 것
(D) 적합한 후보자를 찾는 것 정답 (D)

51. 여자는 남자에게 무엇을 하도록 요청하는가?
(A) 자신과 교대 근무를 바꿀 것
(B) 자신에게 식사를 갖다 줄 것
(C) 일부 이력서를 검토할 것
(D) 일부 지원자들에게 전화할 것 정답 (C)

52. 여자는 곧이어 무엇을 할 가능성이 가장 큰가?
(A) 면접을 실시할 것이다.
(B) 일부 지원자들에게 연락할 것이다.
(C) 영화를 촬영할 것이다.
(D) 예약을 취소할 것이다. 정답 (B)

문제 53-55번은 다음 대화를 참조하시오. 영W 호M

W Frederick, **(53) did you hear about what happened to our guest for the new TV show?**
M Yeah. **(54) I heard he broke his hand in an accident, and it'll take three months to heal.**
W At this rate, **(54) we won't be able to air the show next week.**
M I know. The whole crew is in a panic right now. We're debating if we should replace the guest on the show or not.
W We first need to notify the public that there will be a changed schedule or a different guest for the show next week. And we should announce the confirmation of this situation in the near future.
M Right. **(55) I'll take care of this problem as soon as possible.**

여: Frederick, 우리의 새로운 TV 프로그램에 나올 초대 손님에게 무슨 일이 있었는지에 관해 들으셨어요?
남: 네. 그분이 사고로 손이 부러져서 치유되는 데 3개월이 걸릴 것이라는 말을 들었어요.
여: 이런 식으로는, 우리는 다음 주에 그 프로그램을 방송할 수 없을 거예요.
남: 알고 있습니다. 전체 스태프가 지금 크게 당황한 상태입니다. 프로그램에 초대 손님을 교체해야 하는지를 논의하고 있습니다.
여: 우리는 먼저 변경된 일정이 있을 것이라는 점 또는 다음 주 프로그램에 다른 초대 손님이 있을 것이라는 점을 대중에게 알려야 합니다. 그리고 빠른 시일 내에 이 상황에 대해 확인된 내용을 발표해야 합니다.
남: 맞습니다. 제가 이 문제를 가능한 한 빨리 처리하겠습니다.

53. 화자들은 어디에서 근무하고 있을 가능성이 가장 큰가?
(A) 여행사에서
(B) 마케팅 회사에서
(C) 텔레비전 방송국에서
(D) 건축 회사에서 정답 (C)

54. 여자가 "we won't be able to air the show next week"라고 말할 때 무엇을 암시하는가?
(A) 부서의 한 사람이 늦고 있다.
(B) 목록이 분실되었다.
(C) 프로그램이 일정대로 되지 않을 것이다.
(D) 컨퍼런스가 연기되었다. 정답 (C)

55. 남자는 곧이어 무엇을 할 것인가?
(A) 새로운 후보자를 면접한다.
(B) 초대 손님에게 전화한다.
(C) 팀원과 이야기한다.
(D) 상황에 대처한다. 정답 (D)

문제 56-58번은 다음의 3자 대화를 참조하시오. 미W 호M 미M

W Hi. I'm Irene Chang, and **(56) I have a dental appointment with Dr. Mitra at 2:30.** I'm supposed to be getting braces today.
M1 Okay. **(57) Could you please fill out this paperwork while you wait?** I think Dr. Mitra is with another patient right now. He can be with you shortly.
W (57) Yeah, no worries.
M1 All right, thanks. When you complete it, you can go in and sit in the third room on your left. I'll check with my coworker when he is finished with the other patient. **(58) Mr. Hanson, is Dr. Mitra not done yet?**
M2 (58) Well, it seems like the removal of the patient's wisdom tooth takes longer than expected.

TEST 08

여: 안녕하세요. 저는 Irene Chang이며, Mitra 의사 선생님과 2시 30분에 치아 치료 예약이 되어 있습니다. 오늘 치아 교정기를 끼우기로 되어 있습니다.
남1: 알겠습니다. 대기하시는 동안 이 서류 좀 작성해 주시겠습니까? Mitra 의사 선생님께서는 지금 다른 환자분과 함께 계신 것 같습니다. 곧 손님을 뵐 수 있으실 겁니다.
여: 네, 알겠습니다.
남1: 좋습니다, 감사합니다. 작성을 완료하시면, 왼편 세 번째 방으로 가셔서 앉아 계셔도 됩니다. 제가 동료 직원에게 Mitra 선생님께서 언제 다른 환자분에 대한 진료가 끝나는지 확인해 보겠습니다. Hanson 씨, Mitra 선생님께서 혹시 진료를 마치셨나요?
남2: 저, 지금 환자분의 사랑니를 제거하는 일이 예상보다 오래 걸리시는 것 같네요.

56. 여자는 왜 Mitra 선생님과 만나는가?
(A) 한 직원에 관해 불만을 제기하기 위해
(B) 칫솔을 구입하기 위해
(C) 치아를 치료 받기 위해
(D) 한 프로젝트를 논의하기 위해 정답 (C)

57. 여자는 무엇을 하는 데 동의하는가?
(A) 또 다른 예약을 하는 것
(B) 신분증을 보여 주는 것
(C) 의료 보험사에 전화하는 것
(D) 일부 서류를 작성하는 것 정답 (D)

58. Hanson 씨는 무슨 말을 하는가?
(A) Mitra 선생님이 더 많은 환자들을 먼저 진료해야 한다.
(B) Mitra 선생님이 내일 시간이 되지 않을 것이다.
(C) Mitra 선생님이 다른 환자를 보느라 여전히 바쁘다.
(D) Mitra 선생님이 여자의 사랑니를 뽑을 수 없다. 정답 (C)

문제 59-61번은 다음 대화를 참조하시오. 미M 영W

M Hello, Sophia. I want to know how the preparations are going for **(59) our annual clearance sale which starts at the end of the month.**
W Everything is going great. We should be ready in no time.
M Okay, but **(60) I want you to remind the employees that we're having company inspectors come to observe us this time. So everyone needs to be doing as well as they can.**
W Don't worry. **(61) I'll schedule a meeting tomorrow to let everyone know.**

남: 안녕하세요, Sophia. 이달 말에 시작되는 우리의 연례 정리 세일 행사 대한 준비 작업이 어떻게 되어 가고 있는지 알고 싶습니다.
여: 모든 일이 아주 잘 되어 가고 있습니다. 금방 준비가 될 겁니다.
남: 알겠습니다, 그런데 이번에 우리를 관찰하러 올 회사의 조사관들을 맞이할 예정이라는 점을 직원들에게 상기시켜 주셨으면 합니다. 따라서 모든 직원들은 가능한 한 잘 해내야 합니다.
여: 걱정하지 마세요. 모든 사람들에게 알릴 수 있도록 내일 회의 일정을 잡겠습니다.

59. 월말에 무슨 일이 있을 것인가?
(A) 매장 개장
(B) 정리 세일 행사
(C) 장소 이전
(D) 교육 시간 정답 (B)

60. 직원들은 무엇에 관해 상기되어야 하는가?
(A) 더 오랜 시간 근무해야 한다.
(B) 모두 처신을 잘 해야 한다.
(C) 멋지게 옷을 차려입어야 한다.
(D) 내일 일찍 일을 해야 한다. 정답 (B)

61. 여자는 무엇을 할 것이라고 말하는가?
(A) 메모를 하는 것
(B) 자신의 동료 직원에게 전화하는 것
(C) 회의 일정을 잡는 것
(D) 고객들과 이야기하는 것 정답 (C)

문제 62-64번은 다음 대화와 배치도를 참조하시오. 호M 미W

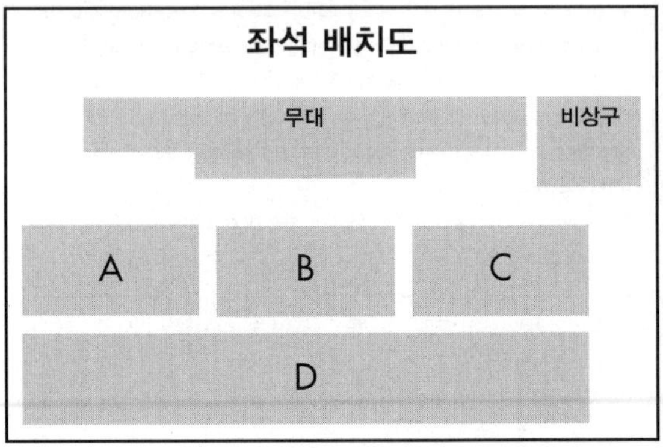

M Hey, Emily, **(62) did you get a ticket to attend the awards ceremony?**
W No... I couldn't. The tickets were all sold out when I tried to purchase them online yesterday.
M Oh, dear, do you know what? **(64) My friend won't be able to make it and is selling his ticket, (63) which is the seat right in between the middle of the stage and section D.**
W Really? Okay, **(64) could you give me his contact info?** I'll call him later tonight.
M (64) Yeah, you should hurry. It seemed like a lot of people wanted that spot and are willing to offer him great deals for it.

남: 저기, Emily, 시상식에 참석할 수 있는 티켓을 구하셨어요?
여: 아뇨… 그럴 수 없었어요. 제가 어제 온라인으로 구입하려고 했을 때 전부 매진되어 있었어요.
남: 아, 이런, 혹시 그거 알아요? 제 친구가 그곳에 갈 수 없을 것 같아서 자신의 티켓을 팔 예정인데, 무대 중앙과 D 구역 바로 사이에 위치한 자리예요.
여: 그래요? 좋아요, 제게 그분의 연락처를 좀 알려 주실 수 있으세요? 이따가 저녁에 전화해 볼게요.
남: 네, 서두르셔야 해요. 많은 사람들이 그 자리를 원한데다가 티켓을 얻기 위해 그에게 아주 좋은 거래 조건을 제안할 의향이 있는 것 같았어요.

62. 화자들은 무엇에 참석할 계획인가?
(A) 발레 공연
(B) 영화 시사회
(C) 시상식
(D) 오리엔테이션 정답 (C)

63. 그래픽을 보시오. 남자는 어느 구역에 관해 이야기하고 있는가?
(A) 구역 D

(B) 구역 B
(C) 구역 A
(D) 구역 C 정답 (B)

64. 남자는 무엇을 하도록 권하는가?
(A) 행사장에 일찍 도착할 것
(B) 티켓을 출력할 것
(C) 자신의 친구에게 빨리 연락할 것
(D) 정장을 차려입을 것 정답 (C)

문제 65-67번은 다음 대화와 표를 참조하시오. 미W 미M

맥앤치즈	$6.50
우드번 타코	$11.25
프라이드 점보 새우	$13.75
티본 스테이크	$16.99

W I'm sorry, Paul. **(65) Before we open the restaurant, I should let you know that you won't be able to cook one of the daily specials today. (66) Our food supplier is running late today.**
M Oh, okay. Which ingredient didn't arrive?
W (67) The shrimp hasn't arrived yet, so could you substitute the menu item with something else?
M Sure, I'll replace it with salmon. What should we do about the price?
W We'll keep it the same for now.
M Great. Then I'll head over to the kitchen now.

여: 죄송해요, Paul. 우리가 레스토랑을 열기 전에, 당신이 오늘 일일 특선 요리 중의 하나를 요리할 수 없을 거라는 점을 알려 드리려고 합니다. 식재료 공급 업체가 오늘 좀 늦고 있어요.
남: 아, 알겠습니다. 어느 재료가 도착하지 않았죠?
여: 새우가 아직 도착하지 않았기 때문에, 다른 것으로 그 메뉴 항목을 대체해 주시겠어요?
남: 그럼요, 연어로 대신하겠습니다. 가격은 어떻게 할까요?
여: 지금으로선 동일하게 유지할 겁니다.
남: 좋습니다. 그럼 저는 이제 주방으로 가 보겠습니다.

65. 남자는 누구일 가능성이 가장 큰가?
(A) 레스토랑 매니저
(B) 서빙 종업원
(C) 요리사
(D) 계산원 정답 (C)

66. 여자의 말에 따르면, 왜 일일 특선 요리들 중의 하나가 변경될 것인가?
(A) 일부 고객들이 해당 음식에 알레르기가 있다.
(B) 일부 재료가 부패하기 시작했다.
(C) 배송 물품이 도착하지 않았다.
(D) 식재료 공급 업체에 사고가 발생했다. 정답 (C)

67. 그래픽을 보시오. 새로운 특선 요리는 가격이 얼마가 될 것인가?
(A) $6.50
(B) $11.25
(C) $13.75
(D) $16.99 정답 (C)

문제 68-70번은 다음 대화와 개요를 참조하시오. 영W 미M

사업 개요

단계 1 재정 계획
↓
단계 2 장소 확보 및 매장 개장
↓
단계 3 판매 실적 올리기
↓
단계 4 사업 성장시키기

W Welcome to the United Union Bank, Mr. Coleman. Would you tell me what the purpose of your visit today is?
M Hi. **(68) I'd like to open a home decor store that sells a wide range of items from desks to bathroom tiles and even tableware.**
W I see. And do you have a general outline for starting up this business?
M Yes, I've been planning it for a long time. **(69) Hopefully, in the next five years, I'll be able to pass the business over to my daughter.**
W That sounds like a generous plan. So what can I do to help?
M Right. **(70) To start, I'll actually be needing a loan.** This is the first step I'd like to discuss as I lack the funds to rent out a place.

여: United Union Bank에 오신 것을 환영합니다, Coleman 씨. 오늘 방문하신 목적이 무엇인지 제게 말씀해 주시겠습니까?
남: 안녕하세요. 제가 책상에서부터 욕실 타일, 심지어 식기 제품까지 매우 다양한 제품을 판매하는 실내 장식 용품 매장을 개장하고자 합니다.
여: 알겠습니다. 그리고 이 사업을 시작하시는 것에 대한 전반적인 사업 개요를 갖고 계신가요?
남: 네, 오랜 기간 그것을 계획해 왔습니다. 앞으로 5년 후에, 이 사업을 제 딸에게 물려줄 수 있기를 바라고 있습니다.
여: 너그러운 계획이신 것 같네요. 그럼 제가 어떻게 도와 드릴 수 있을까요?
남: 맞습니다. 우선, 제가 사실 대출을 좀 받아야 합니다. 이 부분이 제가 논의하고자 하는 첫 단계인데, 제가 공간을 임대할 자금이 부족하기 때문입니다.

68. 남자는 무슨 종류의 업체를 세우고 싶어 하는가?
(A) 부동산 중개업체
(B) 출장 요리 제공 회사
(C) 가구 및 장식 용품 매장
(D) 숙박 시설 정답 (C)

69. 남자는 앞으로 5년 후에 무엇을 하고 싶어 하는가?
(A) 지역 은행으로부터 대출을 받는 것
(B) 더 많은 직원을 고용하는 것
(C) 회사를 가족 구성원에게 물려주는 것
(D) 보상을 받는 것 정답 (C)

70. 그래픽을 보시오. 남자는 어느 단계에 관해 이야기하고 싶어 하는가?
(A) 단계 1

(B) 단계 2
(C) 단계 3
(D) 단계 4 정답 (A)

Part 4

문제 71-73번은 다음 방송을 참조하시오. 영W

W Thanks for tuning in to VISS FM, Seattle's #1 hit radio station. **(71) We just received an important update about the upcoming soccer game** that will be held this weekend. **(72) Due to the delay in the repair of the stadium**, the game has been canceled. Many fans are outraged by this announcement, but there are many safety issues at the site. The new date for the game is set to be announced tomorrow. **(73) Now, we'll head over to Rex Kim, who will update us on the local political news.**

여: Seattle 최고의 히트 라디오 방송국인 저희 VISS FM을 청취해 주셔서 감사합니다. 이번 주말에 열릴 다가오는 축구 경기에 관한 중요한 새 정보를 저희가 막 받았습니다. 경기장 수리 작업의 지연으로 인해, 해당 경기가 취소되었습니다. 많은 팬들께서 이 공지로 인해 격분하고 계시지만, 해당 부지에 여러 안전 관련 문제들이 있습니다. 이 경기의 새로운 날짜는 내일 발표될 예정입니다. 이제, 바로 이어서 Rex Kim이 지역 정계 소식을 전해 드릴 것입니다.

71. 무슨 행사가 취소되었는가?
(A) 음악 축제
(B) 요리 경연 대회
(C) 스포츠 경기 행사
(D) 패션 쇼 정답 (C)

72. 해당 행사는 왜 취소되었는가?
(A) 능력 있는 직원들이 부족했다.
(B) 의사 소통이 불분명했다.
(C) 규정이 변경되었다.
(D) 수리 작업이 지연되었다. 정답 (D)

73. 청자들은 곧이어 무엇을 들을 것인가?
(A) 음악
(B) 정계 소식
(C) 연설
(D) 인터뷰 정답 (B)

문제 74-76번은 다음 전화 메세지를 참조하시오. 미W

W Hi. I'm calling from Marten Transport. Yesterday, **(74) we received an order of three trucks to be rented out tomorrow. (75) However, the trucks will have to be repaired. I think it might take at least one week to get the job done.** On top of that, the rest of our trucks are already booked for the week. To make up for this inconvenience, **(76) we will add one truck for free the next time you use our services.** We hope you plan to use our services again in the future.

여: 안녕하세요. Marten Transport에서 전화 드립니다. 어제, 저희는 내일 대여될 트럭 세 대에 대한 주문을 받았습니다. 그런데, 해당 트럭들은 수리를 받아야 할 것입니다. 제 생각엔 해당 작업이 완료되는 데 최소한 일주일이 걸릴 것 같습니다. 그 외에도, 저희가 보유한 나머지 트럭들은 해당 주 동안 이미 예약이 되어 있습니다. 이와 같은 불편함을 보상해 드리기 위해, 다음 번에 저희 서비스를 이용하실 때 무료로 트럭 한 대를 추가해 드리겠습니다. 앞으로 다시 저희 서비스를 이용하실 계획을 세우실 수 있기를 바랍니다.

74. 화자는 무슨 종류의 업체에서 근무하는가?
(A) 여행사
(B) 배송 회사
(C) 트럭 대여 업체
(D) 엔지니어링 회사 정답 (C)

75. 화자가 "I think it might take at least one week to get the job done"라고 말할 때 무엇을 의미하는가?
(A) 정책이 최근에 변경되었다.
(B) 대여 차량을 이용할 수 없다.
(C) 일정이 업데이트될 것이다.
(D) 구조물이 조사될 것이다. 정답 (B)

76. 화자는 청자에게 무엇을 제공하는가?
(A) 회원 자격 업그레이드
(B) 행사 판촉 서비스
(C) 앞으로의 할인
(D) 무료 차량 정답 (D)

문제 77-79번은 다음 담화를 참조하시오. 호M

M Good morning and thank you for visiting the college art center. **(77) I'm the artist who is in charge of teaching the sculpting class**, and I will be showing you around today. If you would look to your left, there is **(78) a display of sculptures made by the students here. Some of them even won awards for their creativity.** We will also be making our own later in our workshop, so **(79) please be sure to eat** and go to the bathroom before we begin.

남: 안녕하세요, 그리고 대학 아트 센터에 방문해 주셔서 감사합니다. 저는 조각 강의를 가르치는 책임을 지고 있는 미술가이며, 제가 오늘 여러분께 둘러보실 수 있도록 해 드릴 것입니다. 여러분의 왼편을 보시면, 이곳 학생들이 만든 조각품들이 전시되어 있습니다. 이 중에서 일부는 심지어 그 창의성으로 인해 상을 받기도 했습니다. 우리는 또한 이따가 워크숍 시간 중에 각자의 작품도 만들 예정이므로, 시작하기에 앞서 반드시 식사를 하시고 화장실도 다녀오시기 바랍니다.

77. 화자는 누구인가?
(A) 학생
(B) 화가
(C) 미술가
(D) 디자이너 정답 (C)

78. 화자는 조각품들에 관해 무슨 말을 하는가?
(A) 유명 조각가에 의해 만들어졌다.
(B) 일부가 상을 받았다.
(C) 찰흙으로 만들어져 있다.
(D) 일부가 매우 크다. 정답 (B)

79. 화자는 청자들에게 무엇을 하도록 제안하는가?
(A) 일부 조각품들을 구입할 것

(B) 식사를 할 것
(C) 일부 학생들과 이야기할 것
(D) 워크숍에 참석할 것 정답 (B)

문제 80-82번은 다음 회의 발췌 내용을 참조하시오. 미W

W Now, I want to plan a party for our marketing team. All of the team members did a great job presenting our product **(80) at the technology conference last week.** So **(81) I've asked David Park to reserve a table at a restaurant you would like to go to.** He'll be making a list of the people who are joining before he reserves the correct number of seats. **(82) I would like all of you to attend the dinner party to so we can enjoy the night.** Please be sure to let David know if you are going.

여: 자, 저는 우리 마케팅 팀을 위한 파티를 계획하고자 합니다. 모든 팀원들이 지난주에 열린 기술 컨퍼런스에서 우리의 제품을 발표하는 일을 아주 잘해 주셨습니다. 따라서 저는 David Park 씨에게 여러분이 가고 싶어 하는 레스토랑에 자리를 예약하도록 요청드렸습니다. 그분께서 정확한 수의 좌석을 예약하시기 전에 참석하는 인원이 담긴 목록을 만드실 것입니다. 저는 여러분 모두가 그날 밤을 즐길 수 있도록 저녁 파티에 참석하셨으면 합니다. 여러분께서 참석하실 것인지를 David에게 꼭 알려 주십시오.

80. 화자의 말에 따르면, 지난주에 무슨 일이 있었는가?
(A) 일부 사업 거래가 취소되었다.
(B) 전문적인 계약 기간이 만료되었다.
(C) 기술 컨퍼런스가 개최되었다.
(D) 일부 의견들이 게시되었다. 정답 (C)

81. David Park은 무엇을 하도록 요청 받았는가?
(A) 계약서를 수정하는 일
(B) 한 팀을 위해 사무실을 준비하는 일
(C) 그의 우편 주소를 업데이트하는 일
(D) 레스토랑을 예약하는 일 정답 (D)

82. 화자는 청자들이 무엇을 해야 한다고 말하는가?
(A) 고객들과 만나는 것
(B) 저녁 파티에 참석하는 것
(C) 강의에 등록하는 것
(D) 동료 직원을 환영하는 것 정답 (B)

문제 83-85번은 다음 연설을 참조하시오. 미M

M Thank you for participating in the twentieth year of the **(83) Consumer Technology Association Convention**, the global stage for innovation. Take advantage of all the convention has to offer this year, from product launches to business meetings. **(84) Be sure to explore the exhibits on the show floor. Stay with us all week for more on a bevy of other gadgets, including headphones and wireless chargers.** I know this year we had to move to a different location since the original spot is under renovation. **(85) So it may be difficult to navigate the area.** Please do not panic. Look at the map if you are lost or ask the nearest staff member for help.

남: 혁신을 위한 전 세계적인 무대인 Consumer Technology Association Convention의 20번째 해에 참가해 주셔서 감사합니다. 제품 출시부터 비즈니스 회의에 이르기까지 올해 컨벤션에서 제공해 드리는 것을 모두 이용해 보시기 바랍니다. 전시장에 있는 전시 제품들도 꼭 둘러보시기 바랍니다. 한 주 내내 저희와 함께 하시면서 헤드폰과 무선 충전기를 포함한 다른 기기 제품 모음에 관해서도 더 알아보십시오. 기존의 장소가 개조 공사 중인 관계로 올해 저희가 다른 곳으로 옮겨야 했다는 점을 알고 있습니다. 따라서 장소를 돌아보시는 것이 어려우실 수도 있습니다. 당황하지 마시기 바랍니다. 길을 잃으실 경우에 안내도를 확인해 보시거나 근처에 있는 직원에게 도움을 요청하십시오.

83. 컨퍼런스의 주안점은 무엇인가?
(A) 영업과 마케팅
(B) 보편적인 영감
(C) 기업가 정신
(D) 기술 정답 (D)

84. 화자가 "Be sure to explore the exhibits on the show floor."라고 말할 때 무엇을 암시하는가?
(A) 샘플들이 손님들에게 배포될 것이다.
(B) 기존의 모델들이 교체될 것이다.
(C) 한 제품이 소매 판매점에서 구매 가능할 것이다.
(D) 소개되는 더 많은 제품들이 있을 것이다. 정답 (D)

85. 화자는 무엇이 어렵다고 말하는가?
(A) 신제품을 만드는 일
(B) 행사장을 둘러보는 일
(C) 기술력을 개선하는 일
(D) 지도를 찾는 일 정답 (B)

문제 86-88번은 다음 뉴스 보도를 참조하시오. 영W

W (86) According to a press conference held last night, the mayor of Los Angeles has approved the expansion of the international airport. The addition, however, will not be built next to the main airport but will be a few miles away from it. There will be shuttle buses for everyone to be able to travel between the two. The project will start next month and should be finished by the end of December. **(87) The great advantage of this airport is that parking will be free. (88) Be sure to check out the airport's Web site to see the map and layout of this new place.**

여: 어젯밤에 열린 기자 회견에 따르면, Los Angeles 시장이 국제 공항의 확장을 승인했습니다. 하지만 증축되는 부분은 공항 주요 건물 옆에 지어지는 것이 아니라 그곳에서 몇 마일 떨어진 곳이 될 것입니다. 이 두 장소를 모든 사람들이 오갈 수 있는 셔틀 버스가 제공될 것입니다. 이 프로젝트는 다음 달에 시작될 것이며, 12월말까지 완료될 예정입니다. 이 공항의 가장 뛰어난 장점은 주차가 무료로 제공된다는 점입니다. 공항의 웹 사이트를 확인해 이 새로운 장소의 안내도와 구역 배치를 꼭 알아보시기 바랍니다.

86. 무엇이 최근에 승인되었는가?
(A) 공항의 재개장
(B) 공항의 확장
(C) 회사 로고의 변경
(D) 변경된 교통 정책 정답 (B)

87. 화자는 무슨 이점을 언급하는가?
(A) 쿠폰이 배부될 것이다.
(B) 할인이 제공될 것이다.

(C) 무료 주차를 이용할 수 있을 것이다.
(D) 직원들이 신뢰할 만한 사람들이다. 정답 (C)

88. 청자들은 왜 웹 사이트를 방문해야 하는가?
(A) 동영상을 시청하기 위해
(B) 서비스를 취소하기 위해
(C) 구역의 안내도를 보기 위해
(D) 설문 조사에 참여하기 위해 정답 (C)

문제 89-91번은 다음 담화를 참조하시오. 호M

M Welcome, students, to the orientation at your new college, the University of Richbay. I'm Rick Peterson, the chancellor. As you may have heard, **(89) the school gives out many scholarships to students who work hard and perform very well.** To be more exact, **(90) to qualify for them you must excel in your classes and achieve high grades.** But that's not the only way to receive funds. You can also get scholarships by joining the student council or clubs, doing volunteer work, and helping out at study workshops. **(91) Now, we will have two graduates who won full scholarships come in to explain how they got them.** They will also talk about their experience at this school.

남: 학생 여러분, 여러분의 새 대학교인 University of Richbay의 오리엔테이션에 오신 것을 환영합니다. 저는 Rick Peterson 총장입니다. 이미 얘기를 들으셨을 수도 있지만, 우리 학교는 열심히 공부하고 매우 뛰어난 성적을 거두는 학생들에게 많은 장학금을 수여하고 있습니다. 더 정확히 말씀드리자면, 이 장학금에 대한 자격을 갖추기 위해, 여러분께서는 반드시 수업 중에 뛰어난 성과를 이뤄야 하며, 높은 학점을 받아야 합니다. 하지만 이렇게 하는 것이 장학금을 받는 유일한 방법은 아닙니다. 여러분께서는 또한 학생회나 동아리에 가입하거나, 자원 봉사 활동을 함으로써, 그리고 학업 관련 워크숍에서 도움을 제공하는 방법으로도 장학금을 받을 수 있습니다. 자, 전액 장학금을 받았던 두 명의 졸업생들께서 오셔서 어떻게 장학금을 받았는지를 설명해 드릴 것입니다. 또한 우리 학교에서의 경험에 관해서도 이야기해 드릴 것입니다.

89. 담화의 목적은 무엇인가?
(A) 학생들에 대해 불만을 제기하는 것
(B) 장학금 제도를 이야기하는 것
(C) 기부를 요청하는 것
(D) 최근의 문의를 처리하는 것 정답 (B)

90. 화자는 무슨 요건을 언급하는가?
(A) 회의에 참여하는 것
(B) 높은 학점을 따는 것
(C) 지원서를 제출하는 것
(D) 한 단체에 연락하는 것 정답 (B)

91. 누가 곧이어 이야기하도록 요청 받은 상태인가?
(A) 학부모
(B) 강의 지도 담당자
(C) 교수
(D) 일부 졸업생 정답 (D)

문제 92-94번은 다음 발표를 참조하시오. 미M

M May I have your attention, please? I've got an announcement to make for the Shipping and Delivery Department. I know it is the holiday season and **(92) many orders are being placed. So we have to try to get them all delivered in time, but we have to be more careful. (93) We have been receiving many complaints from our customers regarding incorrectly shipped orders and packages.** Protecting our company's image and maintaining the trust of our customers are very important. So starting tomorrow, **(94) we will have an extra team come in to make sure the orders are being shipped to the correct addresses.**

남: 잠시 주목해 주시겠습니까? Shipping and Delivery Department에 전해 드릴 공지 사항이 있습니다. 연휴 시즌이라 많은 주문이 이뤄지고 있다는 점을 알고 있습니다. 따라서 모든 주문이 제때 배송될 수 있도록 노력해야 하지만, 더욱 주의해야 합니다. 우리는 엉뚱하게 배송된 주문과 물품들에 관해 고객들로부터 많은 불만을 접수해 왔습니다. 우리 회사의 이미지를 보호하고 고객들의 신뢰를 유지하는 것이 매우 중요합니다. 따라서 내일부터, 주문 사항이 정확한 주소로 배송되고 있는지 확실히 하기 위해 추가로 한 팀이 방문할 것입니다.

92. 청자들은 누구일 가능성이 가장 큰가?
(A) 고객 서비스 직원들
(B) 영업 사원들
(C) 세미나 주최 담당자들
(D) 배송 기사들 정답 (D)

93. 화자는 왜 "We have been receiving many complaints"라고 말하는가?
(A) 요청 거부를 정당화하기 위해
(B) 실수가 발생되고 있음을 설명하기 위해
(C) 프로젝트 일정을 변경하기 위해
(D) 새로운 규정을 알리기 위해 정답 (B)

94. 화자의 말에 따르면, 새로운 팀이 무엇을 하기 시작할 것인가?
(A) 조사를 실시하는 것
(B) 사업 계약을 체결하는 것
(C) 배송 작업을 돕는 것
(D) 용품을 주문하는 것 정답 (C)

문제 95-97번은 다음 전화 메세지와 일정을 참조하시오. 미W

버스 일정표

병원	오후 12시 50분
동물원	오후 1시 20분
박물관	오후 1시 50분
쇼핑몰	오후 2시 20분

W Hello. **(95) It's Kylie Park from the front desk calling.** I want to let you know that your dinner will be arriving soon. So **(96) if you can please leave the door slightly open, that would be great.** I also remember you asking about transportation to the airport tomorrow afternoon when you were checking in earlier today. I looked it up, and **(97) you can get on the bus in front of the museum that's within walking distance of the hotel.** I hope you have a great stay and enjoy the rest of the night. See you tomorrow morning.

여: 안녕하세요. 저는 프런트 데스크에서 전화드리는 Kylie Park입니다. 귀하의 저녁 식사가 곧 도착할 예정이라는 점을 알려 드리고자 합니다. 따라서 문을 약간 열어 두실 수 있다면, 아주 좋을 것 같습니다. 저는 또한 오늘 아까 귀하께서 체크인하실 때 내일 오후에 공항으로 가는 교통편에 관해 문의하신 것을 기억하고 있습니다. 제가 알아 봤는데, 호텔에서 걸어서 갈 수 있는 거리에 있는 박물관 앞에서 버스를 타실 수 있습니다. 즐거운 숙박하시기 바라며, 남은 저녁 시간을 즐겁게 보내시기 바랍니다. 내일 아침에 뵙겠습니다.

95. 화자는 누구일 가능성이 가장 큰가?
(A) 요리사
(B) 버스 기사
(C) 호텔 직원
(D) 박물관 직원 정답 (C)

96. 화자는 청자에게 무엇을 하도록 요청하는가?
(A) 내일 동물원을 방문할 것
(B) 오늘밤에 일찍 잠들 것
(C) 온라인으로 후기를 게시할 것
(D) 문을 열어 놓을 것 정답 (D)

97. 그래픽을 보시오. 청자는 언제 버스에 탑승해야 하는가?
(A) 오후 12:50
(B) 오후 1:20
(C) 오후 1:50
(D) 오후 2:20 정답 (C)

문제 98-100번은 다음 회의 발췌 내용과 인근 지도를 참조하시오. 호M

M (98) Due to the holiday season, there's been a significant amount of shipping orders. The shipments are being pushed back because of the lack of delivery people in certain neighborhoods. To make up for this situation, we have to change the normal schedule for the workers. **(99) On Wednesday, we'll send out two delivery vans instead of one so that the orders can arrive on time. (100) I hope that we'll be able to purchase robots that can deliver products on their own in the near future** so that we do not run into this type of problem again.

남: 연휴 시즌으로 인해, 많은 양의 배송 주문이 있어 왔습니다. 특정 지역에서 배송 담당자들이 부족한 관계로 물품 배송이 미뤄지고 있습니다. 이 상황을 보완하기 위해, 우리는 직원들에 대한 일반 업무 일정을 변경해야 합니다. 수요일에, 우리는 주문 사항들이 제때 도착할 수 있도록 1대가 아닌 2대의 승합차를 보낼 것입니다. 저는 우리가 이와 같은 문제점에 다시 부딪히지 않도록 하기 위해 가까운 미래에 스스로 제품을 배송할 수 있는 로봇을 구입할 수 있기를 바랍니다.

98. 화자는 어디에서 근무할 가능성이 가장 큰가?
(A) 여행사에서
(B) 공항에서
(C) 배송 회사에서
(D) 식료품점에서 정답 (C)

99. 그래픽을 보시오. 어느 지역이 일정 변경에 따른 영향을 받을 것인가?
(A) Anaheim
(B) Santa Ana
(C) Irvine
(D) Yorba Linda 정답 (C)

100. 화자는 무엇을 매입할 수 있기를 바라는가?
(A) 엔지니어링 업체
(B) 더 큰 매장
(C) 더 빠른 차량
(D) 자동화된 기계 정답 (D)

TEST 09

Part 1

1. 미W
(A) He's putting a case down on the floor.
(B) He's being assisted.
(C) He's standing near the entrance.
(D) He's opening a medicine chest

(A) 그는 바닥에 가방을 내려놓고 있다.
(B) 그는 도움을 받고 있다.
(C) 그는 입구 근처에 서 있다.
(D) 그는 구급상자를 열고 있다. 정답 (C)

2. 미M
(A) She's repairing a vehicle.
(B) She's pumping gas.
(C) She's lifting the hood.
(D) She's turning the steering wheel.

(A) 그녀는 차량을 수리 중이다.
(B) 그녀는 연료를 주입중이다.
(C) 그녀는 자동차 본네트를 올리고 있다.
(D) 그녀는 핸들을 돌리고 있다. 정답 (A)

3. 영W
(A) She's dusting a counter.
(B) She's dining in a kitchen.
(C) She's working behind a counter.
(D) She's wrapping some baked goods.

(A) 그녀는 카운터 먼지를 털고 있다.
(B) 그녀는 부엌에서 식사 중이다.
(C) 그녀는 카운터 뒤에서 일하고 있다.
(D) 그녀는 오븐에 구운 상품을 포장하고 있다. 정답 (C)

4. 호M
(A) Some people are entering a shop.
(B) Some people are waiting for the light to change.
(C) Some people are working on the pavement.
(D) Some people are crossing the road.

(A) 사람들이 가게에 들어가고 있다.
(B) 사람들이 신호등이 바뀌기를 기다리고 있다.
(C) 사람들이 포장된 도로에서 작업 중이다.
(D) 사람들이 도로를 건너고 있다. 정답 (D)

5. 미W
(A) They're washing some machines.
(B) A woman is leaving the store.
(C) A man is folding a pile of laundry.
(D) They're facing away from each other.

(A) 그들은 기계를 씻고 있다.
(B) 한 여자가 가게를 나가고 있다.
(C) 한 남자가 빨래 더미를 개고 있다.
(D) 그들은 서로 반대편을 향하고 있다. 정답 (D)

6. 영W
(A) Some people are hanging flower baskets.
(B) All the windows are being decorated with plants.
(C) Some people are planting trees on the sidewalk.
(D) Some potted plants have been placed in front of a building.

(A) 몇몇 사람들이 꽃바구니를 걸고 있다.
(B) 모든 창문들이 화초들로 장식되고 있다.
(C) 몇몇 사람들이 인도에 나무를 심고 있다.
(D) 몇몇 화분에 심어진 화초들이 건물 앞에 놓여 있다. 정답 (D)

Part 2

7. 미W 미M
Would you like some help unloading the boxes?
(A) Yes, it was very helpful.
(B) Let's hit the road.
(C) I'm almost done.

상자들을 내리시는 일을 좀 도와 드릴까요?
(A) 네, 그것은 매우 큰 도움이 됐습니다.
(B) 출발합시다.
(C) 거의 다 끝났습니다. 정답 (C)

8. 호M 영W
How long does it take you to walk home from here?
(A) Okay, I'll pick you up then.
(B) Sure, I can work overtime.
(C) I don't live within walking distance.

여기서 집까지 걸어서 가시는 데 얼마나 걸리나요?
(A) 좋아요, 그럼 제가 차로 태워 드릴게요.
(B) 그럼요, 초과 근무할 수 있습니다.
(C) 저는 걸어서 갈 수 있는 곳에 살고 있지 않습니다. 정답 (C)

9. 영W 미M
Why isn't the shopping center open today?
(A) Let's take a cab to the mall.
(B) It's getting some renovations.
(C) Yes, it's very close.

오늘 쇼핑 센터가 왜 문을 열지 않았나요?
(A) 그 몰까지 택시를 타고 갑시다.
(B) 일부 개조 공사를 하고 있습니다.
(C) 네, 아주 가깝습니다. 정답 (B)

10. 미W 호M
Have all the invitations been sent out?
(A) Mr. Hopper might know.
(B) The latter might be better.
(C) Thank you for inviting me over.

모든 초대장이 발송되었나요?
(A) Hopper 씨께서 아실 겁니다.
(B) 후자가 더 나을 수 있습니다.
(C) 저를 집으로 초대해 주셔서 감사합니다. 정답 (A)

11. 호M 미M
Where can I sign my name?
(A) I designed the building.
(B) A nice Italian restaurant.
(C) Next to each clause.

제 이름을 어디에 서명하면 되나요?
(A) 제가 그 건물을 디자인했습니다.
(B) 아주 훌륭한 이탈리안 레스토랑입니다.
(C) 각 조항 옆에요. 정답 (C)

12. 미W 미M
This bus stops at the city library, doesn't it?
(A) There's heavy traffic.
(B) The train will be faster.
(C) I think so.

이 버스가 시립 도서관에 서는 것이 맞나요?
(A) 교통량이 많습니다.
(B) 기차가 더 빠를 겁니다.
(C) 그런 것 같습니다. 정답 (C)

13. 영W 호M
Where did you find those staples?
(A) About a week ago.
(B) In the supply cabinet.
(C) He's in the meeting room.

그 스테이플러 침은 어디에서 찾으셨나요?
(A) 약 일주일 전에요.
(B) 용품 캐비닛에서요.
(C) 그는 회의실에 있습니다. 정답 (B)

14. 미W 미M
Who's picking up the clients from the airport?
(A) Someone from the sales team.
(B) Mr. Lee came by to pick up his paycheck.
(C) Yes, some cleaning products.

누가 공항에서 고객들을 차로 모시고 올 건가요?
(A) 영업팀의 직원이요.
(B) Lee 씨가 급여 지급 수표를 받아 가려고 잠깐 들렀어요.
(C) 네, 몇몇 청소 용품이요. 정답 (A)

15. 호M 영W
How are the preparations for the job fair going?
(A) Yes, we can go together.
(B) You did a great job.
(C) Not many firms have registered yet.

직업 박람회 준비 작업은 어떻게 되어 가고 있나요?
(A) 네, 우리는 함께 갈 수 있습니다.
(B) 정말 잘하셨습니다.
(C) 아직 많은 회사들이 등록하지 않았습니다. 정답 (C)

16. 미W 호M
When is the payment to Max Supplies due?
(A) Yes, you can use a credit card.
(B) The price was very reasonable.
(C) I already sent a check.

Max Supplies에 대한 비용 지불 기한이 언제인가요?
(A) 네, 신용카드를 사용하실 수 있습니다.
(B) 가격이 매우 합리적입니다.
(C) 제가 이미 수표를 보냈습니다. 정답 (C)

17. 호M 미M
Why don't we get new computer monitors for the office?
(A) Do you have any specific models in mind?
(B) The company is monitoring Internet access.
(C) I'm sorry. I'm new here.

사무실에서 쓸 새 컴퓨터 모니터들을 구입하는 게 어떨까요?
(A) 마음에 두고 계신 특정 모델이라도 있으신가요?
(B) 회사에서 인터넷 접속을 감시하고 있습니다.
(C) 죄송합니다. 제가 이곳이 처음이라서요. 정답 (A)

18. 미M 영W
Which auto insurance did you decide to buy?
(A) The one with maximum coverage.
(B) Do you know a good auto mechanic?
(C) I found decisive evidence.

어느 자동차 보험 상품을 구입하기로 결정하셨나요?
(A) 최대한의 보장 범위로 된 것으로요.
(B) 좋은 자동차 정비사를 알고 계신가요?
(C) 제가 결정적인 단서를 발견했어요. 정답 (A)

19. 미M 미W
I hear that Monica has just been transferred to the London branch.
(A) I think we should take public transit.
(B) She'll be in charge of the Marketing Department there.
(C) You can renew your license at the Department of Motor Vehicles.

Monica가 막 런던 지사로 전근되었다고 하던데요.
(A) 제 생각에 우리는 대중 교통을 이용해야 할 것 같습니다.
(B) 그분이 그곳에서 마케팅부를 맡을 겁니다.
(C) 차량국에서 면허증을 갱신하실 수 있습니다. 정답 (B)

20. 영W 호M
We should have rehearsed beforehand.
(A) As soon as he returns.
(B) Tomorrow will be fine.
(C) You are absolutely right.

우리는 미리 예행 연습을 했어야 했습니다.
(A) 그가 돌아오는 대로요.
(B) 내일은 괜찮을 겁니다.
(C) 당신 말이 전적으로 옳습니다. 정답 (C)

21. 미W 영W
Are we going to place an ad on TV or just on our Web site?
(A) I don't think we have enough money.
(B) Isn't he a new producer?
(C) It's one of the tourist attractions.

TV에 광고를 낼 예정인가요, 아니면, 그냥 우리 웹 사이트에만 하나요?
(A) 우리에게 자금이 충분하지 않은 것 같습니다.
(B) 그가 신임 프로듀서 아닌가요?
(C) 그곳이 관광 명소들 중의 하나입니다. 정답 (A)

22. 호M 미M
Who's going to handle all the customer inquiries?
(A) There will be no handling charge for that.
(B) Should we buy some candles?
(C) I'll find someone in the Operations Department.

누가 모든 고객 문의 사항들을 처리할 건가요?
(A) 그 일에 대한 처리 수수료는 없을 것입니다.
(B) 우리가 양초를 좀 사야 할까요?
(C) 제가 운영 부서에서 사람을 좀 찾아보겠습니다. 정답 (C)

23. 미M 영W
You've been to the annual convention in Boston, haven't you?
(A) My office is conveniently located.
(B) Yes, I'm looking forward to meeting them.
(C) I was there last year.

보스턴에서 열리는 연례 컨벤션에 가 보신 적이 있지 않나요?
(A) 제 사무실은 편리한 곳에 위치해 있습니다.
(B) 네, 저는 그들을 만나기를 고대하고 있습니다.
(C) 작년에 그곳에 갔었어요. 정답 (C)

24. 호M 미W
Don't you think we need more volunteers?
(A) We already have a dozen.
(B) Yes, he should have.
(C) We need to raise more funds.

우리가 더 많은 자원 봉사자들을 필요로 한다고 생각하지 않으세요?
(A) 우리에게 이미 12명이나 있어요.
(B) 네, 그는 그랬어야 했어요.
(C) 우리는 더 많이 모금해야 합니다. 정답 (A)

25. 호M 영W
How often do you attend the training workshops?
(A) It will be held every year.
(B) A couple of times a year.
(C) The train departs every half hour.

얼마나 자주 교육 워크숍에 참석하시나요?
(A) 그 행사는 매년 열릴 겁니다.
(B) 일 년에 두어 번이요.
(C) 그 기차는 30분마다 출발합니다. 정답 (B)

26. 미W 영W
I don't need to work overtime today, do I?

(A) I have to be there on time.
(B) No, Jose will be here.
(C) Sure, I'll give you a hand.

저는 오늘 초과 근무를 하지 않아도 되는 게 맞죠?
(A) 저는 그곳에 제때 가야 합니다.
(B) 하지 않아도 됩니다. Jose가 있을 거예요.
(C) 좋아요. 제가 도와 드릴게요. 정답 (B)

27. 영W 호M
It's not a good time to invest in the property market.
(A) Yes, I'd rather deposit my money in the bank.
(B) Isn't he a real estate agent?
(C) The marketing report is finally done.

부동산 시장에 투자하기에는 좋은 시기가 아닙니다.
(A) 네, 저는 은행에 제 돈을 예금해 두고 싶습니다.
(B) 그는 부동산 중개업자이지 않나요?
(C) 마케팅 보고서가 드디어 완료되었습니다. 정답 (A)

28. 미W 미M
Should I buy more notepads, or do we have enough?
(A) Can you take notes for me?
(B) I don't think we have enough.
(C) Yes, I'll have a piece.

메모지를 더 구입해야 하나요, 아니면 우리가 충분히 갖고 있나요?
(A) 저를 위해 메모 좀 해 주시겠어요?
(B) 우리가 충분히 갖고 있는 것 같지 않아요.
(C) 네, 한 조각 먹을게요. 정답 (B)

29. 영W 호M
Can you make a report on today's workshop?
(A) Yes, you can get a better deal from the online shop.
(B) I can get it done by tomorrow.
(C) Sure, we can just walk there.

오늘 있었던 워크숍에 관한 보고서를 작성해 주시겠어요?
(A) 네, 온라인 매장에서 더 나은 구매 조건을 찾을 수 있어요.
(B) 내일까지 완료해 놓겠습니다.
(C) 그럼요, 그곳에 걸어서 갈 수 있어요. 정답 (B)

30. 미M 영W
When would you like to discuss the marketing campaign?
(A) I'm good anytime in the afternoon.
(B) In the conference room upstairs.
(C) I can pick it up on the way to the office.

언제 마케팅 캠페인에 관해 논의하고 싶으신가요?
(A) 저는 오후에 아무 때나 좋습니다.
(B) 위층에 있는 대회의실에서요.
(C) 제가 사무실로 가는 길에 찾아 갈 수 있어요. 정답 (A)

31. 호M 미W
Is there any space available for a wedding reception this Friday?
(A) No, we haven't received it yet.
(B) I'm sorry, but we're fully booked.
(C) I don't have any special recipes.

이번 주 금요일에 결혼식 피로연에 이용할 수 있는 공간이 있나요?
(A) 아뇨, 저희는 아직 그것을 받지 못했습니다.
(B) 죄송하지만, 저희는 예약이 꽉 차 있습니다.
(C) 제게는 특별한 조리법이 없습니다. 정답 (B)

Part 3

문제 32-34번은 다음 대화를 참조하시오. 미W 미M

W Clifford, have you realized the significant amount of help needed by our department lately?
M Right. The employees seem to be having many problems with the computers. However, because **(32) we're the only two IT workers here**, it is tough to manage all the technical issues that occur at this company.
W Yeah, especially considering the number of computers we have here. **(33) We should ask if we can hire some new employees to divide the work** so that we can solve problems more efficiently.
M That would be really helpful. **(34) I'll talk with the president about this suggestion.**
W Do you want me to go with you?
M No, that's okay. While I do that, you can aid the employees who need help with their computers.

여: Clifford, 최근에 우리 부서로부터 받아야 할 필요가 있는 많은 도움이 있었다는 걸 알아차리셨나요?
남: 맞아요. 직원들이 컴퓨터에 많은 문제를 겪고 있는 것 같아요. 그런데, 이 회사에 IT 직원이 불과 우리 둘 뿐이기 때문에, 회사에서 발생되는 모든 기술적인 문제들을 관리하는 게 어려워요.
여: 네, 특히 이곳에 우리가 보유하고 있는 컴퓨터의 수를 감안하면요. 우리가 문제점을 더욱 효율적으로 해결할 수 있게 업무를 나눌 수 있는 몇몇 새로운 직원들을 고용할 수 있는지 물어봐야 해요.
남: 그렇게 하면 정말 도움이 될 겁니다. 이 의견에 관해 제가 사장님과 얘기해 볼게요.
여: 제가 함께 갈까요?
남: 아뇨, 괜찮습니다. 제가 그 일을 하는 동안, 당신은 컴퓨터 문제에 도움이 필요한 직원들을 도와주세요.

32. 화자들은 어느 부서에서 근무하고 있는가?
(A) 고객 서비스
(B) 인터넷 영업
(C) 마케팅
(D) 정보 기술 정답 (D)

33. 여자는 무엇을 하도록 제안하는가?
(A) 한 직원에게 배송하도록 요청하는 일
(B) 카탈로그를 가져 오는 일
(C) 새로운 직원을 고용하는 일
(D) 온라인으로 추가적인 일을 찾아 보는 일 정답 (C)

34. 남자는 곧이어 무엇을 할 것이라고 말하는가?
(A) 티켓 판매를 관리하는 것
(B) 부스를 설치하는 것
(C) 자선 단체에 기부하는 것
(D) 임원과 이야기하는 것 정답 (D)

문제 35-37번은 다음 대화를 참조하시오. 미W 호M

W Good morning. **(35) I purchased a computer from your store last month. Unfortunately, I'm not satisfied with my new computer.**
M What seems to be the problem?

W (36) I'm having problems with my Internet connection as well as repeated crashes when I try to run my word-processing software.
M (36) Did you read the instructions that came with the computer?
W Well, yes. But the troubleshooting section was no help. **(37) I'd like to bring it in for a maintenance check.**
M All right, ma'am. We're sorry that you have a problem with this computer. We'll do our best to get your computer working as soon as possible.

여: 안녕하세요. 제가 지난달에 당신의 매장에서 컴퓨터를 구입했습니다. 아쉽게도, 저는 새 컴퓨터에 만족하지 못하고 있어요.
남: 무엇이 문제이신 것 같은가요?
여: 제 워드 프로세싱 소프트웨어를 활용하려 할 때 반복되는 고장 문제뿐만 아니라 인터넷 연결에도 문제를 겪고 있습니다.
남: 컴퓨터에 딸려 있던 설명서를 읽어 보셨나요?
여: 저, 네. 하지만 문제 해결 섹션이 도움이 되지 않았어요. 유지 관리 확인을 위해 그 컴퓨터를 갖고 왔으면 합니다.
남: 알겠습니다, 고객님. 컴퓨터에 문제가 있으시다니 유감입니다. 가능한 빨리 고객님의 컴퓨터가 작동되도록 저희가 최선을 다하겠습니다.

35. 남자는 누구일 가능성이 가장 큰가?
(A) 기술 혁신가
(B) 고객 관리 담당 직원
(C) 컴퓨터 엔지니어
(D) 수리 직원
정답 (B)

36. 남자는 왜 "Did you read the instructions that came with the computer?"라고 말하는가?
(A) 반복되는 요청 사항을 설명하기 위해
(B) 실수에 관해 묻기 위해
(C) 아이디어를 제안하기 위해
(D) 지불 상세 정보를 제공하기 위해
정답 (C)

37. 여자는 무엇을 할 것이라고 말하는가?
(A) 다른 컴퓨터를 구입하는 것
(B) 소프트웨어를 업데이트하는 것
(C) 자신의 컴퓨터를 갖고 오는 것
(D) 권위자에게 알리는 것
정답 (C)

문제 38-40번은 다음 대화를 참조하시오. 영W 호M

W Josh, I'm really hungry now. Do you know a good restaurant I can go to?
M Yes, **(38) I work at a really great noodle restaurant near my house.** It's really nice and pretty small. But there are usually not a lot people there.
W Hmm, noodles. You know, **(39) I'm actually on a diet right now and am worried that I might exceed my daily calorie intake.** Is there any type of dish that is low in carbohydrates at your place?
M We also have lots of salads. There are fresh salads like coleslaw. And they are very cheap.
W Great, that's perfect! **(40) Then, I'll head over there right now.**
M Okay, sounds good. I'll go with you so you can get a discount.

여: Josh, 제가 지금 정말로 배가 고파요. 제가 갈 만한 좋은 레스토랑을 아시나요?
남: 네, 제가 집 근처에 있는 정말로 좋은 국수 레스토랑에서 일합니다. 아주 멋지면서 꽤 작은 곳이에요. 하지만 보통 그곳에 그렇게 사람이 많지는 않아요.
여: 흠, 국수라. 있잖아요, 제가 실은 지금 다이어트 중인데, 제 일일 칼로리 섭취량을 초과할까 걱정이에요. 일하시는 식당에 탄수화물이 낮은 음식 종류도 있나요?
남: 샐러드도 많이 있습니다. 코울슬로 같이 신선한 샐러드들도 있어요. 그리고 매우 저렴합니다.
여: 잘됐네요, 아주 좋아요! 그럼, 지금 바로 그리 가야겠어요.
남: 네, 좋습니다. 할인 받을 수 있도록 제가 함께 갈게요.

38. 남자는 어디에서 근무할 가능성이 가장 큰가?
(A) 식료품점에서
(B) 서비스 센터에서
(C) 연구 시설에서
(D) 레스토랑에서
정답 (D)

39. 여자는 왜 걱정이 된다고 말하는가?
(A) 가격이 너무 높다.
(B) 장소가 너무 멀다.
(C) 몸무게를 줄이려고 한다.
(D) 컨디션이 별로 좋지 않다.
정답 (C)

40. 여자는 곧이어 무엇을 할 가능성이 가장 큰가?
(A) 운동을 할 것이다.
(B) 식사를 할 것이다.
(C) 조리법을 배울 것이다.
(D) 샐러드를 만들 것이다.
정답 (B)

문제 41-43번은 다음 대화를 참조하시오. 미W 미M

W Good afternoon. This is Jameson Publications. How may I help you?
M Hello. **(41) I work at the library here in Cornell City, California.** We ordered some books from your company. However, they do not seem to have arrived yet. The delivery date was last week, and I'm concerned our order has not gone through or has been forgotten.
W (42) Actually, those books are only available as e-books. We sent the activation code through e-mail. You should have received it by now.
M Oh, I checked my e-mail for the past few days, but I did not get anything related to that in my inbox.
W I see. I'm sorry about that. **(43) I'll go ahead and send another copy of the e-mail along with the activation key for each book your library ordered.**

여: 안녕하세요. Jameson Publications입니다. 무엇을 도와 드릴까요?
남: 안녕하세요. 저는 이곳 California의 Cornell City에서 있는 도서관에서 일하고 있습니다. 저희가 귀사에 몇몇 도서를 주문했습니다. 그런데, 아직 도착하지 않은 것 같습니다. 배송 날짜가 지난주였는데, 저희 주문이 이뤄지지 않거나 잊혀진 것은 아닌지 우려됩니다.
여: 실은, 그 책들은 오직 전자 도서로만 이용 가능합니다. 저희가 이메일을 통해 활성화 코드를 보내 드렸습니다. 지금쯤 그것을 받으셨어야 하는데요.
남: 아, 제가 지난 며칠 동안 이메일을 확인해 봤는데, 수신함에 그것과 관

련된 아무것도 받지 못했어요.
여: 알겠습니다. 그 부분에 대해서는 죄송합니다. 제가 어서 처리를 해서 귀하의 도서관에서 주문한 각 도서에 필요한 활성화 키와 함께 이메일을 다시 보내 드리겠습니다.

41. 남자의 직업은 무엇인가?
(A) 학생
(B) 교사
(C) 역사학자
(D) 사서
정답 (D)

42. 여자는 일부 책들에 관해 무슨 말을 하는가?
(A) 현재 이용할 수 없다.
(B) 아직 배송되지 않았다.
(C) 오직 전자 도서로만 이용 가능하다.
(D) 해외에서 수입되었다.
정답 (C)

43. 여자는 곧이어 무엇을 할 것인가?
(A) 제품을 교환한다.
(B) 서명된 문서를 되돌려보낸다.
(C) 주문 사항을 다시 보낸다.
(D) 대리인에게 연락한다.
정답 (C)

문제 44-46번은 다음 대화를 참조하시오. 미M 영W

M Hi, Vivienne. **(44) I'd like to hire a few summer interns who'll develop a marketing strategy for our new merchandise.**
W That's a great idea, Leonardo. **(45) We need to point out to the interns that the merchandise is only available online.** So with that in mind, we should look for people who are experts in using the Internet and various programs.
M Right. **(46) I recommend posting job openings on social media sites that young college students often visit daily.**

남: 안녕하세요, Vivienne. 제가 우리 신상품에 필요한 마케팅 전략을 개발할 몇몇 여름 인턴 직원들을 고용하고자 합니다.
여: 아주 좋은 생각이네요, Leonardo. 우리는 해당 상품이 오직 온라인에서만 구매 가능하다는 점을 인턴 직원들에게 언급해 줘야 해요. 따라서 그 부분을 염두에 두고, 우리는 인터넷과 다양한 프로그램들을 활용하는 데 있어 전문가인 사람들을 찾아야 합니다.
남: 맞습니다. 젊은 대학생들이 매일 자주 방문하는 소셜 미디어 사이트에 공석을 게시하는 것을 추천합니다.

44. 화자들은 무엇에 관해 이야기하고 있는가?
(A) 소프트웨어 프로그램을 개발하는 것
(B) 마케팅 전략을 만들어 내는 것
(C) 무역 박람회 준비를 하는 것
(D) 여름 인턴 직원들을 고용하는 것
정답 (D)

45. 여자는 일부 상품에 관해 무슨 말을 하는가?
(A) 학생들에게 인기가 있다.
(B) 오직 온라인에서만 구매 가능하다.
(C) 지역 단체에 자금을 제공해 준다.
(D) 비교적 저렴하다.
정답 (B)

46. 남자는 무엇을 하도록 제안하는가?
(A) 일부 직원들을 교육하는 일
(B) 전자 기기를 디자인하는 일
(C) 소셜 미디어 사이트에 구인 공고를 내는 일
(D) 회사 워크숍을 조직하는 일
정답 (C)

문제 47-49번은 다음 대화를 참조하시오. 미W 호M

M Good morning. Can I help you?
W Yes, **(47) my company is planning an event for a client's wedding.** However, there seems to be a mistake.
M Oh, and what's the problem, ma'am?
W (48) We ordered 300 sets of tableware, and we just received the goods. But 350 sets seem to have arrived.
M I apologize. It seems like our employee made a mistake.
W Yes. On top of that, we were charged 500 dollars extra.
M All right, don't worry about that, ma'am. **(49) I'll cancel the extra charge and refund the money right away.** However, it'll take 3 to 5 business days for the money to be returned to your card. In addition, one of our employees will visit you to pick up the goods tonight.
W Thanks. I'd appreciate that.

남: 안녕하세요. 좀 도와 드릴까요?
여: 네, 제 회사에서 한 고객의 결혼식을 위한 행사를 계획하고 있습니다. 그런데, 실수가 있는 것 같아요.
남: 아, 무엇이 문제이신가요, 고객님?
여: 저희가 300세트의 식기를 주문했고, 막 그 상품을 받았어요. 그런데 350세트가 도착한 것 같습니다.
남: 죄송합니다. 저희 직원이 실수를 한 것 같습니다.
여: 네. 그 외에도, 저희가 500달러를 추가로 청구 받았어요.
남: 알겠습니다, 그 부분에 대해서는 걱정하지 마십시오, 고객님. 제가 그 추가 청구 요금을 취소하고 즉시 금액을 환불해 드리겠습니다. 그런데, 해당 금액이 카드로 환불되는 데 영업일로 3~5일이 걸릴 것입니다. 추가로, 저희 직원들 중의 한 명이 오늘밤에 방문해 해당 제품을 가져올 것입니다.
여: 고맙습니다. 그렇게 해 주셔서 감사해요.

47. 여자는 어디에서 근무할 가능성이 가장 큰가?
(A) 금융 회사에서
(B) 법률 사무소에서
(C) 행사 기획 전문 회사에서
(D) 미디어 회사에서
정답 (C)

48. 여자는 왜 "But 350 sets seem to have arrived"라고 말하는가?
(A) 제품에 관해 문의하기 위해
(B) 후회를 표현하기 위해
(C) 일부 상품을 예약하기 위해
(D) 실수를 설명하기 위해
정답 (C)

49. 남자는 어떻게 여자를 도울 것인가?
(A) 기술자와 이야기함으로써
(B) 신청서를 다운로드함으로써
(C) 일부 금액을 환불해 줌으로써
(D) 추가 요금을 청구함으로써
정답 (C)

문제 50-52번은 다음 대화를 참조하시오. 영W 호M

W Brandon, **(50) I want to thank you for catching the error in our financial report.** I know it's been hard with our accounting software not working since last month.

M Right. It took an extremely long time to look over those documents.
W Don't worry. I have good news for you. **(51) We're going to be updating our software next week**, which will fix the problem.
M That's great news. **(52) I also want to ask if it would be possible to have my own office to work in.**
W I think that can be arranged. Let me just check with the head of the department about your request.

여: Brandon, 우리 재무 보고서에 실수를 잡아내 준 것에 대해 감사드리고 싶습니다. 지난달 이후로 우리 회계 소프트웨어가 작동하지 않으면서 계속 힘들었다는 것을 알고 있습니다.
남: 맞아요. 그 서류들을 검토하는 데 아주 오랜 시간이 걸렸어요.
여: 걱정하지 마세요. 제게 좋은 소식이 있어요. 우리가 다음 주에 우리 소프트웨어를 업데이트할 예정인데, 이로 인해 문제가 바로잡힐 거예요.
남: 아주 좋은 소식이네요. 그리고 저는 제가 근무할 개인 사무실을 갖는 것이 가능할지도 여쭤보고 싶습니다.
여: 그 부분은 조치될 수 있을 것 같아요. 당신의 요청 사항에 대해 제가 부서장님께 확인해 보겠습니다.

50. 여자는 남자에게 무엇에 대해 감사하는가?
(A) 일정표를 수정한 것
(B) 오찬을 연기한 것
(C) 휴식 시간을 연장한 것
(D) 재무상의 오류를 알려 준 것 정답 (D)

51. 여자는 무엇이 다음 주로 계획되어 있다고 말하는가?
(A) 미디어와의 모임
(B) 의류 제품 라인의 출시
(C) 특별 증정품
(D) 소프트웨어 업그레이드 정답 (D)

52. 남자는 무엇에 관해 문의하는가?
(A) 업체의 위치
(B) 서비스 비용
(C) 사무실 공간의 이용 가능성
(D) 일부 상품의 인기 정답 (C)

문제 53-55번은 다음의 3자 대화를 참조하시오. 호M 미W 미M

M1 Niko and Jacqueline. **(53) That was a great performance by the musicians, right?**
W It truly was, Mr. Hasegawa. The performance was remarkably outstanding and moved me to tears.
M1 Well, **(54) I just came back from talking to the conductor, Nathan Benson.**
M2 (54) Oh, he used to conduct at our school, and we'd perform together.
M1 That's right. I mentioned you two, and he remembers you both. **(55) He said that he would love to have dinner together and to talk to you.**
W It'd be a great joy for us. **(55) I'll talk to him about the date. Which day would be good for you two?**

남1: Niko 씨, 그리고 Jacqueline 씨. 음악가들이 보여 준 이 공연은 정말 멋지지 않았나요?
여: 정말 그랬어요, Hasegawa 씨. 공연이 대단히 뛰었고, 눈물이 날 정도로 감동적이었어요.
남1: 저, 제가 막 지휘자 Nathan Benson 씨와 이야기를 하고 왔습니다.
남2: 아, 그분께서는 한때 저희 학교에서 지휘하곤 하셔서, 함께 공연하기도 했어요.
남1: 맞습니다. 제가 두 분을 언급해 드렸는데, 두 분 모두를 기억하고 계시더라고요. 그분께서 꼭 함께 저녁 식사를 하면서 두 분과 얘기하고 싶다고 말씀하셨어요.
여: 우리에겐 아주 큰 기쁨일 거예요. 제가 그분께 날짜에 관해 말씀드릴게요. 두 분께서는 어느 날짜가 좋으세요?

53. 화자들은 무슨 행사에 관해 이야기하고 있는가?
(A) 연극의 개막일 저녁
(B) 영화 상영회
(C) 음악 공연
(D) 패션 쇼 정답 (C)

54. 화자들은 어떻게 Nathan Benson 씨를 알고 있는가?
(A) 그가 몇몇 뉴스를 보도했다.
(B) 그가 한때 교수였다.
(C) 그가 학생들에게 피아노 치는 법을 가르쳤다.
(D) 그가 여러 행사에서 지휘했다. 정답 (D)

55. 여자는 무엇을 할 것이라고 말하는가?
(A) 레스토랑에 테이블을 예약하는 일
(B) 공연을 하는 일
(C) 악기를 연주하는 일
(D) 약속 일정을 잡는 일 정답 (D)

문제 56-58번은 다음 대화를 참조하시오. 미M 영W

M Hi, Isabella. **(56) I just received the copy of the book we published for the new author.**
W Great. Did everything turn out to be okay?
M Yes, **(57) but one of the pages was printed incorrectly.** There are two pages that have the same page number.
W Oh, that's not good. **(58) We'll need to fix that blunder before we distribute it to bookstores.**
M Right. We still have time before the release date. **(58) But let's fix it so that we don't forget.**

남: 안녕하세요, Isabella. 우리가 새 작가를 위해 출판한 책을 제가 막 받았어요.
여: 잘됐네요. 모든 것이 아무 문제 없는 것으로 나타났나요?
남: 네, 하지만 페이지들 중의 하나가 잘못 인쇄되었습니다. 같은 숫자로 된 페이지가 두 곳 있어요.
여: 아, 좋지 않은 일이네요. 서점에 그 책을 유통시키기 전에 그 실수를 바로잡아야 할 겁니다.
남: 맞습니다. 출시일 전까지 아직 시간이 있습니다. 하지만 우리가 잊지 않도록 그 부분을 바로잡읍시다.

56. 화자들은 어디에서 근무할 가능성이 가장 큰가?
(A) 백화점에서
(B) 도서관에서
(C) 출판사에서
(D) 서점에서 정답 (C)

57. 남자는 무슨 문제점을 알리는가?
(A) 발표가 잘 진행되지 않았다.

(B) 제품에 실수가 있었다.
(C) 차트를 분실했다.
(D) 처리 과정이 너무 오래 걸릴 수 있다. 정답 (B)

58. 화자들은 다음으로 무엇을 할 가능성이 가장 큰가?
(A) 특정 도서를 빌리는 일
(B) 책을 재인쇄하는 일
(C) 대체 카드를 주문하는 일
(D) 한 기관에 연락하는 일 정답 (B)

문제 59-61번은 다음의 3자 대화를 참조하시오. 미M 영W 미W

M Thanks for joining us, Anastasia and Isabella. **(59) We have the report of the analyzed financial data.**
W1 Great, Christopher. Let me see it. **(60) Oh, there seems to be an error on the bar graph.**
W2 I think so, too. This year, our output total was twice our input total.
W1 We need to make sure all the information is accurate so that we do not make any wrong decisions because of false data.
M You're right, Anastasia. That would be a total disaster and cause damage to the company. **(61) I'll go ahead and fix that error and reprint the new report tomorrow.**
W2 That would be great.

남: 저희와 함께해 주셔서 감사합니다, Anastasia 씨와 Isabella 씨. 저희가 분석된 재무 데이터가 담긴 보고서를 갖고 있습니다.
여1: 잘됐네요, Christopher. 제가 확인해 보겠습니다. 아, 막대 그래프에 오류가 있는 것 같아요.
여2: 저도 그렇게 생각해요. 올해, 우리의 총 산출액은 총 투입액의 두 배였어요.
여1: 우리는 틀린 데이터로 인해 어떠한 잘못된 결정도 내리는 일을 하지 않도록 반드시 모든 정보가 정확한지 확실히 해 둬야 합니다.
남: 당신 말이 맞습니다, Anastasia. 그렇게 되면 완전히 엉망이 되어 회사에 손해를 끼칠 수 있어요. 제가 어서 처리를 해서 그 오류를 바로잡아 내일 새 보고서를 재인쇄하겠습니다.
여2: 그렇게 해 주시면 아주 좋을 것 같습니다.

59. 화자들은 무슨 분야에서 일할 가능성이 가장 큰가?
(A) 법률 서비스
(B) 연구
(C) 재무
(D) 공공 안전 정답 (C)

60. 무엇이 문제점인가?
(A) 한 가지 일이 합의되지 않았다.
(B) 한 물품이 배송되지 않았다.
(C) 한 가지 치료약이 효과적이지 않았다.
(D) 한 막대 그래프가 정확하지 않다. 정답 (D)

61. 남자는 내일 무엇을 하겠다고 약속하는가?
(A) 상사에게 도착 시간을 알리는 일
(B) 업무 보조 직원과 얘기하는 일
(C) 문제를 바로잡는 일
(D) 소포를 반송하는 일 정답 (C)

문제 62-64번은 다음 대화와 제품 목록을 참조하시오. 미W 호M

W Hi. Do you need help with anything?
M Yes, **(62) I'm trying to purchase a jacket, but I don't know which style I should get.**
W Do you know what you're looking for?
M I'm actually going to Russia, and it'll be pretty cold and windy over there.
W Well, **(63) we are having a special sale on this down jacket.** It is made of goose feathers and will block the wind from reaching you.
M (63) That sounds awesome. Could I try it on to see how it fits?
W Of course. **(64) Let me take it to the fitting room for you.**

여: 안녕하세요. 도움이 필요하신 일이라도 있으신가요?
남: 네, 제가 재킷을 하나 구입하려고 하는데, 어떤 스타일을 구입해야 할지 모르겠어요.
여: 어떤 것을 찾고 계시는지 알고 계신가요?
남: 제가 실은 Russia에 갈 예정인데, 그쪽 지역은 꽤 춥고 바람이 많이 불 거예요.
여: 저, 저희가 이 다운 재킷에 대해 특별 세일 행사를 진행하고 있습니다. 이 제품은 거위 털로 만들어져 있어서 고객님께 불어오는 바람을 차단해 줄 것입니다.
남: 아주 좋은 것 같아요. 잘 맞는지 확인할 수 있도록 입어 봐도 될까요?
여: 물론입니다. 제가 피팅룸으로 대신 가져다 드리겠습니다.

62. 여자는 누구일 가능성이 가장 큰가?
(A) 상담 전문가
(B) 코트 디자이너
(C) 영업 직원
(D) 여행사 직원 정답 (C)

63. 그래픽을 보시오. 남자는 어느 브랜드가 마음에 든다고 말하는가?
(A) Fadidas
(B) Drake

(C) German Duck
(D) West Nose　정답 (B)

64. 여자는 무엇을 하겠다고 제안하는가?
(A) 남자와 견본을 공유하는 것
(B) 추가 제품을 포함하는 것
(C) 자신의 상사와 이야기하는 것
(D) 남자를 위해 제품을 갖다 주는 것　정답 (D)

문제 65-67번은 다음 대화와 일정을 참조하시오. 영W 미M

열차 시간표

	Tijuana	Gaslamp	Mesa Palms	La Jolla
열차 33	7:00	8:15	9:20	
열차 44	7:15	8:30	9:35	10:55

W This is an announcement for all passengers on the train. I will now go around to check your tickets.
M Here's my ticket, ma'am. I'm heading to La Jolla.
W (66) Excuse me, sir. I'm afraid you're on the wrong train.
M Wait. What? Are you serious?
W Yes, this ticket is for a different train. This train does not stop at La Jolla. **(67) However, you can switch trains after Gaslamp Station.**
M Oh, okay. Will the train come right away? **(68) I am in a hurry because I have a meeting with a client at 1 o'clock today,** and I can't miss it.
W You don't have to worry. The train comes every 15 minutes. You should have plenty of time.

여: 열차에 탑승하고 계신 모든 승객 여러분께 알리 드리는 공지입니다. 제가 지금부터 지나가면서 여러분의 티켓을 확인하겠습니다.
남: 여기 제 티켓입니다. 저는 La Jolla로 가는 중입니다.
여: 실례합니다, 고객님. 엉뚱한 열차에 타고 계신 것 같습니다.
남: 잠깐만요. 뭐라고요? 정말인가요?
여: 네, 이 티켓은 다른 열차에 해당되는 것입니다. 이 열차는 La Jolla에 정차하지 않습니다. 하지만, Gaslamp Station을 지난 후에 갈아타실 수 있습니다.
남: 아, 알겠습니다. 열차가 바로 올까요? 제가 오늘 1시에 고객과 회의가 있어서 좀 급한데, 그 회의를 놓치면 안 되거든요.
여: 걱정하지 않으셔도 됩니다. 그 열차는 15분에 한 번씩 옵니다. 시간이 충분하실 겁니다.

65. 남자에게 무슨 문제가 있는가?
(A) 기차가 이미 떠났다.
(B) 화장실을 이용할 수 없다.
(C) 티켓을 가져오는 것을 잊었다.
(D) 엉뚱한 열차에 탑승했다.　정답 (D)

66. 그래픽을 보시오. 남자는 어느 역에서 열차를 갈아타야 하는가?
(A) Tijuana
(B) Gas Lamp
(C) Mesa Palms
(D) La Jolla　정답 (C)

67. 남자는 왜 서두르는가?
(A) 뉴스를 놓칠 것이다.
(B) 항공편을 타야 한다.
(C) 고객과 만날 예정이다.
(D) 결혼식에 참석해야 한다.　정답 (C)

문제 68-70번은 다음 대화와 건물 안내도를 참조하시오. 미W 미M

안내

2층

사무실 2203	JR Property Co.
사무실 2204	Conference Room
사무실 2205	The Saytman Group
사무실 2206	Homeowner Services

W Excuse me. Are you lost, sir?
M Hi. Yes, **(68) (69) I need to attend a conference here today.** Could you give me some directions?
W The conference meeting room is up on the second floor. There'll be a directory when you get off the elevator.
M Awesome, thank you. I am in a hurry because the conference has already started.
W Oh, right, there was one person on the attendee list missing. How come you're late?
M (70) There was a huge accident on the freeway, and traffic didn't move at all for a while.
W All right, I understand. Please just sign in before you go.

여: 실례합니다. 길을 잃으셨나요?
남: 안녕하세요. 네, 제가 오늘 이곳에서 열리는 컨퍼런스에 참석해야 합니다. 제게 길을 좀 알려 주시겠습니까?
여: 컨퍼런스 회의실은 위쪽에 있는 2층으로 가셔야 합니다. 엘리베이터에서 내리시면 안내도가 있을 겁니다.
남: 잘됐네요, 감사합니다. 그 컨퍼런스가 이미 시작했기 때문에 제가 좀 급합니다.
여: 아, 맞아요, 참석자 명단에 있는 한 분이 오지 않으셨어요. 왜 늦으신 건가요?
남: 고속도로에 큰 사고가 생기는 바람에, 한동안 차량들이 전혀 움직이지 못했어요.
여: 좋습니다, 알겠습니다. 가시기 전에 참석자 서명을 해 주시기 바랍니다.

68. 그래픽을 보시오. 남자는 어느 사무실을 방문할 것인가?
(A) 2203
(B) 2204
(C) 2205
(D) 2206　정답 (B)

69. 남자는 무엇을 할 예정인가?
(A) 일부 직원들을 평가하는 것
(B) 등록 양식을 작성하는 것
(C) 컨퍼런스에 참석하는 것
(D) 시간표를 업데이트하는 것　정답 (C)

70. 남자는 왜 늦었는가?
(A) 알람을 맞추는 것을 잊었다.
(B) 그의 자동차 타이어에 펑크가 났다.
(C) 교통 체증에 막혀 있었다.
(D) 그의 동료 직원이 도움을 필요로 했다. 정답 (C)

Part 4

문제 71-73번은 다음 발표를 참조하시오. 호M

M Just a quick note before we finish this meeting up. **(71) Our company will be hosting a community event for the public next month.** It'll be a marathon to raise funds for charity, and there are still a few available spots for people to sign up. I'd like some members from our department to volunteer at this event. **(72) Employees that participate will get free movie tickets for the upcoming movie *Birdman*. (73) If you'd like to participate in this event, please visit the main branch and sign up.**

남: 이 회의를 마치기 전에 간단히 알려 드릴 것이 있습니다. 우리 회사가 다음 달에 일반 대중을 위한 지역 사회 행사를 주최할 예정입니다. 이 행사는 자선 목적으로 기금을 마련하기 위한 마라톤이 될 것이며, 여전히 사람들이 신청할 수 있는 몇몇 자리들이 있습니다. 저는 우리 부서의 몇몇 일원이 이 행사에 자원해서 참가해 주셨으면 합니다. 참가하는 직원들은 곧 개봉하는 영화 'Birdman'을 관람할 수 있는 무료 영화 입장권을 받을 것입니다. 이 행사에 참가하고 싶으신 분은, 본점을 방문해 신청하시기 바랍니다.

71. 화자는 무엇에 관해 이야기하고 있는가?
(A) 피트니스 센터
(B) 영업 워크숍
(C) 축구 토너먼트
(D) 마라톤 정답 (D)

72. 화자의 말에 따르면, 직원들은 참가하는 데 대해 무엇을 받을 것인가?
(A) 일부 시간의 휴무
(B) 유급 휴가
(C) 승진
(D) 무료 영화 티켓 정답 (D)

73. 직원들은 등록하기 위해 반드시 무엇을 해야 하는가?
(A) 몇몇 양식에 서명하는 일
(B) 본점을 방문하는 일
(C) 한 자원 봉사자에게 전화하는 일
(D) 등록 양식으로 이메일로 보내는 일 정답 (B)

문제 74-76번은 다음 녹음 메세지를 참조하시오. 미W

W (74) You've reached the Education Department of Tamu City. However, due to the high number of calls, we're unable to speak with you now. **(76) If you're calling about the online registration of your child's school in Laguna Niguel, (75) there has been a system crash of the servers at the moment.** We are trying to fix this issue right now. **(76) So please try accessing the Web site again later tonight or call us back again. Thank you.**

여: 귀하께서는 Tamu City 교육부에 전화 주셨습니다. 하지만, 통화량이 많은 관계로, 지금은 귀하와 이야기를 나눌 수 없습니다. Laguna Niguel에 있는 귀하의 자녀를 위한 학교의 온라인 등록에 관해 전화하신 경우, 현재 해당 서버의 시스템 고장 문제가 발생한 상태입니다. 저희는 현재 이 문제를 바로잡기 위해 노력 중입니다. 따라서 나중에 오늘밤에 해당 웹 사이트에 대한 접속을 시도해 보시거나, 저희에게 다시 전화 주시기 바랍니다. 감사합니다.

74. Tamu City의 어느 부처가 메시지를 녹음했는가?
(A) 농업
(B) 경제
(C) 교육
(D) 보건 정답 (C)

75. 메시지 내용에 따르면, 왜 한 가지 과정이 완료되는 데 오랜 시간이 걸리는가?
(A) 차트가 분실되었다.
(B) 정책이 거부되었다.
(C) 시스템 장애가 발생했다.
(D) 데이터뱅크에 오류가 있었다. 정답 (C)

76. 메시지는 청자들에게 무엇을 하도록 권하는가?
(A) 각자의 컴퓨터를 다시 시작할 것
(B) 본사에 보고할 것
(C) 바이러스를 삭제할 것
(D) 나중에 다시 등록해 볼 것 정답 (D)

문제 77-79번은 다음 회의 발췌 내용을 참조하시오. 호M

M Okay, let's get started. **(77) We're here today to discuss ways to improve sales in rural market areas.** First, **(78) let's briefly go over the report from the meeting which was held last week. We began the meeting by approving the changes in our sales reporting system.** You'll find a copy of the main ideas developed and discussed at the session in front of you. Now, let's move on to today's agenda. We need to develop new methods to reach out to our rural customers. We've been focusing too much on urban customers and their needs. **(79) I suggest we break up into groups and discuss potential ideas.**

남: 자, 시작해 봅시다. 우리는 오늘 시골 시장 구역들의 매출을 개선하는 방법을 논의하기 위해 이 자리에 모였습니다. 우선, 지난주에 열렸던 회의에서 나온 보고서를 간략히 검토해 보겠습니다. 우리의 매출 보고 시스템에 대한 변경을 찬성하는 것으로 그 회의를 시작했습니다. 여러분께서는 앞에 놓여 있는 사본에서 그 회의 시간에 발전시키고 논의한 주요 아이디어들을 찾아볼 수 있으실 것입니다. 이제, 오늘의 안건으로 넘어가 보겠습니다. 우리는 시골 지역의 고객들에게 다가갈 수 있는 새로운 방법을 개발해야 합니다. 우리는 그 동안 도심 지역의 고객 및 그들의 요구에 너무 많이 초점을 맞춰 왔습니다. 저는 우리가 그룹으로 나눠 잠재적인 아이디어들을 논의해 볼 것을 제안합니다.

77. 화자가 "We're here today to discuss ways to improve sales in rural market areas"라고 말할 때 무엇을 암시하는가?
(A) 제품에 특징이 추가되었다.
(B) 보고서에 정확한 데이터가 포함되어 있었다.
(C) 특정 목적으로 회의가 개최되고 있다.
(D) 광고 방법이 비효과적이었다. 정답 (C)

78. 화자의 말에 따르면, 지난주에 무슨 일이 있었는가?
(A) 구조물이 점검되었다.
(B) 허가증 신청서가 거부되었다.
(C) 확장 프로젝트가 시작되었다.
(D) 매출 보고 시스템이 변경되었다. 정답 (D)

79. 화자는 청자들에게 무엇을 하도록 제안하는가?
(A) 오리엔테이션 시간을 진행하는 것
(B) 몇몇 아이디어를 생각해 내는 것
(C) 고객들에게 다가가는 것
(D) 규정을 만들어 내는 것 정답 (B)

문제 80-82번은 다음 담화를 참조하시오. 영W

W (80) Welcome to the first day of class. (81) I'll begin with an introduction of this course. English has become an international language, and you all might be able to get better employment and make more friends if you learn to speak it fluently. Learning to speak English well requires a great amount of effort, patience, and practice. Too often, students speak English in their classes, but they go back to using their native language after school ends. In fact, if you want to adjust to a new culture, **(82) you should make it a point to study, review, and practice everything you are learning.**

여: 수업 첫날에 오신 것을 환영합니다. 이 강의의 소개를 하는 것으로 시작해 보겠습니다. 영어는 국제적인 언어가 되었으며, 여러분 모두가 영어를 유창하게 말하는 법을 배우신다면 더 나은 일자리를 얻고 더 많은 친구들을 사귀실 수 있으실 것입니다. 영어를 잘 말하는 법을 배우는 것에는 아주 많은 노력과, 인내, 그리고 연습이 필요합니다. 아주 흔한 일로, 학생들이 수업 중에서는 영어로 말하지만 학교가 끝나면 다시 모국어를 사용하는 것으로 돌아갑니다. 실제로, 여러분께서 새로운 문화에 적응하기를 원하시면, 반드시 여러분께서 배우는 모든 것을 공부하고 복습하고, 연습해야 합니다.

80. 담화는 어디에서 이뤄지고 있는가?
(A) 비즈니스 회의에서
(B) 교사 컨퍼런스에서
(C) 학교에서
(D) 공공 도서관에서 정답 (C)

81. 담화의 목적은 무엇인가?
(A) 사교 능력을 가르치는 것
(B) 곧 있을 선거에 관해 이야기하는 것
(C) 강의를 소개하는 것
(D) 제품 출시에 관해 알게 되는 것 정답 (C)

82. 청자들은 무엇을 하도록 권장되는가?
(A) 여러 책을 읽을 것
(B) 어휘의 정의를 찾아볼 것
(C) 원어민들과 이야기해 볼 것
(D) 자주 수업 자료를 복습할 것 정답 (D)

문제 83-85번은 다음 회의 발췌 내용을 참조하시오. 미M

M (83) At tonight's sales team conference, I'd like to discuss the ideas for our marketing pitch for the rerelease of an old popular speaker system. As you know, the product was a big hit. But when we updated the design on the second-generation release, sales took a huge hit. So to respond to that, we plan to sell the original design of the speakers again to our customers. **(84) I'd like all of you to get into small groups** and start exchanging ideas to see how we can get positive feedback for the action we're about to take. **(85) I'll be coming by each group to discuss this topic.**

남: 오늘밤 이 영업팀 회의에서, 저는 인기 있는 오래된 스피커 시스템의 재출시를 위한 마케팅 광고 아이디어를 논의하고자 합니다. 아시다시피, 이 제품은 대히트를 쳤습니다. 하지만 우리가 2세대 출시 제품에 대한 디자인을 업데이트했을 때, 매출에 엄청난 타격이 있었습니다. 따라서 이에 대한 대응으로, 우리는 고객들에게 다시 한번 기존의 디자인으로 된 스피커를 판매할 계획입니다. 저는 여러분 모두가 소규모 그룹으로 나눠 우리가 곧 취하려고 하는 조치에 대해 어떻게 긍정적인 의견을 얻을 수 있는지를 알아볼 아이디어들을 교환하기 시작해 주셨으면 합니다. 제가 이 주제를 이야기하기 위해 각 그룹마다 찾아가겠습니다.

83. 화자는 어느 부서에 근무하고 있는가?
(A) 회계
(B) 연구 개발
(C) 영업
(D) 생산 정답 (C)

84. 화자는 오늘 회의에서 청자들에게 무엇을 하기를 바라는가?
(A) 신청서를 제출할 것
(B) 연락처를 교환할 것
(C) 소규모 그룹으로 일할 것
(D) 메모를 작성할 것 정답 (C)

85. 화자는 곧이어 무엇을 할 것인가?
(A) 우편물 발송 목록을 업데이트하는 것
(B) 매출 수치를 제시하는 것
(C) 직원을 선택하는 것
(D) 그룹 논의에 함께하는 것 정답 (D)

문제 86-88번은 다음 소개를 참조하시오. 미W

W Welcome, everyone. Please be seated. **(86) I sincerely apologize for the delay. We were facing some technical difficulties.** But everything is fine now. The main reason for this conference is to discuss our company's sales and growth. After going over last quarter's sales figures, I noticed a drop compared to our previous quarterly sales figures. So to counter that, I'd like to introduce you to **(87) Laura Jenson, the chief sales officer at our company's main branch. (88) She is going to make some suggestions for improving the profits.** She has keen insights and will outline some new sales strategies.

여: 환영합니다, 여러분. 자리에 앉아 주시기 바랍니다. 지연 문제에 대해 진심으로 사과드리겠습니다. 저희는 일부 기술적인 문제에 직면했습니다. 하지만 현재 모든 것이 괜찮습니다. 이 회의가 열리는 주된 이유는 우리 회사의 매출과 성장에 관해 논의하는 것입니다. 지난 분기의 매출 수치를 살펴본 끝에, 저는 우리의 이전 분기 매출 수치에 비해 하락한 것을 알게 되었습니다. 따라서 이에 대응하기 위해, 여러분께 우리 회사 본점의 최고 영업 이사이신 Laura Jenson 씨를 소개해 드리고자 합니다. 이분께서 이익을 개선하는 데 대한 몇몇 제안을 해 주실 예정입니다. 예리한 통찰력을 지니고 계신 분으로

서, 몇몇 새로운 영업 전략들의 개요를 설명해 주실 것입니다.

86. 화자는 왜 사과하는가?
(A) 정책이 변경되었다.
(B) 오찬이 취소되었다.
(C) 일정이 지연되었다.
(D) 제품에 결함이 있었다. 정답 (C)

87. Laura Jenson 씨의 직책은 무엇인가?
(A) 대표 이사
(B) 영업 이사
(C) 이사회 의장
(D) 부사장 정답 (B)

88. Laura Jenson 씨는 무엇에 관해 이야기할 것인가?
(A) 관리 능력
(B) 매출을 개선하는 일
(C) 신생 기업들
(D) 주식에 투자하는 일 정답 (B)

문제 89-91번은 다음 전화 메세지를 참조하시오. 영W

W Hi, Lawrence. This is Alexandria. **(89) I'm really grateful for the deposit you made to my account last week. I was in urgent need of some cash.** My dog got extremely sick all of sudden and had to undergo surgery. The bill came out to be exceedingly high. Just to let you know, **(90) I'm going to pay you back right away. (91) I'm supposed to get my paycheck this afternoon so I can transfer the amount to your bank account.** Once again, thank you so much.

여: 안녕하세요, Lawrence. 저는 Alexandria입니다. 지난 주에 당신에 제 계좌로 입금해 주신 것에 대해 정말로 감사하게 생각합니다. 제가 긴급히 현금이 필요했었습니다. 제 개가 갑자기 매우 아팠는데, 수술을 받아야 했습니다. 그 비용 내역서가 대단히 높게 나왔습니다. 당신께 알려 드리자면, 바로 돈을 갚아 드릴 예정입니다. 제가 오늘 오후에 급여를 받을 예정이므로 해당 액수를 당신의 은행 계좌로 송금할 수 있습니다. 다시 한번 말씀 드리지만, 정말 감사합니다.

89. 화자는 왜 청자에게 감사하는가?
(A) 교대 근무 조를 바꿔 주었기 때문에
(B) 자신에게 돈을 빌려주었기 때문에
(C) 자신의 강아지를 돌봐 주었기 때문에
(D) 은행에 가 주었기 때문에 정답 (B)

90. 화자가 "I'm going to pay you back right away"라고 말할 때 무엇을 암시하는가?
(A) 남자에게 해결책을 제공할 것이다.
(B) 남자가 자신의 강아지를 산책시켜 주기를 원하고 있다.
(C) 오늘 은행 업무를 볼 것이다.
(D) 남자를 병원까지 차로 태워 줄 것이다. 정답 (C)

91. 화자의 말에 따르면, 오늘 오후에 무슨 일이 있을 것인가?
(A) 선물이 보내질 것이다.
(B) 배송이 일정대로 도착할 것이다.
(C) 비용이 처리될 것이다.
(D) 요금이 오를 것이다. 정답 (C)

문제 92-94번은 다음 담화를 참조하시오. 미M

M It is an honor to be invited to **(92) your hardware store** and to have the chance to discuss our company with you. We all know that everyone wants to minimize costs and maximize profits. **(93) So by forming a business partnership with us, you'll be able to save money by cutting your expenses on purchasing materials** and supplies for your store. We offer great bargains and low prices for bulk orders. **(94) To show you the differences between suppliers, I'll now present several charts and graphs.**

귀하의 철물점에 초대되어 함께 귀하의 업체에 관한 이야기를 나눌 기회를 가질 수 있어 영광스럽게 생각합니다. 우리 모두는 모든 사람이 비용을 최소화하고 수익을 최대화하고 싶어 한다는 것을 알고 있습니다. 따라서 저희와 함께 비즈니스 제휴 관계를 형성함으로써, 귀하께서는 매장에 필요한 재료와 용품을 구입하는 데 대한 지출을 줄이시는 것으로 비용을 절약하실 수 있을 것입니다. 저희는 염가 판매 제품과 함께 대량 주문에 대한 저렴한 가격도 제공해 드리고 있습니다. 공급 업체들 간의 차이점을 보여 드리기 위해, 지금 몇몇 차트와 그래프를 보여 드리겠습니다.

92. 청자들은 무슨 종류의 업체에서 일하는가?
(A) 약국
(B) 투자 은행
(C) 철물점
(D) 병원 정답 (C)

93. 화자의 말에 따르면, 청자들은 어떻게 돈을 절약할 수 있는가?
돈을 절약할 수 있는가?
(A) 모금 행사를 계획함으로써
(B) 프로그램을 검토함으로써
(C) 행사에 등록함으로써
(D) 비즈니스 제휴 관계를 형성함으로써 정답 (D)

94. 화자가 "To show you the differences between suppliers"라고 말할 때 무엇을 암시하는가?
(A) 또 다른 의견을 들어 보고 싶어 한다.
(B) 발표를 할 예정이다.
(C) 프로젝트가 연기되어야 한다고 생각한다.
(D) 비용에 대해 우려하고 있다. 정답 (B)

문제 95-97번은 다음 전화 메세지와 일정을 참조하시오. 호M

John Harrison의 수요일 일정

오후 3:00	주간 고위 팀 기획 회의
오후 4:00	기능 연구 팀 회의
오후 5:00	Jordan 씨와의 고객 저녁 식사
오후 6:00	경영 팀 회의

M Hello. This is John Harrison, the chief software engineer at Digital Innovation. **(95) My friend told me about the mobile application you've been working on, and I'm quite interested in it.** If possible, I'd like to work on this project together as a partner. If you could call me back to arrange a meeting, I'd appreciate it. **(96) My 5 o'clock appointment got canceled next Wednesday**, so it'd be great if we can meet then. **(97) It'd also be awesome if you could bring the source code along with you so we can analyze it.** Thanks.

남: 안녕하세요. 저는 John Harrison이며, Digital Innovation 사의 수석 소프트웨어 엔지니어입니다. 제 친구가 귀하께서 계속 작업해 오고 계신 모바일 애플리케이션에 관해 제게 얘기해 주었는데, 그것에 대해 상당히 관심이 있습니다. 가능하실 경우, 이 프로젝트에 파트너로서 함께 일해 보고 싶습니다. 회의 일정을 잡기 위해 제게 전화 주실 수 있으시다면, 감사하겠습니다. 다음 주 수요일에 제 5시 약속이 취소되었기 때문에, 그때 만나 뵐 수 있다면 아주 좋을 것 같습니다. 또한 함께 분석할 수 있도록 귀하께서 소스 코드를 가져오실 수 있다면 아주 좋을 것입니다. 감사합니다.

95. 화자는 무엇을 논의하고 싶어 하는가?
(A) 신생 기업
(B) 출판물 제목
(C) 라디오 프로그램
(D) 모바일 애플리케이션 정답 (D)

96. 그래픽을 보시오. 화자의 회의들 중에서 어느 것이 취소되었는가?
(A) 주간 고위 팀 기획 회의
(B) 기능 연구 팀 회의
(C) Jordan 씨와의 고객 저녁 식사
(D) 경영 팀 회의 정답 (C)

97. 화자는 청자에게 무엇을 가져오도록 요청하는가?
(A) 가이드북
(B) 프로그램의 코드
(C) 예산 제안서
(D) 업데이트된 소프트웨어 정답 (B)

문제 98-100번은 다음 회의 발췌 내용과 그래프를 참조하시오. 미M

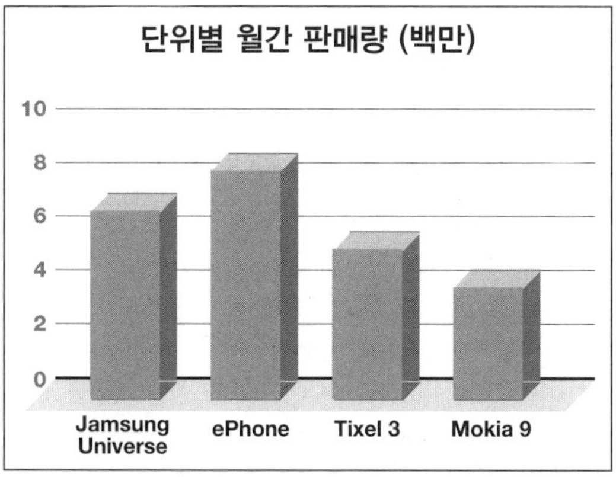

M Good morning. Since everyone is here, we can begin. I called this meeting so we can review the recent monthly sales. Looking at this graph right here in front of us, we can see that **(98) the new line of our smartphone** has sold over 8 million units in just one month! And our lowest-selling phone only sold 4 million units. If you ask me, **(99) I think that we should focus on providing more shelf space for our best-selling phone as demand is high.** And to meet that demand, **(100) I'll talk with our manufacturing facilities to increase the product's supply.**

남: 안녕하세요. 모든 분들이 이곳에 와 계시므로, 시작해 보겠습니다. 최근의 월간 판매량을 검토해 보기 위해 제가 이 회의를 소집했습니다. 우리 바로 앞에 보이는 이 그래프를 보시면, 불과 한 달 만에 우리의 새 스마트폰 제품 라인이 8백만 대가 넘게 판매되었음을 보실 수 있습니다! 그리고 가장 저조하게 판매된 우리의 전화기는 겨우 4백만 대만 판매되었습니다. 제 개인적인 생각으로는, 수요가 높기 때문에 우리의 베스트셀러 전화기를 위해 더 많은 진열 공간을 제공하는 데 초점을 맞춰야 할 것 같습니다. 그리고 이 수요를 충족하기 위해, 제품의 공급량을 늘릴 수 있도록 우리 제조 시설과 이야기해 볼 것입니다.

98. 화자는 무슨 종류의 업체에서 일하고 있는가?
(A) 부동산 전문 업체
(B) 법률 회사
(C) 전화기 회사
(D) 소매 직판점 정답 (C)

99. 그래픽을 보시오. 화자의 말에 따르면, 어느 제품 항목에 더 많은 진열 공간이 있어야 하는가?
(A) Jamsung Universe
(B) ePhone
(C) Tixel 3
(D) Mokia 9 정답 (B)

100. 화자는 무엇을 할 것이라고 말하는가?
(A) 몇몇 투자자들과의 회의 일정을 재조정하는 것
(B) 출장을 취소하는 것
(C) 제조 시설과 이야기를 나누는 것
(D) 중요한 파일을 이메일로 보내는 것 정답 (C)

TEST 10

Part 1

1. 미M
(A) A man is checking his cell phone.
(B) A man is trying on some jackets.
(C) A man is about to board the train.
(D) A man is carrying a bag in his hand.

(A) 한 남자가 핸드폰을 확인하고 있다.
(B) 한 남자가 재킷을 착용해 보고 있다.
(C) 한 남자가 기차에 탑승하고 있다.
(D) 한 남자가 손에 가방을 들고 있다. 정답 (A)

2. 미W
(A) A file folder is being put into a shelf.
(B) A desk drawer is filled with many folders.
(C) A light fixture is being turned on.
(D) A desktop computer is being installed in a room.

(A) 파일 폴더 하나가 선반에 놓여지고 있다.
(B) 책상 서랍이 폴더들로 가득 채워져 있다.
(C) 조명기구가 켜지고 있다.
(D) 데스크탑 컴퓨터가 방안에 설치되고 있다. 정답 (B)

3. 영W
(A) A woman is filling a glass.
(B) A man is holding some silverware.
(C) A woman is setting down a plate.
(D) A man is pouring a drink.

TEST 10

(A) 한 여자가 잔을 채우고 있다.
(B) 한 남자가 은식기류를 들고 있다.
(C) 한 여자가 접시를 내려놓고 있다.
(D) 한 남자가 음료를 따르고 있다. 정답 (C)

4. 호M
(A) Some stairs are being installed.
(B) Some passengers are boarding a train.
(C) A train is unloading some luggage.
(D) A train has stopped at a platform.

(A) 계단이 설치되고 있다.
(B) 승객들이 기차에 탑승 중이다.
(C) 기차가 짐을 내리고 있다.
(D) 기차가 플랫폼에 정차해 있다. 정답 (D)

5. 미W
(A) He's hanging a picture frame.
(B) He's assembling a desk.
(C) He's taking out some plates.
(D) He's adjusting some shelves.

(A) 그는 사진 액자를 걸고 있다.
(B) 그는 책상을 조립하고 있다.
(C) 그는 접시를 꺼내고 있다.
(D) 그는 선반을 조정하고 있다. 정답 (D)

6. 미M
(A) All the seats are fully occupied.
(B) Some lights are being turned off.
(C) Some artwork has been mounted on brick walls.
(D) All the chairs have been stacked against a wall.

(A) 모든 좌석들이 점유되어 있다.
(B) 전등들이 꺼지고 있다.
(C) 예술작들품이 벽돌로 된 벽에 걸려 있다.
(D) 모든 의자들이 벽쪽에 쌓여 있다. 정답 (C)

Part 2

7. 미W 영W
What if I forget to bring an umbrella?
(A) He is very forgetful.
(B) Don't worry. You can share mine.
(C) Yes, that's right.

제가 깜빡 잊고 우산을 안 가져가면 어쩌죠?
(A) 그는 매우 건망증이 심합니다.
(B) 걱정 마세요. 제 것을 같이 쓰면 됩니다.
(C) 네, 괜찮습니다. 정답 (B)

8. 호M 영W
Have you heard about Mr. Kim's promotion?
(A) Yes, I live here.
(B) No, when did it happen?
(C) I get off at five.

Kim 씨의 승진에 관한 얘기 들으셨어요?
(A) 네, 저는 여기 살고 있어요.
(B) 아뇨, 그게 언제 있었던 일이죠?
(C) 저는 5시에 퇴근합니다. 정답 (B)

9. 영W 호M
Who's organizing the reception?
(A) The receipt, please.
(B) Either will be fine with me.
(C) Thomas is taking care of it.

누가 축하 연회를 준비하고 있나요?
(A) 영수증 좀 주세요.
(B) 저는 둘 중 어느 것이든 좋습니다.
(C) Thomas가 처리하고 있습니다. 정답 (C)

10. 미W 미M
Can you pick me up tonight?
(A) It's overpriced.
(B) Four nights and five days.
(C) Sure, I'll be there.

오늘밤에 저를 데리러 오실 수 있으세요?
(A) 그건 너무 비쌉니다.
(B) 4박 5일이요.
(C) 그럼요. 그리 갈게요. 정답 (C)

11. 미M 영W
Where will the next job fair be held?
(A) That won't be decided until May.
(B) It will be about hiring new employees.
(C) She is working in the New York branch office.

다음 취업 박람회는 어디에서 열리나요?
(A) 그건 5월이나 되어야 결정될 겁니다.
(B) 신입 사원 고용과 관련된 일이 될 겁니다.
(C) 그녀는 뉴욕 지사에서 근무하고 있습니다. 정답 (A)

12. 영W 호M
Who's reviewing the proposal?
(A) I proposed to her.
(B) Jason is working on that.
(C) The interview went very well.

누가 제안서를 검토하나요?
(A) 저는 그녀에게 청혼했어요.
(B) Jason이 그 일을 하고 있어요.
(C) 인터뷰는 아주 잘 진행됐습니다. 정답 (B)

13. 호M 미M
When will the meeting be over?
(A) In the conference hall.
(B) Have you met him?
(C) Probably soon.

회의가 언제 끝날까요?
(A) 대회의실에서요.
(B) 그분을 만나셨나요?
(C) 아마 곧 끝날 겁니다. 정답 (C)

14. 미W 영W
I think we should take a taxi to the airport.
(A) I already filed my tax return.
(B) Sure, I'll take some.
(C) Yes, it is pretty far away.

제 생각에 공항으로 택시를 타고 가야 할 것 같아요.

(A) 저는 이미 소득세 신고서를 제출했습니다.
(B) 그럼요. 조금 가져가겠습니다.
(C) 네, 꽤 멀리 떨어진 곳에 있네요. 정답 (C)

15. 영W 호M
Where are the stamps and envelopes we just purchased?
(A) By overnight mail.
(B) Check the top drawer.
(C) He'll return on Monday.

우리가 막 구입한 우표와 편지 봉투가 어디에 있죠?
(A) 익일 속달 우편으로요.
(B) 맨 위쪽 서랍을 확인해 보세요.
(C) 그는 월요일에 돌아올 겁니다. 정답 (B)

16. 미W 미M
I can check my bank transactions here, right?
(A) Yes, we accept all major credit cards.
(B) It will be held at the banquet hall.
(C) You can, but there will be small fee.

이곳에서 제 은행 거래 내역을 확인할 수 있는 게 맞나요?
(A) 네, 저희는 모든 주요 신용카드를 받습니다.
(B) 연회장에서 개최될 겁니다.
(C) 맞습니다. 하지만 소정의 수수료가 있습니다. 정답 (C)

17. 미W 영W
How can I order some folders and notepads?
(A) We have enough space for that.
(B) Mr. Ramirez is in charge of purchasing.
(C) Isn't it colder today?

폴더와 메모지를 어떻게 주문할 수 있나요?
(A) 우리는 그것을 놓을 공간이 충분히 있습니다.
(B) Ramirez 씨가 구매 담당입니다.
(C) 오늘 날씨가 더 춥지 않나요? 정답 (B)

18. 호M 미M
Did you apply to the Sales Department or Marketing?
(A) Your train will depart soon.
(B) She is the new department head.
(C) Actually, I haven't applied yet

영업부와 마케팅부 중에서 어디에 지원하셨나요?
(A) 당신 기차가 곧 출발할 겁니다.
(B) 그녀가 신임 부서장입니다.
(C) 실은, 아직 지원하지 않았습니다. 정답 (C)

19. 미W 영W
Why did you turn down the proposal?
(A) Yes, I'm almost done.
(B) Just go down the hall and take left.
(C) Because I have a better idea.

왜 그 제안을 거절하셨나요?
(A) 네, 거의 끝나갑니다.
(B) 복도만 따라 가시다가 좌회전하시면 됩니다.
(C) 제게 더 좋은 아이디어가 있기 때문입니다. 정답 (C)

20. 영W 미W
I can book your flight for Friday or Saturday.
(A) I already picked up a booklet.
(B) You owe me twenty dollars.
(C) Either is okay with me.

항공편을 금요일이나 토요일로 예약해 드릴 수 있습니다.
(A) 저는 이미 소책자를 가져왔습니다.
(B) 당신은 제게 20달러를 갚아야 합니다.
(C) 저는 둘 중 아무 때나 좋습니다. 정답 (C)

21. 호M 미M
What would you do about the complaints that our customers filed?
(A) Do you have any good ideas?
(B) The opening hasn't been filled yet.
(C) It will become a very successful event.

우리 고객들이 제기한 불만 사항과 관련해 무엇을 하시겠어요?
(A) 좋은 아이디어라도 있으신가요?
(B) 공석이 아직 충원되지 않았습니다.
(C) 대단히 성공적인 행사가 될 겁니다. 정답 (A)

22. 미M 미W
Joshua donated some paintings from his private collection.
(A) I usually walk there.
(B) There will be a workshop session tomorrow.
(C) Yes, isn't that great?

Joshua 씨가 개인 소장품 중에서 일부 그림들을 기부하셨습니다.
(A) 저는 보통 그곳에 걸어갑니다.
(B) 내일 워크숍 시간이 있을 겁니다.
(C) 맞아요. 아주 잘된 일이지 않나요? 정답 (C)

23. 미M 영W
How many employees are we hiring?
(A) Can you hold it higher?
(B) He requested a table for five.
(C) I haven't been told.

우리가 얼마나 많은 직원들을 고용하는 거죠?
(A) 그걸 좀 더 높이 들어 보시겠어요?
(B) 그는 5명이 앉을 자리를 요청했어요.
(C) 저는 아직 얘기를 듣지 못했습니다. 정답 (C)

24. 호M 영W
Who's organizing the awards ceremony this year?
(A) She was the winner last year.
(B) Mr. Cayman is in charge.
(C) I received a reward of one thousand dollars.

올해는 누가 시상식 행사를 준비하나요?
(A) 그녀가 작년에 수상자였습니다.
(B) Cayman 씨가 맡고 있습니다.
(C) 저는 1천 달러의 보상금을 받았습니다. 정답 (B)

25. 영W 미M
We should move all the office furniture to the new building.
(A) He built his own house.
(B) Let's catch a movie tonight.
(C) I already called a moving company.

우리는 새로운 건물로 모든 사무용 가구를 옮겨야 합니다.
(A) 그가 직접 자신의 집을 지었어요.
(B) 오늘밤에 영화 보러 갑시다.

(C) 제가 이미 이사 전문 업체에 전화했습니다. 정답 (C)

26. 미M 미W

We placed an order for ten copies of this book, didn't we?

(A) I'm almost done with the market evaluation.

(B) You can use the coffee maker in the lounge.

(C) I'll have to look that up.

우리가 이 도서를 10권 주문하지 않았나요?

(A) 저는 시장 평가서를 거의 완료했습니다.

(B) 라운지에 있는 커피 메이커를 이용하시면 됩니다.

(C) 그 부분에 대해 확인해 봐야 합니다. 정답 (C)

27. 호M 미W

How often do you need to change the batteries?

(A) It's probably in the manual.

(B) One dollar bill and a five.

(C) He is in charge of all personnel.

얼마나 자주 배터리를 교체해야 하나요?

(A) 그건 아마 설명서에 있을 겁니다.

(B) 1달러짜리 지폐와 5센트요.

(C) 그가 모든 인사 업무를 책임지고 있어요. 정답 (A)

28. 미W 미M

Is the restaurant large enough for the wedding reception?

(A) Don't worry. I booked a large room.

(B) I don't have the receipt with me.

(C) I'll finish the rest tomorrow.

그 레스토랑이 결혼식 피로연 장소로 충분히 넓은가요?

(A) 걱정하지 마세요. 제가 큰 공간으로 예약했어요.

(B) 지금 영수증을 갖고 있지 않습니다.

(C) 나머지는 내일 완료하겠습니다. 정답 (A)

29. 호M 미W

Should we try out the new restaurant that just opened downtown?

(A) Let's just order some Chinese food.

(B) I'd like to try on this suit.

(C) Yes, he is the new accountant.

시내에 막 문을 연 새 레스토랑에 한번 가 볼까요?

(A) 그냥 중국 음식이나 시켜 먹읍시다.

(B) 이 정장을 한번 입어 보고 싶습니다.

(C) 네, 그가 새 회계사입니다. 정답 (A)

30. 미W 호M

Do you know where the reception desk is?

(A) You should have received it.

(B) It's right by the escalator.

(C) It will be closed on Monday.

안내 데스크가 어디에 있는지 아세요?

(A) 그것을 받으셨어야 합니다.

(B) 에스컬레이터 바로 옆에 있습니다.

(C) 월요일에는 문을 닫을 겁니다. 정답 (B)

31. 미M 호M

Is Rebecca Kim in charge of the Marketing Department?

(A) She is looking for a new apartment.

(B) That's what I heard.

(C) We have an opening in the Sales Department.

Rebecca Kim 씨께서 마케팅부를 책임지시는 건가요?

(A) 그녀는 새 아파트를 구하고 있어요.

(B) 저는 그렇게 들었습니다.

(C) 저희는 영업부에 공석이 있습니다. 정답 (B)

Part 3

문제 32-34번은 다음 대화를 참조하시오. 미M 미W

M (32) Hello. I want to inquire about reserving one of the vacation houses you are advertising. It's at 322 Blue Barn Avenue.

W (33) Sure, that's one of our most popular properties. People like it because it is conveniently located. Let me see. The house is reserved for most of this month. But a week in mid-July is available.

M That might work. But I have to talk with my friends first before making a reservation. We are going to take a vacation together. How many people can the house hold?

W It can accommodate eight comfortably. **(34) If you want, I'll e-mail you a brochure so you can see more photos of the house.** You'd better make up your mind as soon as possible though.

남: 안녕하세요. 당신이 광고하고 있는 별장 중 하나를 예약하는 문제에 관해 문의하고 싶은데요. Blue Barn 가 322번지에 있는 거요.

여: 네, 그것은 가장 인기 있는 우리 별장 중 하나입니다. 편리한 곳에 위치해 있어 사람들이 좋아합니다. 한번 볼게요. 이번 달은 대부분 예약이 차 있습니다. 하지만 7월 중순 경에는 예약하실 수 있습니다.

남: 가능할 것 같아요. 하지만 예약하기 전에 친구들과 얘기해 봐야 해요. 휴가를 함께하기로 했거든요. 몇 명이나 수용할 수 있죠?

여: 8명까지는 편안하게 지낼 수 있습니다. 원하신다면, 별장 사진을 볼 수 있는 안내책자를 이메일로 보내 드릴 수 있습니다. 하지만 최대한 빨리 결정을 하시는 것이 좋을 거예요.

32. 남자는 무엇에 관해 문의하는가?

(A) 집을 빌리는 것

(B) 물건을 구매하는 것

(C) 빌딩을 수리하는 것

(D) 항공기 좌석을 예약하는 것 정답 (A)

33. 여자는 누구인가?

(A) 여행사 직원

(B) 호텔 직원

(C) 임대업자

(D) 상점 매니저 정답 (C)

34. 여자는 무엇을 제안하는가?

(A) 할인쿠폰을 보내주는 것

(B) 자료를 보내주는 것

(C) 집을 확보해 주는 것

(D) 인터넷 서비스를 제공해 주는 것 정답 (B)

문제 35-37번은 다음 대화를 참조하시오. 호M 미W

M (35) Listen. I am having some visitors from out of town this Saturday, and I'm going to take them to a fancy place to eat.
W That would be great. What kind of food is on your mind? Japanese and Italian dishes always work well.
M (36) I'm thinking about taking them to the new Italian restaurant downtown. It has a large selection of Italian dishes. If you want to join us, I can put your name on the list.
W Thanks, but I'm afraid I can't. **(37) I'm going to Southern California for vacation next week.**

남: 좀 들어봐요. 이번 주 토요일에 멀리서 오시는 고객들이 있는데, 그분들을 멋진 식당으로 모시려고 해요.
여: 그거 정말 좋겠네요. 어떤 종류의 음식을 생각하고 계신가요? 일식이나 이탈리아 음식은 항상 성공적이죠.
남: 시내에 새로 생긴 이탈리아 식당에 그분들을 모셔갈까 해요. 그 식당은 다양한 이탈리아 음식들이 있죠. 만약에 함께 가고 싶다면, 제가 당신의 이름을 예약 명단에 올릴게요.
여: 고맙지만 그럴 수 없을 것 같아요. 저는 다음 주에 캘리포니아 남부로 휴가를 가거든요.

35. 화자들은 무엇을 논의 중인가?
(A) 호텔을 예약하는 것
(B) 이탈리아 음식을 요리하는 것
(C) 손님들을 대접하는 것
(D) 캘리포니아 남부로 여행하는 것 정답 (C)

36. 남자는 어디에 갈 계획인가?
(A) 일식당
(B) 공원
(C) 새로 오픈한 식당
(D) 캘리포니아 남부 정답 (C)

37. 여자는 왜 남자와 함께 갈 수 없는가?
(A) 그녀는 늦게까지 일할 것이다.
(B) 그녀는 도시에 없을 것이다.
(C) 이용 가능한 좌석이 없을 것이다.
(D) 그녀는 비용을 낼 수 없다. 정답 (B)

문제 38-40번은 다음 대화를 참조하시오. 영W 호M

W (38) According to your résumé, you were employed at Hammond Apparel as a team leader for 5 years.
M Yes. I led a product design team there.
W (38) Okay, and is there a specific reason why you quit the company?
M (39) I thought it was time to look for a better opportunity. With my experience, I thought I could build a better career. That's why I'm planning to move to a big city in order to work for a bigger company
W I see. **(40) We'd like to offer you a position because we think you can be a good fit at our company.**
M Thank you very much. When should I start?
W We hope you can start working here in about a week. But please let me know if you need more time to relocate.

여: 이력서에 따르면, 당신은 Hammond Apparel 사에서 팀장으로 5년간 고용되어 근무하셨네요.
남: 네. 저는 그곳에서 제품 디자인팀을 이끌었습니다.
여: 좋습니다. 그리고 그 회사를 그만두신 특정한 이유라도 있으신가요?
남: 저는 더 나은 기회를 찾아볼 때라고 생각했습니다. 제 경험과 함께, 더 나은 경력을 쌓을 수 있을 거라고 생각했습니다. 그게 바로 더 큰 회사에서 근무하기 위해 큰 도시로 이사할 계획을 세우고 있는 이유입니다.
여: 알겠습니다. 저희는 당신이 우리 회사에 잘 어울리는 사람이 될 수 있을 거라고 생각하기 때문에 채용 제안을 하려고 합니다.
남: 대단히 감사합니다. 그럼 언제 근무를 시작해야 하나요?
여: 약 일주일 후에 이곳에서 근무를 시작할 수 있기를 바랍니다. 하지만 이사하시는 데 시간이 더 필요하실 경우에 제게 알려 주십시오.

38. 남자는 누구일 가능성이 가장 큰가?
(A) 기자
(B) 인테리어 디자이너
(C) 이사 전문 업체 사장
(D) 구직 지원자 정답 (D)

39. 남자가 "I thought it was time to look for a better opportunity"라고 말할 때 무엇을 의미하는가?
(A) 다른 도시로 이사할 의향이 있다.
(B) 큰 프로젝트를 이끌고 싶어 한다.
(C) 여자와 협업하고 싶어 한다.
(D) 행사를 조직할 계획이다. 정답 (A)

40. 여자는 남자에 대해 무엇을 암시하는가?
(A) 그가 새로운 자리에 지원해야 한다.
(B) 그가 좋은 인재가 될 수 있을 것이다.
(C) 그가 곧 승진될 것이다.
(D) 그가 몇몇 지원자들을 면접해야 한다. 정답 (B)

문제 41-43번은 다음 대화를 참조하시오. 미M 영W

M (41) (42) I'm trying to send the expense reports that are due today, but our e-mail server is down. Didn't you contact a computer technician?
W Yes, but he said the e-mail system is still being checked and won't be working for a few days. Why don't you print the reports and deliver them in person?
M I wish I could, but I have a meeting, so I don't know when I can find the time. I feel a little stressed.
W (43) If you want, I can drop them off for you. I have to go to the Accounting Department to take care of mine after all.

남: 오늘 마감인 지출 보고서를 보내려고 하는데 이메일 서버가 다운됐어요. 컴퓨터 기술자에게 연락하지 않았나요?
여: 했어요. 그런데 이메일 시스템이 여전히 점검 중이고, 며칠 후에나 원상 복구될 거라고 했어요. 보고서를 출력해서 직접 전달하는 건 어떨까요?
남: 그랬으면 좋겠지만, 회의가 있어서 언제 시간이 날지 모르겠어요. 조금 스트레스 받네요.
여: 원하시면 제가 전해 드릴게요. 저도 어차피 제 것을 처리해야 해서 회계부에 가야 해요.

41. 남자는 무엇을 걱정하는가?
(A) 새로운 소프트웨어가 설치되지 않았다.
(B) 새로운 환급 시스템이 잘 작동하지 않는다.
(C) 서류를 이메일로 보낼 수 없다.

(D) 인쇄 문제가 있다. 정답 (C)

42. 보고서의 마감 기한은 언제인가?
(A) 오늘
(B) 내일 아침
(C) 내일 오후
(D) 다음 주 정답 (A)

43. 여자는 무엇을 제안하는가?
(A) 서류를 전한다.
(B) 기술자에게 연락한다.
(C) 회의를 준비한다.
(D) 사무실 용품을 주문한다. 정답 (A)

문제 44-46번은 다음 대화를 참조하시오. 호M 미W

M How did you like Adele's opinion at the meeting last night?
W Hey, don't you remember? **(44) I wasn't at the meeting because I had to pick up the visitors from Korea at the airport.**
M Oh, right! Then let me fill you in. **(45) Adele suggested that we spend more money on ads aimed at single young men under the age of forty.** She said that the increasing number of single men is opening a new market for sports cars.
W That's interesting. **(46) However, I think management should do a market survey before implementing Adele's idea.**

남: 어젯밤 회의에서 Adele이 제시한 의견에 관해 어떻게 생각하세요?
여: 기억 안 나요? 저는 한국에서 온 방문객들을 모시러 공항에 갔기 때문에 회의에 참석하지 못했잖아요.
남: 아, 맞네요. 그럼 제가 알려 드릴게요. Adele은 특히 40세 이하 젊은 미혼 남성들을 대상으로 한 광고에 더 많은 지용을 투입하자고 제안했어요. 그녀는 증가하는 미혼 남성들이 새로운 스포츠카 시장을 형성하고 있다고 했어요.
여: 흥미롭네요. 하지만 Adele의 아이디어를 실행에 옮기기 전에 경영진이 시장 조사를 해야 한다고 생각해요.

44. 여자는 왜 회의에 불참했는가?
(A) 그녀는 늦게 일어났다.
(B) 그녀는 공항에 있었다.
(C) 그녀는 아팠다.
(D) 그녀는 그것을 알지 못했다. 정답 (B)

45. Adele이 회의에서 제안한 것은 무엇인가?
(A) 새로운 건물을 세우자는 것
(B) 시장조사를 하자는 것
(C) 특정 그룹의 사람들을 유치하기 위해 투자하자는 것
(D) 새로운 스포츠카를 개발하자는 것 정답 (C)

46. 여자에 따르면, 경영진은 무엇을 해야 하는가?
(A) 한국에 대표단을 보내는 것
(B) Adele의 제안을 무시하는 것
(C) 조사를 실시해야 하는 것
(D) 홍보 예산을 줄이는 것 정답 (C)

문제 47-49번은 다음의 3자 대화를 참조하시오. 미M 미W 영W

M Good morning, **(47) Samantha. I hope your second day of work is going well.** Have you met the whole team yet?
W1 Everything is going very well so far. Catelyn has helped me a lot, and I'm excited to begin working on the new project.
W2 We are very excited to have you. The work you did at McGillan's Pharmaceuticals really impressed us.
M I agree. And **(48) don't forget to finish filling out your tax documents so** that you get paid on time.
W1 I need to contact my accountant about a few items, but I should have them done by tomorrow.
W2 In addition, Samantha, **(49) don't forget that payroll had a problem contacting your bank. Could you double check the information that you gave them?**
M Right. With all of this hard work you're doing, you want to make sure that you're getting paid!

남: 좋은 아침입니다, Samantha. 당신의 이틀째 근무일이 순조롭기 바랍니다. 모든 팀원들은 만나셨나요?
여1: 지금까지는 좋습니다. Catelyn이 저를 많이 도와줬어요. 그리고 제가 새로운 프로젝에 참여하게 되어 기쁩니다.
여2: 당신과 일하게 되어 좋군요. 당신이 McGillan's 제약회사에서 하신 일들이 아주 인상 깊었습니다.
남: 저도 동의해요. 그리고 제때 월급을 받기 위해서는 세금서류 작성하는 것을 잊지 마세요.
여1: 저는 몇가지 사항에 대해 제 회계사에게 연락해 봐야 하지만 내일까지 모두 마무리 할 수 있습니다.
여2: 또한, Samantha, 경리과에서 당신의 계좌에 문제가 있었다고 하니 잊지마시고 당신이 제공한 계좌 정보를 다시 한번 확인해 주세요.
남: 맞아요. 이렇게 열심히 근무하시는데 제대로 급여를 받으셔야지요.

47. Samantha가 어제 한 일은 무엇인가?
(A) 그녀는 발표를 했다
(B) 그녀는 면접을 했다
(C) 그녀는 새 직장을 시작했다.
(D) 그녀는 회계사에게 연락을 했다. 정답 (C)

48. 남자가 Samantha에게 요청하는 것은 무엇인가?
(A) 새로운 자리에 지원하기
(B) 서류작성을 마무리하기
(C) 초과 근무를 하기
(D) 오리엔테이션에 참가하기 정답 (B)

49. 언급된 문제점이 무엇인가?
(A) 일부 은행 정보가 올바르지 못하다.
(B) 직원 핸드북이 분실됐다.
(C) 월급이 줄었다.
(D) 제품 생산이 중단됐다. 정답 (A)

문제 50-52번은 다음 대화를 참조하시오. 미W 호M

W (50) Hello. I'm calling to ask you about the used chair you posted an ad for on the bulletin board in the cafeteria. Is it still available?
M Sure. There are quite a few students interested, but it hasn't been sold yet. **(51) How about visiting my place after school tomorrow?**

W Sounds great. I'm moving into the dormitory next week, and I need it urgently. **(52) Maybe I can go there after 5 P.M.**
M No problem. Oh, one more thing. I have a desk lamp and a hanger. If you want, I can give you them for free.

여: 여보세요. 구내식당 게시판에 당신이 올린 중고 의자에 관해 물어보려고 전화했습니다. 아직도 판매하시나요?
남: 물론입니다. 관심이 있는 학생들이 꽤 있었는데 아직 팔리지 않았습니다. 내일 방과 후에 우리 집으로 오시는 게 어떨까요?
여: 좋습니다. 제가 다음 주에 기숙사로 들어갈 예정이라서 그 의자가 필요하거든요. 아마 오후 5시 이후에 가게 될 것 같습니다.
남: 괜찮습니다. 아, 한 가지 더요. 제가 책상 램프와 옷걸이도 있어요. 원하신다면 무료로 드릴게요.

50. 여자가 전화를 하는 이유는?
(A) 주문을 확인하기 위해
(B) 예약하기 위해
(C) 길을 묻기 위해
(D) 물건에 관해 문의하기 위해 정답 (D)

51. 남자는 무엇을 제안하는가?
(A) 그의 집에 들르는 것
(B) 광고를 하는 것
(C) 기숙사에 거주하는 것
(D) 신제품 의자를 구입하는 것 정답 (A)

52. 여자는 내일 오후에 무엇을 할 것인가?
(A) 이삿짐센터와 연락하는 것
(B) 중고 제품을 구입하는 것
(C) 서랍장을 수리하는 것
(D) 수업에 등록하는 것 정답 (B)

문제 53-55번은 다음 대화를 참조하시오. 영W 미M

W (53) Another accident has been reported at our facility
M (53) Yes, I heard that one of the machines broke down again. What should we do?
W We should consider replacing it as soon as possible. I also think we need to hold a training session so that our employees can deal with accidents.
M Should we close down one of the assembly lines for a while? I don't think that's possible.
W (54) But there's no better solution. If we don't take action now, someone might get injured. That's a more serious problem.
M Okay, I understand. **(55) Let's call the managers together first to talk about it.**

여: 우리 시설에서 또 다른 사고가 보고되었어요.
남: 네, 제가 듣기로는 기계들 중의 하나가 또 고장 났다고 하더라고요. 어떻게 해야 하죠?
여: 가능한 한 빨리 그 기계를 교체하는 것에 대해 고려해 봐야 해요. 그리고, 우리 직원들이 사고에 대처할 수 있도록 교육 시간을 열어야 한다고 생각해요.
남: 한 동안 조립 라인들 주의 하나를 폐쇄해야 하는 건가요? 그게 가능할지 모르겠어요.
여: 하지만, 더 나은 해결책이 없습니다. 우리가 지금 조치를 취하지 않으면, 누군가가 다칠 수도 있습니다. 그게 더 심각한 문제입니다.
남: 네, 알겠습니다. 우선 그 문제에 관해 이야기할 수 있도록 부서장들을 소집합시다.

53. 대회는 주로 무엇에 관한 것인가?
(A) 어디에서 기계를 구입할 것인지
(B) 어떻게 문제를 처리할 것인지
(C) 언제 교육 시간을 개최할 것인지
(D) 더 나은 근무 여건을 위해 제공할 수 있는것 정답 (B)

54. 여자는 왜 "But there's no better solution"이라고 말하는가?
(A) 자신의 실수에 대해 사과하기 위해
(B) 도움을 요청하기 위해
(C) 남자의 의견을 고려하기 위해
(D) 문제의 심각성을 나타내기 위해 정답 (D)

55. 남자는 곧이어 무엇을 할 것 같은가?
(A) 책임자들과 회의를 연다.
(B) 공장을 폐쇄한다.
(C) 교육 시간 일정을 잡는다.
(D) 새로운 기계를 주문한다. 정답 (A)

문제 56-58번은 다음 대화를 참조하시오. 미M 미W

M Hi, Barbara. Have you talked with Hal recently?
W It's been a while. I haven't seen him since he was promoted.
M I spoke with him this morning, and **(56) he sent me an e-mail about the production schedule that was just announced.**
W Oh, really? I've been curious to learn more about it. Can you share any details?
M Sure. I can just forward the e-mail to you. **(57) Could you do me a favor though? I need more material for my monthly presentation on our products. Would you be able to help me?**
W I can do that. I actually have a lot of exciting progress to share. I can speak for a few minutes during your presentation.
M Oh, that's great. Can you give me an idea of what you will be talking about?
W (58) Well, I'm developing new home wallpaper designs, so this topic should complement your presentation.

남: 안녕하세요, Barbara. Hal씨와 최근에 이야기 해 보신적이 있나요?
여: 꽤 된 듯한데요. 그가 승진한 이래로 본적이 없습니다.
남: 오늘 아침에 그와 이야기를 했는데요, 막 발표된 생산 일정과 관련된 이메일을 보내셨더군요.
여: 그래요? 그러지 않아도 생산 일정이 굉장히 궁금했는데. 세부사항을 공유해 주실 수 있나요?
남: 그럼요. 받은 이메일을 바로 전송해 드릴게요. 부탁 좀 하나 들어 주실 수 있나요? 저희 제품들에 관한 월간 발표에 쓸 만한 소재들이 좀 더 필요해요. 도움을 주실 수 있나요?
여: 가능해요. 실은 공유드릴 진척사항들이 많아요. 당신의 발표때 제가 잠시 이야기할 수 있어요.
남: 잘됐군요. 무엇에 관해 말씀하실지 알려 주실 수 있으세요?
여: 제가 새로운 가정용 벽지 디자인을 개발 중인데 이 주제가 당신의 발표에 보충 설명이 될 듯합니다.

56. 남자가 왜 이메일을 받았는가?
(A) 면접이 취소되었다

(B) 신제품이 평가되었다
(C) 일정이 공유되었다.
(D) 세미나 장소가 변경되었다 정답 (C)

57. 남자가 여자에게 요청하는 것은?
(A) 워크숍에 참석하기
(B) 이메일 발송하기
(C) 예전 직원에게 연락하기
(D) 발표를 돕기 정답 (D)

58. 여자가 작업 중인것이 무엇인가?
(A) 벽지 디자인
(B) 가구 디자인
(C) 소프트웨어 개발
(D) 옷 수선 정답 (A)

문제 59-61번은 다음의 3자 대화를 참조하시오. 영W 호M 미W

W1 (59) You didn't park your car on the street, did you?
M Sure. I found a parking spot right in front of the building. That was pretty lucky.
W2 (59) Actually, you need to move your car. Anytime it snows, parking on the street isn't permitted because snowplows need to clear the roads.
M Are you sure about that?
W1 Yeah, we're sure. **(60) Jane was given a ticket for illegal parking when she did the same thing during that snowstorm last week.**
M (61) All right, I guess I should move my car now. Is there a public parking lot somewhere around here?
W2 Yes, there's one on King Street. Why don't I go down with you and show you where it is?
M I'd appreciate that.

여1: 당신차를 도로에 주차하셨나요, 그래요?
남: 그럼요, 건물 바로 앞에 주차공간을 찾았어요. 운이 좋았어요.
여2: 실은, 차를 옮겨 주셔야 해요. 눈이 내릴때는, 제설차가 도로에 눈을 치워야 하기에 도로상에 주차하는 것이 허가 되지 않아요.
남: 그게 확실한가요?
여1: 네, 정말이에요. Jane이 지난주 눈내릴때 도로주차 한 것 때문에 불법 주차로 티켓을 받았어요
남: 알겠어요, 지금 차를 옮겨야 겠군요. 이 근방에 공용주차장이 있나요?
여2: 네, King Street에 있어요. 제가 같이 가서 알려 드리는게 어떨까요?
남: 그래주시면 고맙겠습니다.

59. 여자들이 남자에게 언급한 것은?
(A) 그가 건물 옆에 주차할 수 있다
(B) 그가 악천후에 운전하면 안 된다.
(C) 그가 도로에 주차할 수 없다.
(D) 그가 지하 주차장에 주차해야 한다. 정답 (C)

60. Jane에 관해 언급 된 사항은?
(A) 그녀는 눈이 내릴 때 운전을 좋아하지 않는다.
(B) 그녀가 불법 주차로 벌금을 받았다.
(C) 지난주에 그녀의 차가 견인되었다.
(D) 그녀가 최근에 사고가 났다. 정답 (B)

61. 남자가 다음에 무엇을 할 것 같은가?
(A) 사무실로 운전해 돌아가는 것
(B) 주차 티켓을 지불하는 것
(C) 여자들과의 미팅을 시작하는 것
(D) 다른 장소로 차량을 이동하는 것 정답 (D)

문제 62-64번은 다음 대화와 파이차트를 참조하시오. 영W 미M

차량	좌석 수	일일 가격
Skyline	5	$55
Typhoon	7	$70
Dario	5	$50
Kenta	6	$65

W Good afternoon. **(62) I need a vehicle because my friends and I are planning to go on a camping trip.**
M Thank you for calling. When is the trip, and how many of you are going together?
W We are going this weekend, and **(63) there will be four of us in total**. Considering our bags and camping gear, **(62) we are interested in renting an SUV if possible.**
M Let me check our system first. Yes, there are some SUVs available for this weekend.
W By the way, **(63) we are planning to spend a maximum of 50 dollars a day on a vehicle** because we are on a tight budget.
M Then there's only one option. Would you like to book it?
W Sure. **(64) What should I do to make a payment?**

여: 안녕하세요. 제 친구들과 제가 캠핑 여행을 떠날 계획이라서 차량이 한 대 필요합니다.
남: 전화 주셔서 감사합니다. 언제 여행을 가시나요, 그리고 몇 분이 함께 가시는 건가요?
여: 이번 주말에 갈 예정이고, 저희는 총 4명입니다. 저희 가방들과 캠핑 장비를 감안해서, 가능하다면 SUV를 빌리는 데 관심이 있습니다.
남: 저희 시스템에 먼저 확인해 보겠습니다. 네, 이번 주말에 이용 가능한 것으로 남아 있는 SUV들이 좀 있습니다.
여: 그건 그렇고, 저희는 예산이 좀 빠듯해서 차량에 대해 하루에 최대 50 달러 수준으로 소비할 계획입니다.
남: 그러시면, 오직 선택권이 하나뿐입니다. 이것으로 예약하시겠습니까?
여: 그러겠습니다. 비용을 지불하려면 어떻게 해야 하나요?

62. 여자가 전화를 건 목적은 무엇인가?
(A) 자신의 차량을 수리하기 위해서
(B) 여행에 필요한 자동차를 빌리기 위해서
(C) 캠핑 장비를 구입하기 위해서
(D) 차량 부대 용품을 주문하기 위해 정답 (B)

63. 그래픽을 보시오. 여자는 어떤 모델을 빌릴 가능성이 가장 큰가?
(A) Skyline
(B) Typhoon
(C) Dario
(D) Kenta 정답 (C)

64. 남자는 곧이어 무엇을 할 것 같은가?
(A) 비용 지불 방법을 설명하는 것
(B) 양식을 작성하는 것

(C) 안내 책자를 제공하는 것
(D) 자신의 차량을 보여주는 것 정답 (A)

문제 65-67번은 다음 대화와 표를 참조하시오. 미M 미W

출발지	도착 예정 시각
San Diego	오전 8시 15분
San Francisco	오전 9시 30분
Lancaster	오전 10시 15분
Santa Maria	오전 11시 45분

M Melissa, weren't you supposed to give a tour of our facility to some visitors in the morning?
W Hi, John. **(65) Their bus was scheduled to arrive at 10:15**, but their arrival has been rescheduled for this afternoon.
M Oh, really? How come? I thought they really wanted to come this morning. Did they give you a specific reason?
W Well, one of them contacted me this morning and said that **(66) they had to get another bus due to the inclement weather.**
M Got it. That's why you're still here at the desk.
W Yes. It seemed like some buses departing from their city had to be canceled this morning. Fortunately, they are able to come at 3:30 P.M. instead.
M I see. Then **(67) I think you have some time to review this report. Can you do that for me?**
W Sure. No problem.

남: Melissa, 오늘 아침에 몇몇 방문객들에게 우리 시설 견학을 시켜 드릴 예정이지 않았나요?
여: 안녕하세요, John. 그분들 버스가 10시 15분에 도착하기로 되어 있었는데, 오늘 오후로 일정이 재조정되었어요.
남: 아, 그래요? 어째서요? 그분들은 오늘 아침에 꼭 와 보고 싶어 하셨다고 생각했는데요. 특정한 이유라도 얘기하던가요?
여: 그게, 한 분이 오늘 아침에 제게 연락하셔서 좋지 않은 날씨 때문에 다른 버스편을 마련하셔야 했다고 말씀하시더라고요.
남: 알겠습니다. 그래서 아직 여기 자리에 앉아 계시는 거군요.
여: 네. 오늘 아침에 그분들이 계신 도시에서 출발하는 몇몇 버스들이 취소된 것 같았어요. 다행히도, 대신 오후 3시 30분에 오실 수 있답니다.
남: 알겠어요. 그럼, 이 보고서를 좀 검토하실 시간이 있을 것 같네요. 제 대신 좀 해 주시겠어요?
여: 그럼요. 물론이죠.

65. 그래픽을 보시오. 고객들은 어디로부터 출발해 도착하는가?
(A) San Diego
(B) San Francisco
(C) Lancaster
(D) Santa Maria 정답 (C)

66. 여자에 따르면 무엇이 지연을 야기했는가?
(A) 좋지 않은 기상 상태
(B) 필수 장비의 부족
(C) 시설 내의 기술적인 문제
(D) 예기치 못한 타이핑 오류 정답 (A)

67. 남자는 여자에게 무엇을 해 달라고 요청하는가?
(A) 회의실을 준비하는 것
(B) 문서를 검토하는 것
(C) 시연회를 하는 것
(D) 버스를 예약하는 것 정답 (B)

문제 68-70번은 다음 대화와 지도를 참조하시오. 영W 호M

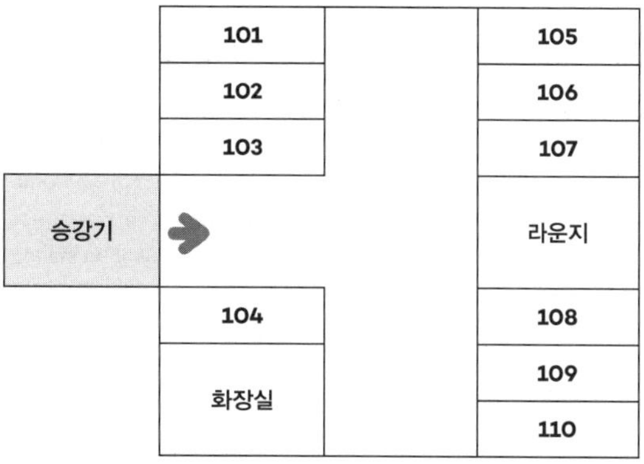

W Hello, Tim. It's Elizabeth. I'm about to leave now. I think it will take about thirty-five minutes.
M I see. **(68) Please don't forget to bring the presentation slides!**
W Don't worry. I have them here in my bag. By the way, do you know where Mr. London's office is located? I've never visited him before.
M Oh, I got a phone call from him. **(69) He said his office has to be renovated, so he is using a temporary one now.**
W Then how can we find it?
M He told me where to go. **(70) It's on the same floor, but when we get off the elevator, we have to turn left. His office is the third one on the right.**

여: 여보세요, Tim. Elizabeth입니다. 제가 이제 막 출발하려는 참입니다. 제 생각에 약 35분 정도 걸릴 것 같아요.
남: 알겠습니다. 발표 슬라이드를 챙겨 오는 것을 잊지 마세요!
여: 걱정하지 마세요. 여기 제 가방에 갖고 있어요. 그건 그렇고, London 씨의 사무실이 어디에 위치해 있는지 아세요? 저는 전에 그분을 한 번도 방문해 본 적이 없어서요.
남: 아, 제가 그분에게서 전화를 받았어요. 그분의 사무실이 개조되어야 해서 현재 임시 사무실을 사용하고 계신다고 하셨어요.
여: 그럼 어떻게 그 사무실을 찾죠?
남: 제게 어디로 가야 하는지 알려 주셨어요. 같은 층에 있기는 하지만, 엘리베이터에서 내리면, 왼쪽으로 돌아야 해요. 그분의 사무실은 오른쪽 세 번째입니다.

68. 남자는 여자에게 무엇을 가져 오도록 요청하는가?
(A) 관광 안내 지도
(B) 일부 자료
(C) 노트북 컴퓨터
(D) 수리 도구 정답 (B)

69. London 씨의 사무실은 왜 위치가 이전되었는가?
(A) 새로운 건물을 매입했다.
(B) 최근의 자신의 직장을 변경했다.
(C) 리모델링 공사가 진행되어야 한다.
(D) 계약 기간이 끝났다. 정답 (C)

TEST 10

70. 그래픽을 보시오. 남자의 사무실은 어디인가?
(A) 101
(B) 105
(C) 107
(D) 110 정답 (B)

Part 4

문제 71-73번은 다음 소개를 참조하시오. 영W

W Good evening! **(71) I would like to extend a warm welcome to all of you at this evening's performance. Our performer tonight, Ms. Elizabeth Nelson, is a world-famous pianist** who attributes her fame to her loving father for his encouragement and guidance during her early years. **(72) Mr. Richard Nelson, who was a former member of the Royal Queen Philharmonic Symphony Orchestra**, is in the audience this evening to watch his daughter perform a recital of Beethoven's songs. **(73) The first piece she will play is *Moonlight Sonata* by Beethoven.** Please give a big round of applause to Ms. Nelson.

여: 안녕하십니까? 오늘 저녁 공연에 와 주신 여러분 모두에게 진심으로 감사드립니다. 오늘 밤 연주자는 바로 세계적인 명성을 지닌 피아니스트인 Elizabeth Nelson 씨로, 그녀는 자신의 명성이 어린 시절 격려와 지도를 아끼지 않은 아버님 덕에 가능했다고 합니다. 전 Royal Queen 교향악단의 단원이었던 Richard Nelson 씨도 자신의 딸이 독주회에서 Beethoven의 곡을 연주하는 모습을 관람하기 위해 오늘 밤 이 자리에 청중으로 와 계십니다. 오늘 그녀가 처음으로 연주할 Beethoven의 곡은 바로 '월광 소나타'가 되겠습니다. Nelson 씨에게 큰 박수갈채 부탁드립니다.

71. 안내는 어디에서 이뤄질 것 같은가?
(A) 시상식
(B) 연극 공연
(C) 콘서트홀
(D) 연말 파티 정답 (C)

72. 화자에 따르면, Richard Nelson 씨는 이전에 무엇을 했는가?
(A) 그는 기사를 작성했다.
(B) 그는 교향악단과 연주했다.
(C) 그는 피아노를 제작했다.
(D) 그는 예술품을 평론했다. 정답 (B)

73. Elizabeth Nelson 씨는 이후에 무엇을 할 것 같은가?
(A) 공연을 관람한다.
(B) 음식을 주문한다.
(C) 상을 수여한다.
(D) 곡을 연주한다. 정답 (D)

문제 74-76번은 다음 라디오 방송 발췌 내용을 참조하시오. 미W

W Most of us go away on vacations but are not prepared for bad moments. **(75) We neglect to purchase the important travel insurance that would protect us in the event of an emergency. (74) On today's show, travel expert Ms. Alice Winters will tell us how important it is to purchase travel insurance** and will tell you some stories that will change your thinking about traveling. **(76) Later in the show, reporter Scott Johnson will take us to Greece's most famous cosmopolitan island, Mykonos**, a whitewashed paradise in the heart of the Cyclades. This island is known for having some of the best beaches in the world.

여: 우리는 거의 모두 휴가를 가지만 최악의 상황에 대비한 준비는 하지 않습니다. 우리는 비상시에 우리를 보호해 줄 중요한 여행 보험에 가입하는 것을 소홀히 합니다. 오늘 프로그램에서, 여행 전문가인 Alice Winters 씨는 여행 보험에 가입하는 것이 왜 중요한지 이야기할 것이며, 여행에 관한 우리의 생각을 바꾸게 할 만한 몇 가지 이야기를 해 줄 것입니다. 프로그램의 후반부에는 Scott Johnson 기자가 그리스의 환상적이자 전 세계 사람들이 방문하는 섬으로, Cyclades에 중심부에 위치한 Mykonos로 우리를 안내할 것입니다. 이 섬은 세계 최고의 해변이 있는 섬들 가운데 하나로 유명합니다.

74. 화자는 누구일 것 같은가?
(A) 프로그램 진행자
(B) 여행사 직원
(C) 보험사 직원
(D) 뉴스 보도 기자 정답 (A)

75. 화자가 휴가자들에게 권고하는 것은 무엇인가?
(A) 예방접종을 맞는다.
(B) 여행자 보험에 가입한다.
(C) 그리스에서 휴가를 보낸다.
(D) 여행 전문가와 상담한다. 정답 (B)

76. 화자는 Johnson 씨가 이후에 무엇을 할 것이라 언급하는가?
(A) 보험 상품을 판매한다.
(B) 새로운 지역 뉴스를 보도한다.
(C) 그리스에 있는 섬을 소개한다.
(D) 문의와 관련된 정보를 제공한다. 정답 (C)

문제 77-79번은 다음 발표를 참조하시오. 호M

M (77) Welcome, everyone, to (78) the opening performance of the recently restored music of George Bruckner's work, which is regarded as the epitome of romanticism from the 19th century. Tonight, the New York Philharmonic Orchestra and I will be playing some of his unpublished work for the first time. The American Classical Music Museum in Cincinnati has gladly cooperated with us in reading and restoring the beautiful music by Mr. Bruckner. **(78) Please wait until intermission to make any calls or bathroom visits. (79) All proceeds from tonight's performance will be donated to support the museum's ongoing research on discovering unpublished classical compositions.**

남: 비평가들과 일반 대중에게 호평을 받은 19세기의 낭만파 음악의 전형인 George Bruckner의 최근 복원 작품의 연주회 초연에 와 주신 여러분을 환영합니다. 오늘 밤 New York 교향악단과 저는 그의 미발표 작품 일부를 초연할 것입니다. Cincinnati에 위치한 미국 고전 음악 박물관은 기꺼이 저희와 함께 Bruckner 씨의 아름다운 음악을 해석하고 복원하는 데 협조해 주셨습니다. 전화 통화를 하거나 화장실을 가는 것은 공연 휴식 시간을 이용하여 해 주시기 바랍니다. 오늘 밤 공연 수익금은 박물관이 현재 진행 중인 미발표 고전 음악을 발견하는 연구를 지원하는 데 기부될 것입니다.

77. George Bruckner 씨는 누구일 것 같은가?
(A) 고고학자
(B) 음악 비평가
(C) 교향악단 단원
(D) 고전 음악 작곡가 정답 (D)

78. 청자들은 공연 중에 무엇을 하도록 요청받고 있는가?
(A) 휴대전화의 전원을 끈다.
(B) 공연에 집중한다.
(C) 전화 통화를 하거나 나가지 않는다.
(D) 사진을 촬영하지 않는다. 정답 (C)

79. 안내문에 따르면, 수익금은 어떻게 사용될 것인가?
(A) 자선단체를 후원한다.
(B) 지역 예술가들을 후원한다.
(C) 박물관의 연구 프로그램을 지원한다.
(D) 새로운 콘서트홀의 건축에 도움을 준다. 정답 (C)

문제 80-82번은 다음 발표를 참조하시오. 미W

W Good afternoon, ladies and gentlemen, and thank you for joining the launch event of our new products. Before we begin, **(80) I'd like to offer an apology first. Due to a sanitary issue, we had to cancel some catering services, so I'm afraid we will not be able to provide you with anything to drink.** We apologize for the inconvenience. **(81) However, if you bring your ticket to one of the concession stands in this building, you can get any drink that costs 5 dollars or less for free. (82) In addition, please make sure that you stay with us until the end of the event. You can get a voucher for 30% off that can be used at one of our retail shops.** You shouldn't miss this.

여: 신사 숙녀 여러분, 안녕하세요, 그리고 저희 신제품 출시 행사에 오신 것에 대해 감사드립니다. 시작하기에 앞서, 사과의 말씀을 먼저 드리고자 합니다. 위생 문제로 인해, 저희가 일부 출장 요리 공급 서비스를 취소해야 했기 때문에, 여러분께 마실 것을 제공해 드릴 수 없을 것 같습니다. 이와 같은 불편함에 대해 사과드립니다. 하지만 이 건물 내에 있는 매점들 중 한 곳으로 여러분이 입장권을 가져 가시면, 가격이 5달러 이하인 어떤 음료든지 무료로 받으실 수 있습니다. 또한, 이 행사가 끝날 때까지 반드시 저희와 함께해 주시기 바랍니다. 저희 소매 판매점들 중의 한 곳에서 사용하실 수 있는 30퍼센트 할인 쿠폰을 받으실 수 있습니다. 이 기회를 놓치지 마십시오.

80. 화자는 왜 사과하는가?
(A) 한 연사가 제때 오지 못했다.
(B) 한 가지 활동이 취소되었다.
(C) 원래의 행사장이 예약되지 않았다.
(D) 한 가지 서비스를 이용할 수 없다. 정답 (D)

81. 화자의 말에 따르면, 청자들은 각자의 입장권으로 어떻게 사용할 수 있는가?
(A) 나중에 다른 행사를 방문하는 일
(B) 무료 음료를 받는 일
(C) 쿠폰과 교환하는 일
(D) 제품에 대해 할인을 받는 일 정답 (B)

82. 화자는 왜 "You shouldn't miss this"라고 말하는가?
(A) 직원들에게 한 가지 시간에 참석하도록 말하기 위해
(B) 보안의 중요성을 강조하기 위해
(C) 한 시설로 찾아가는 길을 알려 주기 위해
(D) 방문객들에게 자리에 머물러 있도록 요청하기 위해 정답 (D)

문제 83-85번은 다음 전화 메시지를 참조하시오. 미W

W Hi, Ms. Fonda. **(83) This is Barbara Parker calling about the holiday tour packages to Rome.** Actually, I've been looking for an affordable overseas trip for my family and myself, and **(84) one of my colleagues recommended your travel agency to me.** I want a tour package for a week in August, and I'd really like a package that teaches me about Roman history. I'll be out of town for a couple of days. After I get back, I'd like to talk with you so that I can learn more about your tours. I'll be back in town on Thursday, **(85) so I'd appreciate it very much if you would give me a call on Friday.**

여: 안녕하세요, Fonda 씨. 저는 Rome으로의 휴가 여행 상품에 관해 연락드리는 Barbara Parker라고 합니다. 사실 저는 저와 제 가족이 함께 갈 수 있는 적절한 가격의 해외여행을 물색하고 있었는데, 제 직장 동료가 Fonda 씨의 여행사를 제게 추천하더군요. 저는 8월에 갈 수 있는 1주일 기간의 여행 상품을 원하는데요, Rome의 역사를 알 수 있는 상품이면 정말 좋을 것 같습니다. 저는 이틀 정도 출장을 갈 예정입니다. 제가 돌아오면 Fonda 씨와 이야기를 나누며 해당 여행 상품들에 대해 좀 더 알 수 있었으면 합니다. 저는 출장을 갔다가 목요일에 복귀할 것이니 제가 금요일에 연락을 주시면 정말 감사하겠습니다.

83. 전화의 목적은 무엇인가?
(A) 항공권 예약을 하기 위해서
(B) 주문 상의 문제점에 대해 언급하기 위해서
(C) 여행 상품에 대해 알아보기 위해서
(D) 예약 변경을 제안하기 위해서 정답 (C)

84. 화자는 그녀가 어떻게 해당 여행사를 알게 되었다고 언급하는가?
(A) 직장 동료를 통해서
(B) 여행 잡지를 통해서
(C) 인터넷 검색을 통해서
(D) 라디오 광고를 통해서 정답 (A)

85. 자는 금요일에 무엇을 할 것 같은가?
(A) Fonda 씨에게 연락 하는 것
(B) 여행 상품에 관해 이야기를 나누는 것
(C) 휴가를 떠나는 것
(D) 출장을 가는 것 정답 (B)

문제 86-88번은 다음 담화를 참조하시오. 미M

M Good afternoon, ladies and gentlemen. My name is Ronald Jeong, and **(86) I'm here to introduce our state-of-the-art smartphone on behalf of Mega Electronics. It's a pleasure to be here at the 23rd Annual National Tech Expo.** Today, I'm going to show you the features of our new smartphone. This will provide one of the best photographic experiences you can get on a phone with dual rear cameras. **(87) It is also equipped with movie-like effects that can give your videos a stylish look through a variety of shooting situations. Isn't it quite striking? (88) Now, I'll show you how it works.**

남: 안녕하세요, 신사 숙녀 여러분, 제 이름은 Ronald Jeong이며, 저는 Mega Electronics를 대표해 저희 최신 스마트폰을 소개해 보이기 위해 이 자리에 섰습니다. 이렇게 23회 연례 전국 기술 박람회에 오게 되어 기쁘게 생각합니다. 오늘, 저는 여러분께 저희 새 스마트폰의 특징들을 설명해 드릴 것입니다. 이 제품은 뒷면에 이중으로 된 카메라가 있어 전화기를 통해 얻을 수 있는 최고의 사진 촬영 경험 중의 하나를 제공해 드릴 것입니다. 또한 영화와 같은 효과를 내는 기능들이 갖춰져 있어서 다양한 촬영 상황 속에서 여러분께서 촬영한 동영상을 멋지게 보이도록 만들어 드릴 수 있습니다. 정말 훌륭하지 않습니까? 자, 실제로 어떻게 작동하는지 보여 드리겠습니다.

86. 청자들은 누구일 가능성이 가장 큰가?
(A) 영화 팬들
(B) 구직 지원자들
(C) 행사 참석자들
(D) 조립 라인 직원들 정답 (C)

87. 화자가 "Isn't it quite striking?"이라고 말할 때 무엇을 의미하는가?
(A) 한 제품이 빠져 있다.
(B) 한 기기가 인상적이다.
(C) 한 부품이 호환되지 않는다.
(D) 한 제품이 재고가 없다. 정답 (B)

88. 화자는 곧이어 무엇을 할 가능성이 가장 큰가?
(A) 안내 책자를 나눠 주는 것
(B) 양식을 제출하는 것
(C) 제품을 시연해 보이는 것
(D) 무대에서 내려 오는 것 정답 (C)

문제 89-91번은 다음 뉴스 보도를 참조하시오. 미M

M Good morning. This is Brian Campbell with a local news update. **(89) (90) This heavy snowstorm, which is expected to stay with us at least until the end of the weekend, is not only causing heavy traffic chaos** but is also affecting businesses, public schools, and colleges throughout the city. The city mayor announced that there will be more snowplows out on the streets of Toronto to try to keep the roads as clear as possible this afternoon. **(91) Some local schools and colleges will be closed today and tomorrow.** We'll keep you updated on the names of these schools and colleges.

남: 안녕하십니까, 저는 지역 뉴스를 전해 드리는 Brian Campbell입니다. 최소한 이번 주말까지는 지속될 것으로 예상되는 이 심한 눈보라는 교통대란을 초래하고 있을 뿐만 아니라 도시 전역의 기업체들, 공립학교, 그리고 대학들에도 좋지 않은 영향을 미치고 있습니다. 시장은 더 많은 제설 트럭들을 배치하여 오늘 오후 Toronto의 도로들에 쌓인 눈을 최대한 깨끗하게 치울 계획이라고 발표했습니다. 몇몇 지역의 학교들과 대학들이 오늘과 내일, 이틀간에 걸쳐 휴교할 것입니다. 휴교를 하게 되는 해당 학교들과 대학들의 명단을 계속하여 알려드리도록 하겠습니다.

89. 날씨는 언제 좋아질 것 같은가?
(A) 오늘
(B) 내일
(C) 이번 주 일요일
(D) 다음 주 정답 (D)

90. 화자에 따르면, 악천후로 인해 초래된 것은 무엇인가?
(A) 회사 폐쇄
(B) 도로 교통사고
(C) 교통 정체
(D) 정전 정답 (C)

91. 화자는 오늘과 내일 어떠한 일이 발생할 것이라 언급하는가?
(A) 폭우가 내릴 것이다.
(B) 제살 작업이 시행될 것이다.
(C) 도로 공사가 완공될 것이다.
(D) 일부 대학의 모든 수업이 휴강될 것이다. 정답 (D)

문제 92-94번은 다음 담화를 참조하시오. 미W

W Good morning and welcome to my class. **(92) I'm your personal trainer, Lisa Walter. I'll be helping you lose weight, gain strength, and get in shape while delivering ten sessions.** I'm sure you all have your own goals. I will be creating a personalized plan so you can accomplish those goals by making sure that you are following the program effectively. On the last day of the course, **(93) I will ask you to fill in a questionnaire (94) so you can provide me with feedback on your overall experience. I'd appreciate your being honest. This will help me plan better courses in future.**

여: 안녕하세요, 그리고 제 수업에 오신 것을 환영합니다. 저는 여러분의 개인 트레이너인 Lisa Walter입니다. 저는 10회의 수업을 진행하는 동안 여러분이 몸무게를 줄이고, 체력을 기르고, 몸매를 가꾸도록 도와 드릴 예정입니다. 저는 여러분 모두가 각자의 목표가 있을 것이라고 확신합니다. 저는 여러분이 반드시 프로그램을 효과적으로 따르도록 함으로써 해당 목표를 달성할 수 있게 개인 맞춤 계획을 만들어 드릴 것입니다. 코스의 마지막 날에는 전반적인 경험에 관한 의견을 제게 제공해 주실 수 있도록 설문지 작성을 요청드릴 것입니다. 여러분께서 솔직하게 답변해 주시면 감사하겠습니다. 이는 제가 이후에 더 좋은 코스를 계획하는 데 도움이 될 것입니다.

92. 화자는 누구일 가능성이 가장 큰가?
(A) 영업 사원
(B) 피트니스 전문가
(C) 영양 전문가
(D) 대학 교수 정답 (B)

93. 화자의 말에 따르면, 청자들은 무엇을 하도록 요청 받을 것인가?
(A) 각자의 계획을 만드는 일
(B) 일부 장비를 구입하는 일
(C) 설문 양식을 작성하는 일
(D) 다른 회원들을 돕는 일 정답 (C)

94. 화자가 "I'd appreciate your being honest"라고 말할 때 무엇을 의미하는가?
(A) 고객들이 최선을 다하기를 원하고 있다.
(B) 정책에 대해 엄격하다.
(C) 진심 어린 조언을 필요로 한다.
(D) 새로운 프로젝트를 맡아 작업하기를 바란다. 정답 (C)

문제 95-97번은 다음 전화 메세지와 표를 참조하시오. 호M

필요한 물품

제출자: Liam Henderson

항목	비용
안내 책자	$1,500
다과	$800
증정품	$400
이름표	$50

M Hello, Mr. Thompson. This is Liam Henderson calling from the Product Development Department. I handed in the expense report for the organization of **(95) the product launch that is scheduled to be held on April 2.** However, **(96) we are trying not to exceed the assigned budget by removing the less important items from the list.** In the report, there's a small chart that shows some materials that were considered to be necessary. **(97) We'd like to cancel the least expensive item.** We have decided that it is not that important for the event, so please make an adjustment to fix it. Thank you.

남: 안녕하세요, Thompson 씨. 저는 제품 개발부에서 전화드리는 Liam Henderson입니다. 제가 4월 2일에 열릴 예정인 제품 출시 행사 준비에 필요한 비용 지출 보고서를 제출했었습니다. 그런데, 목록에서 덜 중요한 항목을 빼는 방법으로 할당된 예산을 초과하지 않으려고 합니다. 보고서에, 필요할 것으로 여겨진 몇몇 물품을 보여 주는 작은 차트가 하나 있습니다. 저희는 비용이 가장 덜 드는 항목을 취소하고자 합니다. 저희는 그것이 행사에서 그렇게 중요하지 않을 것이라고 결정했기 때문에 그 부분을 고칠 수 있도록 조절해 주시기 바랍니다. 감사합니다.

95. 화자는 4월 2일에 무슨 일이 있을 것이라고 말하는가?
(A) 직원 교육이 열릴 것이다.
(B) 신제품이 소개될 것이다.
(C) 중요한 계약이 맺어질 것이다.
(D) 보고서가 제출될 것이다. 정답 (B)

96. 화자는 무엇을 하고 싶어 하는가?
(A) 마감 시한을 연장하는 일
(B) 재고에 관해 문의하는 일
(C) 예산 범위 내에 머무르는 일
(D) 초대 손님 목록을 확정하는 일 정답 (C)

97. 그래픽을 보시오. 화자는 어느 항목을 삭제하고 싶어 하는가?
(A) 안내 책자
(B) 다과
(C) 증정품
(D) 이름표 정답 (D)

문제 98-100번은 다음 회의 발췌 내용과 목록을 참조하시오. 영W

할인 비율

티셔츠:	20% 할인
바지:	30% 할인
핸드백:	40% 할인
재킷:	25% 할인

W Good morning, everyone. Thank you for joining this meeting. I just want to check out the preparations for **(98) our year-end clearance sale**, which will be held tomorrow. We are going to provide customers with a lot of discounts on most clothing items. This means they can have a great opportunity to purchase our items at reduced prices, and **(98) we can also secure enough space for the products arriving for the new season. (99) Please take a look at all the display stands again to make sure that customers can find items easily.** I have also noticed that there's a mistake on the discount information. **(100) I think we have decided to offer 40% off on pants instead of what's listed here.**

여: 안녕하세요, 여러분. 이번 회의에 참석해 주셔서 감사합니다. 저는 내일 열릴 우리의 연말 정리 세일 행사의 준비 상황을 확인해 보고자 합니다. 우리는 대부분의 의류 품목들에 대해 고객들에게 많은 할인을 제공해 드릴 예정입니다. 이는 고객들께서 할인된 가격에 우리 제품을 구입할 수 있는 기회를 가질 수 있고, 우리도 또한 새로운 시즌에 대비해 들어오는 신제품들을 놓은 충분한 공간을 확보할 수 있다는 것을 의미합니다. 고객들께서 반드시 쉽게 제품들을 찾아보실 수 있도록 다시 한번 진열대들을 확인해 주시기 바랍니다. 또한, 할인 정보에 실수가 있다는 것을 알게 되었습니다. 우리는 여기 기재되어 있는 것 대신에 바지 제품에 대해 40퍼센트의 할인을 제공하기로 결정한 것으로 생각합니다.

98. 화자의 말에 따르면, 행사를 하는 이유가 무엇인가?
(A) 더 많은 고객들을 끌어 들이려고
(B) 회사의 기념일을 축하하려고
(C) 새로운 배송 물품에 대한 공간을 확보하려고
(D) 새로 문을 연 지점을 홍보하려고 정답 (C)

99. 청자들은 무엇을 하도록 권고 받는가?
(A) 물품들이 제대로 정리되어 있는지 확인할 것
(B) 사용 전에 사용자 설명서를 참고할 것
(C) 다른 직원들이 물품을 나르는 것을 도울 것
(D) 다른 지점에 여분의 물품이 있는지 확인할 것 정답 (A)

100. 그래픽을 보시오. 현재 어느 정보가 잘못되어 있는가?
(A) 20%
(B) 30%
(C) 40%
(D) 25% 정답 (B)

TEST 01

LISTENING (Part I ~ IV)																								
NO.	ANSWER				NO.	ANSWER				NO.	ANSWER				NO.	ANSWER				NO.	ANSWER			
	A	B	C	D		A	B	C	D		A	B	C	D		A	B	C	D		A	B	C	D
1	a	b	c	d	21	a	b	c		41	a	b	c	d	61	a	b	c	d	81	a	b	c	d
2	a	b	c	d	22	a	b	c		42	a	b	c	d	62	a	b	c	d	82	a	b	c	d
3	a	b	c	d	23	a	b	c		43	a	b	c	d	63	a	b	c	d	83	a	b	c	d
4	a	b	c	d	24	a	b	c		44	a	b	c	d	64	a	b	c	d	84	a	b	c	d
5	a	b	c	d	25	a	b	c		45	a	b	c	d	65	a	b	c	d	85	a	b	c	d
6	a	b	c	d	26	a	b	c		46	a	b	c	d	66	a	b	c	d	86	a	b	c	d
7	a	b	c		27	a	b	c		47	a	b	c	d	67	a	b	c	d	87	a	b	c	d
8	a	b	c		28	a	b	c		48	a	b	c	d	68	a	b	c	d	88	a	b	c	d
9	a	b	c		29	a	b	c		49	a	b	c	d	69	a	b	c	d	89	a	b	c	d
10	a	b	c		30	a	b	c		50	a	b	c	d	70	a	b	c	d	90	a	b	c	d
11	a	b	c		31	a	b	c		51	a	b	c	d	71	a	b	c	d	91	a	b	c	d
12	a	b	c		32	a	b	c	d	52	a	b	c	d	72	a	b	c	d	92	a	b	c	d
13	a	b	c		33	a	b	c	d	53	a	b	c	d	73	a	b	c	d	93	a	b	c	d
14	a	b	c		34	a	b	c	d	54	a	b	c	d	74	a	b	c	d	94	a	b	c	d
15	a	b	c		35	a	b	c	d	55	a	b	c	d	75	a	b	c	d	95	a	b	c	d
16	a	b	c		36	a	b	c	d	56	a	b	c	d	76	a	b	c	d	96	a	b	c	d
17	a	b	c		37	a	b	c	d	57	a	b	c	d	77	a	b	c	d	97	a	b	c	d
18	a	b	c		38	a	b	c	d	58	a	b	c	d	78	a	b	c	d	98	a	b	c	d
19	a	b	c		39	a	b	c	d	59	a	b	c	d	79	a	b	c	d	99	a	b	c	d
20	a	b	c		40	a	b	c	d	60	a	b	c	d	80	a	b	c	d	100	a	b	c	d

TEST 02

LISTENING (Part I ~ IV)																								
NO.	ANSWER				NO.	ANSWER				NO.	ANSWER				NO.	ANSWER				NO.	ANSWER			
	A	B	C	D		A	B	C	D		A	B	C	D		A	B	C	D		A	B	C	D
1	a	b	c	d	21	a	b	c		41	a	b	c	d	61	a	b	c	d	81	a	b	c	d
2	a	b	c	d	22	a	b	c		42	a	b	c	d	62	a	b	c	d	82	a	b	c	d
3	a	b	c	d	23	a	b	c		43	a	b	c	d	63	a	b	c	d	83	a	b	c	d
4	a	b	c	d	24	a	b	c		44	a	b	c	d	64	a	b	c	d	84	a	b	c	d
5	a	b	c	d	25	a	b	c		45	a	b	c	d	65	a	b	c	d	85	a	b	c	d
6	a	b	c	d	26	a	b	c		46	a	b	c	d	66	a	b	c	d	86	a	b	c	d
7	a	b	c		27	a	b	c		47	a	b	c	d	67	a	b	c	d	87	a	b	c	d
8	a	b	c		28	a	b	c		48	a	b	c	d	68	a	b	c	d	88	a	b	c	d
9	a	b	c		29	a	b	c		49	a	b	c	d	69	a	b	c	d	89	a	b	c	d
10	a	b	c		30	a	b	c		50	a	b	c	d	70	a	b	c	d	90	a	b	c	d
11	a	b	c		31	a	b	c		51	a	b	c	d	71	a	b	c	d	91	a	b	c	d
12	a	b	c		32	a	b	c	d	52	a	b	c	d	72	a	b	c	d	92	a	b	c	d
13	a	b	c		33	a	b	c	d	53	a	b	c	d	73	a	b	c	d	93	a	b	c	d
14	a	b	c		34	a	b	c	d	54	a	b	c	d	74	a	b	c	d	94	a	b	c	d
15	a	b	c		35	a	b	c	d	55	a	b	c	d	75	a	b	c	d	95	a	b	c	d
16	a	b	c		36	a	b	c	d	56	a	b	c	d	76	a	b	c	d	96	a	b	c	d
17	a	b	c		37	a	b	c	d	57	a	b	c	d	77	a	b	c	d	97	a	b	c	d
18	a	b	c		38	a	b	c	d	58	a	b	c	d	78	a	b	c	d	98	a	b	c	d
19	a	b	c		39	a	b	c	d	59	a	b	c	d	79	a	b	c	d	99	a	b	c	d
20	a	b	c		40	a	b	c	d	60	a	b	c	d	80	a	b	c	d	100	a	b	c	d

TEST 03

LISTENING (Part I ~ IV)																								
NO.	ANSWER				NO.	ANSWER				NO.	ANSWER				NO.	ANSWER				NO.	ANSWER			
	A	B	C	D		A	B	C	D		A	B	C	D		A	B	C	D		A	B	C	D
1	a	b	c	d	21	a	b	c		41	a	b	c	d	61	a	b	c	d	81	a	b	c	d
2	a	b	c	d	22	a	b	c		42	a	b	c	d	62	a	b	c	d	82	a	b	c	d
3	a	b	c	d	23	a	b	c		43	a	b	c	d	63	a	b	c	d	83	a	b	c	d
4	a	b	c	d	24	a	b	c		44	a	b	c	d	64	a	b	c	d	84	a	b	c	d
5	a	b	c	d	25	a	b	c		45	a	b	c	d	65	a	b	c	d	85	a	b	c	d
6	a	b	c	d	26	a	b	c		46	a	b	c	d	66	a	b	c	d	86	a	b	c	d
7	a	b	c		27	a	b	c		47	a	b	c	d	67	a	b	c	d	87	a	b	c	d
8	a	b	c		28	a	b	c		48	a	b	c	d	68	a	b	c	d	88	a	b	c	d
9	a	b	c		29	a	b	c		49	a	b	c	d	69	a	b	c	d	89	a	b	c	d
10	a	b	c		30	a	b	c		50	a	b	c	d	70	a	b	c	d	90	a	b	c	d
11	a	b	c		31	a	b	c		51	a	b	c	d	71	a	b	c	d	91	a	b	c	d
12	a	b	c		32	a	b	c	d	52	a	b	c	d	72	a	b	c	d	92	a	b	c	d
13	a	b	c		33	a	b	c	d	53	a	b	c	d	73	a	b	c	d	93	a	b	c	d
14	a	b	c		34	a	b	c	d	54	a	b	c	d	74	a	b	c	d	94	a	b	c	d
15	a	b	c		35	a	b	c	d	55	a	b	c	d	75	a	b	c	d	95	a	b	c	d
16	a	b	c		36	a	b	c	d	56	a	b	c	d	76	a	b	c	d	96	a	b	c	d
17	a	b	c		37	a	b	c	d	57	a	b	c	d	77	a	b	c	d	97	a	b	c	d
18	a	b	c		38	a	b	c	d	58	a	b	c	d	78	a	b	c	d	98	a	b	c	d
19	a	b	c		39	a	b	c	d	59	a	b	c	d	79	a	b	c	d	99	a	b	c	d
20	a	b	c		40	a	b	c	d	60	a	b	c	d	80	a	b	c	d	100	a	b	c	d

TEST 04

LISTENING (Part I ~ IV)																								
NO.	ANSWER				NO.	ANSWER				NO.	ANSWER				NO.	ANSWER				NO.	ANSWER			
	A	B	C	D		A	B	C	D		A	B	C	D		A	B	C	D		A	B	C	D
1	a	b	c	d	21	a	b	c		41	a	b	c	d	61	a	b	c	d	81	a	b	c	d
2	a	b	c	d	22	a	b	c		42	a	b	c	d	62	a	b	c	d	82	a	b	c	d
3	a	b	c	d	23	a	b	c		43	a	b	c	d	63	a	b	c	d	83	a	b	c	d
4	a	b	c	d	24	a	b	c		44	a	b	c	d	64	a	b	c	d	84	a	b	c	d
5	a	b	c	d	25	a	b	c		45	a	b	c	d	65	a	b	c	d	85	a	b	c	d
6	a	b	c	d	26	a	b	c		46	a	b	c	d	66	a	b	c	d	86	a	b	c	d
7	a	b	c		27	a	b	c		47	a	b	c	d	67	a	b	c	d	87	a	b	c	d
8	a	b	c		28	a	b	c		48	a	b	c	d	68	a	b	c	d	88	a	b	c	d
9	a	b	c		29	a	b	c		49	a	b	c	d	69	a	b	c	d	89	a	b	c	d
10	a	b	c		30	a	b	c		50	a	b	c	d	70	a	b	c	d	90	a	b	c	d
11	a	b	c		31	a	b	c		51	a	b	c	d	71	a	b	c	d	91	a	b	c	d
12	a	b	c		32	a	b	c	d	52	a	b	c	d	72	a	b	c	d	92	a	b	c	d
13	a	b	c		33	a	b	c	d	53	a	b	c	d	73	a	b	c	d	93	a	b	c	d
14	a	b	c		34	a	b	c	d	54	a	b	c	d	74	a	b	c	d	94	a	b	c	d
15	a	b	c		35	a	b	c	d	55	a	b	c	d	75	a	b	c	d	95	a	b	c	d
16	a	b	c		36	a	b	c	d	56	a	b	c	d	76	a	b	c	d	96	a	b	c	d
17	a	b	c		37	a	b	c	d	57	a	b	c	d	77	a	b	c	d	97	a	b	c	d
18	a	b	c		38	a	b	c	d	58	a	b	c	d	78	a	b	c	d	98	a	b	c	d
19	a	b	c		39	a	b	c	d	59	a	b	c	d	79	a	b	c	d	99	a	b	c	d
20	a	b	c		40	a	b	c	d	60	a	b	c	d	80	a	b	c	d	100	a	b	c	d

TEST 05

LISTENING (Part I ~ IV)

NO.	ANSWER				NO.	ANSWER				NO.	ANSWER				NO.	ANSWER				NO.	ANSWER			
	A	B	C	D		A	B	C	D		A	B	C	D		A	B	C	D		A	B	C	D
1	a	b	c	d	21	a	b	c		41	a	b	c	d	61	a	b	c	d	81	a	b	c	d
2	a	b	c	d	22	a	b	c		42	a	b	c	d	62	a	b	c	d	82	a	b	c	d
3	a	b	c	d	23	a	b	c		43	a	b	c	d	63	a	b	c	d	83	a	b	c	d
4	a	b	c	d	24	a	b	c		44	a	b	c	d	64	a	b	c	d	84	a	b	c	d
5	a	b	c	d	25	a	b	c		45	a	b	c	d	65	a	b	c	d	85	a	b	c	d
6	a	b	c	d	26	a	b	c		46	a	b	c	d	66	a	b	c	d	86	a	b	c	d
7	a	b	c		27	a	b	c		47	a	b	c	d	67	a	b	c	d	87	a	b	c	d
8	a	b	c		28	a	b	c		48	a	b	c	d	68	a	b	c	d	88	a	b	c	d
9	a	b	c		29	a	b	c		49	a	b	c	d	69	a	b	c	d	89	a	b	c	d
10	a	b	c		30	a	b	c		50	a	b	c	d	70	a	b	c	d	90	a	b	c	d
11	a	b	c		31	a	b	c		51	a	b	c	d	71	a	b	c	d	91	a	b	c	d
12	a	b	c		32	a	b	c	d	52	a	b	c	d	72	a	b	c	d	92	a	b	c	d
13	a	b	c		33	a	b	c	d	53	a	b	c	d	73	a	b	c	d	93	a	b	c	d
14	a	b	c		34	a	b	c	d	54	a	b	c	d	74	a	b	c	d	94	a	b	c	d
15	a	b	c		35	a	b	c	d	55	a	b	c	d	75	a	b	c	d	95	a	b	c	d
16	a	b	c		36	a	b	c	d	56	a	b	c	d	76	a	b	c	d	96	a	b	c	d
17	a	b	c		37	a	b	c	d	57	a	b	c	d	77	a	b	c	d	97	a	b	c	d
18	a	b	c		38	a	b	c	d	58	a	b	c	d	78	a	b	c	d	98	a	b	c	d
19	a	b	c		39	a	b	c	d	59	a	b	c	d	79	a	b	c	d	99	a	b	c	d
20	a	b	c		40	a	b	c	d	60	a	b	c	d	80	a	b	c	d	100	a	b	c	d

TEST 06

LISTENING (Part I ~ IV)

NO.	ANSWER				NO.	ANSWER				NO.	ANSWER				NO.	ANSWER				NO.	ANSWER			
	A	B	C	D		A	B	C	D		A	B	C	D		A	B	C	D		A	B	C	D
1	a	b	c	d	21	a	b	c		41	a	b	c	d	61	a	b	c	d	81	a	b	c	d
2	a	b	c	d	22	a	b	c		42	a	b	c	d	62	a	b	c	d	82	a	b	c	d
3	a	b	c	d	23	a	b	c		43	a	b	c	d	63	a	b	c	d	83	a	b	c	d
4	a	b	c	d	24	a	b	c		44	a	b	c	d	64	a	b	c	d	84	a	b	c	d
5	a	b	c	d	25	a	b	c		45	a	b	c	d	65	a	b	c	d	85	a	b	c	d
6	a	b	c	d	26	a	b	c		46	a	b	c	d	66	a	b	c	d	86	a	b	c	d
7	a	b	c		27	a	b	c		47	a	b	c	d	67	a	b	c	d	87	a	b	c	d
8	a	b	c		28	a	b	c		48	a	b	c	d	68	a	b	c	d	88	a	b	c	d
9	a	b	c		29	a	b	c		49	a	b	c	d	69	a	b	c	d	89	a	b	c	d
10	a	b	c		30	a	b	c		50	a	b	c	d	70	a	b	c	d	90	a	b	c	d
11	a	b	c		31	a	b	c		51	a	b	c	d	71	a	b	c	d	91	a	b	c	d
12	a	b	c		32	a	b	c	d	52	a	b	c	d	72	a	b	c	d	92	a	b	c	d
13	a	b	c		33	a	b	c	d	53	a	b	c	d	73	a	b	c	d	93	a	b	c	d
14	a	b	c		34	a	b	c	d	54	a	b	c	d	74	a	b	c	d	94	a	b	c	d
15	a	b	c		35	a	b	c	d	55	a	b	c	d	75	a	b	c	d	95	a	b	c	d
16	a	b	c		36	a	b	c	d	56	a	b	c	d	76	a	b	c	d	96	a	b	c	d
17	a	b	c		37	a	b	c	d	57	a	b	c	d	77	a	b	c	d	97	a	b	c	d
18	a	b	c		38	a	b	c	d	58	a	b	c	d	78	a	b	c	d	98	a	b	c	d
19	a	b	c		39	a	b	c	d	59	a	b	c	d	79	a	b	c	d	99	a	b	c	d
20	a	b	c		40	a	b	c	d	60	a	b	c	d	80	a	b	c	d	100	a	b	c	d

TEST 07

NO.	ANSWER				NO.	ANSWER				NO.	ANSWER				NO.	ANSWER				NO.	ANSWER			
LISTENING (Part I ~ IV)																								
	A	B	C	D		A	B	C	D		A	B	C	D		A	B	C	D		A	B	C	D
1	a	b	c	d	21	a	b	c		41	a	b	c	d	61	a	b	c	d	81	a	b	c	d
2	a	b	c	d	22	a	b	c		42	a	b	c	d	62	a	b	c	d	82	a	b	c	d
3	a	b	c	d	23	a	b	c		43	a	b	c	d	63	a	b	c	d	83	a	b	c	d
4	a	b	c	d	24	a	b	c		44	a	b	c	d	64	a	b	c	d	84	a	b	c	d
5	a	b	c	d	25	a	b	c		45	a	b	c	d	65	a	b	c	d	85	a	b	c	d
6	a	b	c	d	26	a	b	c		46	a	b	c	d	66	a	b	c	d	86	a	b	c	d
7	a	b	c		27	a	b	c		47	a	b	c	d	67	a	b	c	d	87	a	b	c	d
8	a	b	c		28	a	b	c		48	a	b	c	d	68	a	b	c	d	88	a	b	c	d
9	a	b	c		29	a	b	c		49	a	b	c	d	69	a	b	c	d	89	a	b	c	d
10	a	b	c		30	a	b	c		50	a	b	c	d	70	a	b	c	d	90	a	b	c	d
11	a	b	c		31	a	b	c		51	a	b	c	d	71	a	b	c	d	91	a	b	c	d
12	a	b	c		32	a	b	c	d	52	a	b	c	d	72	a	b	c	d	92	a	b	c	d
13	a	b	c		33	a	b	c	d	53	a	b	c	d	73	a	b	c	d	93	a	b	c	d
14	a	b	c		34	a	b	c	d	54	a	b	c	d	74	a	b	c	d	94	a	b	c	d
15	a	b	c		35	a	b	c	d	55	a	b	c	d	75	a	b	c	d	95	a	b	c	d
16	a	b	c		36	a	b	c	d	56	a	b	c	d	76	a	b	c	d	96	a	b	c	d
17	a	b	c		37	a	b	c	d	57	a	b	c	d	77	a	b	c	d	97	a	b	c	d
18	a	b	c		38	a	b	c	d	58	a	b	c	d	78	a	b	c	d	98	a	b	c	d
19	a	b	c		39	a	b	c	d	59	a	b	c	d	79	a	b	c	d	99	a	b	c	d
20	a	b	c		40	a	b	c	d	60	a	b	c	d	80	a	b	c	d	100	a	b	c	d

TEST 08

NO.	ANSWER				NO.	ANSWER				NO.	ANSWER				NO.	ANSWER				NO.	ANSWER			
LISTENING (Part I ~ IV)																								
	A	B	C	D		A	B	C	D		A	B	C	D		A	B	C	D		A	B	C	D
1	a	b	c	d	21	a	b	c		41	a	b	c	d	61	a	b	c	d	81	a	b	c	d
2	a	b	c	d	22	a	b	c		42	a	b	c	d	62	a	b	c	d	82	a	b	c	d
3	a	b	c	d	23	a	b	c		43	a	b	c	d	63	a	b	c	d	83	a	b	c	d
4	a	b	c	d	24	a	b	c		44	a	b	c	d	64	a	b	c	d	84	a	b	c	d
5	a	b	c	d	25	a	b	c		45	a	b	c	d	65	a	b	c	d	85	a	b	c	d
6	a	b	c	d	26	a	b	c		46	a	b	c	d	66	a	b	c	d	86	a	b	c	d
7	a	b	c		27	a	b	c		47	a	b	c	d	67	a	b	c	d	87	a	b	c	d
8	a	b	c		28	a	b	c		48	a	b	c	d	68	a	b	c	d	88	a	b	c	d
9	a	b	c		29	a	b	c		49	a	b	c	d	69	a	b	c	d	89	a	b	c	d
10	a	b	c		30	a	b	c		50	a	b	c	d	70	a	b	c	d	90	a	b	c	d
11	a	b	c		31	a	b	c		51	a	b	c	d	71	a	b	c	d	91	a	b	c	d
12	a	b	c		32	a	b	c	d	52	a	b	c	d	72	a	b	c	d	92	a	b	c	d
13	a	b	c		33	a	b	c	d	53	a	b	c	d	73	a	b	c	d	93	a	b	c	d
14	a	b	c		34	a	b	c	d	54	a	b	c	d	74	a	b	c	d	94	a	b	c	d
15	a	b	c		35	a	b	c	d	55	a	b	c	d	75	a	b	c	d	95	a	b	c	d
16	a	b	c		36	a	b	c	d	56	a	b	c	d	76	a	b	c	d	96	a	b	c	d
17	a	b	c		37	a	b	c	d	57	a	b	c	d	77	a	b	c	d	97	a	b	c	d
18	a	b	c		38	a	b	c	d	58	a	b	c	d	78	a	b	c	d	98	a	b	c	d
19	a	b	c		39	a	b	c	d	59	a	b	c	d	79	a	b	c	d	99	a	b	c	d
20	a	b	c		40	a	b	c	d	60	a	b	c	d	80	a	b	c	d	100	a	b	c	d

TEST 09

LISTENING (Part I ~ IV)

NO.	ANSWER				NO.	ANSWER				NO.	ANSWER				NO.	ANSWER				NO.	ANSWER			
	A	B	C	D		A	B	C	D		A	B	C	D		A	B	C	D		A	B	C	D
1	a	b	c	d	21	a	b	c		41	a	b	c	d	61	a	b	c	d	81	a	b	c	d
2	a	b	c	d	22	a	b	c		42	a	b	c	d	62	a	b	c	d	82	a	b	c	d
3	a	b	c	d	23	a	b	c		43	a	b	c	d	63	a	b	c	d	83	a	b	c	d
4	a	b	c	d	24	a	b	c		44	a	b	c	d	64	a	b	c	d	84	a	b	c	d
5	a	b	c	d	25	a	b	c		45	a	b	c	d	65	a	b	c	d	85	a	b	c	d
6	a	b	c	d	26	a	b	c		46	a	b	c	d	66	a	b	c	d	86	a	b	c	d
7	a	b	c		27	a	b	c		47	a	b	c	d	67	a	b	c	d	87	a	b	c	d
8	a	b	c		28	a	b	c		48	a	b	c	d	68	a	b	c	d	88	a	b	c	d
9	a	b	c		29	a	b	c		49	a	b	c	d	69	a	b	c	d	89	a	b	c	d
10	a	b	c		30	a	b	c		50	a	b	c	d	70	a	b	c	d	90	a	b	c	d
11	a	b	c		31	a	b	c		51	a	b	c	d	71	a	b	c	d	91	a	b	c	d
12	a	b	c		32	a	b	c	d	52	a	b	c	d	72	a	b	c	d	92	a	b	c	d
13	a	b	c		33	a	b	c	d	53	a	b	c	d	73	a	b	c	d	93	a	b	c	d
14	a	b	c		34	a	b	c	d	54	a	b	c	d	74	a	b	c	d	94	a	b	c	d
15	a	b	c		35	a	b	c	d	55	a	b	c	d	75	a	b	c	d	95	a	b	c	d
16	a	b	c		36	a	b	c	d	56	a	b	c	d	76	a	b	c	d	96	a	b	c	d
17	a	b	c		37	a	b	c	d	57	a	b	c	d	77	a	b	c	d	97	a	b	c	d
18	a	b	c		38	a	b	c	d	58	a	b	c	d	78	a	b	c	d	98	a	b	c	d
19	a	b	c		39	a	b	c	d	59	a	b	c	d	79	a	b	c	d	99	a	b	c	d
20	a	b	c		40	a	b	c	d	60	a	b	c	d	80	a	b	c	d	100	a	b	c	d

TEST 10

LISTENING (Part I ~ IV)

NO.	ANSWER				NO.	ANSWER				NO.	ANSWER				NO.	ANSWER				NO.	ANSWER			
	A	B	C	D		A	B	C	D		A	B	C	D		A	B	C	D		A	B	C	D
1	a	b	c	d	21	a	b	c		41	a	b	c	d	61	a	b	c	d	81	a	b	c	d
2	a	b	c	d	22	a	b	c		42	a	b	c	d	62	a	b	c	d	82	a	b	c	d
3	a	b	c	d	23	a	b	c		43	a	b	c	d	63	a	b	c	d	83	a	b	c	d
4	a	b	c	d	24	a	b	c		44	a	b	c	d	64	a	b	c	d	84	a	b	c	d
5	a	b	c	d	25	a	b	c		45	a	b	c	d	65	a	b	c	d	85	a	b	c	d
6	a	b	c	d	26	a	b	c		46	a	b	c	d	66	a	b	c	d	86	a	b	c	d
7	a	b	c		27	a	b	c		47	a	b	c	d	67	a	b	c	d	87	a	b	c	d
8	a	b	c		28	a	b	c		48	a	b	c	d	68	a	b	c	d	88	a	b	c	d
9	a	b	c		29	a	b	c		49	a	b	c	d	69	a	b	c	d	89	a	b	c	d
10	a	b	c		30	a	b	c		50	a	b	c	d	70	a	b	c	d	90	a	b	c	d
11	a	b	c		31	a	b	c		51	a	b	c	d	71	a	b	c	d	91	a	b	c	d
12	a	b	c		32	a	b	c	d	52	a	b	c	d	72	a	b	c	d	92	a	b	c	d
13	a	b	c		33	a	b	c	d	53	a	b	c	d	73	a	b	c	d	93	a	b	c	d
14	a	b	c		34	a	b	c	d	54	a	b	c	d	74	a	b	c	d	94	a	b	c	d
15	a	b	c		35	a	b	c	d	55	a	b	c	d	75	a	b	c	d	95	a	b	c	d
16	a	b	c		36	a	b	c	d	56	a	b	c	d	76	a	b	c	d	96	a	b	c	d
17	a	b	c		37	a	b	c	d	57	a	b	c	d	77	a	b	c	d	97	a	b	c	d
18	a	b	c		38	a	b	c	d	58	a	b	c	d	78	a	b	c	d	98	a	b	c	d
19	a	b	c		39	a	b	c	d	59	a	b	c	d	79	a	b	c	d	99	a	b	c	d
20	a	b	c		40	a	b	c	d	60	a	b	c	d	80	a	b	c	d	100	a	b	c	d

점수 환산표

자신의 정답 개수를 기준으로 본인의 점수를 개략적으로 환산해 볼 수 있는 자료입니다.
정확한 계산법이 아닌 추정치임을 참고하시기 바랍니다.

Listening Comprehension		Reading Comprehension	
정답 개수	환산점수	정답 개수	환산점수
96-100	470-495	96-100	460-495
91-95	430-495	91-95	420-490
86-90	400-475	86-90	390-460
81-85	360-450	81-85	370-440
76-80	340-410	76-80	330-410
71-75	320-390	71-75	310-380
66-70	280-360	66-70	270-360
61-65	260-330	61-65	240-330
56-60	230-300	56-60	220-300
51-55	200-270	51-55	190-260
46-50	180-250	46-50	150-240
41-45	150-230	41-45	140-210
36-40	120-200	36-40	100-180
31-35	100-170	31-35	90-140
26-30	80-140	26-30	70-120
21-25	60-110	21-25	60-90
16-20	30-90	16-20	40-70
11-15	10-70	11-15	30-55
6-10	5-50	6-10	10-40
1-5	5-40	1-5	5-30
0	5-30	0	5-15